聚焦质量

幼儿园课程改革的思考

虞永平 / 著

教育科学出版社
·北京·

目 录

第一章 教育思想 001

从扮演到承担：角色对儿童发展的意义　002

给留守儿童一个完整的童年　007

关注流动和留守儿童的生活与教育　009

科学化是幼儿教育的必由之路　013

幼儿园教研需要革命性转身　020

幼儿园应做科学育儿的"领头羊"　025

在疫情中重新认识学前教育可持续发展　028

找准幼儿园教育"小学化"的根源　041

劳动是幼儿综合的学习　044

论学前教育的专业性及其专业化发展　049

第二章 课程理念 057

拓展幼儿园课程的空间和可能　058

把促进幼儿发展作为课程改革和建设的根本目标　066

幼儿园开学后的"疫情课程"怎么做——适度关注，融合
　　渗透　076
课程在儿童的生活和行动里　081
用"全收获"的理念开展幼儿园种植活动　086
儿童炊事室（区）与幼儿园课程　092
幼儿园课程改革路向何方　098
幼儿园课程建设是系统和长期的工作　104
幼儿园课程建设与教师专业成长　119

第三章　经典课程思想　129

弘扬陈鹤琴思想　播撒活教育种子　130
中国幼儿教育科学化的先锋——陈鹤琴
　　——纪念陈鹤琴先生诞辰120周年　132
活教育的时代意义与实践指向　135
陈鹤琴的儿童劳动教育思想　149
赵寄石的幼儿园课程研究　156

第四章　幼儿园课程发展历史　163

儿童万岁：延安时期中国共产党人的儿童观　164
从模仿借鉴到规范创新——新中国成立70年来幼儿园课程的
　　发展　171
改革开放40年我国学前教育的成就与展望　200
幼儿园课程70年创新求变多元发展　220

第五章　课程生活化、游戏化　225

再谈幼儿园课程的生活化和游戏化　226

幼儿园课程游戏化实践中如何聚焦问题和解决问题　239

村园的未来不是梦——课程游戏化项目中的皂河二小幼儿园　250

课程游戏化的意义和实施路径　254

幼儿园课程游戏化项目的基本要求　262

着力研究区域推进，实现课程游戏化项目新突破　271

幼儿园教育环境创设与利用的问题和思路　285

幼儿园课程资源挖掘和利用的问题及解决思路　296

第六章　儿童与儿童文学　305

让儿童图画书回到儿童　306

完整童年不可缺失文学　311

阅读是滋养儿童心灵的重要源泉　314

在儿童教育视野里透视儿童文学　318

在"世界儿歌日"思考什么　324

第七章　幼小衔接　327

幼小衔接应回归常态　328

拔苗助长式的"抢跑"不可取　333

科学的幼小衔接关键是什么　336

全面科学准备，自信快乐入学　339

把握"三全"原则　做好入学适应　345

第八章　高质量发展　　349

　　高质量发展背景下的课程、学习与教师发展　　350
　　过程意识与学前教育质量　　361
　　人民群众需要高质量的学前教育　　368
　　什么样的学前教育才是有质量的　　373
　　学前教育呼唤质量　　375
　　怎么看　怎么评　怎么干——学前教育质量问题需要
　　　　三思而笃行　　380
　　呼唤儿童博物馆时代到来　　386
　　学前教育质量的现实保障　　388

第一章

教 育 思 想

从扮演到承担：角色对儿童发展的意义[①]

儿童的成长离不开与周围环境的相互作用，离不开探索、交往、体验等具体的活动过程。儿童愿意也需要从事扮演性的游戏，扮演一定的角色，表现角色行为，与同伴相互交往，共同学习。儿童也需要承担一些现实生活中的真实角色，并履行与角色相应的责任，从而提高与他人互动的能力以及解决相关问题的能力。从扮演角色到承担真实的角色是儿童社会性发展的重要表现，也是儿童处理周围事物及其关系能力发展的表现。如果说游戏中的扮演是预演，具有假想性和表演性，那么在真实生活中的角色承担是力所能及的实习，更具真正性和实操性。

一、喜爱扮演是儿童的天性

英国学者罗素在《教育与美好生活》中指出："无论是对人类还是其他动物，其年幼时最显著的特征就是爱玩耍。对儿童来说，这种爱好跟扮演所带来的无穷乐趣是分不开的。游戏和扮演是童年必不可少的需求，一定得给孩子提供这些活动的机会，这样他们才能快乐和健康。"因此，游戏和扮演是儿童的天性，幼儿园应尽可能给儿童提供充分扮演的机会，让儿童在扮演中发挥并发展自己的想象能力，发展与同伴交往的能力，增进对社会生活的了解。儿童的扮演往往是从自己熟悉的生活开始的，例如娃娃家，其中的角色就是爸爸、妈妈和娃娃。儿童在游戏中模仿父

[①] 本文原载于《今日教育（幼教金刊）》2021 年 4 月。

母的言行，进行相互的协作和配合，尤其是模仿家庭事务和照料娃娃的行为。这对儿童社会性发展具有重要的意义，也有利于儿童语言的发展。随着儿童的发展，角色扮演的范围将进一步扩大，儿童扮演的角色将不断增加，但这些角色一定都是儿童熟悉的、印象深刻的。例如"医生"这个角色游戏，儿童本来是害怕医院的，很多儿童一到医院门口，就开始哭闹，希望离开，甚至一提起"医生"就会有不良的情绪。就是这么一个儿童希望躲避的地方，却成了儿童游戏的主题，医生成了儿童争相扮演的对象。儿童能意识到扮演与现实的不同，他们会模仿医生问诊、手术、配药，乐此不疲。本来有恐惧反应的医院，成了一个儿童交往的温馨之所。这就是扮演的力量，扮演过滤了恐惧，扮演演绎了交往，扮演生发了行为。

并不是所有的扮演活动都能起到促进儿童发展的作用。要让儿童真正投入扮演活动之中，并且得到新的发展，首先，儿童要有角色扮演的选择权。扮演的主题和角色应该是由儿童选择的，这样扮演才有可能与儿童的生活相联系，才有认知基础和扮演兴趣。因此，扮演主题和角色扩展的动因应在儿童自身。其次，要为儿童的扮演活动创造条件，尤其是提供材料，让儿童有事可做。儿童的扮演都是与一定的角色标志物联系在一起的，如医生的白大褂和听筒，妈妈的小围裙等，当然还有很多与角色对应的操作材料。缺乏材料，就难以产生角色行为，儿童是在操作材料的过程中表现角色行为的。随着儿童扮演时间的延续，材料需要更新、丰富和完善，不然儿童难以专注于当前的扮演行为之中。最后，扮演的主题也需要更换。扮演活动时间长了，儿童对特定的角色的兴趣就会下降，对活动就难以专注，因此，扮演主题和角色需要更新，以不断满足儿童的兴趣和需要。这就要求教师关注儿童的兴趣，经常与儿童交流，了解儿童的愿望，从而不断生发新的扮演活动。

二、承担角色与责任意识

随着儿童的发展，扮演性游戏会逐渐减少。到了大班，光顾扮演性游戏的儿童明显少了，除非扮演的角色有足够的新颖性及丰富和有挑战的角色行为，能满足他们交往和操作的兴趣。而且，儿童会有更多的创造性角色行为，往往是在扮演中创造和发展角色行为。因此，中大班儿童已经不满足于简单的扮演行为，他们会追寻突破，迎接挑战。

按照美国生态心理学家布朗芬·布伦纳的人类发展生态学理论，人类的发展是在四重环境圈层中得到发展的，分别是微观系统、中间系统、外系统和宏观系统。就儿童发展而言，作用和影响最大的是微观系统和中间系统。尤其是微观系统对儿童的发展具有直接的重要的影响。在微观系统中，有三个重要的要素，分别是角色、活动和人际关系。这三者之间是相互关联的。儿童承担一定的角色，就会与他们构成特定的关系，也会产生一系列与角色相关的活动。如邮递员是一个角色，他与邮件接收者之间就会产生一定的关系，主要是服务和被服务的关系，并产生一系列的行走和派送等行为。按照人类发展生态学的理论，儿童承担的角色越多，交往的范围和从事的活动就越丰富，越有利于其发展。因此，承担角色是儿童成长的重要途径之一。

幼儿园就是儿童成长的微观生态系统。在幼儿园，除了扮演一定角色外，儿童还可以真实地承担角色。可以跟儿童共同讨论自己在日常生活中可以承担的角色。最典型的是值日生，儿童都有做值日生的意愿。这个角色就是为班上所有同伴服务，要履行一系列服务行为，如扫地、抹桌子、分发学习用品等，与班上的同伴会产生各种关系。儿童正是在这样的活动中，形成了服务和责任意识，锻炼了服务能力，养成了服务习惯，这是儿童重要的利他行为。因此，不断细化和扩展儿童承担的角色，引导儿童承担更多的角色，是促进儿童责任意识和责任行为发展的重要途径。

家庭也是儿童成长的微观生态系统。让儿童承担更多角色的做法，同样也适宜于家庭教育。儿童在家中，除了是子女，也可以是生活小助手，可以承担很多的责任，尝试开展很多的工作。打扫卫生、接待客人、帮厨等，每一个行为都与一定的角色联系在一起，都对儿童的成长具有重要的促进作用。

三、角色行为中的学习

儿童承担的角色行为都比较具有趣味性，很容易引发儿童的兴趣和投入。儿童承担的角色应该是儿童力所能及的，与他们的生活紧密相关的，有一定的经验基础的。因此，角色的选择必须有儿童的参与，听取儿童的意见。大部分情况下，可以根据班级生活的实际问题，大家共同讨论需要增加的角色。例如，儿童在讨论桃花和梨花开花的时间不一样时发现，幼儿园很多树开花的时间都是不一样的。大家在讨论原因的过程中，发现其中有一个因素可能是温度不同，但温度到底怎么不同呢？树木管理员虽然记录了开花和长叶子的时间，但没有记录每天的温度。于是，大家觉得应该增加一个气象员，记录每天的天气情况，包括温度。当一天中天气发生变化时，大家就会提醒气象员快去记录。班级气象员记录的天气是局部实时的，一天三次温度记录，比公共天气预报的天气要丰富得多。大家轮流做气象员，这样儿童就对天气产生了敏感，对天气现象、气温数字等不断熟悉，慢慢理解了天气与人们生活以及动植物生长的关系。

儿童在班级中承担的角色经常是相互交换的，对角色行为及其结果更具有同理心，更能得到相互的监督和促进。角色承担的关键在于对角色行为的履行，履行过程中，就会出现与同伴或其他人员的人际关系。儿童承担的这些角色往往是相对稳定的，又是轮流承担的，儿童都有站在角色内和角色外体验的机会，也有相互之间督促和帮助的机会。儿童履行角色行为和承担角色责任有天然的相互制约力量和相互帮助力量。

例如一个儿童承担班级趣事播报员的角色，其责任就是要确定趣事和报告的具体内容，并努力去播报，让其他班级的儿童和家长也能明白。播报员就要做播报的准备，形成自己能看懂的"文稿"（往往以图画为主），如果他对趣事不敏感，就会有同伴来提醒，说得不完整，就会有同伴来补充，同伴也会知道播报有很多工作要做，不容易，有人会帮助，有人会鼓励。这就是在相互作用的过程中实现相互促进。

儿童自发的角色选择和承担对儿童发展具有重要的意义，尤其是有利于激发儿童的创造性。班级的角色应更多来自儿童的意愿，确定角色以后，所产生的角色行为应符合社会对角色的基本的要求和规范，同时应充分鼓励儿童的创造和想象，丰富和充实角色行为，创造性地解决问题和履行职责。要鼓励儿童根据自己的现实生活创造角色，如班长、副班长、组长、饲养员、种植园、气象员、播报员、协调员、解说员、引导员、升旗手、值日生，等等，集体制定角色规则，并努力去贯彻和落实。学会判断任务情境，分析要解决的主要问题，学会理解他人的情感和想法，灵活采取积极有效的交往策略。因此，无论是确定角色还是角色行为，都应该尽可能听取儿童的意见，让儿童成为重要决策者，并充分激发儿童的想象力和创造力。

儿童的发展是社会化的过程，适宜的角色承担有助于儿童适应集体、适应社会，有助于儿童形成行为习惯和角色意识，有助于发展儿童的能力，更有助于儿童在活动的过程中获得综合的经验。因此，不能停留于角色的扮演，一定要让儿童有承担现实生活角色和履行角色行为的机会。

给留守儿童一个完整的童年[①]

留守儿童问题已经不是一个孩子和一个家庭的问题，它涉及6100多万儿童的生活质量和发展状况，涉及儿童基本权利维护，涉及儿童生命和精神的保护和促进，涉及贫困地区脱贫程度和质量，甚至还涉及社会的安宁和稳定。

亲情是儿童心灵的重要滋养。幼年阶段最重要的心灵寄托是父母，与父母的拥抱、交谈和共同活动是孩子成长的重要途径。父母是孩子心灵的慰藉和港湾，也是很多积极、有效刺激的来源。留守儿童最大的缺失就是父母的亲情，他们大多生活在隔代抚养的环境中，如果没有采取切实有效的补救措施，他们可能难以找到积极有效的心灵支撑，这对他们的情绪和个性将产生一些不利影响，甚至还会影响他们的生活态度、生活热情以及学习水平。因此，必须加以切实的关注，努力避免亲情缺失，有亲情的童年才是完整的。

相聚是儿童享有的基本权利。无论是在《儿童权利公约》还是在《未成年人保护法》中，父母是儿童抚育和监护人中处于第一顺位的成人。父母是儿童最基本的和最合理的抚育者和监护者，是促进儿童成长的第一责任人。父母的责任，不只在于提供给儿童必要的物质生活条件，还包括给予儿童基本的身心保护和心理需求的满足。因此，与儿童在一起，满足儿童与父母团聚的需要是父母的重要法律职责。

[①] 本文原载于《中国教育报》2016年1月3日。

教育是阻止贫困代际传递的关键途径。大量存在留守儿童的区域，大多是经济基础相对薄弱的地区，也是扶贫攻坚的重要区域。对这些区域的扶贫，具有双重重要的意义。一是通过精准的扶贫开发，发展经济，增加收入，改善民生，增加就业，使更多外出务工的父母回乡就业和创业，从而回到孩子身边，减少留守儿童的数量。二是通过发展教育扶贫，培养真正具有现代素质的一代代劳动者，真正从根本上摆脱贫困。因此，要继续加大对贫困地区的教育投入。

合力是改善留守儿童生活境遇的必然选择。习近平总书记在贵州调研时指出："要关心留守儿童、留守老年人，完善工作机制和措施，加强管理和服务，让他们都能感受到社会主义大家庭的温暖。"完善的工作机制和措施需要各级政府的力量，也需要家庭和教育机构、社会团体等各种力量，需要将一切有助于改善留守儿童状态的力量凝聚成合力。党的十八届五中全会提出了要坚持"创新、协调、绿色、开放、共享"的发展理念。解决留守儿童的问题，更需要这一发展理念。我们要创新工作机制和措施，协调城乡间、区域间、家庭与教育机构间、不同的抚养主体间以及政府与社会间的关系，让留守儿童家庭共享社会的支持和帮扶，让留守儿童与其他儿童共享充满亲情的快乐童年。

关注流动和留守儿童的生活与教育[①]

流动和留守儿童是我国儿童群体中两个特别需要关注的弱势群体，他们的生活和教育是影响整个社会儿童生存和发展总体水平的问题，也是影响社会安定和发展的问题，因此应成为全社会关注的重要问题。

留守儿童是指父母一方或双方外出打工，而随父母一方或随祖辈、亲戚、友人及邻里生活，或独自在户籍所在地生活的儿童。据段成荣等对我国2005年1%人口抽样统计的研究，我国有留守儿童4378万人，2000年至2005年以每年11.13%的速度递增。学龄前留守儿童在全部留守儿童中占42.12%，人数多达1843万人。农村留守儿童是留守儿童的主体。留守儿童中94.12%为农业户口，农村留守儿童占全部留守儿童的91.17%。留守儿童主要分布在中、西部地区，特别是河南、四川、安徽、江西、湖南、湖北等省。江西、重庆、安徽的留守儿童在当地全部儿童中所占比例超过了30%。不少研究显示，目前留守儿童仍无减少的迹象。留守儿童将是一个长期存在的社会现象，也是一个儿童生存和发展研究特别需要关注的现象。研究显示，留守儿童生存和发展中存在的主要问题是：远离父母或父母中的一方，缺乏亲情或缺乏完整的亲情，有孤独感，心灵的需求不能得到及时满足，有些儿童出现了一些心理上的问题；生活上缺乏关照，安全不能得到充分保障，安全事故时有发生；行为缺乏引导，学习也缺少指导和帮助。

[①] 本文原载于《学前教育研究》2010年5月。

一些地方政府采取了一些积极措施,尽可能减少环境对留守儿童的不利影响,如成立了"关心农村留守儿童工作委员会""农村留守儿童基金会""留守儿童之家""一加一帮扶组织"等,提供了"亲情电话",聘请了"代管家长"或"心理指导人员"等。但大量留守儿童的生存和发展问题仍然需要全社会的高度重视。

流动儿童是指随父母或其中一方离开户籍所在地去其他地区生活的儿童。国务院研究室2006年出版的《中国农民工调研报告》对农民工状况及其子女教育等问题进行了深入的调查与分析,但没有涉及非义务教育阶段的儿童,目前也尚无全国性的流动学前儿童的数据,各地的流动儿童数据大多是根据流动人口推算的。江苏省苏州市2009年外来人口已占到苏州市总人口的48.2%,2008年外来人口在苏州市生育4.77万人,比本地人口生育的儿童多8000多人。其中,农民工子弟占了很高的比例。在苏南农村地区,外来农民工子女入园问题已经通过随班就读、恢复村园、举办农民工小学附设学前班和农民工子女幼儿园等方式基本解决。政府公平对待农民工子女,没有对他们额外收费。很多地方为了满足农民工子女入园的需要,还新建、扩建了公办幼儿园。如常熟市的一个乡镇花了两千多万元新建了一个幼儿园,其中90%左右是外来务工人员的子女。但是从全国的情况来看,大部分的农民工收入低,无力进入条件较好的公办幼儿园。由于学前教育和高中教育属于非义务教育,各级政府缺乏针对农民工子女接受学前教育的政策支持和经费投入。因政府支持力度不够,农民工随迁子女普遍缺乏公平的学前教育机会。因此,大部分农民工子女在房舍和师资条件相对较差的村园、个体园接受学前教育。有些地方还有一些非注册幼儿园,主要接收的就是农民工子女,这些幼儿园的安全、卫生条件等都存在不少隐患。

据方建华、王玲艳等对某大城市农民工的调查,农民工的学历均以初中为主,男女比例分别为58.97%和43.59%;其次为小学学历,分别为33.33%和35.89%;高中和中专学历所占比例较低,其中母亲为高中文化程度的占 10.26%，父亲为中专文化程度的占 5.1%；父亲和母亲没有上过学的分别为 2.6% 和 10.25%。农民工子女在入园年龄和性别上也存在一定规律。随着年龄增长，儿童接受机构教育的比例呈上升趋势，其中 3 岁入园率为 0%，4 岁为 25%，5 岁为 75%，6 岁为 100%。由此可见，农民工的文化水平总体偏低，教育意识相对较弱，加上收入低，出现不送子女入园或只能送那些非注册、卫生条件差、有安全隐患、师资条件不够的幼儿园的现象，也就是必然的了。

《国家中长期教育改革和发展规划纲要（2010—2020 年）》（征求意见稿）（以下简称《规划纲要》）指出："教育结构和布局不尽合理，城乡、区域教育发展不平衡，贫困地区、民族地区教育发展滞后；教育投入不足，教育优先发展的战略地位尚未完全落实……（今后应）形成惠及全民的公平教育。坚持教育的公益性和普惠性，保障公民依法享有接受良好教育的机会。建成覆盖城乡的基本公共教育服务体系，逐步实现基本公共教育服务均等化，缩小区域差距。"与此同时，《规划纲要》还特别提出要"基本普及学前教育"。为真正落实《规划纲要》的这一精神，政府与社会就必须切实关注并努力改变流动儿童和留守儿童的生存与发展状况，满足他们受教育的需要；就必须切实落实国家关于促进教育公平和关注弱势群体的政策，并在以下几个方面作出努力：

第一，国家应采取切实的措施，促进中西部不发达地区的经济和社会发展，引导就地创业，切实减少留守儿童；第二，改革城乡二元结构，逐步放宽户籍限制，让更多的儿童随父母生活，减少留守儿童，并使流动儿童享受与移居地儿童同样的生活和教育条件；第三，在还大量存在留守儿童的国情下，切实以政府投入为主，配备能够切实满足儿童心灵需要、抚慰儿童分离焦虑的专业人员，成立符合这一特殊群体儿童身心发展特点的教育机构，切实关心和照顾这些儿童的生活，积极推广各地行之有效的能减轻对留守儿童消极影响的办法和措施；第四，积极推广各地主动、平等、优先吸纳农民工子女入园的经验，推广积极为农民工子女创造良好教育条件的经验，尤其应关注迁入地政府从农民工实际出发，采取多种措施减轻农民工负担，鼓励农民工送子女入正规园的优惠政策，积极为农民工子女公平接受教育创造条件，从而在实践中真正不断缩小城乡差异，实现教育公平。

科学化是幼儿教育的必由之路[①]

最近一个时期，大家对学前教育领域出现的"特色化""专长化""提前化"等现象和问题进行了深入讨论和分析，大部分的意见是学前教育要从幼儿的兴趣和发展需要出发，要遵循幼儿的身心发展规律和学习特点，要坚持学前教育的科学性。但不同的声音还是存在的，需要进一步讨论。我们不期待对学前教育发出的所有声音都一致，如果那样，学前教育就失去了发展的活力；但我们对学前教育的科学立场必须是一致的，否则，学前教育的发展就失去了根基。为此，我想谈几点体会。

一、心随身移——真正把儿童当作独立的主体

习近平总书记在访问俄罗斯时，提醒有些国家的领导人，不要身体已经进入新世纪了，思想还停留在冷战思维。不论什么领域，身心不共时，就会产生不和谐，甚至会产生冲突。其实，身心不共时的现象在教育领域也大量存在。因此，时至今日，我们还是要追求儿童教育观念的现代化，即呼吁人们身心共时，用现代文明武装头脑，真正信仰、依循现代儿童发展研究的理论成果，把教育建立在科学认识儿童的基础之上，承认和尊重儿童的发展规律、人身权利和人格尊严，进而确认儿童的学习者主体地位，积极倡导儿童以适宜其身心发展特点的方式主动学习。21世纪的教育工作者和家长要用适应时代需要和科学发展的观念来指导

---

① 本文原载于《幼儿教育》2013年5月。

自己的思想和行动，不能死守传统的教育思想，否则儿童就不会有良好的发展，也不会有美好的童年。事实上，大量违背儿童身心发展规律的现象其本质和根源都是教育观念和立场的问题。

很多人都认为自己的立场和观念没有问题，甚至认为对科学的儿童观已了如指掌、滚瓜烂熟。其实，科学的儿童观不是记得就行了，它不只是一种知识，更是一种立场，甚至是意志。它必须在心灵深处扎根，在现实生活中践行。科学的儿童观的确立，是社会文明进步的一个重要标志。人们对儿童的态度，儿童在这个社会中的地位以及儿童的生活境遇，经常是判断一个社会文明程度的重要指标。科学的儿童观要求社会理解儿童、尊重儿童，把儿童需要当作社会最大的需要，把儿童权益放在优先的地位；要求与儿童相处的人们理解儿童成长和发展的特点和规律，尊重儿童的权利和尊严，尽可能满足儿童合理的需要，同时，真正将儿童当作独立的存在，保障儿童的独立性和自主性。

确立科学的儿童观，需要经过几代人的努力。科学的儿童观是跟整个社会的文明联系在一起的，没有整个社会的文明作为基础，科学的儿童观不可能从根本上确立起来。西方社会儿童观的确立也经历过一个漫长的过程，儿童从宗教的枷锁中、从成人主宰的牢笼中挣扎出来，是一个艰辛而持久的历程，它伴随着整个人类的思想解放和科学进步，伴随着社会的变革和文明进步。

儿童观问题是文化，是习惯，它有由来，有根源。让我们来分析下面的案例。一位中国母亲带着孩子遇到了一位认识却并不很熟的人，她向对方介绍"这是我的女儿"，并让自己的女儿"快叫叔叔"，这位叔叔赶紧说"多乖的小姑娘啊"。这是我们司空见惯的，体现了中国式的交往传统和尊重长辈的美德，还体现了中国人评判孩子的标准。一位英国母亲带着孩子也遇到了一位认识却并不很熟的人，她向对方介绍说"这是艾伦"，那位叔叔会直接跟小女孩打招呼说"艾伦，你好"，小女孩也会跟叔叔打招呼说"你好"。这体现了英国式的社交文明和长幼礼仪。在前一个情景里，中国叔叔如果不主动问是不可能知道那女孩的名字的，因为他只听说是熟人的女儿，那个女孩的身份就是别人的女儿，她叫什么名字似乎并不重要。其实她是别人的女儿这个信息往往是不需要介绍的，大部分人都看得出来。因此，这次偶遇的过程是妈妈向叔叔介绍了一个不太必要的信息，而漏掉了一个重要的信息。但大家似乎习惯了，都这样介绍。说"这是我女儿"的时候，那种感觉就像在说"这是我的包""这是我的自行车"，强调的是人与人、人与物之间的从属关系。在后一个情景中，那位英国叔叔应该能猜出那个女孩是熟人的女儿，他不知道的信息是她叫什么名字，而那位母亲就给了他这个信息。他们偶遇的主要过程是叔叔与艾伦之间的打招呼。艾伦就是艾伦，艾伦首先属于艾伦，艾伦是她自己。这不仅仅是语言习惯的问题，更是思维传统的问题。今天我们的幼儿园和家庭中成人想教什么就教什么，想让儿童成为什么样的人就按照什么方向去塑造，不就是认为儿童是属于成人的，成人有这个"责任"去替儿童规划吗？

我们对科学儿童观的确立不能抱过于乐观的态度，更不能认为当前儿童观已经没有问题了，或认为学前教育的主要问题是技术和方法问题。但我们对科学儿童观的确立也一定要有坚定的信念，因为社会文明的脚步是势不可挡的，人们对儿童的认识和理解水平是在不断提高的。同时，我们也必须认识到，科学儿童观的确立需要全社会不断做出努力，尤其是需要与儿童共同生活的人们做出不懈的努力。今天，错误的儿童观已经较少以危害和摧残儿童身体的方式表现出来了，但它会危及儿童的心灵，危及儿童的生活，进而危及儿童的发展。不科学的儿童观经常会带来不科学的想法和做法。对儿童的过多保护、溺爱，没有原则地满足儿童的不合理需要，或对儿童有过高的要求、过高的期待，凡此种种，都是成人不科学的儿童观的具体表现。

二、以学定教—真正从儿童的兴趣和需要出发

古往今来，学习者在学校学什么，往往是事先就定下的。从"四书""五经"到今天的各科"课本"，从来就是以教定学，教师在学习者学什么的问题上也没有太多的发言权。所谓学习者的兴趣、需要，在以教定学的背景下，没有谁真正会去关注。我们并不反对对一定年龄儿童的学习设定目标和进行适度规划，但在如今教材主导、考试主导的情景下，儿童仅仅是一个接受者；教师能做的、能制约的似乎也只有如何让儿童接受的问题了。这种状况在今天的基础教育实践中大量存在。学前教育必须颠覆以教定学的宿命论调和实践惯性。这是因为以教定学背离学前儿童身心发展规律和学习特点，无视儿童作为独立主体的存在，无视儿童的需要和兴趣。只有颠覆以教定学的旧观念，学前教育才能真正走上科学化的道路。

遵循儿童的身心发展规律，是科学的学前教育最基本的要求，也是最难以落实的要求。《关于当前发展学前教育的若干意见》（以下简称《意见》）指出："遵循幼儿身心发展规律，面向全体幼儿，关注个体差异，坚持以游戏为基本活动，保教结合，寓教于乐，促进幼儿健康成长。"《教育部关于规范幼儿园保育教育工作，防止和纠正"小学化"现象的通知》（以下简称《通知》）也指出："幼儿园（含学前班，下同）要遵循幼儿的年龄特点和身心发展规律，科学制订保教工作计划，合理安排和组织幼儿一日生活。要坚持以游戏为基本活动，灵活运用集体、小组和个别活动等多种形式，锻炼幼儿强健的体魄，激发探究欲望与学习兴趣，养成良好的品德与行为习惯，培养积极的交往与合作能力，促进幼儿身心全面和谐发展。"可见，我们一直强调遵循儿童身心发展规律。偏离儿童身心发展的规律，学前教育就会出现诸如"成人化""小学化"的现象，就会偏离学前教育科学化的航向。真正从学前儿童的身心发展特点出发，意味着让儿童通过经验来学习，意味着让儿童做事，做符合他们

需要的事，做适合他们天性的事，做力所能及的事，做能感受到挑战的事，做能感受到趣味的事，做能激发他们思维参与的事。

与中小学生不同，学前儿童不是以符号学习尤其是文字符号学习为主要任务的，探究、操作、交往、表达是学前儿童主要的学习方式。这是由学前儿童的身心发展特点决定的。所谓以学定教，就是以学习者的发展规律、学习特点和兴趣需要为出发点和前提，来决定教什么和如何教。学前儿童有一定的年龄特征，也有区域特征和文化特征影响下的发展特征，更有个体差异特征。根据学前儿童的年龄特征，我们可以大致确定课程的方向、课程的内容和资源以及课程的实施形式，但决不能一成不变。以学定教作为课程与教学的一个原则，在具体的教育情境里意味着观察儿童、了解儿童、理解儿童是教育的前提，这是幼儿园课程设计的基础，也是组织教育教学活动的基础。就一个具体的班级来说，儿童的兴趣和需要我们无法完全预知，儿童对即将到来的活动有什么反应我们也无法完全预知，因此，我们的课程与教学必须随着我们对儿童的观察和了解不断调整。由此可见，对幼儿园教师来说，观察儿童、分析儿童的活动及成果、利用各种资源为儿童创设活动的条件是非常重要的专业能力。一定要消除将弹唱跳视作幼儿园教师专业能力的误解，会弹唱跳的人有很多，但不一定都具有幼儿园教师的专业素养，也不一定能成为好的幼儿园教师。真正优秀和专业的幼儿园教师必须有观察、谈话、作品分析、课程设计、评价等方面的专业素养和能力。这也是落实"以学定教"原则的专业基础和保障。从这个意义上说，幼儿园中出现"特长化""定向化""提前化"和"成人化"的活动内容，是教师缺乏专业素养的表现，也是教师违背"以学定教"原则的表现。

三、同心协力—真正为儿童创造一个良好的成长环境

《意见》指出："办好学前教育，关系亿万儿童的健康成长，关系千家万户的切身利益，关系国家和民族的未来。"办好学前教育，让学前儿

童健康快乐成长是全社会的共同心愿，全社会都有为儿童健康成长而不懈努力的责任。

第一，要努力接近教育科学。首先要了解学前儿童的身心发展规律和学习特点，了解和理解他们的兴趣和需要，真正从学习者出发，考虑教什么和如何教。当前，应重点学习教育部颁布的《3—6岁儿童学习与发展指南》（以下简称《指南》），把握不同年龄阶段儿童发展的特点和规律，掌握对不同年龄阶段儿童教育和引导的基本原则和方法，真正做到以学定教。尤其是应把握《指南》中特别强调的几个核心精神，如：关注幼儿学习与发展的整体性，尊重幼儿发展的个体差异，理解幼儿的学习方式和特点，重视幼儿的学习品质。我们应努力将《指南》的精神落实到学前教育的实践中去，转化为引导和促进学前儿童健康成长的力量。

第二，要坚决远离不当利益。在当今学前教育中，不少背离科学规律的行为不是认识问题，而是利益问题。其实人们对有些有害儿童身心健康的活动不是缺乏认识，而是缺乏正确的立场和价值判断。当人们把学前教育当作主要经济来源时，科学育儿只能是幌子和影子。《通知》指出："严禁幼儿园提前教授小学教育内容。幼儿园不得以举办兴趣班、特长班和实验班为名进行各种提前学习和强化训练活动，不得给幼儿布置家庭作业。"其实，这些兴趣班、特长班和实验班以及其他各种名目的班，往往是跟经济利益联系在一起的。这是钻了今天很多家长科学育儿水平较低和急躁冒进心理的空子，而真正受害的是学前儿童。

第三，要全力创造科学育儿的氛围。教育部于2012年起开展了学前教育宣传月活动，活动的主题就是科学育儿。今年的宣传月活动又即将开始，这说明政府已经在科学育儿宣传方面行动起来了。对科学育儿的宣传和普及是一项长期的任务，也是一项需要全社会共同参与的工作。当今，个别媒体的宣传还在突出应试教育思想，倡导特长教育的价值，甚至传递反科学的信息，影响了全社会科学育儿氛围的形成。各种社会机构，各种公共媒体，各个领域的社会成员，应集结成宣传和践行科学育儿理念的共同力量，不但要在教育方法上进行宣传和普及，更要从基本的价值立场和信念上进行引导。要加强对家长和教师的宣传和培训，尤其应使更多的教师成为科学育儿的宣传者、践行者、示范者；要宣传幼儿园和家庭科学育儿的新思想和新实践，加强幼儿园与家庭的沟通与协作；要将科学育儿思想播撒到社会生活的每一个角落，不断深入人心，融入实践。只有这样，儿童才有真正幸福美好的童年。

幼儿园教研需要革命性转身[①]

教研工作是学前教育实践体系的重要组成部分，是多形式、多层次地浸润在整个教育实践过程中的，是提升教育质量的重要保证。重视教研是我国学前教育的传统，配备专业的教研人员是我国学前教育质量管理的传统举措。

在贯彻落实《幼儿园工作规程》（以下简称《规程》）和《指南》的背景下，加强教研工作，注重教研队伍建设已经成为一项必须切实加强的重要工作。《意见》以及国家三期学前教育行动计划都强调了加强学前教育教研工作，建立学前教育教研片区职责制，以提高学前教育质量。那么，教研工作的内涵该怎么理解，教研审议制度该如何建立呢？

一、幼儿园教研必须关注保教过程

学前教育教研工作不同于中小学教育的教研工作，这是由不同教育阶段的特质决定的，更是由不同阶段学习者的身心发展规律和学习特点决定的。幼儿园教育的内容是儿童在现实生活和游戏过程中所感受到的直接经验，儿童是在多感官参与的行动中思考和学习的，儿童学习的不是以符号为主要呈现方式的知识体系。

幼儿园教研不只关心上课或集体教学活动，不只关心教师的教，尤其要关注幼儿园的保教过程，重点关注儿童获得经验的适宜性和有效性。

---

① 本文原载于《幼儿教育》2017 年 11 月。

幼儿园的"保"和"教"不等于单纯的教师讲授和传递，而是引发儿童积极地与周围的环境和材料相互作用。因此，幼儿园教研的重点不是研究书面材料及教师的讲授策略，而是研究儿童的兴趣、需要和发展可能及其与环境和材料的关系，研究教师的观察、分析和引导的合理性和有效性。幼儿园教研必须在具体的活动过程中进行或者必须关注现实的活动过程，必须关注儿童、教师及环境、材料和规则等要素之间的相互关系。

幼儿园教研的核心目的是解决教师在日常保教过程中遇到的问题和困难，进而提高教育质量。因此，教研工作必须坚持问题导向，而不是任务导向和活动导向。任何教研的任务和活动，都应该来自现实的保教工作中出现的问题。正是从这个意义上说，教研人员的首要任务是深入实践，发现问题，感知困难，聚焦重点，从而确定教研任务和相应的活动，确保每一个任务有相应的问题指向，每一项活动都为着解决相应的现实问题。要切实避免教研工作缺乏问题意识和共识、随意决策、无序推进的状态。真正让教研工作走上精准化、有效化和制度化的轨道。

幼儿园教研工作是一个民主过程，是一个研究过程，是一个学习过程，更是一个开放和创新的过程。江苏省出台了《省教育厅关于加强学前教育教研工作的意见》，并将组建一个由教研员、高校专家、研究机构专家和一线教师等人员构成的新型教研人员联合体，这是教研工作的创新。教研工作必须避免把教研演化为教导，把协商演化为指令，把创新演化为执行。教研工作不是布置和落实行政命令的过程，而是一个专业协商和沟通的过程，是一个凝聚集体智慧的过程，是一个解决问题的过程。

二、审议教研计划确保聚焦真问题

江苏省出台的《省教育厅关于加强学前教育教研工作的意见》提出了要落实教育部提出的幼儿园教研片区职责制，片区职责制的组织保证是专兼职相结合的教研队伍，而教研队伍的主要工作机制之一是教研审议。

建立教研工作集体审议制度，这是由学前教育教研工作的特点决定的，体现了幼儿园教育工作的特点和实际，反映了广大教师对教研工作成效的现实呼唤，也是解决当前我国专职教研队伍配备不足的有力举措。加强对教研工作集体审议的实践和研究，是提高教研工作成效的现实需要，也是教研工作创新的具体举措。

教研工作审议的重点包括两个方面，一是各级各类教研计划审议，二是对活动过程及其记录资料的审议。对各级各类教研计划的审议是教研工作的重要内容之一，其主要目的在于确保教研工作的正确方向，确保教研工作聚焦真问题，确保教研工作方法和策略的有效性。教研审议是教育民主的具体表现，是凝聚集体智慧的过程，是交流思想、观点辩护、观照实践的过程，是讨论和沟通的过程，不是简单的评议和评点的过程。

教研计划的审议必须坚持《规程》和《指南》的精神，遵循儿童的身心发展规律和学习特点，坚持从儿童出发考虑儿童的教育和发展。遵循幼儿园教师劳动的规律，尊重和激发教师的创造性，真正使教研活动起到对教师激励和促进的作用。因此，教研计划的出发点和立足点一定是教师实际工作的需要，一定是教师面临的具体问题，一定是教师自身难以克服的困难。

教研活动的计划应该围绕这些问题和困难展开，所涉及的环节和采取的措施应有助于这些问题和困难的解决。解决问题和困难的方法及策略不是由教研人员给予，而是在现实的研究和探索过程中，由教师去发现和寻找，由教师去比较和选择。避免把教研活动变成验证教研人员给予的"药方"的过程，一定要强调教师是解决问题的主体。

三、在教育现场审议保教过程及记录资料

对活动过程及其记录资料的审议是教研审议具体而重要的内容，也是教研审议的核心工作。各级教研团队要加强对幼儿园保教实践过程的

观摩和审议。只有真正进入教育现场，才谈得上浸入式教研，甚至才谈得上真正意义上的教研。对保教过程的观摩应注重儿童的行为和学习过程，关注儿童的主动性、积极性和创造性，要把关注重点放在儿童做了些什么而不是教师讲了些什么上。要注重儿童获得的新经验，而不是教师讲授的知识。要关注教师如何采取有效的策略调动儿童学习热情、如何激发儿童投入深度学习、如何激发儿童的思考和创新。

对保教过程的审议应关注特定的情境，关注教师的现实状况，就事论事，鼓励教师在理念和认识上寻找问题的原因，鼓励教师总结和提升自己的经验，鼓励教师合理地评价儿童的学习和发展，客观寻找自己的问题和不足。

除了现实的保教活动，还可以审议一些保教活动的记录材料，即课程档案，包括儿童的作品、教师的文字记录、照片和录像等。这些资料中蕴含了丰富的信息，应该充分利用。任何课程档案首先不是用来保存的，而是用来阅读的，教师和教研人员共同阅读，展开审议，这对于改进课程和活动过程、促进儿童的学习与发展具有重要作用。

教研审议应注重以下几个方面。

一是树立正确的态度与价值观，如何看待教研审议是教研审议取得成效的关键，态度上积极进取，投入务实，才能产生真正有效的课程审议。

二是审议的范围和层次不能仅仅停留在某个层面，如果只停留在幼儿园层面，就很难真正推动区域教研的发展。审议也不能只关注文本，一定要把对实践过程的审议当作重点来对待。

三是真正建构适宜的教研审议队伍，避免队伍的单一化，注重多方面成员的有机结合，尤其关注专业人员和一线教师的参与。

四是要在教研审议实践中，逐步形成教研审议的准则，突出民主、开放、互动和建构，真正让教研审议产生积极的影响。教研审议的基本依据是国家的法规和政策，要积极落实《规程》《指南》的精神，使教研审议具有正确的方向。

五是把共识和改进作为审议的追求，各抒己见是审议的途径，不是目的，而对重要问题形成共识才是教研审议的追求。要在共识的基础上，分析问题，形成对策，改进实践，让教研审议发挥积极的和建设性的作用。

广大教研人员要进一步提高对教研工作重要性的认识，要向教研要质量，以教研促发展，用教研振士气，以教研来引领课程改革和发展的方向，努力形成一套行之有效的教研工作机制，不断提高教研工作的成效。

幼儿园应做科学育儿的"领头羊"[1]

一、学前教育质量的提升关键在科学育儿

科学育儿是现代学前教育的基本特征之一，也是学前教育现代化的核心成果。发展学前教育事业，不只是要关注数量和规模的发展，也要关注教育质量的提升。学前教育质量的提升关键在科学育儿。科学育儿是教师和家长共同的重要责任。科学的学前教育从儿童发展理论诞生以后才真正产生。只有真正把握儿童发展的特点和规律，才有可能产生真正科学的幼儿教育。儿童发展理论能指导人们真正了解儿童。所谓了解儿童，意味着了解儿童的发展规律和学习特点，了解儿童的需要、兴趣和可能，了解儿童的生活和活动。只有这样，幼儿教育才可能是有价值的，才可能真正促进儿童的发展。一切从成人的需要出发，强加给儿童的教育是无法真正促进儿童全面和谐发展的。

真正科学的幼儿教育应从儿童的生活出发，努力关注儿童的生活、理解儿童的生活、利用儿童的生活，站在儿童发展需要的立场选择教育内容，开展教育活动，不能把成人生活当作儿童生活、把成人的愿望当作儿童的愿望，不能以成人为中心来实施教育。幼儿教育必须以儿童为中心，必须依循儿童的天性，必须服从儿童发展的规律，必须关注儿童自己的生活。幼儿教育应依循儿童自身发展的逻辑，而不是成人的逻辑和知识的逻辑。背离儿童身心发展规律的教育，不能真正促进儿童健

---

[1] 本文原载于《中国教育报》2013年2月24日。

康发展，而且给儿童带来的可能是伤害和灾难。现实生活中的"幼儿读经"、过早定向教育等现象就是背离儿童身心发展规律、无视儿童自身需要的典型表现。

二、幼儿园应引领家长科学育儿

与家长相比，幼儿园教师是幼儿教育的专业人员，他们接受了专门的教育和训练，掌握专门的知识、技能，有专业的素养。幼儿园教师不只是一个简单的职业，而且是一个专业，不经过专门的训练和考核不能成为合格的幼儿园教师，难以担当教育儿童的重任。幼儿园教师应了解儿童身心发展的一般规律和学习特点，掌握指导儿童探索、发现、交往和表达的基本方法和策略。因此，幼儿园教师应该是科学育儿的表率。但由于体制、政策等因素的影响，真正合格的幼儿园教师在数量上难以满足幼儿教育实践的需要，目前还有相当比例的幼儿教育从业人员没有幼儿园教师资格，不具备学前教育专业素养，这是导致幼儿园中经常出现一些违背幼儿教育规律的现象和事件的重要原因。

幼儿园作为一个教育机构，其职能除了教育和引导幼儿健康发展外，还应该指导家庭开展科学的家庭教育。因此，幼儿园教师应是科学育儿知识的传播者、科学育儿行为的示范者。当前，很多幼儿园都通过家园联系手册、家长园地、家长会、开放日活动、家长学校等途径向家长传播科学育儿的理念，引导家长科学育儿。

在我国，科学育儿的观念还没有充分普及，还有很多家长不了解儿童的身心发展规律和学习特点，往往从自己的期待出发教育儿童，把自己的需要当作儿童的需要，忽视儿童的需要和兴趣，不顾儿童学习的可能和制约，过度强调知识教育、定向教育和特色教育。一些唯利是图的机构利用部分家长的错误认识，大力鼓吹错误的教育观念，推动家长走向与儿童身心发展背离的方向。对这些家长的引导，一方面要依靠各种公共信息和媒体的渠道，报纸、杂志、电视、网络要传播科学的、正确的信息，对家长进行积极的引导；另一方面要依靠幼儿园，作为专业力量的幼儿园，在引导家长方面起着不可替代的作用，幼儿园要进一步研究引导家长的途径和方法，从家长的问题和困难出发，从儿童发展最大的障碍出发，对家长进行教育观念和策略的有效指导和帮助。

三、如何做科学育儿的引导者

幼儿园要引导家长，首先自己必须真正成为科学育儿的倡导者、践行者和维护者。幼儿园必须坚守职业道德，坚守科学教育的理念，坚守儿童利益优先的底线，一切以儿童的发展为核心，抵制一切侵害儿童利益和儿童发展的现象及行为。让幼儿园真正成为儿童利益的守护者、儿童发展的促进者、儿童幸福的维护者，真正成为儿童的乐园。在教育实践中，有些幼儿园不断出现违背儿童身心发展规律的事件，或侵害了儿童的权益，或损害了儿童的身心，或剥夺了儿童的自由，或给予了儿童错误的信息和观念，或强化了儿童错误的行为。这些现象的出现，让我们更加深刻地认识到，幼儿园的职业伦理和专业素养都有待提高，也让我们认识到，全社会实现真正的科学育儿还任重道远。

幼儿园及幼儿园教师要真正成为科学育儿的引导者，就必须遵循我国的基本教育法律和学前教育法规，尤其应努力贯彻《规程》《幼儿园教育指导纲要（试行）》（以下简称《纲要》）及《指南》，努力在专业伦理和专业素养上不断学习，不断进步，抵制一切反科学的思想和利益的侵蚀。要坚持儿童利益是最高利益的原则，坚持把满足儿童合理的兴趣和需要作为幼儿教育的出发点。真正用科学的儿童发展理论和科学的学前教育观念武装自己的头脑，抵制一切反科学和伪科学的喧扰和诱惑。

引领家长科学育儿，幼儿园就必须研究家长，关注家长的育儿观念和育儿行为，关注家长的育儿问题和困难，努力使引导工作具有针对性，确保有效性。对家长的引领不能仅靠口头说教，要通过现实的案例，让家长身临其境、深受启发，要引导家长参与教育过程，引导家长讨论育儿工作的疑惑和困难。幼儿园要兼顾观念和行为的双重引领，努力提升广大家长的科学育儿意识和科学育儿水平。

在疫情中重新认识学前教育可持续发展[①]

在新型冠状病毒肺炎疫情[②]蔓延的当下,我们不得不深思人与自然的关系,这种关系是人与生俱来的,并且需要有正确的立场来加以把握。当今世界所倡导的可持续发展教育,就是引导人们正确把握人与自然的关系,正确看待世界的发展和存在问题,尤其是要在教育的可持续发展上,我们需要不断努力。学前教育的可持续性发展已经成为全世界关注的问题,它涉及政策、环境、课程等多个层面,需要社会各方面共同努力,不断深入地探究和探索。当前,除了在政策层面上进一步落实普及普惠优质安全的发展,在幼儿园层面上,环境的改进和课程的变革也是影响学前教育可持续发展的关键。在学前教育可持续发展过程中,有很多重大的问题需要用新的立场和方法加以探索和突破。

一、超越疫情看学前教育

几个月来,新型冠状病毒肺炎疫情席卷全世界,这是人类历史上一次重大的综合性灾难,已经对人们的生命财产、日常生活和社会经济等产生了重大的影响。对于幼儿园阶段的儿童来说,漫长的寒假,行动被约束的春节,不能充分游戏和运动的焦灼和烦躁,开学后严格的防疫要求,这一切也许不会长久纳入他们的记忆,但这场疫情本身一定会以某

[①] 本文原载于《学前教育研究》2020年6月。
[②] 根据中华人民共和国国家卫生健康委员会2022年12月26日发布的公告,将"新型冠状病毒肺炎"更名为"新型冠状病毒感染",因本文发表于2020年6月,故未做修改。——编辑注

种方式直接或间接地影响他们，影响他们的生活和学习，影响他们的发展。这也符合学前教育受社会环境和条件影响的基本原理。

无论是"非典"还是新型冠状病毒肺炎，有一点是共同的，那就是人和病毒的关系。不管病毒是怎么进入人体的，也不管果子狸、蝙蝠等在其中起了什么作用，都说明了一个重要问题，那就是在这大千世界，人类是无法独善其身的，人类和各种生物构成了真正的命运共同体。人类对自然的无穷欲望，滥杀滥捕，乱砍滥伐，最终都要承受恶果。人类中心论的生态观失败的根本原因也就在此。深度生态和生物中心论要求我们尊重自然规律，善待一切生物，让自然处于良好的运行状态。只有这样人类才有美好的未来。因此，新型冠状病毒肺炎疫情下的教育不是要让儿童简单仇视病毒，更不是要让儿童仇视蝙蝠等野生动物。把野生动物妖魔化，不但无助于儿童的认知和情感发展，反而会适得其反。

儿童天生就具有亲自然的特性，他们对自然尤其是动植物有着强烈的兴趣。鲁迪和布鲁因（Ruddy E Y & Bronwyn S F）通过一对一的访谈，研究了分别来自都市和乡村的两组共36名儿童，他们与自然接触的机会肯定有一定的差别，但是研究结果表明，儿童的生命嗜好和态度跟地理位置没有关系，对自然的态度也显现出很多相同的特性。[1] 儿童作为自然之子，具有亲自然的天性。儿童教育就是要充分利用这种天性，让儿童有更多的机会接近自然，了解自然，感受自然的魅力，养成热爱自然、保护自然的情感和习惯。我们要为埋藏在儿童心灵深处的自然种子提供良好的土壤和环境，让它们不断生长。

党的十八大报告指出，要坚持新发展理念，必须坚定不移贯彻创新、协调、绿色、开放、共享的发展理念，要坚持人与自然和谐共生，建设生态文明国家是中华民族永续发展的千年大计，要像对待生命一样对待

---

[1] RUDDY E Y, BRONWYN S F, JULIA T. Preschool children's biophilia and attitudes toward nature: the effect of personal experiences[J]. International Journal of Early Childhood Environmental Education, 2017, 5（1）: 57.

生态环境。党的十九大报告也指出加快生态文明体制改革，建设美丽中国。人与自然是生命共同体，人类必须尊重自然、顺应自然、保护自然。人类只有遵循自然规律才能有效防止在开发利用自然上走弯路，人类对大自然的伤害最终会伤及人类自身，这是无法抗拒的规律。因此，加强生态文明建设是党和国家的重大战略决策，需要从社会生活的方方面面加以贯彻和落实。加强对儿童的生态文明教育，既是落实生态文明战略的重要举措，也是符合儿童天性和发展需要的一项重要工作，应该切实抓早、抓好。生态文明教育是指向可持续发展的教育，是遵循自然发展基本规律的教育。

自然教育和生态文明教育正在走进各级各类教育机构的课程之中。中共中央　国务院发布的《关于学前教育深化改革规范发展的若干意见》指出："坚持以游戏为基本活动，珍视幼儿游戏活动的独特价值，保护幼儿的好奇心和学习兴趣，尊重个体差异，鼓励支持幼儿通过亲近自然、直接感知、实际操作、亲身体验等方式学习探索，促进幼儿快乐健康成长。"广大幼教工作者越来越觉得让儿童接触大自然，理解大自然，喜欢大自然，对于儿童身心各个方面的发展都具有重要的意义。美国幼教专家珊妮进行了一项在学前班不断扩展自然教育，增强自然性的实践研究，结果显示在学前班进行自然教育是一个逐步展开的过程，完全可行，也很有效，对于减轻儿童的自然缺失，促进其身体、精神和创造性等方面的发展十分有益。他们为儿童制订了新的一日生活环节，展开了一系列相关的活动，丰富了儿童相关的经验。[①]我国很多幼儿园也进行了类似的尝试，取得了明显的成效，尤其对培养儿童对自然的情感和增加关于自然的经验起到了积极的作用。在我国基础教育成果奖获奖项目中，有多个项目就是关于增进儿童与自然的交流，培养儿童对自然的发现和探究能力，增进儿童自然情感的。

---

① SUNNY CRANDELL. Bit by bit: how one preschool increased its nature[J]. International Journal of Early Childhood Environmental Education，2019，6（3）：64-77.

二、儿童不能缺席可持续发展

2000年9月，在联合国千年首脑会议上，世界各国领导人就一些关系到世界重大发展的问题商定了一套有时限的目标和指标，到2015年完成，统称为千年发展目标。联合国大会宣布在2005年到2014年这十年的时间里实施联合国可持续发展十年教育，要求世界各国政府在这十年中将可持续发展教育融入他们国家各个相关层次的教育战略和行动计划中。2015年9月25日，联合国可持续发展峰会在纽约总部召开，联合国193个成员国在峰会上正式通过了17个可持续发展目标（Sustainable Development Goals）。可持续发展目标旨在从2015年到2030年间以综合方式彻底解决社会、经济和环境三个维度的发展问题，转向可持续发展道路。2015年11月4日，联合国教科文组织在巴黎总部通过并发布了"教育2030行动框架"。该行动框架概述了如何在国家、地区和全球层面上将仁川会议制定的承诺转化为实践，动员所有国家和合作伙伴响应教育的可持续发展目标，提出了实施协调、筹措资金及监测"教育2030行动"的方法，以确保全纳、公平的优质教育，使人人可以获得终身学习的机会。同时，该行动框架还提出了指示性策略，指导各国根据不同的实际、能力、发展水平、政策及优先发展的考虑，制定符合本土情况的计划和战略。由此可见，国际社会在共同致力于全球教育的可持续发展，并将教育可持续发展纳入全球可持续发展的总体架构之中。

世界学前教育组织（OMEP）也一直致力于推动早期教育的可持续发展，并明确提出了"我们致力于可持续的转型，而不是临时性的修复"[1]的组织宗旨。根据联合国可持续发展目标，世界学前教育组织参与发布了早期教育可持续发展的重要文献《可持续发展教育哥德堡倡议》（2008），并组织成员国开展学前教育可持续发展的研究。世界学前教育组织中国委员会积极参与相关研究，提交了相应的研究报告。这些研究

---

[1] OMEP. What we do? [EB/OL].（2000-10-18）[2020-03-15].www.omep.org.

对于推进学前教育可持续发展具有重要的意义。从我国的现实出发，聚焦国家发展公益普惠安全优质的学前教育方向，实现学前教育的可持续发展还有很多艰巨的挑战，还有很多重大的难题，需要我们坚持不懈地研究和探索。

学前教育是终身教育的重要阶段，是人类可持续发展的一个重要领域，更是教育可持续发展目标的重要方面。研究和探索学前教育的可持续发展，要坚持专业、科学和综合的原则，借鉴多学科的理论和方法，努力在理论和实践上实现新的突破。澳大利亚学者朱莉·M.戴维斯的见解很有启发意义。她在《幼儿与环境：致力于可持续发展的早期教育》一书中较系统地梳理了联合国关于可持续发展的基本脉络，深入讨论了可持续发展的本质，指出可持续性强调的是人类能力在社会、政治、环境和经济方面的联结和相互依存，认可人与人之间关系、人与其他物种之间关系的重要性，也建立在对人类使用和分享资源方式的批判以及对代际公平问题的认识上。[1]因此，可持续性是一个广泛的议题，涉及众多的关系，连接过去和未来。可持续性不但涉及自然界的状况，还与贫困、人口、消费、性别平等、原住民问题、和平和解、群体生活和人类健康有关。[2]

我们正面临着一个飞速发展的世界，一方面，城市化进程正在不断推进，现代信息技术对人们生活的影响不断加大，儿童与现代传播媒体之间的联系越来越复杂，儿童远离大自然的危机在不断显现。另一方面，不同的社会和文化在不断滋生新的问题和困难，成为可持续发展的严峻挑战，就如留守儿童和流动儿童一样，我们需要采取一些切实有效的措施去推进他们的生活和发展。因此，很多研究者认为需要特别关注儿童的可持续发展。巴特里特指出了全球变暖对于儿童，特别是那些居住在

---

[1][2] 戴维斯.幼儿与环境：致力于可持续发展的早期教育[M].孙璐，等译.南京：南京师范大学出版社，2018：10，11.

城市中的儿童可能造成的不均衡的巨大影响，包括：第一，幼儿正处于一个飞速生长发育的阶段，尚未具备应对有害压力、物质匮乏和流离失所的能力；第二，他们快速的新陈代谢、未成熟的器官和神经系统、发展中的认知能力、有限的经验及其行为特点，使得他们更容易受到伤害；第三，暴露在各种风险之中有可能会对儿童造成长期的不良影响。① 因此，特别需要关注可持续发展进程中的早期儿童。

可持续的早期教育同样也是一个值得关注的问题。《早期教育对可持续性社会的贡献》《可持续发展教育哥德堡倡议》等文件对可持续性早期教育已经有了比较充分的说明。一些国家也在努力将可持续发展的目标融入本国发展学前教育的基本政策之中，如瑞典、韩国、澳大利亚等。我国的《中国教育现代化 2035》也明确提出："以农村为重点提升学前教育普及水平，建立更为完善的学前教育管理体制、办园体制和投入体制，大力发展公办园，加快发展普惠性民办幼儿园。"为实现这一发展目标，需要多方面长期持续的努力。

朱莉·M.戴维斯是一位努力站在儿童的立场上来讨论早期教育可持续性发展的专家。她认为，儿童是实实在在地暴露在这个真实世界的问题之中，并且受这些问题的冲击和影响。儿童值得享有认真看待他们以及他们能力的早期教育。儿童早期可持续性教育可以做到这一点，并且是以积极的、赋权的方式来实现的。② 为此，她强调了儿童在这个（不）可持续性时代的权利，并提出了修改有关儿童权利的建议，提出了儿童权利的五个维度：第一个是《联合国儿童权利公约》（UNICEF，1989）中公布的儿童的基本权利；第二个强调了儿童的主观能动参与权，是对有权表达观点、拥有表达和被倾听权的超越；第三个是集体的权利，它所需要的社会回应是有益于集体利益的"更大的善"，而不是寻求个人利

---

① ② 戴维斯.幼儿与环境：致力于可持续发展的早期教育[M].孙璐，等译.南京：南京师范大学出版社，2018：16，25.

益的最大化；第四个是代际间的权利，是对集体权的延伸，它提醒我们意识到当代人正在获取和使用下一代人的资源和资本是不公正的；第五个是生态权利，明确提出以生物（生态）为中心的权利，即包括人类在内的生物物种都有生存的价值和与生俱来的权利。[①]以这一儿童权利结构观念来思考和落实儿童的可持续性发展教育，将有助于我们用更宏大的视野，用更长远的责任，用更积极的举措，实现每一个发展步骤，真正为儿童创造一个光辉灿烂的未来。朱莉·M.戴维斯还深入阐述了自然的内涵及儿童与自然的关系，阐述了自然与心理健康和幸福的联系、自然与身体和感官游戏之间的联系、自然与自主感和场所感之间的联系，强调要为自然中的儿童与可持续性教育建立联系，[②]并进行了充分的论证。这是关于幼儿园可持续性教育研究的一个很好的典范。

三、完善幼儿园的教育环境

美国作家理查德·洛夫在其《林间最后的小孩》一书中提出自然缺失症（nature-deficit disorder）的概念。它揭示了人类正在远离自然的事实和由此引起的困扰。解决自然缺失不是依靠药物，而是依赖人们自然意识的觉醒，以此唤起内心对自然的强烈需求。对儿童而言，就是要让儿童有机会释放亲近自然的天性，这是儿童与生俱来的本能力量，是儿童心灵成长的内在需要。亲近自然是一个主动自发的过程。亲近也是儿童与自然特殊的关系属性，其中充满了情感、向往及依恋。因此，幼儿园作为教育机构，应尽可能让儿童有接触自然的机会。儿童亲近自然不只是表面的靠近，更重要的是要给予儿童与自然相处的时间和互动的机会，让儿童能从多个方面去感知自然，整体深入地去了解自然。亲近自然不是简单的学习任务，而是儿童生命成长的一个必经历程，不是外在

[①②] 戴维斯.幼儿与环境：致力于可持续发展的早期教育[M].孙璐，等译.南京：南京师范大学出版社，2018：27—28.

的要求，而是内在的需求，不能把亲近自然单纯地理解为自然学习和科学学习，而是应理解为对自然及自然与人类之间关系的感知和理解过程，是一个综合性的、多领域的经验共生的过程。亲近自然不是短暂的行为，不是一两次参观就能解决的问题，而是需要长期与自然接触，是在自然环境中浸润的过程。亲近自然是持续的、渐进的行动过程。因此，对幼儿园教育来说，亲近自然是从观念到行为的根本转变，是环境到课程的系统拓展。

幼儿园是学校教育体系的重要组成部分，但幼儿园又不同于中小学。幼儿园儿童的身心发展特点决定了他们不是以书面的文字符号系统作为主要的学习内容，而是通过感性经验来学习的，是在情境中思考的，是在行动中积累经验的。因此，幼儿园的儿童是真正在环境中学习的。从一定意义上说，环境的丰富程度决定了儿童经验的丰富程度，环境中自然元素的丰富程度决定了儿童自然经验的丰富程度。也就是说，儿童所感受的自然环境的状态决定了儿童对自然环境感知、理解和相互关系的水平。因此，幼儿园的环境创设是幼儿园质量建设的重要内容，是幼儿园最基本的建设工程。

幼儿园的环境包括室内、户外和廊道三个部分。幼儿园环境建设应坚持三个基本的原则。

1. 以儿童为本。

环境是为了儿童活动，指向儿童发展，有助于儿童获得经验，因此幼儿园的环境一定要让儿童看得见、进得去、可亲近、可感知。环境的核心功能是生活和学习。儿童是环境的真正主人，我们要真正蹲下身、贴近心去理解和感受儿童的需要和愿望，而自然性、有生命的灵性、有自然的美感是儿童强烈的需求，应该充分反映在幼儿园各类环境之中。

2. 突出自然性。

幼儿园的场地不称为操场，称为户外活动场地，也就是说，幼儿园的户外空间不只是用来做操的，而是用来开展多样化的活动的。户外空间就是课程实施的重要场所。因此，幼儿园的户外场地应该更加自然，更加丰富，更加有趣，给儿童提供更多的机会和挑战。幼儿园的户外空间应该充满绿色，充满生命的气息，应包含多样的物种，让儿童感受不同天气、不同季节动植物的状况，感受不同动植物之间的相互关系。户外空间要避免大面积塑胶地和水泥地，避免成人园林式设计，这样的设计儿童看不到、进不去。幼儿园室内环境和廊道环境也可以更好地体现自然的特性，应避免用人工产品完全代替自然物，避免环境中缺失生命气息。

3. 支持儿童的探索、发现和享受。

幼儿园环境不是用来给别人展示的，而是为了儿童发展。要鼓励儿童与环境相互作用，让儿童在与环境的作用中不断重构自己的经验。教师要充分利用环境中蕴含的挑战和问题，鼓励和支持儿童相互协作，共同解决问题，在此过程中不断丰富和提升他们的经验。因此，幼儿园的所有环境不只是用来看的，而是用来探索、发现和享受的，是让儿童在与环境的相互作用的过程中感受到挑战和超越，感受到新知和趣味的。幼儿园的户外环境应该时时有儿童，处处有儿童，如果幼儿园户外环境中的活动仅仅是作为不同活动之间转换的休息机会，那幼儿园教育很可能是"小学化"的，至少说明环境建设没有到位。

四、深化幼儿园课程的改革

要落实生态的、可持续发展的理念，关键在课程改革。只有深化课程改革，转变课程观念，环境才能不断优化并转化为儿童多样化活动的场所，才能真正促进儿童的发展。幼儿园课程的改革需要更全面和高位的视角，需要更协同和整体的机制。同时，课程改革又要求教育实践的深入和细化，要求关注细节，回到生活，回到教育的本原。真正让幼儿园课程充实儿童完满、幸福的童年。

将人与自然的关系纳入课程之中。我国著名教育家陈鹤琴先生早在

20世纪30年代就倡导大自然、大社会是活教材，要引导儿童在大自然、大社会中学习。大自然中的万事万物是相互关联的，是变化发展的，是源源不断的活教材。今天我们仍然需要这样的立场和观念。美国学者罗斯·威尔逊认为，"共同的世界和后人文主义思维呼唤我们超越以自然为基础的学习，走向以自然为基础的生活和以自然为基础的存在。基于自然的学习，如果仅限于获取自然世界，可能是消极的，缺少了为保持与自然的持续健康关系而产生的挑战和乐趣"。① 因此，课程中的大自然不是仅仅给儿童以知识和经验，不只是儿童认识和感知的对象，也是我们生活的背景和生存的依靠。大自然的任何改变都将影响人类的生活，人类的生活方式和行为习惯也将影响大自然，最终又反过来影响人类。今天的幼儿园课程需要这样的关系思维，只有这样，儿童才能真正去享受、关心和保护自然，才可能与自然产生情感的联系。也只有在童年的心灵深处打下这种情感、态度和行为烙印，未来的一代又一代人才可能真正做可持续发展的促进者。因此，幼儿园环境中的动物和植物都将成为课程的内容，它们之间是相互联系的，再结合土壤、水以及天气等因素，幼儿园课程就形成了一个真正基于自然的活动体系，能给儿童带来多样化的综合经验。

在行动中感受自然。自然是我们的生活，自然也应该是我们生存的状态。在自然中学习，就是在自然中生活和发展。幼儿园儿童的自然生活过程就是与同伴和教师共同生活的过程。没有深入参与的活动，就难以有真正的理解。因此，要给予儿童充分接触大自然的机会，充分利用幼儿园和周围的自然环境，让儿童真正置身于自然之中。在亲近自然的过程中，包含了众多的活动，如观察、种植、照料、收获、测量、称重、品尝、欣赏等，这都是经验获取的重要渠道。在种植、浇水、松土等活

---

① RUTH W. What is nature? [J]. International Journal of Early Childhood Environmental Education, 2019, 7 (1): 26.

动过程中儿童感受到了阳光、空气和水与植物生长的关系，在除草和沤肥、施肥的过程中感受到了不同植物之间的相互影响和促进，在观察动物食草、排便及蜜蜂采蜜等现象的过程中，感受到了动物和植物之间的复杂关系。儿童在参与具体的活动过程中，理解了季节的变化与人们生活的关系，理解了一些社会节日和风俗习惯产生的原因和意义，理解了人们的劳动与动植物的关系，理解了人类的生活与动植物的关系，从而真正理解世界是相互联系的。在此过程中，儿童感受到了自然的博大、变化、多样和美好。这样儿童才能真正理解要珍惜和爱护大自然，合理利用大自然。生态文明的理念就会播撒在儿童的心间。因此，幼儿园课程不是一堆死记硬背的知识，而是一系列相互联系的活动，包含了不同领域的经验，是综合的学习，也是儿童对大自然的欣赏和理解，这也是儿童童年生活的重要内容。

将可持续发展纳入幼儿园的课程体系，转化为幼儿园的教育实践，这是很多国家正在进行的积极努力。不少国家的实践都取得了很好的成效。对于环境和可持续的早期教育，朱莉·M.戴维斯认为应注重三个不同层面的教育。[①] 一是在环境中的教育，即自然环境就是学习的媒介，户外场地作为学习的环境和资源应被优先考虑。它通常包括对户外的探索，对大自然的研究，使用自然物的艺术游戏活动，种植活动，玩水、沙土、泥巴、木棍和树叶。其目的是要为儿童提供基本的经验，使他们真正地与大自然"亲密接触"，从而培养儿童的好奇心、同理心以及对大自然的热爱。二是关于环境的教育，包括鼓励儿童认识自然系统的功能之类的内容，例如水的循环（雨从哪里来，为什么水坑会干涸）或碳循环（堆肥的过程）。它有助于儿童欣赏并重视自然世界的复杂性，以及人和自然系统的相互关联。三是为了环境的教育，这属于社会政治层面的环境教

[①] 戴维斯.幼儿与环境：致力于可持续发展的早期教育[M].孙璐，等译.南京：南京师范大学出版社，2018：26.

育,包括对有关社会和环境方面的做法进行批判分析,例如午餐盒产生的浪费或者儿童排斥外貌或衣着打扮不同的人。在这种批判之后,还要合作解决问题并采取行动,让儿童了解更多社会和环境方面的可持续性策略。从朱莉的这些观点中,我们可以看到关于环境教育的三个不同层次是对环境和环境教育认识的时代演进,它们实现的是不同的功能。环境教育需要关注自然事物的细节,也要把握众多自然事物中所蕴含的关系和意义。这为我们构建和重塑幼儿园课程体系提供了有价值的思路和方向。

俄罗斯的《幼儿园教育教学大纲》及《幼儿园教育与教学大纲方法指南》[1]中也有很多类似的见解。这两个相关的文献都将自然当作是有机的整体,非常强调儿童与自然的相互作用,强调在观察和照护自然界事物过程中的劳动和学习。例如,提出让儿童认识生物界和非生物界,有意识地产生珍惜自然界的想法,形成生态文化的开端。这就将幼儿园的生态建设和保护纳入整个人类生态建设和保护的体系之中,结合幼儿园儿童的发展特点,进行适宜的生态教育和生态认同。又如,提出诸如"让儿童对植物、动物、自然现象以及周围环境的认识更加明确、深刻、系统化""对所有生物的生活现象(进食、生长、发育)形成认识""对自然界内部的因果联系形成认识""在与自然界生物的交往过程中,培养儿童在情感上友善地对待它们"等要求。由此可见,这是一种生态的视野,也是一种生态的思维方式,更是一种充分体现生态可持续发展理念的课程组织方式。越来越多的教师具有自然和生态的意识,越来越多的教师看到了自然的教育力量。让儿童有更多机会沉浸于自然环境中,教师对儿童的发展期待一般有以下方面:对自然世界的兴趣,对自然世界相互联系的理解,有兴趣独自探索和与他人一起探索,密切观察的能力,

---

[1] 瓦西里耶娃,格尔博娃,科马罗娃.幼儿园教育与教学大纲方法指南[M].冯晓霞,汪彤,译.北京:北京师范大学出版社,2013:55.

愿意冒险，自主和安全感，对美的欣赏，对生物的关心。①

总之，指向可持续发展的教育，要求幼儿园超越文本符号，超越教师讲解，超越室内静坐，超越单一认知。要引导儿童关注更加广阔的世界，确保儿童接触大自然的权利，确保儿童积极主动探索和发现的权利，确保儿童思考和想象的权利。让幼儿园课程为儿童的生活、学习带来更大的空间，更丰富的活动，更多样的经验，更融合的智慧。

---

① RUTH W. Natural and young children: encourage creative play and leaning in nature environments[M]. New York: Routledge, 2018: 34.

找准幼儿园教育"小学化"的根源[①]

幼儿园教育"小学化"是当前幼儿教育领域必须深度关注的问题，也是一个需要长期努力才能真正解决的问题。幼儿园教育"小学化"就是幼儿园教育违背（主要是超越）幼儿身心发展规律，无视或忽视幼儿的学习特点，让幼儿学习小学生的内容，让幼儿以小学生学习的方式学习。我认为，造成幼儿园教育"小学化"的根本原因有三个方面。

第一，观念的原因。在世界的华人社会，甚至包括韩国、日本等东亚国家的大众意识中，不同程度地对儿童的学习和发展有一种"重成就、重学业、重知识"的倾向，从小背书包、学写字、做算式在东亚文化中是常见的，很多公众一直期待和支持他们认同的以知识学习甚至是读写算为主的幼儿园教育，这种期待在很大程度上左右着幼儿园教育。这种现象的背后是什么呢？我们认为是对儿童的认识，是对儿童作为独立的人的天性、权利及需要等的认识。西方文艺复兴以来儿童解放的理念在我国学术界的影响和在民间的影响有重大的差异。我们深感了解儿童、理解儿童和解放儿童还有漫长的路要走。向公众宣传科学的教育观和儿童观，是解决幼儿园教育"小学化"的重要途径。从今年起，教育部决定开展学前教育宣传月，通过公益广告、科学育儿电视节目、发放科学育儿宣传材料等形式，宣传科学的学前教育。我们期待公众的儿童观、教育观不断科学。这是纠正幼儿园教育"小学化"的根本力量所在。

[①] 本文原载于《辽宁教育》2012年8月。

第二，资源的原因。幼儿教育的空间资源、人力资源等在一定程度上造成了幼儿园教育"小学化"。

幼儿人数过多，幼儿园空间过小，教师无法真正对幼儿实施科学的教育，以游戏为基本活动变成了奢求。班级人数超过国家标准一倍的幼儿园在县及县以下大量存在，甚至还有不少班级人数达80—90人。在这种情况下，为保证幼儿的安全，端坐静听成了最重要的学习方式。

幼儿教育人力资源的缺乏是造成"小学化"的重要原因。有些地区根本没有按照国家的教师配备标准配备工作人员，师生比严重超标。更为严重的是，合格教师大量缺乏。目前报道出来的教师伤害幼儿案件，很多发生在没有资质的"教师"身上。有些地方为了解决幼儿园教师的不足，采用了小学转岗教师计划，这是短期缓解幼儿教师紧缺的一种措施，但必须加强专业培训，坚持考核合格，坚决避免转岗教师成为幼儿园教育"小学化"的推手。因此，政府必须加大投入，加强对学前教育师资的培养，通过多种途径培训最基层的幼儿园教师。

第三，制度的原因。长期以来，对学前教育重视不够，学前教育欠账太多，这是造成幼儿园教育"小学化"的重要原因之一。

对学前教育的投入一直没有真正纳入公共财政投入体系，公共财政一直关注的是少数人或者是小部分人受益的幼儿园，公共财政的公共性没有得到充分体现。就是在近两年大力发展学前教育的背景下，我们看到，各地对学前教育的专项投入多于制度性投入，在有些地方我们看得到投入的数量，看不到投入的理由和维持的时间，看不到相应的制度安排。

与义务教育和高中教育相比，幼儿园教师的编制也缺乏制度性安排，编制没有专列，教师队伍的发展缺乏制度保证。在这种背景下，政府对幼儿园教育的管理就缺乏底气，缺乏杠杆，政府对收入完全来自家长或绝大部分来自家长缴费的幼儿园如何有效控制，如何积极引导就成了一个重要课题。

加强幼儿园教育的制度化建设是解决幼儿园教育"小学化"的必需，也是幼儿园教育健康发展的必需。就解决幼儿园教育"小学化"而言，必须建立幼儿园教育质量监控体系，这是解决幼儿园教育"小学化"最重要的制度建设，真正让政府的管理力量去有效消除违背教育规律的现象，推进幼儿园教育的科学化。此外还应建立幼儿园举办准入制度、幼儿园教师准入制度、幼儿园课程准入制度，确保幼儿园教育沿着科学的轨道发展。

劳动是幼儿综合的学习[①]

劳动是指人类创造物质财富和精神财富的活动。对幼儿来说，劳动主要是指身体或体力活动，达到服务自己和他人的目的，在此过程中，也许也能创造一些物质的"财富"。因此，对幼儿来说，所谓劳动，主要是指以自我服务为主的体力活动。幼儿从为成人递送物品等简单的服务，逐步发展到有计划地完成班级中各项自我服务的工作。

一、幼儿的劳动与游戏密不可分

丰子恺先生有一幅漫画，名为《无条件的劳动》，画面上两个儿童各自搬着一张凳子，表情积极、愉快，画面上可以看到另外两张小凳子上的儿童，三角小旗，地上的小喇叭，这是一个典型的游戏场景。很显然，儿童把劳动当作游戏做，又在游戏中劳动。这大概就是丰子恺先生要传递的劳动价值观吧，劳动是快乐的，是与服务一体的。这就改变了传统的劳动观：似乎劳动总是和"哄骗""条件""命令"联系在一起。

丰子恺关于儿童劳动的观念和意识与苏联学前教育理论中的一些观点非常相似。苏联的学前教育理论在叙述幼儿（苏联称学前儿童）劳动的特点时往往首先会叙述劳动和游戏紧密相连的特性。游戏与劳动经常是密不可分的，幼儿的很多游戏往往是对成人生活的反映，幼儿又在自己的劳动中模仿成人，并带着游戏的精神和趣味，让劳动变得生动有趣。

[①] 本文原载于《今日教育（幼教金刊）》2019年2月。

什么是幼儿劳动的基本特性？从最本质的意义上说，幼儿的劳动就是同物质世界的相互作用，无论是用抹布擦桌子，用小铲子松土，还是用扫帚扫地，都是在使用材料或工具改变客观世界，达到自己的目的，如桌子和场地变干净了，泥土变松弛了。由此可见，劳动是在真实的生活中发生的，它是一个过程，这个过程是与一定的目的联系在一起的，并且能对包括劳动者在内的人产生一定的影响。按照皮亚杰的观点，这种幼儿与外部世界相互作用的过程就是学习，也就是获得认知和经验的过程。

马卡连柯在讨论儿童劳动时，认为简单的日常劳动对儿童非常有意义，可以养成儿童的独立性、责任心、自我组织的能力，并使自己的行动具有目的性。会劳动的儿童能懂得努力劳动的价值，尊重别人的劳动，并特别注意需要帮助的人。苏联的学前教育认为学前儿童的劳动和游戏紧密相连，游戏反映成人劳动；在游戏中反映出一些劳动活动的因素；为将要玩的游戏进行劳动活动；在劳动过程中进行一些游戏动作。因此，游戏和劳动是密不可分的，两者紧紧联系在一起。

二、幼儿的劳动与生活息息相关

劳动在我国的学前教育体系中曾与"游戏""散步""上课"等同样作为重要的教育手段。很显然，劳动也是重要的教育内容和方式。幼儿的劳动主要包括自我服务劳动、集体公益劳动、照料自然物劳动以及手工劳动。这些劳动的共同之处在于：都是与幼儿生活关联的，力所能及的，对幼儿的发展都有一定的意义，在不同程度上能让幼儿获得一些新的经验。每一种劳动的情境、行为及意义都有一些差别。

首先，自我服务劳动。这里的自我服务是就单个儿童为他自己服务而言的。这种劳动从小班幼儿就开始了，主要涉及日常生活，与幼儿的生活息息相关。比如穿衣、戴帽、倒水、整理被子等。这类劳动直接涉及儿童的生活过程，会影响到生活本身。这些劳动一方面能培养幼儿良好的生活习惯，懂得自己能做的事自己做，在自我服务的过程中感受了成功和快乐，也多了一份自我肯定。幼儿自我服务也能提高幼儿的动作能力，尤其是手眼协调、空间知觉、手部肌肉控制等能力。幼儿也正是在日常自我服务的劳动中，不断增强自己的能力，不断学会处理一些生活事务。

其次，简单的集体服务劳动。这种劳动的指向是他人或者包括自己在内的所有人。幼儿园中的值日生所从事的劳动大多具有这种性质。值日生的劳动具有轮流的特性，大家都有机会为集体服务。如擦桌子、扫地、分发玩具或碗筷等，这些劳动会惠及同伴和自己。到了大班，幼儿会自己生发出很多集体服务的劳动来，如制作食品、创设游戏、建立新规等。与自我服务劳动不同，集体服务的劳动已经具有明显的利他性，尤其是那些纯粹为他人服务的劳动更具有品德养成的意义。在为集体服务的劳动中，幼儿的行为也变得更加复杂，涉及的时空和规则也不同于自我服务。幼儿可能面临服务态度、公平和效率等问题，也会涉及他人的评价等问题。随着幼儿年龄的增长，这种集体服务劳动将延伸到家庭和社区，幼儿能为更多的人提供简单的服务。

再次，饲养和种植劳动。这类劳动在不同的年龄段都存在，只是劳动复杂程度具有较为明显的差异。如饲养活动，小班一般会用单片现成的叶子去给小动物喂食；更大一点的幼儿往往愿意去寻找小动物可能喜欢的食物，进行尝试。小班的幼儿往往会采用一种确定的方法去种植喜欢的植物；更大一点的幼儿往往会尝试种植一些自己认为有趣的植物，还会采用自己认为正确的方法，甚至进行多种方法的尝试。不同年龄段的幼儿对植物生长过程的关注程度和关注方式是不同的，对自己种植的植物投入的情感也是有差异的。年龄越小的幼儿在种植和饲养过程中，往往个体性行为较多，更大年龄段的幼儿在种植和饲养中有更多的集体性行为，他们甚至会讨论规则和方法。

除了以上三种劳动外，还有一些其他类型的劳动。有些劳动是有明显的任务性质的，完成一个手工作品，用于布置公共空间，做升旗手，捡落叶等。具体的服务指向并不十分明确，但具有明显的任务意义，有连续的行为和对应的结果。

三、幼儿的劳动应指向全面发展

幼儿劳动教育是全面发展的重要组成部分，也是幼儿园重要的课程内容，需要系统的规划和实施。规划和实施幼儿的劳动应关注以下几个问题。

首先，从幼儿身心发展特点出发，注重劳动活动的适宜性。劳动活动应遵循幼儿身心发展规律，不宜过度强调服务的结果，要多关注幼儿行为的过程。对幼儿的要求要适宜，规则应可理解、可践行并具有针对性。要切实让幼儿感受劳动的挑战和乐趣。劳动的内容应来自幼儿的生活，是幼儿熟悉的，感兴趣的。对劳动活动的引导和帮助要结合幼儿的能力及个体差异，不能整齐划一。

其次，要切实关注幼儿的行为过程，关注劳动对幼儿的综合性发展价值。应注重劳动活动的特性，注重幼儿相互作用的对象，关注幼儿可能的学习机会，切实在各种劳动中实现体智德美等多方面的发展。尤其是应注重幼儿的劳动态度、劳动习惯和劳动能力的发展，以及解决问题能力和交往能力的发展。将劳动纳入课程规划之中，使之成为实现幼儿全面发展的重要途径，成为幼儿获得新经验的重要途径。

最后，要创设有价值的劳动环境，并提供相应的材料和工具。劳动活动作为幼儿园课程的重要组成部分，应精心规划，努力设计，切实实施。要充分利用幼儿的现实生活环境，通过情景化、问题化的引导，将幼儿置身于环境相互作用的过程之中，为他们提供适宜的材料和工具，让幼儿明确任务，面对问题，并努力去解决这些问题。如小班幼儿的劳动经常与游戏联系在一起，不能持续太长的时间，这就决定了他们的劳动任务应该比较简单。而大班幼儿有很强的动手能力，已经有一定的集体意识，服务的意识和能力也不同于中小班，因此，他们的劳动可以拓宽空间，面向更多的人群和任务，也需要更为复杂的环境。

总之，幼儿的劳动对幼儿全面发展具有重要的意义，是幼儿综合的学习，应加强环境和条件建设，加强对幼儿劳动的规划和引导，使之发挥更大的教育成效，真正促进幼儿全面和谐发展。

论学前教育的专业性及其专业化发展[①]

《规划纲要》指出，为防止和纠正幼儿园教育的"小学化"倾向，要为儿童创设丰富多彩的教育教学环境，加强教师队伍建设，建立起幼儿园保教质量的评估监管体系，"把提高质量作为教育改革发展的核心任务。树立科学的质量观，把促进人的全面发展、适应社会需要作为衡量教育质量的根本标准。树立以提高质量为核心的教育发展观，注重教育内涵发展"。《意见》更明确提出了学前教育质量的要求和内涵，它指出要保障适龄儿童接受基本的、有质量的学前教育，必须坚持科学育儿，遵循幼儿身心发展规律，面向全体幼儿，关注个体差异，坚持以游戏为基本活动，保教结合，寓教于乐，促进幼儿健康成长；还要"加快建设一支师德高尚、热爱儿童、业务精湛、结构合理的幼儿教师队伍"。质量是学前教育的时代召唤，而专业化发展是其质量建设的根本保证。

一、学前教育的专业性与专业化发展

职业不等同于专业，并不是所有的职业都能成为专业或专业化职业。专业往往是一个特殊的职业，是一个不可替代的职业，它为社会提供特殊的服务，社会正是在这些特殊的服务中得以运行，从事特殊职业的人员往往拥有特殊的知识和能力，其专业性主要体现在如下方面：**一是具有特殊价值和不可替代性**。这个职业所提供的服务有别于其他的职业，

[①] 本文原载于《江苏幼儿教育》2014年2月。

对社会有特殊的价值，能满足社会特殊的需求，为社会提供特殊的服务。这种价值是其他职业所不能弥补的，因而从事这种职业的人是其他人员不可替代的，他们为社会提供的服务也是不可替代的。**二是必须具有特定的专业知识、专业技能和专业伦理**。专业具有一个专门的知识体系，有一套特定的概念、命题、原理和逻辑体系，能够指导和引领相应的实践。同时，要具有一套特定的技能，针对特定的领域和特定的问题，并与专业知识相联系。此外，还要有一套特定的伦理，引领从业者的态度、意识和情感，指导和规约从业者的行为。**三是需要专门培训和持续发展**。从事专业职业的人员需要经过一段时间的专门培养，接受专业知识，训练专业技能，理解专业伦理，并需要通过一定的实践加深理解，为从事专业工作做好专业准备。只有这样，他们才能拥有专业素养，真正成为不可替代的专业从业人员。还需要不断充实、完善和修正专业知识、专业技能和专业伦理，保持对专业工作的动态的适应。**四是具有专业自主**。自主性意味着自决权和创新。一个专业的专业知识、专业技能和专业伦理是与专业实践和专业理论共生的，它们由专业人员发展而来，也受专业人员的支配。外在的因素无法从根本上影响这个专业体系，只有专业人员才对这个专业体系拥有充分的解释权和使用权，同时也只有专业人员才拥有发展这个专业体系的权力和机会。**五是具有权威的专业组织**。一个专业一定拥有相应的权威组织，这个组织应由专业精英们引领，在专业问题的咨询和裁决过程中起着重要的作用，它甚至引领着一个阶段或一个时代的专业核心精神。这种专业组织是专业人员的专业精神家园，也是专业人员不断前进和发展的助推力量。

这些核心特征决定了一个专业的专业性程度即成熟度，决定了一个专业的从业人员的地位、待遇乃至尊严，决定了一个专业的从业人员的专业自主性、专业意识和专业精神。一个职业不断聚积这些特征，并最终拥有这些特征的过程，即是这个职业专业化的过程。

只有充分认识学前教育的专业性和特殊性，提高学前教育的基本地位和投入，确保幼儿园教师的基本地位和待遇，不断加强幼儿园教育工作的规范性和管理的科学性，才能让学前教育走向专业化。

学前教育专业性的结构维度包括：专业的房舍、专业的场院、专业的设施和材料、专业的教师、专业的课程、专业的管理。其过程维度包括在行动中学习；为引发儿童积极的相互作用和儿童动用多种感官获得有益经验而教；把生活与教育有机结合起来，把幼儿园课程生活化、游戏化；备课就是决定准备让儿童做什么，并为此而确定教师应该做什么。与此形成对比的非专业的表现是学前教育的"小学化""成人化""制度化"和"放任化"。其结果维度是：儿童身心和谐发展；避免仅仅以知识作为衡量标准，也要避免以特长发展作为衡量儿童发展的标准；在当前的社会背景下，尤其要注重儿童的身体素质、交往能力、基本的行为规范等社会性素质及自由想象和表达的能力等方面的发展。

二、当前我国学前教育质量低的主要表现和影响因素

《纲要》中指出教育活动的组织与实施过程也就是教师创造性地开展工作的过程。教师要根据幼儿的实际情况，结合《纲要》中的具体要求，关注和承认幼儿在兴趣、经验、能力及学习特点等方面的差异，避免用"一刀切"的方法来评价幼儿；对幼儿的发展和需要的了解可以通过与幼儿的谈话、对他们的观察、对他们作品的分析以及与其他工作人员和家长的交流等方式来进行；在日常教育教学过程中，因时、因地、因内容和幼儿的学习特点，灵活运用集体、小组、个别等活动形式，制定富有弹性的、切实可行的工作计划，根据情况灵活地执行和调整；教育活动目标的确定要以对幼儿的发展水平和原有经验的了解为基础，逐步落实《规程》和本纲要所提出的保育教育目标。

（一）"小学化"

学前教育质量低的典型表现是"小学化"。"小学化"的实质是幼儿

园用小学教育的内容和方式来教育幼儿，一味向小学靠拢，超越了幼儿的发展实际，这其实是没有真正关注幼儿的身心发展特点。"小学化"后幼儿在学习中的表现，与小学生一样，教师在教育过程中的表现也与小学老师一样。教师始终处于讲解的状态，幼儿最经典的行为就是静听端坐。在一些幼儿园师资奇缺的地方这种现象表现得尤为突出。

（二）"特长化"

学前教育质量低的另一个表现是铺天盖地的"兴趣班"和普遍的"特长"教育。它们是成人主宰儿童世界的具体形式之一。事实上，对绝大部分幼儿来说，那些幼儿园所教的所谓"兴趣"和"特长"很可能是幼儿期的儿童根本没必要学的东西。那些在吆喝"特长班""兴趣班"的人往往商业利益至上。当外行在一个领域里呼风唤雨的时候，这个领域里的科学准则及质量往往就有待提高了。我国学前教育领域目前就处于这样的状况中。

（三）"知识化"

教学内容的"知识化"是导致我国当前学前教育质量偏低的最主要的问题。"知识化"教学的方法往往远离了儿童的生活，也不是以适合他们身心发展特点的方式来学习的，所以往往导致儿童无法真正专注地投入活动中。在只有"承受"而非"享受"中，他们会把学习看作是外在的任务和要求，从而丧失学习兴趣。

当前我国学前教育质量低的原因概括起来，**一是夸大和曲解理论**。当前关键期、大脑开发等儿童智力发展理论被过度使用，甚至被引申为蛊惑人心的口号。[①] 因此，要解决学前教育质量问题应把科学的教育观和儿童观融入公众的基本素质结构之中，解决问题的主要途径是确立科学

---

① 虞永平,等.学前课程的多视角透视[M].南京：江苏教育出版社，2006：78.

的教育观和儿童观。**二是缺乏对儿童生活的本质的理解**。学前教育的一项重要使命是维护儿童的童年生活。因为儿童生活是属于他们自己的，它是由内在力量引导的，而不是外在力量驱使的。在教育教学中，儿童的主动探究、合作、交往、分享、游戏等都应是他们生活的一部分。儿童有权计划自己的生活，享受自己的生活，改进和反思自己的生活。**三是教师的专业化素质比较低**。没有建立科学的教学质量保障体系，不少地区对幼儿教师的培训没有形成制度化和长效化，而且培训的内容和方式往往并不真正适合教师的需要。

三、以专业性推动学前教育的专业化发展

（一）构建科学的学前教育社会支撑系统

加强塑造以维护"幸福童年"为核心的公众教育观和儿童观。儿童教育质量偏低和资源不足是影响"幸福童年"的主要因素，这些因素与政府决策直接相关。因此"幸福童年"的理念应该融入政府决策者的意识，使政府的儿童教育政策更好地维护儿童的天性和反映儿童的现实需要。幸福的童年意味着充实、快乐和具有适度挑战。家长所拥有的观念和育儿意识，经常也是影响童年生活的主要力量。"幸福童年"观要求成人切实体认儿童的优先性、独特性和不可侵犯性以及儿童利益的最大化。

切实改善学前教育的条件，加强对学前教育的投入。加强对幼儿园建设的规划，不断扩大学前教育资源，从根本上消除"入园难""入园贵"现象。要提供幼儿接受教育的基本条件，消除安全隐患，按照国家规定配置教师和教育条件、设施，避免超规模建设幼儿园，超班额接收幼儿，提供丰富多样的环境，真正让幼儿接受科学的学前教育。

关注教师待遇、地位和专业发展。影响教育质量的核心因素是教师，最关键的支撑是政府，要切实提高教师的地位和待遇，不断促进教师的专业发展，努力提高教师的合格率，不断提升教师的专业素质。

（二）构建满足儿童需要的幼儿园课程

以儿童为本位。把儿童的需要作为课程优先考虑的对象，国家的需要必须转化为儿童的需要，家长的需要只有与儿童的需要一致的时候才是可取的。课程的核心价值就是满足儿童的需要，良好的课程应有效满足儿童多方面的需要。教师必须是儿童为本这个观念的积极倡导者和践行者。

以规划为先导。课程规划不是园长个人的行动，而应是教师、幼儿共同的工作。多方认同的协调的规划才是课程产生实效的有力保证。它需要在实践过程中落实、贯彻和修正，因此，课程规划并不只是事先行动，经常需要联系课程反思、课程审议、课程总结。要坚持把"儿童为本"的理念作为课程规划的核心。各种活动的搭配和顺序均需以幼儿现有经验为基础，以他们的生活为背景，以幼儿的现实反应为参照。① 课程中各类活动的时间长短、数量比例、形式要求，都应从幼儿的需要和可能出发，从幼儿的发展需要出发。

以经验为基础。幼儿学习是以经验作为基础的，而不是以知识作为基础的。陈鹤琴认为："小孩子的知识是由经验得来的。所接触的环境愈广，所得的知识当然愈多，所以我们要使小孩子与环境充分接触。我们不应该把幼稚园的儿童关在游戏室内，使他们与外界环境不发生实际接触。"② 杜威认为经验既可以指人们与他人或事物的相互作用过程，也可以指由这个相互作用过程中获得的感悟、情感、认识和能力等，并还包括这个过程中伴随的思维、反思等。③ 强调经验就意味着强调要把幼儿作为活动的主体，强调幼儿在活动中的作用，强调活动过程的重要性。经验性的东西必然也是情境性的。创设物质环境时必须考虑人的因素，人是

---

① 高杉自子. 与孩子们共同生活：幼儿教育的原点 [M]. 上海：华东师范大学出版社，2009：16.
② 陈鹤琴. 陈鹤琴全集（第二卷）[M]. 南京：江苏教育出版社，2008：65.
③ 约翰·杜威. 民主主义与教育 [M]. 北京：人民教育出版社，1990：154.

情境中的重要因素，还要关注情境的挑战性和适宜性，只有这样才能让幼儿获得有意义的新经验。教师必须是经验的支持者、引导者，还要是机会的提供者。

以整合为机理。整合是由幼儿生活的特点决定的。幼儿的生活是整体的，幼儿园的课程也应该是整体的，相互渗透、有机联系的。《纲要》指出："教育活动内容的组织应充分考虑幼儿的学习方式和特点，注重综合性、趣味性，寓教育于生活、游戏之中。"幼儿园课程整合是为了提高效率，而不是做无效的重复；不只是一种技术，更是一种意识；是以合理覆盖和课程平衡作为原则；它要求教师不以形式为核心，而以经验为核心；坚持幼儿园课程整合即意味着承认幼儿园课程中领域和主题之间是一道"篱笆墙"，相对分隔，但绝对渗透。教师应成为幼儿园课程整合的忠实践行者。

以文化和制度为保障。课程建设的核心任务是课程文化建设，幼儿园课程文化既存在于幼儿园的物质环境中，也存在于所有教师的知识结构、每一位工作人员的课程信念、行为方式中。教师应该是课程文化的积极建设者、缔造者。课程文化和制度建设中应以教师作为主体，动员各方面的力量，积极参与其中。文化和制度建设也不是事先性的一些案头的设计工作，而是伴随在课程建设过程中的工作。良好的制度不是领导制定出来的，而是大家共同讨论的结果，这样的制度才可以有认同、践行的基础。它既是科学的教育观和儿童观的良好体现，也是园本经验的提升。

（三）教师：从课程实施者到设计者再到建设者的转变

从课程实施者到课程设计者。课程设计者的角色是幼儿园教师与中小学教师重要的区别。无论从性质上还是比重上看，幼儿园教师的设计者角色更明显，甚至可以说，设计者是幼儿园教师首要的角色，若没有针对幼儿园和班级的实际进行系统设计，幼儿园课程无法取得应有的成效。因此，仅仅作为课程实施者是不能充分履行幼儿园教师的全部职责的，教师的角色远不只是课程的实施者。

从课程设计者再到课程建设者。成为课程设计者不是幼儿园教师角色的最终目标，从更综合和长远意义上看，教师必须从课程设计转向更为广泛的课程建设，应成为课程建设者。幼儿园课程建设是一个系统的工程，包括课程理念的形成、课程设计的展开、课程资源的挖掘和利用、课程管理制度的形成、课程实施的展开、课程评价的进行、课程反省的落实、课程文化的凝聚等；课程建设是所有人员参与的工作，不只是骨干教师和园长，幼儿园每一位工作人员都应积极参与到课程建设中来；它伴随课程实践的整个过程，几乎与幼儿园所有的活动都有关联。

（注：本文根据作者在苏州高等幼儿师范学校教师培训班上的讲话整理而成。）

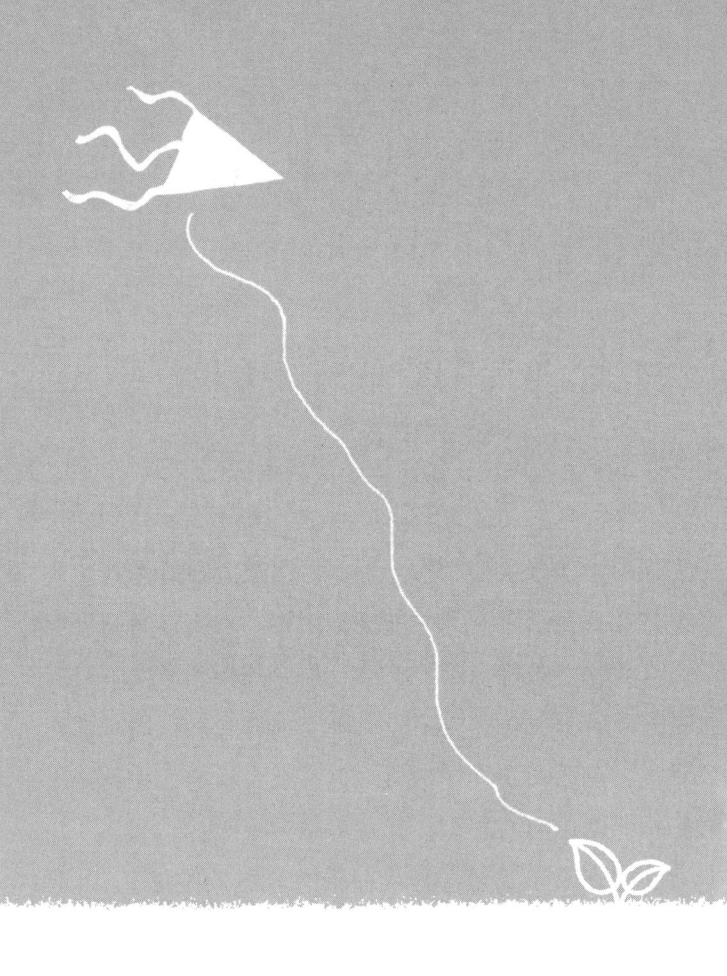

第二章

课程理念

拓展幼儿园课程的空间和可能[①]

幼儿园课程是生长的。课程生长表面上看，是课程内容的生发，是活动的产生，实质上是儿童发展空间和可能性的增加。发展空间和可能性不是自动形成的，需要创造条件、把握机会，需要挖掘和开发。发展空间和可能性不只是儿童有事可做，更不是教师有内容可教，而是儿童获得适宜的问题和挑战，获得解决问题的机会，并在自己努力中获得了相应的新经验。教师可教的内容有很多，儿童可做的事很多，但不一定都能产生发展；只有那些适宜于儿童身心状态和现实需求的机会，才是真正发展的空间和可能性，才是宝贵的。这需要教师精心发现和创造。

一、拓展思想的空间

思想是一种重要的力量，指引课程建设的航向。没有思想的空间的拓展，课程建设不可能全方位展开，也难以承受压力和挑战并实现超越。

儿童观、教育观和教师观的变革是幼儿园课程改革的必经之路。没有思想的变革，只会形式上模仿、照搬的幼儿园课程，难以有真正的突破，难以有效促进儿童发展。因此，只有在思想上确立了科学观念，课程改革才可能取得真正的成效。今天，课程改革过程中的很多问题，还是要从思想观念上找根源。思想观念的问题没有根本解决，改革实践中会不断出现类似的问题。

---

① 本文原载于《教育导刊（下半月）》2021 年 5 月。

思想空间的产生不是自然而然的,而是受到很多因素影响。

一是制度化的对话能生发思想空间。一所幼儿园如果经常有各类人员尤其是教师之间真正的专业对话和思想交流,如课程审议和教学研究,那么一定能产生思想火花、拓展思想空间。相反,一所"一言堂"和各自为政的幼儿园产生新思想的可能性就降低了。

二是良好的阅读习惯能拓展学理空间。一所幼儿园如果形成了良好的阅读氛围,阅读已经成为园内各类工作人员的生活内容,成为解决问题的重要支撑,那么,思想空间自然会得到拓展。例如,前一阶段很多幼儿园组织教师学习《幼儿与环境》一书,可持续发展、关系思维、环境学习观、生态原则等观念和思想自然进入大家的视野,自然会与幼儿园工作对接。由此,教师找到了一些看待教育、看待儿童和看待环境的新视角、新思想;阅读也启发教师去思考并形成自己的想法。

三是对问题的敏感和解决问题的意愿能催生思考空间。在课程改革建设中,如果幼儿园能坚持问题导向,不断发现问题、分析问题并努力在实践中解决问题,那么一定能引发教师思维能力和思想观念的变革和发展。因此,教师对问题的敏感和解决问题的意愿也能催生思考空间,催生新的思想。

四是对比和反思能形成新的思想空间。无论是对理论观点还是对实践状况的比较和分析,都会涉及差异分析、原因分析,都能引发教师的深入思考,形成一些新的思想。

五是思想凝聚的制度能创生思想空间。如果幼儿园将思想和实践的总结制度化,形成一种有助于凝聚教师智慧和思想的制度,那对所有教师都将是思考的机会、思想形成的机会,也是不断进取的机会。

思想的拓展有自身的规律和逻辑。要拓展思想,找到思想的线索和切入点非常重要,因为其中包含了逻辑和线索,能避免思想的碎片化和散乱。如"课程游戏化"就是一种思想的拓展,课程和游戏是两个相对独立的概念,它们之间存在一定的包含关系,但两个概念在内涵上显然是不同的。"课程游戏化"这个词组告诉我们，是课程有问题，需要借助游戏的内涵加以改进；而不是游戏有问题，要借助课程的内涵加以改进。因此，出发点是课程。"课程游戏化"的思想线索在"化"，这里的"化"不是成为，课程不能完全成为游戏，那将失去课程的本质；"化"是渗透、转化、融入。在"化"的视野里，游戏不仅是一种实在的活动，而且是一种发散的精神，因而是可渗透的。同样，艺术化课程的核心也在"化"，不是要把课程全部改为艺术，而是融入和渗透艺术，使课程具有艺术性；返本课程的核心在于"本"，就是天性和规律，就是使课程更具有科学性；经历课程的本质在于"历"，要有过程，在过程中学习和体验。因此，要善于寻找思想的线索和切入点。

玛丽·荷·艾斯的《风喜欢和我玩》是一本生动、有趣、有浓浓童趣的绘本，也是一本具有课程意义的绘本。说它具有课程意义，并不意味着可以用它来教什么，而是它可以启发教师不断拓展课程的空间，尤其是拓展教师对儿童和自然以及儿童与自然关系的理解。风作为一种自然资源，儿童能运用它得心应手地展开那么多游戏并且在游戏中获得新经验。绘本自然地呈现了儿童与风的关系，既有充满趣味的游戏，也有快乐、烦恼和恐惧的心理。绘本拓展了教育者思想的空间，也拓展了实践的空间。至少几点是很有启发的：第一，自然游戏是儿童所爱；第二，游戏与学习不可分割；第三，课程生发应向儿童问计；第四，资源和机会随处皆是；第五，保持童心，拥有敏锐；第六，拓展空间，增加可能。创造良好的环境，充分利用各种资源，就能引发儿童的学习和发展。就像皮亚杰的理论所昭示的，"教育工作者应该创造一种儿童可以成为主动学习者的环境，使其可以结合不同材料自由地去探索、实验，通过儿童自我选择、自我引导的活动，创造和解决问题"[①]。观念变革是教育变革的

---

① 伍德. 游戏、学习与早期教育课程[M]. 李敏谊，杨智君，等译. 北京：教育科学出版社，2018：31.

关键所在。

二、拓展关系的空间

经验本身就是关系的产物——儿童与周围环境的交互作用过程及结果。拓展关系，从一定程度上说，就是拓展儿童与环境交互作用的机会，就是拓展经验。物质环境是基础，丰富和拓展物质环境是丰富儿童活动的基本条件。幼儿园内外的各种物质环境及其资源需要深入挖掘。

为何有些幼儿园丰富的资源没有带来丰富的活动？没有让儿童获得丰富的经验？因为儿童没有跟环境发生真正联系，一方面儿童没有机会与环境相互作用，另一方面教师没有把握和利用环境中的事物之间的关系以及事物与儿童之间的关系线索。

在世界众多的关系中，蕴含了大量的发展空间。从这个意义上说，建设幼儿园课程就是不断发展适宜的空间。儿童与物质材料构成了多样化的关系，如搭建、操作、挖掘、种植、收获等。有些行为是因为特定的事物和环境产生的。可以说，有什么样的环境就会有什么样的活动。除了与物质环境的直接关系外，还有一些潜在关系，这些关系的产生需要课程意识作支撑。如"树"和"尺"，貌似没有什么关系，只是一种生物与一种工具；但当儿童对树木进行深入探究时，必然会涉及"树有多高和多粗"的问题，就会使用尺进行测量。

生态关系是当前最应引起重视的关系[1]。生态关系最为广泛、有趣、生动和具体，适合儿童去发现和探索，有很大的拓展空间，蕴含大量的学习机会，最有利于儿童经验的生发。在幼儿园的种植园地中，就蕴含了丰富的生态关系：有阳光、空气和水与动植物的关系，有植物与植物的关系，还有动物与植物的关系（如蝴蝶、蜜蜂绕着花飞舞）。当然，更重要的是人与动植物的关系。这些关系都需要儿童在具体的活动中加以

---

[1] 虞永平. 在疫情中重新认识学前教育可持续发展[J]. 学前教育研究，2020（6）3-8.

认知和感受，其中都包含了丰富的学习经验。

从社会和心理层面看幼儿园课程中的关系，儿童的角色就能生发关系，无论是在角色游戏、戏剧表演还是现实生活中，儿童扮演或承担的角色不同，与他人和事物的关系就不同。例如，一个扮演病人的儿童拿听诊器就会被扮演医生的儿童夺过来，大家认为是合理的。现实生活中的角色是儿童承担责任和从事活动的依据，能生发相应的经验。班级心理氛围尤其是教师与儿童的关系直接影响儿童活动的空间。

把握好不同事物之间及这些事物与人类的关系，要合理理解和维护这些关系，实现可持续发展；要避免极端思维。相互影响、相互依存就是一种互惠互利的关系，而不是极端的关系。例如，在有的幼儿园里，儿童总是不能体验收获的真正快乐，更体验不到"粒粒皆辛苦"的感受，因为小麦经常会被鸟类吃完，颗粒无收。教师采用了很多驱赶鸟类的办法，都不管用。有的教师看到儿童失落的样子，就跟他们说："小鸟也是生命，它们也需要食物，我们让给它们吃了，也是保护它们。"儿童只能看着小鸟成群食用他们种植的小麦，又成群飞上楼顶或树顶，过一会儿又下来食用。其实，儿童的这种拱让对小鸟的生长有害而无益；在虫草丰盛的夏季，蹲守麦田让鸟类失去、减少了飞翔的机会，减少了觅食的活动，对鸟类来说是不利的。同时，儿童也要设法保护小麦，获得完整的种植体验。可见，万事万物之间充满了复杂的关系，如果过度利用、过度开采、缺乏节制就会产生灾难性的后果。这也要求教育的转变，"从碎片式的、短期的、只顾眼前的思维方式转变为系统的、长期的、着眼于未来的思维方式"[①]。要在理解世界关系的过程中，形成辩证的思维，这就是儿童哲学，就是儿童的世界观、自然观。

课程就在关系之中。幼儿园的很多关系中都蕴含了儿童的思考和活

---

① 戴维斯. 幼儿与环境：致力于可持续发展的早期教育[M]. 孙璐，等译. 南京：南京师范大学出版社，2018：18.

动，蕴含了经验。因此，关系就是课程的线索，课程网络、情境脉络就是课程的基本流程和线索，是课程延伸和拓展的基本路线。关系越丰富，课程的空间就越大，课程越具有选择性。因此，课程生发经常意味着关系的生发和利用。教师应关注身边的环境和资源，更应关注这些环境、资源之间以及与儿童之间的相互关系，以生发更多的活动和经验。课程的拓展不是增加新的领域，而是挖掘现实生活中、现有课程中的新的发展可能性。

三、拓展生长的空间

教育的核心是促进和支持儿童的生长。儿童的生长空间可能性有多大？有限又无限。有限，是因为儿童的身心发展是有规律的，不可能超越规律；无限，是因为在遵循发展规律的前提下，挖掘一切可能性，给予儿童更多的机会和挑战。就如儿童能认出一堆秋收果实和儿童能使用各种工具深入研究这些果实，完全是两件不同的事情、两种不同的发展空间。教育的挑战和趣味就在于变无为有，变不可能为可能，即"无中生有""没事找事"。其实，"生"和"找"都是有方向的，那就是让儿童有事可做，有行动的新可能，能获得新经验。

"无中生有"是一种幼儿园课程开发策略，也是课程生长的机制。其关键在"生"，无论谁是生发的主角，"生"的结果一定要指向儿童，最终一定能给儿童的学习和发展增加机会和可能。"无中生有"不是盲目的、随意的添加，而是有逻辑的、有线索的生发，是符合生活原则的。"生"的表面产品是物质、物品或环境，过程性的产品是活动和学习，最后儿童的"产出"就是儿童的经验和发展。因此，"生"既是资源的深挖，也是活动的生发，更是经验的生成。这需要教师具备相应的生活经验、课程意识和发展意识。

以浙江省上虞市鹤琴幼儿园为例，该园一直践行陈鹤琴的教育思想，坚持"大自然、大社会都是活教材"，在课程建设上取得了明显的成效。

一进幼儿园大门,有开阔的场地,这是儿童非常喜欢的空间。上虞有著名的曹娥江穿流而过,儿童都了解和感受过曹娥江。当儿童提出能否再开挖一条"曹娥江"时,不同的幼儿园课程会有不同的回答。鹤琴幼儿园的回答是:可以,但是需要儿童自己挖掘,自己解决开挖过程中遇到的一系列问题,自己完善江两岸的一切事物。儿童承诺并且行动了。从一块草地,到有"曹娥江"的草地,意味着"曹娥江"从无到有,需要"无中生有"。也因此有了儿童的承诺、儿童的设计、儿童的群体、儿童的挖掘、儿童的构建、儿童的养殖、儿童的捕捞等具体行动。这就是一个"水利工程",就是一个项目活动。在这个项目活动中,儿童增加了生长的可能性,经历了承诺、协商、决策、倾听、表达、设计、选材、测量、工具使用、挖掘、推车、合作、美化等行为和事件,充实了经验。

同样,"没事找事"也是一种课程生发策略。当儿童无事可做,那么可能是资源严重不足,或是资源有严重局限。教师可以让儿童有事可做,这就是课程。通过增加材料、任务等方式,让儿童结束无事可做的状态,或者增加儿童活动的难度和挑战,让儿童进入更有意义的学习活动之中。要在"没事"中看到"事"的线索和可能,这就是教师的教育意识、关系意识、生态意识和经验意识。"没事"不可怕,"无事可找"才是教师专业能力的短板。

还是以上虞市鹤琴幼儿园为例。"曹娥江"没有水了,种植园地没有水了。那好办,把自来水龙头打开就可以了。这样儿童又无事可做了。怎么能让儿童有事可做,并且做得有意义呢?鹤琴幼儿园的做法是让儿童从一百多米外的地方把水运来。为何要从那么远的地方运来?因为那里有一个雨水收集箱,儿童由此更加理解了水的来源、下雨和动植物及其与人们生活的关系。那么远的距离运水不是很麻烦吗?但是在这麻烦中有学习——儿童需要合作、推车,需要协商,这也是一种服务性的劳动。没有事了,可以找到事情,并且是有发展机遇的事情,这就是幼儿园课程的生发。

因此,"找事"就是拓展经验。有事可做本身不是目的,通过做事,获得相应的经验才是关键。"找事"就是找空间、找可能、找经验。不是做所有的事都一定能让儿童产生经验,有些事做得越多,越是浪费童年美好的时光,所以,要让儿童做适宜的事。对适宜性的判断,要考验教师的专业能力。这取决于教师心目中的经验意识有多强大。因为足够强大的经验意识会让教师不断"找事",也会允许儿童不断"生事"。

总之,幼儿园教师进行课程建设的核心任务就是,不断丰富儿童发展的空间和可能。

把促进幼儿发展作为课程改革和建设的根本目标[①]

一、为什么要推进幼儿园课程改革

我国的学前教育体系是世界上最庞大的,在运行的过程中,既有成功的经验,也有现实的问题。除了要满足人民群众对学前教育的现实需求,不断解决"入园难"和"入园贵"的问题外,还要不断提高学前教育质量。为此,我们必须直面问题,深化改革,确保学前教育持续稳定发展。

(一)是贯彻落实国家大政方针的现实要求

《意见》中指出:"遵循幼儿身心发展规律,面向全体幼儿,关注个体差异,坚持以游戏为基本活动,保教结合,寓教于乐,促进幼儿健康成长。"在随后制订的学前教育行动计划里,都强调了要提高学前教育质量。在《教育部等四部门关于实施第三期学前教育行动计划的意见》中,把"提升保育教育质量"作为项目的重点任务,提出"深化幼儿园教育改革,坚持正确的办园方向,尊重幼儿身心发展规律和学习特点,坚持以游戏为基本活动,保教并重,养成良好的品德与行为习惯,锻炼幼儿健康的体魄,激发幼儿探究兴趣,培养积极的交往与合作能力,促进幼

---

① 本文原载于《幼儿教育》2018年2月。

儿身心全面和谐发展。建立健全幼儿园保教质量评估体系，推进幼儿园质量评估工作。加强学前教育教研力量，健全教研指导网络。整体提升农村幼儿园教育质量"。因此，推进学前教育改革，全面提升学前教育质量，深入贯彻落实《指南》的精神，更好地促进儿童全面和谐发展，是国家发展学前教育的基本要求，也是未来一个阶段需要重点研究和推进的工作。正因为如此，全国各地都在积极推动幼儿园课程的改革，多个省份出台了关于提升学前教育质量或幼儿园课程改革和发展的政策，相信这些政策一定会对推动各地的幼儿园课程改革和教育质量提升起到积极的作用。

学前教育改革的重点之一就是幼儿园课程改革，幼儿园教育质量提升的关键也在幼儿园课程改革。教师观念的转变，幼儿园环境的改善，最终都要落实到课程设计和实施的过程之中，并且影响到幼儿园教育的质量。与中小学课程不同，幼儿园儿童没有课本，教师有根据儿童的状况和现实的资源条件选择与改造课程的决策权，不一定要严格执行区域内统一的课程方案。这是因为幼儿的学习是以获得直接经验为主的，符号化的书面知识的学习不是儿童学习的主要任务。因此，幼儿园的课程在现实生活中，在儿童与周围环境的互动之中，在解决问题的过程之中。我们只有全面了解儿童的身心发展规律和学习特点，才能真正理解儿童是如何学习的，为什么这么学习，幼儿园课程应该是怎么样的。因此，现实的幼儿园课程总是折射出特定幼儿园和教师的儿童观、教育观。

（二）是解决学前教育面临的现实问题的必然要求

改革开放以来，尤其是 20 世纪 90 年代《规程》颁布以来，我国的幼儿园课程改革不断推进，教师的教育观念发生了很大的转变，幼儿园课程打破了全国一统化的局面，儿童的学习环境更加丰富，教育质量得到了一定程度的提升。但从总体上看，制约我国学前教育质量提升的关键因素依然存在，我国的幼儿园教育还是存在一些突出的问题，需要我们深入研究，系统改革，着力解决。

第一，教育观念需要进一步更新充实和落地生根，真正转化为教师的教育行为。改革开放以来，幼儿园教师学习了很多新的观念，随着国家多个法规和文件的颁布及宣传，尤其是由于各级政府组织的多样化的培训，幼儿园教师的观念正在不断更新。但从总体上看，还有相当一部分教师需要进一步学习和培训，尤其要在理解和践行科学的教育理念上下功夫。在现实的教育实践中出现的无视儿童的学习者主体地位，教师过多灌输，儿童自主探究、交往和表达机会缺少，以及幼儿园教育小学化等问题，都是教师的儿童意识不到位，对科学的儿童观和教育观的学习、理解和践行不够的表现。

第二，目标意识还不够清晰，对现实的教育机会需要敏感地把握，对儿童发展目标需要切实地落实。教育的根本是促进儿童的发展，教师必须有清晰的目标意识和发展意识，幼儿园所做的一切应该紧紧围绕儿童的发展。当前，在幼儿园教育实践中，存在对儿童的发展缺乏整体考虑、对不同年龄儿童的需要缺乏关切的问题，还有一些教师在意自己讲解什么，给予什么，忽视儿童做什么和得到什么，没有关注儿童所有的发展领域，没有关注不同发展领域之间的相互关系。有些幼儿园强调特色，尤其是花大量时间去强化特定领域的目标，从而影响了其他领域的发展，造成儿童发展偏倾，影响儿童的全面发展。

第三，课程内容侧重知识，对能力和情意性内容关注不够，内容离儿童生活较远，缺乏趣味性和综合性，不能引发儿童投入地学习。有些教师对儿童的现实生活缺乏关注，对现实生活中的课程资源缺乏关注，对儿童的兴趣和需要缺乏关注，过于依赖购置的课程方案（教师用书），只有实施教案的能力，缺乏对课程内容的发现、组织和利用的能力。有些幼儿园过于在意一些特色课程内容的开发，误以为这就是园本课程，因而出现了有些内容过度重复、有些内容严重缺乏的状况，从而造成了课程的不平衡，影响了儿童的全面发展。

第四，教育活动形式和方法单一，过于在意集体教学活动，忽视日常生活活动和区域活动，尤其是忽视游戏活动，儿童不能充分享有自由游戏的机会。在集体教学活动中，教师过于在意讲解、示范，忽视儿童积极主动的探究、发现、交往和表现。在幼儿园区域活动中，有些教师缺乏观察和对问题的发现，因而对儿童缺乏有效的指导，有些教师干预过多，使区域活动变成了小组教学。儿童还没有真正成为学习的主人，缺乏主体性和创造性。

以上问题的存在，直接影响了幼儿园的教育质量，所以我们必须深入进行课程改革，引导广大教师真正从观念、目标、内容和方法上进行深入的反思和实践，真正确立科学的儿童观和教育观，真正去思考如何才能促进儿童全面发展，如何把握各种教育机会，如何充分利用一日生活的各个环节，如何发挥幼儿园教育的整体性影响，如何有针对性地为儿童创设活动的机会和条件，如何让每个儿童都获得适宜的学习机会和充分的发展并成就最好的自己，这是迫切需要我们研究和探索的。

二、幼儿园课程改革的方向是什么

幼儿园课程改革的根本目的是完善幼儿园课程，解决幼儿园课程中存在的最核心的问题，使其真正适合本园儿童发展的需要，适合本园发展的实际，适合本园的资源和条件，更有效地促进儿童的发展，促进教师的专业成长，更好地提升幼儿园的教育质量。因此，幼儿园课程改革不是为了改革而改革，不是为了写所谓的"特色课程"而改革，更不是为了打造特色、特长而改革。

（一）把握幼儿园课程的特质

幼儿园课程是有目的、有计划地引导幼儿积极主动地通过多种感官获得有益经验的过程。幼儿园课程不是书面的符号系统，不是静态的知识，而是具有动态性、过程性、游戏性和情境性的，是幼儿积极投入其中的多样化的活动，是幼儿在生活和游戏中获取直接经验的过程。《纲要》指出，幼儿园教育应从幼儿园的实际出发，从班级的实际出发，因地制宜地开展适宜儿童的多样化的活动。因此，幼儿园课程应该是因地制宜的，不是千园一面的，也不是一成不变的。每一所幼儿园应该充分把握儿童的身心发展规律和学习特点，充分把握教师的专业素质，充分把握幼儿园周围的课程资源，真正从实际出发，引导儿童全身心、多感官地投入到多样化的活动中。陈鹤琴先生说过，幼儿园课程就是"五指活动"，是由健康活动、语文活动、社会活动、科学活动和艺术活动构成的，它们就像人的五根手指，各不相同，但缺一不可；相互关联，血脉相通；相互配合，协调作用，富有弹性，灵活应变。这"五指"长在儿童的手掌上而不是成人的手掌上，就是说，幼儿园课程来源于儿童的生活、儿童感兴趣的生活，而不是成人的生活。因此，课程的基础是生活，核心是活动，特质是全面性、关联性、协同性和应变性。

（二）园本课程的实质就是适宜性和有效性

园本课程与校本课程是不同的。我国的中小学采用的是普适课程，在一定的区域里普遍使用。这种普适课程其实主要就是国家课程，即按照国家课程标准编制的课程，是必须加以实施的，也是以课本的方式呈现的，是符号体系性的，具有很强的确定性。其实，"普适"课程无法达到普遍适用的程度，可能也只是被普遍使用。如何考虑不同学校的特点，发挥各个学校的优势资源，尽可能满足不同学校学生的需要呢？这就需要在普适课程之外给予各个学校空间和时间，构建各具特点的校本课程。因此，校本课程是主体课程之外的，是辅助性的，也可能是具有特色的，主要目的是满足本校学生发展的特殊需要。当然，随着课程改革的不断推进，有些学校的校本课程比重也在不断加大。幼儿园课程没有国家课程，国家本来就要求幼儿园在《规程》《纲要》《指南》的指引下，从本园实际出发，考虑儿童、教师及环境资源等特点，因园制宜地选择课程内容。也就是说，幼儿园课程就是以园为本的，不是全国一统化和区域一统化的，不然难以保证幼儿园课程的适宜性和有效性。因此，"一校一特"这样的要求是不适合幼儿园的。幼儿园课程是根据法规要求和科学的理念构建的符合特定幼儿园儿童需要和兴趣，并能充分利用儿童周围的课程资源的整体性课程构架。幼儿园课程的建设是幼儿园工作的主要任务，正是在课程建设的过程中，幼儿园课程越来越接近儿童的现实，越来越适宜和有效，教师的专业能力不断得到提高。幼儿园课程建设包括了对课程的适宜性和有效性具有重要影响的多方面的工作，如课程理念的确立，课程目标的梳理，课程内容和课程资源的挖掘、选择、组织和利用，课程环境的创设，多样化的教育活动的配合，课程的评价，等等，其中包含课程设计，也包含课程实施，但又远远超越了课程设计和实施，是指向提升教育质量的一项系统工程。

三、如何从课程实施者走向课程建设者

由于多方面的原因，长期以来，不少幼儿园没有有意识地将课程建设作为幼儿园工作的重点，但很多教师实际上一直在不同程度上进行着课程建设的工作。当然也有一些教师只是把购置的课程方案中的活动加以实施，逐个完成书面的教案，还缺乏课程建设的意识和能力。有的教师认为课程建设不是自己的责任，应该是专家的责任，不认为课程计划和设计能力是幼儿园教师应该具有的能力。这种认识影响了幼儿园课程改革和建设的进程，影响了幼儿园课程的适宜性和有效性，也影响了幼儿园教育质量的提升。其实，我国真正有影响的幼儿园课程方案都是幼儿园教师设计的，专家仅仅是参与者，最多是引导者。

（一）课程建设的能力是专业能力的集合

幼儿园课程建设不是高不可攀、遥不可及的工作，而是幼儿园最基本的工作，甚至是每天都在进行的工作。对于幼儿园这个专业团队来说，

课程建设就是学习和理解《指南》的要求，明确以儿童为本的基本教育观念，注重生活和游戏的教育价值，明确不同年龄班儿童的发展目标，在观察儿童现实表现的基础上，为儿童各方面的发展创造条件，如创设环境，准备资源，开展多样化的活动，让儿童在丰富多彩的活动中获得相应的经验。这些工作是建立在每个年龄班教师的工作的基础上的。对于一名具体的教师而言，就是在正确的儿童观、教育观指导下，在以往教育经验的基础上，制订自己所在班级一学年和一学期的教育计划，再细化为具体的每个月、每周和每天的教育计划，关注儿童的兴趣和需要，努力让儿童在一日生活中获得相互联系的多样化的经验。也许，有些内容需要借鉴一些经典的课程资源，也需要参考一些较为成熟的课程方案中的某些活动，甚至要借鉴一些其他幼儿园组织活动内容的思路；也许，教师们设计的活动还没有那么完善，环境也还没有那么丰富，但这都不能否认幼儿园在进行课程建设，也正是在课程建设的过程中，幼儿园课程才可能不断完善，教师才会不断成长。

这些有关课程建设的工作不就是幼儿园日常的工作吗？其中需要教师运用观察分析的能力、计划和设计的能力、环境创设的能力、资源挖掘和利用的能力、各种活动的组织能力、评价和反思的能力，这些能力就是《幼儿园教师专业标准》中强调的教师的专业能力。这些能力是幼儿园教师有别于其他年龄阶段学校教师的能力，也是幼儿园教师的看家本领，各师范院校对教师要培养的专业能力也就是这些能力。因此，幼儿园课程建设能力就是幼儿园教师专业能力的集合和灵活组合。

（二）消除对课程建设的误解

为什么有些教师会觉得课程建设高不可攀，这与他们对课程建设的认识有关。我们要消除那些对课程建设的误解。

1. 课程建设不是写书。

幼儿园课程建设必须是做出来的，而不是写出来的。任何没有实践基础的课程方案，不管是谁写的，最终必将被教师们抛弃。成熟的、优秀的课程方案有可能被出版，但不出版的课程方案有可能比出版的更成熟。因此，课程方案的形成过程主要是实践、记录、反思并不断完善的过程，不只是书写的过程，更不是请人捉刀的过程。大家觉得有些幼儿园百看不厌，值得借鉴，因为那里有科学的理念，有坚持不懈的课程信念，有系统深入的课程实践，有真正适合自己的课程，大家能感受到儿童在此享受着充实美好的童年，虽然这些幼儿园没有出版什么课程方案，但毫不影响它们成为课程建设的典范。恰恰相反，一些幼儿园没有系统深入的课程实践，也缺乏深入的学习和思考，尤其是没有全面的反思和总结，没有真正将科学理念融入实践过程，即使出版了课程方案，也很有可能呈现专业"伤疤"和实践不足的问题。有的幼儿园会做不会写，这并不可怕，只要所做的一切是经过思考的，是以教师们的课程审议为基础的，大家就会在实践中慢慢总结，慢慢记录，慢慢提升。书面表达能力是伴随着实践的总结和积累慢慢发展起来的，对幼儿园来说，首要的是写自己非常想看的东西，而不是写给别的幼儿园看的东西。幼儿园课程建设要减少功利，要埋头静心地长期实践和探究。

2. 课程建设不是打造特色。

幼儿园课程建设是系统、全面的工作，是以儿童全面发展为最终目标的，不是为了打造特色课程，这样会窄化幼儿园课程。"特色"从来都不是幼儿园关注的问题，因为真正从儿童的需要出发、充分利用幼儿园资源的课程不可能没有特色。因此，为特色而挖空心思是浪费时间、浪费资源，甚至还可能导致课程的不平衡，造成课程目标的偏倾，影响儿童的全面发展。我们也看到一些幼儿园的确很有特色，而且不止一个特色，从哪个角度看都觉得有特色，这些特色与整个幼儿园的课程交相呼应，都是整体幼儿园课程的闪光点，对落实儿童全面发展的目标起到了促进作用。然而，你去仔细了解和分析一下，幼儿园的这些特色可不是刻意打造的，是在课程建设的过程中自然形成的，是尊重规律的结果，是落实理念的结果，是创造性实践的结果。相反，如果刻意打造特色，很可能走极端、反规律，就会在呈现"特色"的同时显露出幼儿园课程理念上的问题和不足。

3. 课程建设不是一步到位的。

一些幼儿园也知道课程建设的重要性，也感觉到课程建设对提升教育质量和促进教师专业成长起决定性作用，但总是谨小慎微，原地踏步，裹足不前，缺乏行动力，缺乏干劲和勇气。原因在于从园长到教师都害怕不完美，害怕出差错，害怕失败。我国很多幼儿园的课程都是几经试验，反复修正，在实践中不断发现问题，解决问题，最终才呈现出一个基本的样态的。有哪一个课程方案会一步到位，一做就完美呢？因此，我们在学习国家法规和政策的基础上，把握了科学的儿童观和教育观，就应该大胆探索，充分发挥教师的积极性和创造性，真正把教师从与课程建设无关的琐事中解放出来，不要让教师书写言不由衷的文字，要让他们更好地投入到课程建设中来，更多地关注儿童需要什么，如何满足儿童的需要，如何有效促进儿童的发展。不要害怕问题，有问题可以尝试解决，这样才会有进步。没有问题才是最大的问题。真正完美的幼儿园课程是不存在的，课程建设是永无止境的，我们要在反思、实践的过程中不断去追求完美。

（三）分层推进幼儿园课程建设

幼儿园课程建设的根本目的是更好地促进儿童的发展。由于各个幼儿园的基础和条件不同，因此课程建设不能一刀切、齐步走，要从幼儿园的实际出发，因园制宜，选择适合的路径和方式。

对于有良好基础、师资条件较好的一部分幼儿园而言，可以从科学的学前教育理念出发，深入分析和细化《指南》的目标和内容，从儿童的现实生活和环境出发，吸收周围生活中丰富多彩的课程资源，系统地计划和组织多种形式的、生动活泼的教育活动，不断总结课程建设实践的经验，真正使幼儿园课程更适宜儿童的发展，更生动有趣、更有效地促进儿童的发展。吸收和借鉴其他幼儿园课程建设的经验，从而在不断实践中形成科学的课程体系，构建真正具有适宜性、有效性的课程方案。

对于一部分基础较薄弱的幼儿园而言，独立完整地构建幼儿园课程有一定的困难，需要借助"拐棍"，那就是省教育行政部门审定的现成的课程方案（教师用书）。目前，有的幼儿园借鉴的是一种课程方案，有的幼儿园则会借鉴多种课程方案，改造创新，择优实践。对于任何一个幼儿园来说，在使用这些课程方案时都不应照搬照抄，要避免教条主义和本本主义，避免将教师的劳动演化为"教书"，将教师演化为书本知识的搬运工。由于这些幼儿园现实的课程建设的能力各不相同，所以有些幼儿园借鉴的部分会多一些，有些幼儿园在实践中自编的部分会多一些，总体上说是在借鉴中创新，在创新中发展。对于这些幼儿园来说，要深入学习《纲要》和《指南》的精神，要观察和分析本园儿童的发展状况，尽可能考虑儿童的兴趣和需要，研究本园的课程资源条件，在此基础上增删或改进现成的课程方案中的活动，不断充实适合本园实际的新的课程内容和活动，让课程方案更具适宜性和有效性。这个过程就是课程园本化的过程。经过长期的园本化努力，这些幼儿园最终一定能扔掉"拐棍"，在不断实践中构建出真正适合自己幼儿园的、能最大限度地促进儿童发展的课程。

幼儿园开学后的"疫情课程"怎么做——适度关注，融合渗透

溧阳市实验幼儿园的施俊霞老师问：

"目前对于新型冠状病毒的课程实施方案在幼教界风靡一时，每所幼儿园都尽可能利用自己的优势，期望在开学时实施出比较完美的新型冠状病毒的课程。如一些有能力的幼儿园为了让课程在入学时能更顺利地开展，利用教师疫情休息在家的时间进行线上研讨，同时链接《指南》，归纳整理，形成一些比较成熟的主题课程的框架。为了寻找相关的课程内容，一些教师想方设法在网络上寻找，有时甚至为了满足所谓主题课程五大领域的需求，挖空心思绞尽脑汁。

作为一线教师，对此我有自己的思考和疑问：实施课程之前，我觉得首先得弄清楚为什么要做这次课程？这一个问题，又可以从两个维度进行思考。

1. 对于这次新型冠状病毒的课程我们实施与不实施对儿童来说有什么不一样？如果只是跟风，那么做不做是不是无所谓？

2. 我觉得不管做什么样的课程，最终都是为了促进儿童的发展。新型冠状病毒只是课程实施的一个资源或一种媒介。在资源的利用和选择上是否具有独一无二、不可代替性？如果不是，那么做与不做是不是也无所谓？如果是，那么课程的核心价值应该体现在哪里？

在内容上，五大领域是否需要全部涉及还是会有重点领域偏向？

在利用同一资源开展课程时，不同年龄段该如何实施？

针对不同年龄段，小中大班在目标定位上有哪些不一样？实施的方法和手段又有什么不一样？"

新型冠状病毒肺炎疫情的蔓延，影响了社会生活的方方面面。当然对幼儿园教育也产生了很大的影响，开学推迟了，儿童长期封闭在家里，生活节奏相对单一，回到幼儿园后，生活和学习适应可能会遇到意想不到的问题。另外一个严峻的问题是开学后的防疫，在开放流动的社会，儿童的家庭来源越来越多样化，有些儿童和父母可能就是从疫情较重的地区回来的，有些是家庭成员中有个别成员是从重灾区回来的。加上社会生活中父母还是有很多与来自不同地区的人们近距离接触的可能，因此，防疫还是幼儿园开学的重点工作。加上幼儿园的饮食、睡眠、盥洗等环节的把控，幼儿园的压力还是比较大的。

一些幼儿园还在讨论疫情与幼儿园课程的关系。全社会都在关心，广播电视天天在报道，儿童在家里也经常在问家长，有些家长已经跟儿童进行了很深入的讨论，通过儿童的绘画、儿童与家长共同制作的绘本，以及儿童与家长共同拍摄的微电视，以及儿童创作的一些儿歌和故事，我们可以判断，儿童对于这场疫情已经有了不少了解，有些儿童由于父母的职业和知识背景，了解得还比较深入，甚至有些儿童因为父母参与了抗击疫情的工作，对疫情带来的灾难有了亲身的体验。

因此，当儿童回到幼儿园，教师要回避疫情几乎是不可能的。幼儿园应该主动把疫情的有关信息纳入课程之中，但应该关注以下几个问题。

第一，在日常生活活动中，充分考虑儿童的已有经验，注重激发和总结儿童对疫情的了解，避免无视儿童的认识，预设一套相关的知识，强行灌输。

要给儿童表达的机会，儿童的经验中往往有家庭成员的智慧，还有很多辅助的材料，如儿童自己创作的儿歌、绘画、视频等，借助儿童自己的作品来相互交流，共同讨论。

千万要避免为了强化疫情或病毒的知识教育，给儿童加很多的课，不要无限地扩展知识点。

很多知识不是幼儿园阶段要学习的，还有很多问题连科学家们还没搞明白呢。简单地知道病毒侵涉人体，对人造成影响，严重地会剥夺人的生命；也可以让儿童知道很多病毒寄居于动物，因此，不能食用野生动物。这是基本的知识，大部分儿童已经知道。

因此，融在日常生活和原有的课程中进行就可以了。对小年龄班的儿童根据具体的状况，适可而止，别硬性灌输。

第二，要注重培养良好的文明卫生行为习惯。

整理和提升儿童对疫情的了解不是仅仅为了让儿童掌握相关的知识，更重要的是从儿童的身心发展特点出发，考虑儿童的防护能力相对较弱，引导儿童注意防护，确保儿童的安全和健康。还要从让儿童分享家庭防疫的经验和规范出发，引导幼儿讨论幼儿园中的防护规则和方法，让儿童掌握防护的基本要求，养成防护的基本习惯。

这也是幼儿园生活卫生习惯教育的继续和加强，也不需要加很多课去讲解，重在理解和行动，这是疫情教育的关键所在。

第三，疫情的确引发我们对幼儿园课程的思考。

如何用生态的、联系的眼光看待不同生命之间的关系，看待自然与社会，真正形成一种生态文明的立场，这是我们的幼儿园课程建设应该思考的。在面对具体的动植物及其生存和发展时，我们要关注它们之间的联系。

过去，总是有人误解苏联的知识系统化，以为知识系统化就是关注知识的线性逻辑，会造成知识的割裂。其实，知识系统化告诉我们知识是不断递进的，知识还是相互联系的，同一个学科的知识点之间，不同学科的知识点之间是相互联系的，不是割裂的。这才是知识系统化的完整内涵。《指南》中的理念也是如此的。

因此，要用生态的观念指导幼儿园的课程建设，让儿童看到不同事物之间的联系非常重要。

引导儿童学会关心自然，关心世界，尊重每一种生命，培养真正能抗拒对自然过度开发、乱捕捉的一代新人。这些内容不需要改变原有的课程，只要在原有的课程中融入这些理念，并以适合儿童身心发展水平的方式让儿童去理解、接受和践行。

第四，对于儿童的心理健康问题，要实事求是，准确判断，不要过于渲染心理恐慌、恐惧，不要急于进行心理干预和教育。

现在很多父母都明白，什么能跟孩子说，什么不说，什么能给孩子看，什么不能给孩子看。因此，不少家庭是有心理保护的第一道防线的。

对于武汉以外的大部分地方来说，氛围没有那么恐惧，仅仅是烦闷。

儿童有父母天天陪伴，很多父母都知道要引导儿童，开展一些有益的亲子活动，对儿童来说，父母在身边，能大大降低惧怕。所以，不要把儿童的心理恐慌和惧怕看得太重。儿童有点焦虑和烦躁是可能的。那么长时间不能外出，活动空间受限制，交往面突然缩小，很多春节的心愿不能实现。但这些随着开学及同伴游戏的增加，很快能得到缓解。

因此，儿童的心理健康不需要专门的上课和活动，只要确保儿童的游戏时间，满足儿童的兴趣和需要就足矣。

当然，个别儿童由于家庭等特殊情况或特殊经历，的确引起了心理上的问题，教师要努力去了解和分析，与家庭共同配合，尽可能在游戏和生活中让儿童感受安定、安全和关怀，必要时可寻求专业人员的帮助。

最后，我想再强调一下，如果要关注疫情的教育，不要太费心费力去调整幼儿园的课程目标和内容体系，要结合原有的课程目标，避免课程重复和超载。

疫情教育与全面发展的幼儿园课程内容本来就是一致的。如果我们把全面发展教育都落实到位了，一定能贯彻疫情教育的内容。

如有效的锻炼就是增强儿童的抵抗力，一日生活环节做到位了，科学健康的防护就落实了；让儿童充分表达自己对生活卫生、环境保护、文明饮食等方面的认识，科学的经验就丰富了，就发展了儿童的语言表达能力，也发展了儿童绘画、音乐、文学等方面的表征和创造能力；儿童感受了全社会救死扶伤、相互支持的风尚和行为，这就是社会教育。

因此，防疫的教育是综合的，是渗透在全面发展的教育过程之中的。

课程在儿童的生活和行动里[①]

很多人都问,幼儿园课程在哪里?我今天就来谈谈我的看法。

课程这个领域很重要,有些问题要好好厘清。构建适宜儿童发展的课程并努力落实,是实现幼儿园培养目标的重要途径,也是贯彻落实《指南》的重要途径。

科学的教育观、儿童观,只有落实到课程建设中去,才能对教育实践产生影响。提升教育质量,关键在于改革和完善课程,真正以儿童立场、科学态度和专业精神建设幼儿园课程。

一、"六无视"暴露课程领域乱象

目前,《纲要》《指南》的学习和落实,在一定程度上改变了教师的儿童观和教育观,儿童的身心发展特点和学习规律正在不断被大家重视和遵循。对儿童活动过程的研究和探索不断得到加强,幼儿园教育活动的类型、策略正在日益多样化,幼儿园教育环境已经发生了很大的改变,幼儿园课程的适宜性正在不断提升。这些变化大家有目共睹。

但是,课程在改革中取得显著成效的同时,也存在一些混乱现象,主要表现在以下六个方面:

一是无视幼儿园课程的专业性和国家政策法规的严肃性,课程准入机制没有真正形成。

[①] 本文原载于《中国教育报》2016 年 12 月。

二是无视儿童的全面发展和幼儿园课程的整体性和综合性,以特长为名,任意切割、取舍课程内容,造成课程内容残缺。

三是无视国情、儿童需要和教师现实,不加研究和分析,任意夸大宣传和使用国外一些并不完整甚至并不完善的课程方案。

四是无视教师的能力和儿童的现实状况,原封不动使用他人的课程方案,做忠实的"教书匠"。

五是无视学前教育的基本理念和立场,一面抱怨课程领域风向变化莫测,一面积极跟风。

六是无视《指南》精神,迁就各方面的各种不合理要求,出现"小学化"倾向和违背儿童身心发展规律的现象。

二、你实施的课程是否存在问题

我国幼儿园课程领域存在的很多问题,其他国家在一定程度上也存在,并且也在努力探索解决这些问题的方法。

美国学者德布·柯蒂斯和玛吉·卡特所著的《关注儿童的生活:以儿童为中心的反思性课程设计》这本书,提到了课程实施的一些关键问题,对于我们思考幼儿园课程很有价值。我们看看下面这些问题,是否符合你的实际情况。

你是否问过自己,为何实施目前的课程设计与方案?

是不是因为习惯成自然,你的班级每天都执行同样的课程设计,实施同样的课程?

你是否无奈地按部就班、循规蹈矩地执行别人制订好的计划,不知道或从未质疑为何要这么做?

你是否留意到儿童的厌倦和躁动情绪,而自己也和他们一样?

你执行的幼儿园课程计划是否真正满足了自己和儿童的切实需要?

你是否觉得工作压力很大,节奏太快?是否觉得每天都在不停地准备活动、整理收拾、填写家园联系手册、制订课程计划、写报告和简报、看电子邮件和各种通知、学习各种新规定和文章?

你是否每天都没有时间缓一缓,然后高质量地陪伴儿童?

每天下班时你是否感到筋疲力尽?而这种疲惫,与其说是因为你白天所做的一切,还不如说是因为你不曾做的一切?

你是否觉得幼儿园的课程实施已经被商业化气息渗透,更受到媒体渲染的儿童观的影响?你是否注意到,许多玩具的功能设计和包装都已经固定化、程序化,能让儿童探索、发现或发挥自己的想法和想象的空间很小?

你是否发现,让儿童为入学做准备,时常被理解为教儿童各种标准,而不是启发儿童的心智?

现在,我们有些幼儿园教师,就把入学准备理解成要教拼音、数学。

三、"八质疑"课程的思维和取向

在德布·柯蒂斯和玛吉·卡特所著的另一本书《和儿童一起学习:促进反思性教学的课程框架》中,对美国课程中所存在的思维和取向提出的八点质疑,值得我们反思。

一是对"质量"的界定不够完善。反思我们当下的质量标准,是不是应该包含儿童多方面的发展,是不是应该关注支持儿童全面发展所需要的各种条件本身的质量?这些问题不清楚,课程可能存在问题。

二是工厂被当作幼教机构的榜样。我看到我们一些教育行政部门对幼儿园的检验标准就是企业标准,那么幼儿教育的特殊性在哪里呢?

三是教师缺乏哲学基础。这里涉及教育理念的问题,一个幼儿园如果没有理念、立场,就会出现跟风现象,导致教师疲惫不堪。

四是把儿童看作是需要做好准备和有待改进的人。也就是说,在他们眼里,儿童不是为了他今天的生活,而是为了明天赶路。对当下儿童的生活没有充分关注,一天到晚为接下来要干的事做准备。另外,没有看到儿童的潜能,总是看到儿童的不足,没有以儿童的潜能为基础去激发儿童发展。

五是没有把游戏看作课程切实可行的资源。我们要认识到，游戏是课程的重要组成部分，也是课程实施的重要渠道。

六是将儿童主导和教师主导看作是对立和相互排斥的关系。什么是教师主导？现在一说教师主导，就跟教师从头到尾讲课联系在一起，其实真正的主导是主体性、创造性的发挥。一个教师如果是主导者，一定会把儿童的主导地位加以明确和保证。

七是缺乏支持教师反思的基础性设施。现在，我们提倡教师反思，但反思以后怎么改进呢？有的幼儿园班级空间小、儿童多，没有一定的物质基础条件，教师反思以后也改变不了现状。

八是要求幼儿教师和幼教机构采用量化的"基于研究"的课程。

四、我们的课程计划要实现转身

我们的课程需要转身，要考虑儿童的需要，考虑儿童能得到什么，而不是首先考虑教什么内容。所以，幼儿园教师的教案不是讲稿，而是一个行动方案，是儿童在哪里做事、用什么材料做事、做什么事的行动方案。

教师应重点关注环境材料和活动空间的作用，而不是讲解的作用。因为没有适宜的材料难以产生真实的问题，事先确定的讲解、做好的准备、写好的教案经常不能解决儿童当下产生的真实问题。

环境和材料是儿童学习的对象和背景。材料的多样性和可操作性直接影响儿童活动的质量和经验的可获得性。幼儿园的环境跟中小学不一样，儿童不是通过书面逻辑的知识体系来学习的，而是通过外在的环境和材料来学习的。环境是幼儿园课程的根基，环境的状态会影响儿童学习的状态。一个精心创设的环境可以促进儿童各方面的发展，能为儿童提供满足个体需求和兴趣的不同材料与活动。因而，能对环境进行有效创设和准备是教师的基本功。

特别需要强调的一点是，了解儿童是课程的起点。美国帕特丽夏·韦斯曼和乔安妮·亨德里克所著的《幼儿全人教育》一书中有这样的观点：

了解儿童发展及学习方面的知识，包括了解每个年龄和发展阶段的特质，能帮助你判断什么才是对儿童而言最佳的成长经历。这些知识让教师清楚课程设计的方方面面并能有效地开展教育实践。此外，还要了解个体适宜性，幼儿教师需要持续地观察每个儿童和他人或环境的互动。

观察是了解儿童的起点。在课程设计过程中，教师首先要进行细致观察，不断思考为儿童的游戏提供哪些材料和支持。只要有适宜且丰富多样的材料、儿童真正投入的活动，即使是相同的主题和情境，也经常会跨越学科的边境，创造出多种可能性，让儿童享受多样的活动过程，面临新的挑战，给儿童多方面的经验。只有这样，儿童的学习才是具有整体性的。

五、教师要有发现课程的意识和能力

幼儿园的活动都是具有综合性的，教师要有经验的整体意识，从儿童多方面的发展中，鼓励和指导儿童的活动。教师还要注重活动的有效性，要通过规则、材料、伙伴等的变化，让儿童不断获得新的挑战，获得新的经验，避免过度重复和浪费时间。

非常重要的是，教师要形成发现课程的意识和能力。对儿童发展目标了解程度决定了教师对课程的敏感度。教师对生活中各种资源的兴趣、用心、好奇和探究是课程内容不断充实的关键。教师如果能将儿童需要和兴趣，与课程资源及相应的活动关联起来，并不断系统化，就会深化儿童的学习，丰富儿童的经验，促进儿童的发展。

在这个过程中，充分利用生活背景、生活材料和生活事件是非常重要的，幼儿园课程和生活是紧密相连的。我国幼教先驱陈鹤琴、张雪门也特别强调生活对幼儿园课程的作用。

最后，我想说的是，课程就在儿童的生活中，就在儿童的行动里，就在发现和解决问题的过程中。生活中的事物是儿童活动的重要对象，它们能给儿童带来乐趣，带来挑战，带来想象，带来专注，带来快乐，带来经验。因此，幼儿园课程是生活化的，是游戏化的。

用"全收获"的理念开展幼儿园种植活动[①]

幼儿园的教育活动是教师有目的、有计划地引导儿童生动活泼、积极主动地获得有益经验的过程。幼儿园教育活动的内容广泛，形式多样，其核心是教师引导儿童与周围的自然、社会环境相互作用，在探索、交往、表达等活动过程中不断获得新经验。种植活动是幼儿园常见的一种活动形式，是儿童与植物、泥土、水以及各类工具相互作用的过程，也是儿童加深对植物的生长发展过程以及植物与泥土、阳光、空气及水等要素相互关系的认识的过程。种植活动不只是科学活动，而是一种综合性的活动，是涉及数量、测量、空间、协作、规划、表现、责任感、任务意识及审美等多方面经验的活动。种植过程是儿童亲近自然的过程，也是儿童关注、关爱生命的天性得以展现的过程。种植是人类最基本的生活活动之一，对种植的关注就是对生活的教育价值的认可，在种植中学习也就是在生活中学习。"全收获"的"全"是指多层次、多方面、多主体，说明种植不只是让儿童有收获，不只是获得食物。"全收获"理念指导下的种植活动意味着种植能给儿童带来多样化的活动、多方面的经验，还能促进教师、家长等成人的专业发展。

一、超越传统的种植

我们曾经看到过这样的状况，在有两三百名儿童的幼儿园里，有大

[①] 本文原载于《幼儿教育》2017 年 8 月。

片的水泥地和塑胶地，在不到十平方米的种植园地里，种上了两三种植物，植物行行笔直，间距统一；也有的幼儿园种植园地特别大，有两三亩地，但统一种上了同一种作物。这种状况在有些地方至今仍然存在。种植园地似乎成了观赏园地，或成了象征。种植似乎是成人的事，儿童只是来观看的。这样的种植无法真正成为让儿童获得有益经验的教育活动，无法真正有效促进儿童的发展。

其实，种植不是幼儿园额外的任务，种植园地不是可有可无的。幼儿园之"园"的本意就是种植的地方和娱乐的地方，种植应该是幼儿园的应有之义。这是因为种植不是成人的需要，而是儿童的需要，因为关注生命是儿童的天性。儿童会对生命的成长过程充满好奇，他们会精心呵护、仔细观察，会关注生命成长过程中的每一个细节，会对生命充满感情、倾注热情。因此，种植是一种有温度和有情感的活动，儿童在种植过程中收获的不只是能力和知识，还有情感和态度。

种植是儿童内在的需要，成人必须把种植过程交给儿童，不能包办代替，种植不能成为门卫和保洁员的工作，幼儿园不能剥夺儿童与植物相互作用的机会。种植的核心是让儿童获得新经验，因此，种植的植物种类应该多样化，粮食、蔬菜、瓜果、花草等都可以作为种植的对象。同时教师要考虑时令和节气，引导儿童关注植物的根、茎、叶、花及果的不同特点。如瓜类的重点在果，土豆、红薯及山药等植物的重点在根，生菜、包菜等的重点在叶，莴苣等的重点在茎。要系统规划，根据儿童年龄和季节，选择合适的植物，真正把种植纳入课程之中，使其成为幼儿园教育活动的有机组成部分。

种植也是一种劳动，儿童从事的劳动包括力所能及的自我服务、公共服务以及种植和养殖。俄罗斯 M.A. 瓦西里耶娃等人在《幼儿园教育与教学方法》中指出，"要进入物质世界部分的学习，其前提是形成关于物质的概念，把它看作是物质，看作是人类思想的杰作，以及劳动的结果"，"在儿童认识社会生活现象时，人类生活和劳动是核心主题"。例如在中班,"老师的基本任务是,促进有关事物的知识的积累,而掌握知识的目的则是满足学前儿童在游戏、劳动生产活动中的需求"。劳动既是儿童经验的来源,也是儿童学习知识经验的目的。种植是重要的劳动,可以给儿童带来很多经验,这些经验可以进一步促进种植及其他活动的开展。

幼儿园种植活动的核心价值是满足儿童亲近大自然的需要,增进儿童对植物的情感,让儿童在多样化、多方式的四季种植活动中,增进对植物及其生长发展过程的了解,增进对植物生长条件的了解,在选种、栽培、管理、收获、品尝、制作等整个过程中,获得多方面的经验,增进情感和能力。

二、"全收获"对儿童意味着什么

"全收获"是对种植活动价值的新认识和新观念,要突破单纯对植物果实的物质性收获,重视儿童经验的获得,其主要内涵包括以下几个方面。

第一,种植什么?幼儿园的种植不只是种植植物本身,还包括创设让儿童获得经验的环境和条件,因此,对种植活动的规划是课程设计的重要组成部分。种植活动设计包括了针对年龄特点进行的植物种类的选择、种植时节的安排、种植方式的设计(如点种、苗种、扦插等)、种植工具的准备、场地的规划。这些因素的组合就构成了真正的种植活动,在这个过程中,儿童能获得相应的经验。例如,比较不同的种子,观察它们的形状、颜色、大小,称称它们的重量,猜猜它们是什么种子,想象一下它们长出来后的模样,等等;认识各种工具,知道它们的名称和用途;查找或观察以前使用的或现在还在使用的各种农具。这个活动里面有很多非常具体而生动的经验。

第二,如何种植?种植过程包括准备场地、确定播种标准、具体播种、浇水等活动。清理场地和翻地是儿童喜欢的活动,也是儿童探究泥土下世界的奥秘的活动，成人不能包办代替，要有足够的耐心等待儿童完成翻地的任务。对儿童来说，翻地是尝试使用工具的过程，要用小锄头或铲子，尽可能不使用成人用的大工具。在翻地的过程中，儿童会发现泥土里的小动物和植物、砖瓦和塑料，会思考它们来自何处，从而知道泥土是很多生命的家园，知道环境污染造成的影响。种植时，儿童需要把握植物疏密，需要测量种植间距，需要小心翼翼地保护种子或种苗，需要情感的投入。儿童在这个过程中可以获得很多经验。

第三，如何管理？儿童对自己种植的植物会高度关注，甚至会每天去观察植物的变化，记录每一种植物的生长发展过程，比较不同植物的根、茎、叶、花、果。儿童会发现叶子的枯萎、虫子对植物的侵蚀、花朵的凋零、植物生长的差异，儿童也有可能猜测各种原因，并进行浇水、施肥、捉虫、拔草等活动。有时，成人可以与儿童共同发现和创设一些实验的情境。在种植同一种植物的同一块地里，有的地方清除杂草，有的地方不清除杂草，最后测量比较两种情况下植物的生长情况，如植物的长短、粗细、果实大小等。这就是一种很自然的实验。由此，儿童理解了阳光、空气及水与植物的关系，理解了动物与植物的关系，理解了植物与植物的关系。观察和管理的过程，可以让儿童慢慢感受到围绕种植而形成的各种关系，而这些关系就是一个生态的环境。

第四，收获什么？不同植物的收获期和收获的内容是不同的。青菜主要收获的是茎和叶，蚕豆收获的是豆子，土豆收获的是块茎。种植园地主要是以种植庄稼为主的，关注植物的可食用部分，以获取食物为主要目的。幼儿园的种植要关注可食用的部分，这是儿童付出了很多劳动，用半个月甚至几个月等待的结果，这些食物会给儿童带来满足和快乐。然而，作为课程的种植活动也不能仅仅关注可食用部分。其实，植物的每一个部分都具有课程的意义。比如，青菜的根还能存活和发芽吗？蚕豆的茎怎么是方的和空的呢？所有植物的根都是一样的吗？很多植物的不可食用部分可以用来编织、剪贴等；也许儿童会对中药感兴趣，"医院"

游戏中会出现很多植物;"小吃店"游戏中包饺子和馄饨用的馅就是种植园地里的植物茎叶。将种植园地的种植与室内的区域活动联系起来,区域活动的材料也会变得更加丰富多彩、生动有趣。

三、"全收获"对成人意味着什么

"全收获"也意味着种植可以让成人得到收获。从把种植园地当作可有可无的摆设到作为课程不可缺少的部分,意味着教师的观念发生了变化。种植观反映了相应的课程观。教师在与儿童共同讨论种植计划和从事种植活动的过程中,增进了对植物和种植的认识,增进了对儿童天性的认识,增进了对儿童种植活动兴趣和种植能力的认识,增进了对儿童的观察和表征能力的认识,增进了对种植活动指导时机和策略的认识。这就是教师的重要收获。除此之外,教师其实是与儿童共同学习的主体,有些教师对植物和种植知之甚少,为了活动的开展,不得不向书本学习,向网络学习,向家长学习,向其他人员学习。正是在和儿童共同种植的过程中,教师获得了种植方面的经验和能力。更重要的是,在种植活动中,教师真正理解了对自然的学习不是搬用书本知识,不能坐而论道,而是要亲身实践,让儿童投入种植情境和种植过程,让儿童带着情感去关注自己的成果,去呵护一种种不一样的生命。这才是真正的以直接经验为基础的学习、在日常生活中进行的学习,才是真正的通过直接感知、实际操作和亲身体验进行的学习。因此,对种植活动及其价值的理解水平,种植活动展开和儿童投入的水平,在一定程度上反映了教师的专业水平。

对家长而言,儿童的种植活动也是自身收获育儿理念和能力的源泉。曾经有些农村家长提出,儿童在家里经常看到种菜,为什么在幼儿园还要让他们种菜,不能教点别的东西吗?这就是这些家长的种植观,认为没有必要,不如去学别的东西。然而,这些家长并不明白在幼儿园儿童不是看种植,而是参与种植,是真切体验,而且种植还包含了一系列相关的活动，能让儿童获得一系列的经验。要转变家长的种植观，就要让家长了解儿童的种植活动，了解儿童在种植中的学习和所获得的经验。因此，家长参与种植，儿童向家长取经，儿童观察和记录种植故事或分享收获的成果等，对家长理解儿童在种植中的学习和发展具有重要的作用。记得很多年前山东利津县张立新园长给我看过一组照片，这组照片反映了一个豆类聚餐活动，桌子上放着各种用豆子制作的食品，包括豆芽、豆腐、豆花、煮豆等很多种，这些豆子都是儿童自己种植的，连豆腐都是儿童自己磨浆的。家长也参与了这一活动，儿童给家长介绍各种豆子，他们拿出自己的观察记录，介绍是什么时候种的，什么时候收的，收获了多少公斤，怎么制作的，等等。然后是亲子品尝会，儿童表达各种食物的味道、自己的喜好等。这种活动会对家长产生很大触动。很多家长之所以加入了种植顾问的行列，或者在家里与儿童一起开辟种植区，就是因为真正看到了种植对儿童身体、认知和情感等方面的改变，真正看到了种植的教育价值。在这个过程中，家长也收获了新的教育理念，收获了专业的眼光，收获了与子女的亲情。

（注：本文根据作者在江苏省课程游戏化项目幼儿园现场指导的录音整理。）

儿童炊事室（区）与幼儿园课程[①]

一、儿童炊事室（区）的课程价值

本文将为儿童准备各类食物的活动均称为炊事活动，文中的儿童炊事室（区）也称儿童烹饪室（区），特指儿童专门从事有关炊事活动的场所。不同幼儿园的空间条件各不相同，有些幼儿园专门设立了儿童炊事室，不同的班级轮流在此开展炊事活动；有的幼儿园在一个楼层设有一间儿童炊事室，供在该楼层的不同班级根据需要轮流开展相关活动；有些幼儿园没有专门的儿童炊事室，但每个班级根据需要灵活设立炊事区，并经常开展炊事活动。儿童炊事室（区）与娃娃家不同，它不是一个游戏室或游戏区域，不开展假想活动，而是一个真实的生活活动场所，是一个真实的儿童实习场，儿童在真实的活动情景中面对真实的任务、真实的材料，使用真实的工具主动操作，解决真实的问题，获得真实的生活经验。儿童炊事室（区）的活动既涉及儿童对很多事物（蔬菜、水果、粮食等）的认识，也涉及儿童基本的活动技能（切、搓、团、捏、刮、包、洗等），还涉及儿童的态度和情感。因此，当我们将炊事活动作为课程实施的重要活动时，儿童炊事室（区）也就成了儿童获得各种生活经验的重要途径，当然也成了课程实施的重要途径。

在儿童炊事室（区）开展活动之所以能成为儿童获得经验的重要途

[①] 本文原载于《幼儿教育》2010 年 6 月。

径，主要原因在于：第一，炊事活动内容广泛，且可以不断深入，无论是食物、工具（塑料刀、小剪刀、筷子、小擀面杖、点心模具、印花章等）及制作方法都丰富多彩，引人入胜。第二，炊事活动往往能满足儿童的现实需要，容易引发儿童对活动的兴趣，使儿童更加投入和专注，更愿意探索和尝试，更容易获得相关经验。第三，炊事活动是一种动手操作活动，既有一定的方法，也有一定的创造空间，儿童的想象力、创造性可以得到充分发挥。第四，炊事活动往往是儿童相互合作的活动，儿童需要经常协商、沟通和交流，在此过程中可以获得很多交往方面的经验。因此，幼儿园课程设计经常包括炊事活动的设计。在一些生活取向或经验取向的幼儿园课程中，炊事活动占有很大的比重，因为它符合在生活和活动中学习的原理，符合以儿童的兴趣为导向的原则，更重要的是它有大量适合儿童需要、能使儿童获得各种有益经验的课程资源。

二、儿童炊事室（区）的活动内容

幼儿园的炊事活动内容广泛，可根据活动对象的不同划分为三种不同的类型。

（一）蔬菜类炊事活动

蔬菜类炊事活动可根据活动对象的特点和活动的难度，区分为协助性炊事活动和独立完成性炊事活动两类。

协助性炊事活动是指在成人开展炊事工作的过程中，儿童参与其中一两个环节的活动，协助成人完成部分任务，如儿童参与摘菜、剥豆子等。这是目前幼儿园中最常见的儿童炊事活动。很显然，儿童具体参与活动的过程，对特定的食物的认识就会更加深入。因此，当儿童享用自己参与劳动获得的食物时，儿童对食物就多了一些经验，甚至有了某些特别的态度和情感。

在开展协助性炊事活动时，我们可以选择儿童感兴趣且力所能及的活动，选择具有一定的认识价值又能丰富儿童活动能力的活动，当然，最好选择能给儿童带来一定挑战的活动。由于在协助性炊事活动中儿童往往只参与活动过程的一两个环节，不能在活动过程中现实地满足对食物的需求，尤其是在那些单一性的协助性炊事活动中儿童仅仅参与了一个环节，从事的是同样的不断重复的活动，儿童有可能会产生机械和单调的感觉。因此，在活动过程中，我们可以根据儿童的年龄特点增加一些要求和环节，使活动更有趣味性和挑战性。如在大班剥蚕豆或毛豆的活动中，可增加一张统计表，让儿童统计自己剥的蚕豆荚或毛豆荚中1粒、2粒、3粒及4粒豆子的蚕豆荚或毛豆荚各有多少，最后也可以数一数自己剥的豆子的数量，还可以交流一下剥豆过程中的一些新发现。

独立完成性炊事活动是指由儿童独立完成从蔬菜加工到食用过程的活动，内容主要是凉拌一些食物，或在教师指导下简单烧制一些食物。在这类活动中，儿童参与的活动环节更多，获得的经验更丰富，得到的发展更全面。独立完成性炊事活动主要包括清洗、切、拌、烧煮等环节。如儿童清洗萝卜，然后切萝卜，接着使用各种调料拌萝卜，最后品尝。此类活动可使用的材料还包括冬瓜、西红柿等。有些材料还需要一个烫制的环节，一般在教师指导下进行，甚至由教师代为处理，如凉拌苦菜、马兰头、荠菜等。

值得注意的是，独立完成性炊事活动还可以根据儿童的能力和幼儿园的条件开展延伸活动。如有的幼儿园将逛农贸市场与炊事活动相结合，增加让儿童挑选、购买的环节，拓展儿童的经验；有些幼儿园将种植园地与炊事活动结合起来，让儿童积累从认识蔬菜种子到食用的完整经验，丰富了活动环节，增加了活动的趣味性，当然也丰富了课程内容，促进了儿童的发展。

（二）水果类炊事活动

水果类炊事活动是在幼儿园出现频率较高的活动。除了菠萝等特殊水果外，大部分水果儿童均能独立完成切、剥等准备工作。因此，与蔬菜类炊事活动相比，水果类炊事活动总体上要容易一些，环节和程序也要简单一些。最大的问题不是儿童会不会，而是成人能否认识到这是一个重要的教育机会，这个机会蕴含了促进儿童发展的价值。

水果类炊事活动虽然相对简单，但通过这类活动可以培养儿童自我服务或者为同伴服务的意识以及剥、切、削等基本能力。教师可引导儿童从里到外观察不同的水果，比较同类水果之间的不同，比较不同水果之间的不同，也可以将操作与观察结合起来，增进儿童的认识。同样，也可以将水果的购买、种植与水果类炊事活动结合起来。有些幼儿园从当地的气候、土壤等条件出发，种植了柿子、苹果、橘子、枣子、李子、梨、石榴等果树，让儿童参与观察、管理和收获，丰富了幼儿园水果的品种，延伸了水果类炊事活动。

（三）点心类炊事活动

与蔬菜类和水果类炊事活动相比，点心类炊事活动的难度增加了，环节变复杂了，对儿童能力的要求提高了，给儿童发挥创造性的机会增加了。点心类炊事活动包括米粉点心和面粉点心两种。但这两种点心有很多相似之处，大致包含和粉、搓、团、捏、包、切、烤、蒸等环节。儿童经常进行的点心制作活动包括做小饼（甜、咸或无味的）、做馒头、做花卷、做各色糕点、包馄饨或饺子等。

点心类炊事活动与其他炊事活动相比，更需要教师的指导和帮助。因为点心的制作不只是动手能力和熟练程度的问题，还涉及运用一些长期积累的经验，如和面粉时水的多少，糖或盐的分量等。手眼协调、手指协调和灵活等方面的经验和能力也很重要，尤其是在搓、团、包等环节中这些能力和经验起着更为重要的作用。因此，学习制作点心的过程，就是儿童积累经验的过程，也是儿童动手能力不断发展的过程。在点心制作活动最后的蒸制、烤制环节，儿童特别需要教师的指导和帮助。有些幼儿园在班里让儿童在教师的指导下给烤箱、蒸锅设定温度、时间，也有一些幼儿园将儿童制作的点心送到伙房请炊事员烤制，儿童可以根据烤制时间长短等情况决定是否守候。

与蔬菜类和水果类炊事活动相比，在点心类炊事活动中，儿童付出的劳动更多，儿童操作的对象发生的变化更大，从开始活动到食用需要的时间更长，儿童的期待更强烈，儿童的成就感更明显。幼儿园应充分利用点心制作的机会发展儿童的相关能力，更好地促进儿童的发展。在组织点心类炊事活动时，还可以引导儿童向两头延伸，如让儿童参与购买米、麦的过程，观看或参与磨粉的过程；将自己制作的点心成品让更多的儿童分享，等等。

三、炊事活动中教师应具有的基本意识

儿童炊事室（区）是幼儿园课程资源的重要组成部分，儿童炊事活动是综合活动，对儿童的全面发展具有重要的意义。开展儿童炊事活动时，应具有以下三种基本意识。

（一）资源意识

要把炊事活动当作重要的幼儿园课程资源加以合理和充分的利用，努力把活动的机会留给儿童，这样才能把发展的机会还给儿童。要将炊事活动经验纳入整个课程经验之中，加以整体的协调和安排，切实利用好每一个炊事活动的机会。应从不同年龄儿童的发展需要出发，努力丰富炊事活动的资源，对炊事活动的材料、方式及儿童可能获得的经验加以系统的安排和组织。

（二）过程意识

要切实关注炊事活动的过程，关注活动过程中儿童的动作、经验和能力。避免把炊事活动当作进食活动，只让儿童享受结果，不让儿童参

与获得结果的过程。注重过程意识意味着选择炊事活动内容、材料和工具都要考虑可能产生的活动过程和可能形成的经验，真正使材料和工具在活动过程中产生作用，从而真正引发儿童的经验。

（三）发展意识

炊事活动的根本指向是儿童发展，能让幼儿园炊事活动持续开展的内在动力也应该是儿童发展。教师必须深入了解儿童的兴趣和需要，深入了解儿童的学习特点，在此基础上综合考虑各种炊事活动资源，借助园内外的各种资源，引导儿童投入活动。同时，炊事活动的内容和过程必须建立在安全可靠的原则基础之上。只有这样，幼儿园炊事活动才能真正促进儿童的发展。

幼儿园课程改革路向何方[①]

当前，许多幼儿园教了不该教的东西、用了不适合的方式，"小学化"现象在有些地方还比较严重。幼儿园课程结构有别于中小学课程结构，它是以儿童发展为导向，以经验获得为过程和目的的动态结构。幼儿园课程应坚持"以学定教"，关注生活，走向整合。

一、幼儿园课程不能脱离"以学定教"

最近，上海市全面推行小学"零起点"教学。小学教学应按照国家的课程标准进行，要遵循小学生的学习特点和规律，从小学课程的起点开始学、不抢跑，幼儿园教育也应该如此。幼儿园教育也不要抢跑，不要跟小学教育重复，要遵循儿童身心发展的规律，拒绝"小学化"。

按照儿童身心发展规律来实行教育，就是要"以学定教"。从宏观上说，"以学定教"就是要关注学习者的身心发展规律和学习特点，避免跨龄教育、揠苗助长，要通过学习《指南》，真正理解儿童的身心发展规律和学习特点，结合幼儿园幼儿生活的现实，使儿童和儿童发展具体化、情境化；从微观层面看，"以学定教"意味着关注自己面对的特定班级儿童的需要、兴趣和现实的学习状况，关注现实的社区、家庭和幼儿园环境资源条件，选择和组织教育内容，采用适合儿童的活动方法和策略，确保活动的有效性。

---

① 本文原载于《中国教育报》2014 年 9 月 21 日。

有的幼儿园教师会问:"现在幼儿园课程很多,有国内的有国外的,有那么多课程,到底用哪几个?怎么用?"其实,在课程使用过程中,要根据实际,把课程逐步转化成为适合自己幼儿园、适合自己班级的课程,这个过程是适应的过程,也是让课程更加适合自己所面对的儿童的过程,这就是"以学定教"的重要内涵。

在《纲要》与《指南》里,"生活"一词分别出现了33次和81次,"活动"分别出现了47次和83次。而且,这两份文件里面都强调"综合""整体""渗透"等词语,而这些词语可能是影响我们理解、学习这些文件最关键的词语。

儿童是在生活中学习,在学习中生活。游戏是幼儿园的基本活动,让儿童在多样化的活动中,主动探究、体验、交往和表达,不断获得新经验。幼儿园的活动重点不是教师准备讲解什么,而是准备让儿童做什么、获得怎么样的经验、应该为儿童的行动创设怎样的环境和条件。

学前教育就是要还给儿童一个真正的童年,自主、愉快、充实是幸福童年的重要特征,应让儿童过好每一天,并对生活充满期待,充满幻想;学前教育就是确证儿童期的意义,确证理解当下的生活对儿童整个生命成长的意义,努力寻求能让儿童经历和感受到美好世界、美好生活的科学的课程,为儿童的健康成长营造良好的生态系统。学前教育工作者应该用专业的态度和方法,努力维护儿童的生存权、发展权、参与权、游戏权,等等。

二、生活是幼儿园课程的基础和来源

儿童在幼儿园的一日生活就是他学习的过程,这个过程影响到儿童的发展。《指南》指出,幼儿的学习是以直接经验为基础,在游戏和日常生活中进行的。要珍视游戏和生活的独特价值,创设丰富的教育环境,合理安排一日生活,最大限度地支持和满足儿童通过直接感知、实际操作和亲身体验获取经验的需要,严禁"拔苗助长"式的超前教育和强化训练。

　　生活是综合性的活动，是没有边界的，是整体的，在生活中学习就是综合的学习，就是整体的学习。生活是课程的基础、来源、出发点，生活也是课程的进程。幼儿园一日生活每一个环节都有特别的意义，对儿童的发展都是有贡献的。

　　教师的生活态度、生活意识、生活能力直接影响教育的质量，家庭、幼儿园和社区生活的相容与和谐有利于儿童的成长和发展。教师不仅要深入地分析和把握幼儿园的生活，还要关注儿童的家庭生活，关注社区生活、社区资源。幼儿园不仅要有适宜儿童阅读的书，还要有多种多样的资源。这些资源完全靠买是不现实的，也是办不到的，要充分利用家庭和社区丰富多样的资源，可以买一些积木等儿童玩的器材，但更要充分利用生活中安全、多样的材料。

　　在幼儿园教育中，需要树立"师幼共同生活"的理念。教师不是仅仅照护儿童的生活，而是参与儿童的生活，与儿童共同生活，在此过程中理解儿童的生活需求和向往，把握儿童的生活趣味，变审视儿童生活为体会和反思儿童与自己的生活。在与儿童共同生活中，教师要充实儿童的生活环境，扩展生活的范围，创造活动的机会和条件，让儿童不断获得新的经验。共同生活意味着教师要感受儿童的心灵，向儿童学习，让儿童成为课程的重要决策者之一。

　　其实，《指南》里面也有许多生活的观念：第一，发现生活中的事物和资源。生活中有许多生活的事物和资源可以用于幼儿园的教育教学，要到生活中寻找和发现有价值的课程资源。第二，要努力让儿童去解决生活中的问题和挑战，这是重要的学习。许多学习只有在解决生活中的问题和挑战的过程当中，才真正是有效的。第三，要利用生活中的机遇和条件。现实生活中有许多机遇，如交往的机遇、操作的机遇等，需要我们去充分把握和有效利用。第四，形成生活中的习惯和规则。幼儿园里的习惯和规则不是教师给予的，应该是跟幼儿共同商量决定的。

"我们提倡的幼稚园课程,首先应注意的是实际行为,凡扫地、抹桌、熬糖、炒米花以及养鸡、养蚕、种玉蜀黍和各种小花,能够实际行动的,都应让他们实际去行动。在行动中所得的认识,才是真实的知识;在行动中所发生的困难,才是真实的问题;在行动中所获得的胜利,才是真实的制驭环境的能力。我郑重地再说一句,幼童一定先有了直接经验,然后才可以补充想象。"著名幼儿教育专家张雪门认为,"五六岁的孩子们在幼稚园生活的实践,就是行为课程。这份课程也和一般的课程一样,包括了工作、游戏、音乐、故事等材料,然而这完全根据于生活:它从生活而来,从生活而开展,也从生活而结束。不像一般的完全限于教材的活动。在今日以教材为中心的气氛中,我们特别提倡行为课程。"

我曾经在一所幼儿园里看到一片竹林,离竹林很远的地方看到了一棵竹笋。一位教师带了一队儿童正在参观。我就问:"竹林在那边,为什么这个地方有一棵竹笋?"接下来,他们围绕我的问题开展了探索活动,他们发现越是靠近竹林竹笋越多,越是远离竹林竹笋越少。他们把地挖开,挖开以后在地里就看到了竹根,发现原来在地底下有竹根不断地往前延伸,所以其他地方才会出现竹笋。这些发现是孩子们通过动手、观察和推理去获得的。这就是探究式的学习,等他们再去看竹笋的时候,感受就不一样了。

因此,幼儿教师要充分把握一日生活中的各种机会和条件。锻炼身体、学习语言、社会性的发展都要通过生活的机会。现在许多幼儿园都有科学发现室,但内容过于规制化,设备过于高档化,基本上是中学的实验器材,这些科学发现室是不可能让儿童获得真正的科学经验的。所以,重要的不是科学发现室和器材,而是生活中的科学我们怎么去把握,生活中的科学问题我们如何去解决。在生活中,还有许多美的东西,要感受生活中的美。生活是幼儿园课程的重要来源。成人要善于发现和保护儿童的好奇心,充分利用自然和实际生活机会,引导幼儿通过观察、比较、操作、实验等方法,学习发现问题、分析问题和解决问题;帮助儿童不断积累经验，并运用于新的学习活动，形成受益终身的学习态度和能力。直接经验对儿童来说是非常重要的，要让儿童在解决实际问题的过程中去思考、发现和解决问题，只有这样才能真正获得经验。

三、幼儿园各类课程都需要有机整合

儿童是一个有机体，幼儿园教育要让儿童以整体的方式去感受和表达这个世界，建立对世界整体的认识。因此，整合对幼儿园教育非常重要，整合的核心意义就是有机联系、相互渗透。整合的要求是"有机"：符合生活和经验的逻辑，是自然延伸，有自然联系，不是重复和机械拼接，是补缺和扩展。整合是幼儿园各类课程的共同原则，整合不只是领域之间的，领域内也需要整合。幼儿园教育应杜绝教师分人分科。整合的前提是教师熟知儿童的发展，并对儿童各领域发展的关键经验有敏感性。

《指南》中五大领域是相对的划分，五大领域之间是有机联系、相互渗透的。五大领域的核心经验不是课程本身。课程就是依照核心经验展开的经验分解、教师和儿童为获得经验所进行的环境和材料准备及儿童多感官的参与和努力的过程。整合是幼儿园课程的原则，不管什么课程类型，都应贯彻整合的原则。经验或行动是幼儿园课程的现实表现形态，幼儿园课程结构就是行动结构。

因此，幼儿园教育应关注儿童学习与发展的整体性。儿童的发展是一个整体，要注重领域之间、目标之间的相互渗透和整合，促进儿童身心全面协调发展，而不应片面追求某一方面或几方面的发展。

幼儿园课程是一个以思考为纽带的综合行动结构，而不只是静态的知识结构，儿童发展的关键是不断获得新经验，只有在行动中才能获得真正的经验。幼儿园课程结构有别于中小学课程结构，它是以儿童发展为导向，以经验获得为过程和目的的动态结构。行动是没有学科边界的，行动的课程一定是整体的、关联的。

儿童是在与外部世界的相互作用中进行学习、获得经验的。因此，不断变化的活动对象和环境，是儿童不断感知外部世界并扩展和更新经验的重要方式。但感知世界和获得经验不是学习的全部，儿童将已有的经验组织起来，并以各种方式表达出来也是重要的学习，这有助于儿童经验的系统化和重组，有助于经验的整合和拓展。

著名教育家陈鹤琴曾经用"五指活动"（陈鹤琴所说的五项活动跟《指南》里面说的五项活动是一样的，只是他当年没有说"语言"，而是说"语文"）来形象地说明幼儿园课程的整体性：五指活动的五个方面就像人的五个手指一样，是有机联系、血脉相连的；五个手指是各不相同的，每个手指都有自己的功能，缺一不可；五个手指要共同、合理地使用，才能达到最好的效果；五个手指是灵活有弹性的，不是死板的；五个手指都长在手掌上。陈鹤琴认为这个手掌就是生活，孩子的五根手指必须长在孩子的手掌上，不能长在成人的手掌上。如果孩子的手指长在成人的手掌上，这个手就是畸形的。幼儿园的课程必须基于儿童的生活，不能基于成人的生活。手掌就是生活，课程来自生活。幼儿园的课程一定是以儿童的生活为基础的。对儿童的生活研究得越透，幼儿园的课程就越适宜。

（注：本文根据作者在2014中国学前教育年会上的报告整理。）

幼儿园课程建设是系统和长期的工作[①]

一、把握幼儿园课程建设的本质

在我国，幼儿园课程是一个很特殊的领域。时至今日，在国家文件中很少见到"幼儿园课程"这个词。当然，专业人员能清楚地认识到在这些文件中课程的范畴和内涵之所在。近年来，在地方政府文件中"课程"一词出现的频率在逐步增加。直到20世纪90年代，甚至到了21世纪，一些教育领域的专家仍发出这样的疑问："难道幼儿园有课程吗？"在他们的心目中，课程是系统的学科知识，幼儿还不认识字，哪有幼儿园课程呢？如果幼儿园像中小学一样，人手一套课本，不就违背幼儿身心发展的规律和学习特点了吗？幼儿园教育不就小学化了吗？

幼儿园是学校教育系统的重要组成部分，是教育机构，没有课程就无法落实儿童全面发展的教育任务。因此，幼儿园课程肯定是存在的。对幼儿园课程有疑惑，正好说明幼儿园课程具有特殊性。幼儿园课程肯定跟中小学课程不同，它针对处于感觉运动和具体运算阶段的儿童，通过多样化、儿童多感官参与的活动展开教学，以满足学前儿童的特殊需要。因此，学前儿童的身心发展特点决定了幼儿园课程不是以儿童获得系统的学科知识为目的，也不是以系统地讲授书本知识为手段，它是一个让儿童通过多种感官的参与获得综合性经验的过程，儿童通过获得多

---

① 本文原载于《幼儿教育》2020年1、2月。

方面的经验，实现全面发展。课程理论告诉我们，课程有强调学科知识的，也有经验性的，还有活动性的。它们的理念和组织形式不尽相同，但都能实现教育的目的。幼儿园课程无疑是偏向活动和经验的。

"幼儿园课程"这一概念产生的历史既悠久又短暂。说其悠久，是因为从幼儿园建立之初，就有幼儿园课程。我国学前教育专家陈鹤琴、张雪门的教育论著中，有很多涉及幼儿园课程的理论见解和实践经验。如果把幼儿园课程看作一个实践领域，那历史就更长了，甚至在教育实践中从来没有缺失过。说其短暂，是因为"课程"这个词在我国学前教育领域有过一段时间实践上的缺失。从20世纪50年代初到80年代之前，很少使用"幼儿园课程"这个词，"幼儿园课程"作为一门独立的高等师范院校课程基本上是20世纪90年代中期的事了。到了21世纪，幼儿园课程才真正成为幼儿园教师难以回避的专业词语。但大家对幼儿园课程的理解可能存在很大的差异。大家对课程内涵的认识，宽窄不同，焦点不同，样态不同，甚至理念上也有很大的差异。这也在一定程度上说明，幼教工作者对课程内涵尚需形成更多的共识，对课程本质的把握还需要一个过程，因此，还很有可能在观念上和实践中出现问题和矛盾。当今幼儿园课程实践中出现的问题，都与大家对课程的认识不到位、不一致有关。

其实，幼儿园课程就是为了达成教育目标而确定的实践方案及其落实的过程。课程包括不断细化的目标体系以及与目标相对应的内容体系和活动体系。课程中的活动多种多样，包括集体教学、区域活动、各类游戏以及日常生活活动等。支撑这些活动的是课程资源，包括各种材料、工具、图画书等。幼儿园课程之间的差异往往跟课程理念相关。幼儿园课程从何而来？这要从幼儿园课程的特殊性出发加以考虑。首先，幼儿园课程不是一个学科知识文本，不会全国采用同一个课程方案，更不会所有幼儿园教完全相同的内容。《规程》《纲要》和《指南》在不同层面上指导着幼儿园的课程建设。我们从中可以看到幼儿园课程的基本理念、基本目标、活动原则和途径、环境创设、资源挖掘等方面的基本要求。因此，国家对幼儿园课程建设是有明确的价值指向和实践指导的。正是在国家法规和政策的指导下，不同的机构编制了不同的课程方案。课程方案还不是课程本身，这些方案只有转化为儿童获得经验的过程，才能成为真正的课程。因此，不能仅仅从方案来判断课程是否适宜，但方案的确能在一定程度上反映教育的立场、课程的理念、目标的完整性和适宜性、内容的生活化以及活动的游戏化。任何课程方案都需要经过园本化的改造，即使是幼儿园自己编制的课程方案，也需要随着实践的逐步深入而不断完善。因此，幼儿园课程建设是一个永无止境的过程。幼儿园教师比其他基础教育阶段的教师要更理解课程建设的重要性，更理解课程的质量对教育质量的影响，更理解课程建设是一个复杂的过程。

目前，我国大部分幼儿园还无法独自形成课程方案，需要参照一些现成的课程方案。一方面，绝大部分幼儿园的课程建设都是从模仿和借鉴开始的。从国家文件到幼儿园课程的形成要经历一个复杂的研究和探索过程，需要进行系统的规划和设计，需要进行选择和比较，需要经过深入的实践和研究。因此，幼儿园借鉴一些成熟的课程方案的做法是可取的。另一方面，儿童的身心发展规律和学习特点要求幼儿园课程一定要真正从儿童出发，而不是从书本出发，要与儿童的生活紧密结合，把游戏作为幼儿园的基本活动。因此，每个幼儿园的课程是不完全相同的，同一年龄段的不同班级的课程也可能是有一定的差异的。这就要求幼儿园不能只是一味地模仿和借鉴，而应该在观察儿童活动和发展的基础上，充分挖掘课程资源，对课程进行研究和探索，进行改造和创新，进行总结和积累，使课程真正适宜于儿童的兴趣和需要，真正促进儿童的发展。好的幼儿园课程就是要能满足儿童的需要，能引发儿童积极投入，不断获得新的经验，实现全面发展。因此，幼儿园课程建设的实质就是促使幼儿园课程更加具有适宜性、有效性，从而更好地促进儿童的发展。

二、坚持把儿童作为课程的出发点

儿童是幼儿园课程的起点。幼儿园教师的基本素养之一就是了解并理解儿童的发展。教师应能从对儿童行为的观察中、从与儿童的互动中发现儿童的兴趣和需要，能用适宜的方法和手段支持并引导儿童的学习与发展，应能通过环境创设和其他适宜、有效的途径，让儿童不断接受新的挑战，获得新的经验。幼儿园课程建设的首要任务就是观察儿童，研究儿童，并根据《指南》的目标，创设丰富多样的环境，促使儿童投入多样化的活动中，从而实现全面发展的目标。教师作为一名研究者，"要批判地观察儿童，观察你自己的教学乃至其他人的实践，并以此为鉴，不断地评估你的工作对儿童及其家庭的影响：1.不断探索创新，寻找能证明有效性的证据；2.通过观察、阅读以及参加非正式讨论和正式会议，向其他人学习；3.了解其他专业人员当前的工作；4.以探究的精神对待在教室中的工作—提问、尝试、观察、反思、再次尝试"[1]。因此，幼儿园教师的工作总是围绕着儿童及儿童教育的成效展开。

幼儿园课程建设要聚焦儿童，聚焦儿童的生活。3—6岁儿童主要是通过直接经验学习的，他们学习的内容主要不是通过文字和符号呈现的。儿童需要与周围的环境相互作用，因此为儿童创设丰富多彩的环境，提供多样化的材料，引发适宜的活动，不断探索和实践，是课程建设的重要内容。重点工作就是在观察和分析儿童行为的基础上，不断完善课程内容和方法，增强课程的适宜性和有效性。观察分析儿童的行为是幼儿园教师的基本专业能力之一，也是幼儿园教师基本的职责之一。教师对儿童行为的观察和分析，意义重大，作用多样，其中有三点特别重要。一是有观察的习惯。教师理解观察儿童行为的重要性并愿意花时间去观察，让观察变成制度性的行为，变成习惯，并真正从观察中获益。精心

---

[1] 翁森纳·福拉里.早期教育的基本理论与最佳实践[M].霍力岩，等译.北京：教育科学出版社，2019：16.

观察是幼儿园教师专业成长的重要途径之一，也是幼儿园教师理解儿童、理解教育及发现问题的重要途径。一个教师若能坚持每天用心观察，哪怕花十分钟时间，都会得到苦思冥想所难以得到的收获。其实，教师对有些专业书本知识的理解也是可以在观察中不断深化的。二是在观察和分析中理解儿童的行为。儿童在活动，其实就是在同周围环境中的人、事、物发生相互作用。儿童的外在行为往往是其内在心智的外化。因此，关注儿童的行为，就是在关注儿童的心智建构，在关注儿童的心灵世界。儿童对工具和材料的选择和使用、与同伴的交往、对自己工作的反思、对新材料和新方法的尝试、对发现的问题和现象的探索、对自己行为的记录，都体现了他们对已有经验的运用和新经验的获得，体现了他们对挑战的好奇和期待。走马观花不是真正意义上的观察，带着一定的目的、聚焦对象并有一定持续性的观察才能真正取得效果。三是在观察和分析中形成适宜的支持策略。对于幼儿园教师来说，观察不是目的，而是了解儿童的手段。教师应对儿童的行为表现进行深入的分析，进一步理解儿童的兴趣和需要，考虑儿童的发展可能，在环境、材料等方面给予儿童适当的支持，让儿童真正面对挑战。中班上学期，一位教师常常为班上儿童的能力而自豪，儿童在玩钓鱼游戏时总是很快将"一池鱼"钓完，并按照大小分别放在两个大小不同的塑料筐里，然后将"鱼"重新倒入"鱼池"，继续玩，往往要连续进行好几遍。这说明这位教师看到了儿童的活动过程，但没有真正观察，没有在意儿童的表情，至少对任务结构和行为挑战的分析不够。试想，用40厘米长的钓鱼竿、20厘米长的钓鱼线、直径1.8厘米的磁铁"钓鱼"，且只要求儿童按照大小分类，这种活动对中班儿童来说怎么会有真正的学习呢？哪里来的挑战呢？难怪儿童的表情漠然。其实，教师只要仔细分析，增加钓鱼竿和钓鱼线的长度，减小磁铁的面积，增加"鱼"和"鱼筐"的分类维度，对儿童的挑战难度就会增加。因此，观察后的分析非常重要。教师对《指南》目标把握越清晰，对儿童行为的分析就越透彻，对儿童相应的学习支持可能也就越适宜。

儿童是课程的出发点，只有遵循儿童发展规律，课程才有可能是科学、合理和有效的。幼儿园课程要以适宜的内容和方式引发儿童主动、充分地活动，让儿童有时间成为儿童，有时间成为真正的主动学习者。研究课程的起点是研究儿童，教师应努力使课程满足儿童需要，灵活多样、生动有趣、行之有效。要切实创设能引发儿童主动活动并获得有益经验的环境，避免因重复教育、过度教育而浪费儿童的时间。儿童的学习不是简单的行动，是有思维参与的，富有挑战的，能获得新经验的。教师应蹲下身、贴近心，与儿童共同生活，感受儿童的需要，这是教师与儿童相处的重要原则，也是课程引发儿童主动、专注地投入学习的重要保证。

幼儿园课程建设是一项实实在在的工作，对教育质量的提升具有决定性作用。对这项工作，幼儿园要精心安排，持续努力，不断完善。要避免"拿来主义"和形式主义。所谓"拿来主义"就是不去深入地观察和研究儿童，不考虑幼儿园周围的自然社会条件，完全照搬照抄别人的课程方案，教师成了"教书匠"，而课程不能真正引发儿童主动投入充满挑战的活动，不能有效促进儿童的发展。其中，更要避免崇洋媚外，即不考虑我国的文化因素，不考虑教师条件，盲目引进国外课程。形式主义的主要表现在于一些幼儿园不把主要精力放在研究儿童、环境和活动上，只注重书面文字工作，把出书当作课程建设，在没有长期深入研究的情况下，拼凑课程方案；更有一些幼儿园花力气在课程的名称上，求新、求异、求洋，缺乏园内认同，缺乏研究支撑，缺乏实践成效。总之，幼儿园课程建设必须回到儿童，回到生活，回到幼儿园的现实，回到探索和实践之中。

三、关注生活，亲近自然

幼儿园课程建设不是简单的编写工作，它依赖于课程的实践。课程实践需要课程方案的指引，课程方案的制定也需要依据课程实践。不同的幼儿园在所处位置、家长状况、儿童发展、社区资源甚至区域文化上都会有一定的差异，这种差异常常反映在儿童的生活中。因此，在实践和探索幼儿园课程时一定要从文本里走出来，走进儿童的生活。生活是幼儿园课程真正的源泉。张雪门先生说："生活就是教育，五六岁的孩子们在幼稚园生活的实践，就是行为课程。"他认为，这种课程"完全根据于生活，它生活而来，从生活而开展，也从生活而结束，不像一般的完全限于教材的活动"。因此，他认为幼稚园课程的特质之一就是：与生活紧密关联，来自生活需要，在生活中进行，随生活而不断生发。陈鹤琴先生也同样关注儿童的生活，他在论述"五指活动"时，一方面明确指出健康、语言、社会、科学和艺术五类活动各有特点、缺一不可、有机联系、协同发挥作用，另一方面明确指出这五类活动所构成的课程是建立在儿童的生活基础之上的，生活是课程真正的源泉。因此，幼儿园课程建设必须关注儿童的现实生活，把儿童的发展目标与现实生活结合起来，让儿童在现实生活中发现问题、分析问题、解决问题，表达感受，总结经验。

幼儿园课程应该丰富儿童的生活，扩展儿童的视野，让儿童在真实的经历中学习。幼儿园课程建设要求教师关注儿童的生活，理解儿童的生活，充实儿童的生活，并与儿童共同生活。对于教师来说，与儿童共同生活是贴近儿童心灵世界的重要途径，也是了解儿童需要和兴趣的关键所在。要充实儿童的一日生活，关注和联系家庭生活，密切沟通社区生活，让儿童在生活中不断获得新的经验。关注儿童生活的课程应是生动的、具体的和充满情感的。

时至今日，在幼儿园教育中，教师中心、课堂中心、教材中心的问题还没有得到根本解决，"小学化"现象依然存在。一些教师迷信自己的讲解，迷信符号学习，迷信书面练习，这是幼儿园课程远离儿童生活、远离自然的表现，会严重影响教育质量，影响儿童的健康成长。一些幼儿园的场院设计不够专业，存在大片的塑胶地，绿化近似园林景观，与幼儿园课程、与儿童的学习和发展没有建立联系，课程难以在室外延展，自然资源缺乏或难以得到有效利用。城市公共空间尤其是公共绿地明显不足，儿童回到家里很难有机会接触大自然，一些父母又更在意让儿童进入兴趣班而不是亲近大自然。亲近自然并生发学习已经成为今天幼儿园课程建设中迫切需要关注的课题。幼儿园课程建设也要从活动室里走出来，脚踩大地，仰望蓝天，亲近自然。要充分发挥自然环境在幼儿园课程中的作用。《若干意见》提出，鼓励支持幼儿通过亲近自然、直接感知、实际操作、亲身体验等方式学习探索，促进幼儿快乐健康成长。亲近自然既是改变当今儿童自然缺失现象的需要，更是儿童获得综合的多方面生活经验的需要，还是培养儿童生态文明意识的需要。要充分利用园内、社区及所在区域多样化的自然环境充实幼儿园课程。

澳大利亚学者朱莉·M.戴维斯认为应注重三个不同层面的教育[1]。一是在环境中的教育，即自然环境就是学习的媒介，户外场地作为学习的环境和资源应被优先考虑。它通常包括对户外的探索，对大自然的研究，使用自然物的艺术游戏活动，种植活动，玩水、沙土、泥巴、木棍和树叶等活动。其目的是要为儿童提供基本的经验，使儿童真正与大自然"亲密接触"，从而培养儿童的好奇心、同理心以及对大自然的热爱。二是关于环境的教育，包括鼓励儿童认识自然系统的功能之类的内容，例如水的循环（雨从哪里来，为什么水坑会干涸）或碳循环（堆肥的过程）。它有助于儿童欣赏并重视自然世界的复杂性以及人和自然系统的相互关联。三是为了环境的教育，这属于社会政治层面的环境教育，包括对有关社会和环境方面的做法进行分析与批判，例如午餐盒产生的浪费或者儿童排斥外貌或衣着打扮不同的人。在这种批判之后，还要合作解

---

[1] 朱莉·M.戴维斯.幼儿与环境：致力于可持续发展的早期教育[M].孙璐，等译.南京：南京师范大学出版社，2018：26，51-52.

决问题并采取行动,让儿童了解更多社会和环境方面的可持续性策略。俄罗斯的《幼儿园教育与教学大纲》及《幼儿园教育与教学大纲方法指南》中也有很多类似的见解。例如,提出让儿童认识生物界和非生物界,有意识地产生珍惜自然界的想法,形成生态文化的开端。又如,提出诸如"让儿童对植物、动物、自然现象以及周围环境的认识更加明确、深刻、系统化""对所有生物的生活现象(进食、生长、发育)形成认识""对自然界内部的因果联系形成认识""在与自然界生物的交往过程中,培养儿童在情感上友善地对待它们"等要求。

儿童对大自然充满好奇,有探索和发现自然的愿望,有亲近自然的倾向。亲近自然是儿童天性的自然表露,也是儿童发展的重要推动力量。日月星辰、雨雪风霜、土石沙水、动物植物等都是儿童乐意探索的对象,也是儿童成长不可缺少的环境资源。儿童与大自然之间有割不断的联系,正是这种联系充实了儿童的经验。亲近自然意味着心理上的接受和靠近,它让儿童获得接触和感受自然的条件和机会,让儿童亲近自然的天性得以展现。亲近自然意味着多感官的相互作用,儿童有机会用自己的方式,调动多种感官,去发现、感受、探索和表达自然,从而获得相应的经验。亲近自然意味着儿童浸润于自然环境中,关注自然的特点、规律、联系,形成生态化的认知和情感以及对待大自然的方式。在大自然中学习有利于儿童理解和适应可持续发展的未来世界。朱莉·M.戴维斯指出,儿童在大自然中获得的经验激发了他们对自然世界的情感认知,或者帮助他们熟悉、亲近自然。儿童在探究自然界时表现出的好奇心和热情是情感认知的主要体现。在大自然中游戏的儿童有可能发展认知、社会以及身体方面的技能,这些技能和为所有人创造的可持续发展的未来世界息息相关。具有可持续的思维模式要求一个人决定什么是可能的最好生活,而且愿意去质疑、去行动、去参与挑战并表现出适应力。在自然中游戏赋予儿童的地域感和自主感带给他们的是现实生活的经验,这些经过训练而来的经验可以帮助他们在成年后应对更大的问题、做出更重要的决定。[1]这也是联合国和世界学前教育组织所倡导的可持续发展理念在幼儿园中的实践和探索。

亲近自然不只是表面的观察，还是整体深入的感知；亲近自然不只是任务的完成，还是愿望的激发；亲近自然不只是单一的学习，还是综合经验的共生；亲近自然不只是短暂的行为，还是持续探究的行动；亲近自然不只是信息的了解，还是思考的不断深入；亲近自然不只是空间的拓展，还是鲜活课程的生发。亲近自然是儿童学习的重要途径，在幼儿园众多的课程内容中，有自然及其内在相互关系、自然与人类相互关系、自然与文化相互关系的内容，自然学习是幼儿园课程的有机组成部分。亲近自然是儿童学习的重要途径，亲近自然的课程和学习一定是开放的、生动有趣的、充满情感的、持续的和不断拓展的。

四、开展有效的课程审议

课程审议的实质是对课程建设尤其是课程实施过程中存在的问题进行深入思考、讨论和决策。甚至，课程审议就是课程编制的一种模式。通过课程审议，人们真正投入到课程编制中。通过这个过程，教育工作者可以阐明他们的教育理想和价值观，弄清楚什么是应该学习和教授的，明确教育自身的功能。[2]李德指出，课程审议最适合用来解决那些在课程编制过程中造成障碍的、不确定的实际问题。审议是建立在系统的思考、反馈、测评以及控制论原理基础之上的。[3]狄龙也指出，要通过系统思考来进行课程审议，认为审议活动必须经历一个从问题到建议到解决办法的过程。[4]

课程审议不是盲目的和随意的，它有一定的步骤和机制。李德提出

---

[1] 朱莉·M.戴维斯.幼儿与环境：致力于可持续发展的早期教育[M].孙璐，等译.南京：南京师范大学出版社，2018：26，51-52.

[2][3][4] 艾伦·C.奥恩斯坦，弗朗西斯·P.汗金斯.课程：基础、原理和问题[M].柯森，译.南京：江苏教育出版社，2002：221，222，224.

了搜集问题、搜集数据、寻求解决方案及制定决议四个步骤。诺伊提出了课程审议的六阶段模式。①

借鉴这一模式，结合幼儿园课程的特点，我们可以对这个模式的六个阶段有一个基本的认识。

第一阶段是公众共享。可以从两个层面上看。一是从幼儿园课程的基本问题如价值立场、整体期待、内容体系及实践方式上看，可能不同的人有不同的见解，大家亮出自己的看法，对于课程建设来说非常重要，是真正凝聚智慧和使课程审议取得成效的关键。二是从课程实践过程中遇到的重大问题来说，大家也应该充分表达和分享各自的想法，否则难以达到审议并解决问题的目的。

第二个阶段是聚焦一致的和不一致的意见。这样，一方面可以提升共识，凝聚智慧，避免没有价值的讨论；另一方面可以集中和概括认识上的差异，以便推动讨论不断深入。

第三个阶段是解释立场，尤其是要对不同的观点加以解释，有些不同的观点经过解释是可以相互靠近的，有些不同的观点经过解释能让他人受到启发。经过他人的解释和自己的思考，有人甚至会转变自己的观点。

第四个阶段——立场的转变。在课程审议中，如果自己的立场转变了，应该让他人明白，以便大家在新的水平上和视角里进行更加深入的讨论或聚焦更重要的问题。

第五个阶段是协商共识，就是经过讨论和协商，大家聚焦问题，说服他人或说服自己去认同所采取的解决问题的行动或措施是正确的。

第六个阶段是采取决议，就是达成真正的共识，确定大家认同的行动方案。

---

① 艾伦·C.奥恩斯坦，弗朗西斯·P.汗金斯.课程：基础、原理和问题[M].柯森，译.南京：江苏教育出版社，2002：221，222，224.

以上步骤可以针对整个课程的编制。对整体的或阶段性的课程计划和实施状况尤其是出现的重大问题进行审议是必要的，有时课程审议也可以针对课程运转中的一类突出问题，如课程资源配置和利用问题、教学观念对课程成效的影响问题、不同类型活动的现实成效问题、教师培训与课程实施的适切性问题等。也就是说，用集体的力量审视课程的理念是否科学、目标是否适宜和全面、主题或领域内容的选择是否得当以及实践模式是否有效等较大的问题，这样可以避免课程建设走弯路，可以更好地凝聚共识、解决问题，促进课程的发展和完善。至于对某一种具体的方法如何使用、某种具体活动情境如何驾驭、儿童的某一行为如何观察引导等非常具体的问题，往往可以通过教师个人或班级的教学研究加以解决。对具体问题的教研讨论很多不是真正意义上的审议，仅仅是对问题提供个人见解和建议，不一定最后达成共识。

这里有一个问题必须加以明确，课程审议作为课程编制的模式，可能具有不完整性和不确定性。[1]它往往需要与其他方式结合起来才能进行完整的课程编制。而且，课程审议主要是针对关键问题的，并不能解决课程整体编制和完善的所有问题。幼儿园不能机械地硬性安排每日审议、每事审议，有些问题大家都清楚，并不复杂，只要落实既定要求就能解决，就不需要专门审议。有些具体问题需要教师长期探索和尝试，审议并不能马上解决问题。因此，不需要对什么活动都实施例行性的所谓"前审议""中审议""后审议"。如果大家对有些事项看法一致，没有突出的问题，就无须审议。有些幼儿园的课程审议存在走形式和应付了事的现象，有些教师觉得审议的事情根本不是问题，审议浪费时间、增加负担；有些教师认为问题是存在的，但在审议过程中没有聚焦问题，没有充分交流意见，最后形成决议时往往是领导说了算，没有真正凝聚共

---

[1] 艾伦·C.奥恩斯坦，弗朗西斯·P.汗金斯.课程：基础、原理和问题[M].柯森，译.南京：江苏教育出版社，2002：221，222，224.

识。课程审议应激发教师的创造性，让教师充分为自己的观点辩护，同时也让教师反思自己认识上和实践中的不足，因此，它是教师专业成长的重要途径，是一种专业挑战，无论是教师还是课程都可以通过有效的审议实现超越。

五、尊重劳动，凝聚智慧，提升课程建设的成效

课程建设是幼儿园的一项重要工作，也是一项需要持之以恒、坚持不懈的工作，是永无止境的。幼儿园在课程建设中需要一步一个脚印，在实践中不断总结经验，反思教训。根据幼儿园的现实水平和实际可能，课程建设可以在不同层面上展开。哪怕是按照别人的课程方案去实践，也有一个配备资源、采用具体的活动空间和时间以及处理特定关系的问题，这也是一种起始水平的课程建设，没有一个方案可以让你真正不假思索地去实施。有的幼儿园对课程方案中部分自己认为不合适的观念、内容、资源和方法进行改造，逐步形成了具有自己价值立场和实践模式的课程方案。还有的幼儿园有自己独特的理念，在课程建设中部分参照其他课程方案，整体上形成了适合儿童和教师的课程方案。这些都体现了课程建设的不同水平。无论哪一种水平的课程建设，都应该注重积累经验，注重凝聚智慧，注重继承传统。有些幼儿园对国家的政策法规缺乏完整的学习和理解，对自己的课程实践缺乏总结和积累，缺乏自信，盲目跟风，外面有什么流行的说法，就让教师们跟风。教师们疲于应付，在课程建设上没有实际的积累，但书不断地出。其实在这种情况下，书出得越多，问题就暴露得越多。国家基础教育教学成果奖获得园的一个共同经验就是：学习政策法规要深入，坚持科学理念不动摇，研究和探索不中断，总结实践有积累，不折腾，不跟风。有几个地方实行园长轮换，少数园长到另外一个幼儿园去就提出一套新的课程见解，让已经在课程建设上走入正轨的教师们无所适从，严重影响了幼儿园课程建设，浪费了教师们的实践智慧。

近年来，很多幼儿园越来越关注课程实践的过程，尤其关心儿童各类活动的过程，并注重对活动的记录，形成了很多学习故事、课程故事、活动叙事、儿童逸事、记录表格、视频、照片。有些幼儿园教师拍摄的照片已经有数百万张。这充分说明大家对活动过程越来越关注，对记录的重要性认识也越来越充分。当然，也有一些教师觉得记录是一种很重的负担。之所以觉得是负担，是因为记录是园长甚至是上级的要求，有些还有数量的规定。一些幼儿园就出现了记录被异化的现象。个别教师为了交差，临时胡编乱造、张冠李戴，或者今年抄前年的甚至去年的，反正园长不可能有时间看那么多的记录。这样既加重了教师的负担，又产生了一堆无用的文字。这是我们今天应该认真研究的管理问题。本来，对过程进行记录是它值得记，因为过程有趣、生动，其中有很多值得思考的问题，对进一步推进课程有价值。但不是人人都愿意自觉地去记录的，为了让大家都记录，就要有外在的规定，所以要求教师有每周记录的数量。越是外在的任务，部分教师越是消极被动、应付了事。如何在教师记录和园长要求之间达成"最大公约数"，让教师们逐步转向真正自觉、自发地记录并充分利用这些记录，是需要进行探索的管理问题。

回到记录的根本价值上来，记录是为了评价、改进和提升，记录本身不是目的。有些教师应付了事，是因为没有真正感受到记录的价值。因此，要求教师记录，首先应该让教师感受到记录对自己工作的意义和价值。教师能从记录中看懂儿童，反思自己，或者经过与同事们讨论，能感受到自我成长的力量和方向，就有可能促使自己不断去记录。如果记录仅仅是为了向园长交差，那么很可能远离记录的本质价值。教师交给园长记录，园长看过吗？反馈了吗？园长一个人的反馈足以让教师信服吗？因此，组织教师分享记录，定期讨论记录，充分发挥各种记录的作用是幼儿园业务管理的一项重要工作。不解决价值问题，一定会带来管理问题，甚至还会带来园风问题。我在多个幼儿园听教师们分享和讨论各自的课程故事、儿童逸事、学习故事和视频及照片等，多次看到讲述的教师和倾听的教师热泪盈眶、热烈讨论、深入分析,甚至听到不少教师谈自己得到了什么启发、如何改进了自己的工作。在这种氛围里,即使园长没有要求,教师也会努力去做。幼儿园的课程建设需要这样一点一滴的记录,需要这样一次一次的分享和讨论,需要这样日积月累地增进实践智慧。分析记录能促进教师成长,能促进幼儿园课程的发展。因此,记录并分析活动过程是课程建设的一项重要工作。

幼儿园要充分利用和有效拓展教师的实践智慧,这种智慧是幼儿园课程建设的根本推动力量。从课程建设的意义上说,照搬、照抄、照做他人课程方案中的活动是低水平的建设,但如果每个学期的活动都从头开始,教师们一直忙于活动设计,也是有问题的。要避免教师之间在实践经验上的隔绝以及教师个人对既往经验的无视。优秀的活动应该被积累和分享,并在此基础上得到改造和扩展。因此,幼儿园应该建立幼儿园活动库,把教师们在实践中觉得较为有趣、有效的活动按照年龄段及活动类型保存起来,并组织年龄段教师进行讨论和分析,供大家使用、改造和实践。在不断研究儿童的基础上,经常有新的活动入库,不断有教师去改造和完善这些活动,幼儿园的优秀活动就会不断增加,教师之间的讨论和学习就会不断深入,幼儿园课程的基础就会更加扎实,教师们就会更加自信,幼儿园不会轻易跟风,教师们也不会轻易放弃自己幼儿园已经很有成效的活动,转而去仿效其他幼儿园的类似活动。这就是对教师劳动和智慧的尊重,也是幼儿园课程建设的基本路径。

幼儿园课程建设与教师专业成长[①]

幼儿园课程建设是一项长期的、复杂的工作，也是一项对幼儿园教育质量的提升至关重要的工作，关系到幼儿的发展。课程建设涉及幼儿园课程理念的确立、目标的确定、内容的选择、实施模式的形成及评价等多方面的工作。课程建设是教师创造性劳动的过程，也是教师专业成长的过程。因此，课程建设与教师专业成长是紧密相关、相辅相成的。

一、幼儿园课程的特质

3—6岁的幼儿处于感知运动和形象思维发展阶段，他们不是以系统的书本知识作为主要学习内容，而是通过多种感官参与多样化的活动来获得多方面的经验。幼儿的学习就是通过与环境和材料的相互作用，获得有益的经验。幼儿园的课程就是有目的、有计划地引导幼儿获得有益经验的多样化的活动。《若干意见》中指出："坚持以游戏为基本活动，珍视幼儿游戏活动的独特价值，保护幼儿的好奇心和学习兴趣，尊重个体差异，鼓励支持幼儿通过亲近自然、直接感知、实际操作、亲身体验等方式学习探索，促进幼儿快乐健康成长。"这充分说明了幼儿学习的特殊性，也是对幼儿园课程建设的重要指引。

幼儿园课程是启蒙性的。幼儿园课程的核心任务不是教授一个现成的知识体系，幼儿不需要统一的课本，符号体系不适合幼儿的学习。幼

[①] 本文原载于《中国教师》2020年1月。

儿园课程是从幼儿的发展特点出发,引导幼儿在生活、游戏等多样化的活动中,与周围环境相互作用,充实经验。幼儿园课程的内容往往是与幼儿的生活紧密相连,是粗浅的和启蒙性的。因此,幼儿园课程不是以概念和逻辑的框架进行建构,而是以经验的逻辑设计的。

1. 幼儿园课程是过程性的。

幼儿园课程就是多样化的活动,充分运用眼耳鼻舌身体感知和探索周围环境、事物是幼儿最主要的学习方式,端坐静听无法让幼儿获得真正的经验。幼儿是教师观察、研究、激发、鼓励和引导的对象,而不是灌输的容器。幼儿有自己的需要和兴趣,教育就是引发幼儿内在的潜能,让幼儿有机会从事适宜的活动,以便更好地调动已有的经验并获得新经验。幼儿园教师不应像小学那样对着教科书备课,因为幼儿园没有教材,幼儿没有课本;教师也不应主要依靠"讲授"让幼儿获得知识,而是引导幼儿从事多样化的活动获得经验。因此,教师的备课不是写讲稿,而是规划幼儿的行动,为幼儿的活动创设环境和材料。书面备课不是教师备课的主要方式,主要的方式是空间、材料上的准备,为幼儿提供适宜的材料,以便让幼儿获得相应的经验。

2. 幼儿园课程是生活化的。

幼儿园课程关注幼儿的生活,幼儿生活的需要和兴趣是课程重要的出发点,也是新经验重要的来源。幼儿园课程也会不断扩展幼儿的生活空间,关注幼儿园周围的社会生活,并引导幼儿进行交往和体验。就像日本教育家仓桥惣三所说的:"如果我们把目光投向幼儿内在的生活,就会发现幼儿在与外界交往的过程中大量地吸收各种信息。"[①] 因此,幼儿可以在生活中学习。幼儿在日常生活中的很多事项都蕴含了发展的机遇和能力的挑战,都能让他们获得新的经验。幼儿园课程就是从引导幼儿发

---

① 高杉自子. 与孩子共同生活——幼儿教育的原点[M]. 王小英,译. 上海: 华东师范大学出版社, 2009: 7.

展的视角去组织和利用各种生活活动,以便更好地促进儿童的发展。课程生活化不是生活过程本身,而是对生活过程的合理利用和组织,就像张雪门先生指出的,"自然经验在生长上是堆积的经验",人为经验"在生长上是有机的经验"①。课程就是把本来生活中自然的经验转化为人为的经验,使这些经验相互关联,相互支撑。

3. 幼儿园课程是园本化的。

国家颁布了《指南》,它是幼儿三年发展的蓝图,呈现的是基本的发展目标,而不是具体的课程内容和要求。国家没有统一编订幼儿园课程,但一些地方编制了供教师使用的课程方案、课程指南或活动指南,它不是真正意义上的教科书,不是强制使用的,也不完全适合于特定幼儿园幼儿的发展状况,需要从幼儿园的实际出发加以修正和改造。可以说,外来的课程方案不可能完全适合幼儿园,都要经历园本化的过程。这个过程,就是幼儿园课程建设。几乎所有的幼儿园都会经历借鉴他人的经验开展课程建设的历程,这个历程的本质是使幼儿园课程更具适意性和有效性。

二、幼儿园教师的专业能力

教师的专业发展涉及教师专业素养的方方面面,如专业态度和情感、专业知识、专业能力,等等。在此,以专业能力为重点加以讨论。一些地方在招录幼儿园教师时要考核她们的唱歌、跳舞和绘画能力,认为这是他们的专业能力。这是对幼儿园教师专业能力的误解。其实,弹唱跳画仅仅是教师基本的艺术技能,艺术专业毕业的教师在这方面的水准会更高,但这不是幼儿园教师的专业能力。专业能力是指经过专业学习后形成的有别于其他专业的特殊能力,也是一个专业毕业生的"看家本领"。幼儿园教师的专业能力究竟是什么呢?这是与幼儿园教师面对的教

---

① 张雪门. 张雪门幼儿教育文集 [M]. 北京:北京青少年出版社,2009:123.

育对象和工作专业职责相关的。要顺利履行这个职责，幼儿园教师就必须具备相应的专业能力。幼儿园教师的专业能力主要有以下几种。

1. 观察分析的能力。

幼儿园课程不是以教科书为导向，而是以幼儿的发展为导向。观察和分析幼儿的行为表现是教师选择课程内容和组织相应活动的基本前提。因此，关注幼儿的行为表现、倾听幼儿的表达、感受幼儿的情绪、判断幼儿的需要和兴趣，成为幼儿园教师重要的工作内容。在此基础上，进行深入的分析，真正理解和把握幼儿的发展状况，对照《指南》的要求，根据幼儿园资源的实际情况，确定适宜的课程内容。这样，以幼儿为本的教育理念才得到了真正的落实。观察分析能力是需要经过专业训练的，幼儿的一日生活中有很多类型的活动，有多样化的行为表现，如何在丰富复杂的一日生活中观察不同幼儿的表现，并用适当的方式记录和分析，抓住核心和重点，以此判断幼儿的兴趣和需要、情感和能力，这是幼儿园教师需要长期磨炼的基本专业能力。

2. 计划课程的能力。

虽然幼儿园课程计划可以参照一些现成的课程方案，但由于幼儿园整体水平、教师专业能力、社会文化环境和课程资源等方面存在一定的差异，完全按照现成的课程方案很难真正符合每个幼儿园的实际情况。因此，必须在深入研究幼儿发展状况的基础上，结合幼儿园的实际情况，整体规划幼儿园课程。对于幼儿园教师而言，至少对特定年龄班一学年的课程有一个整体的安排，全面关注《指南》对于幼儿健康、社会、语言、科学和艺术领域的发展要求，选择适宜的课程组织形式，如领域、主题，等等，有针对性地安排教育内容，设计和选择适宜教育活动。这是幼儿园教师重要的专业能力，也是重大的专业挑战。

3. 创设环境的能力。

与中小学的环境创设不同，幼儿园的环境及其材料具有重要的课程意义，而且不只是隐性课程的意义。幼儿是通过与环境和材料的相互作用来学习和发展的,幼儿园环境的拓展和材料的规划都是根据幼儿发展需要来进行的。教师要判断环境和材料的发展价值,兼顾不同幼儿的需要,综合考虑时间、空间和质量等要素,进行合理规划。幼儿园课程的设计和规划也包含了环境的设计和规划。这涉及幼儿园室内外空间的布局和调整,活动区域的安排和转换,活动材料的数量和层次,甚至还涉及园外环境和资源的利用。幼儿园教师要用课程的眼光和发展视野去充分挖掘和利用园内外的自然和社会资源,让大自然和大社会成为活教材[①]。对幼儿园教师来说,环境创设是课程建设的重要内容,离开了环境,幼儿的学习就失去了现实的支撑。

4.活动组织的能力。

对幼儿园来说,活动组织不只是上课。幼儿园是保育和教育相结合的,学会生活、保护自己、跟他人交往等,是幼儿园课程重要的组成部分。因此,幼儿园一日生活中很多教育的机会,都具有课程的意义。所以,幼儿园课程的实施是设计多样化的活动,不同的活动相互补充和协调,共同促进幼儿的发展。幼儿的身心发展特点决定了幼儿活动和学习的特点。幼儿园上课主要不是教师讲解的过程,而是教师启发引导幼儿通过多样化的行为获得新经验的过程。教师不只是解释和教导,还包括启发、引导、鼓励等。因此,幼儿园的上课重点是关注幼儿的表现,不是传递知识;需要教师关注儿童获得多种经验的可能性,而不只是达成既定的目标;需要引发幼儿积极主动地投入学习的状态,而不是关心纪律和秩序。幼儿园的活动还包括生活活动、游戏活动及其他区域学习活动,这些活动的组织都需要教师有相应的观察、判断、组织和应变能力。

5.课程评价的能力。

评价是了解幼儿发展状况的重要途径,也是选择适宜课程内容和活动的必由之路。因此,评价对于课程建设和发展至关重要。对幼儿的评

---

① 陈鹤琴.陈鹤琴全集(第四卷)[M].南京:江苏教育出版社,2008:269.

价不同于对中小学学生的评价。幼儿重点学习的不是书面符号化的知识，幼儿园没有考试，对幼儿评价不是通过考试，而是依靠行为观察、作品分析、学习故事记录等手段，主要是过程性的，需要教师关注幼儿活动的过程，并进行观察和记录，将积累的资料深入分析，以此判断幼儿发展的现实水平及幼儿的需要以便更好地完善课程。因此，幼儿园教师对幼儿的评价的目的在于改进课程，改善活动的环境和材料，改进对幼儿的指导方法和策略，以便幼儿得到更好的发展。

综上所述，幼儿园教师的专业能力是多方面的，这些能力需要严格的专业培养和实践锻炼，这些能力相互关联、相互补充，是幼儿园教师履行自己的专业责任不可缺少的。

三、在课程建设中实现专业成长

幼儿园课程建设是一项长期、复杂的工作。当前幼儿园课程面临着一些重要问题和困难，需要充分调动教师的专业能力，深入地加以研究和解决，以推进幼儿园课程的水平和质量，更好地促进幼儿发展和教师成长。

1. 要解决课程的不完整和不平衡问题。

幼儿园课程是促进幼儿全面和谐发展的，应该按照《指南》的精神，全面落实和实现五大领域的教育目标。注重课程的完整性和平衡性是课程计划和设计应该关注的重要问题，无论是幼儿园三年的课程还是一个年龄段的课程都应加以认真关注。确保课程的完整和平衡是幼儿园教师课程建设的基本能力。"指向'完整的人'的发展的共同目标可以防止各种服务之间的隔离不一致，从而避免儿童早期的知识差距或发展不平衡。"[①] 因此，要牢牢把握全面发展这个基本原则。但现实的状况是一些幼

---

① 经济合作与发展组织教育团队.强壮开端Ⅲ：儿童早期教育与保育质量工具箱[M].陈学锋，等译.北京：北京师范大学出版社，2015：3.

儿园课程目标不完整，导致内容不完整；有些是目标虽完整，但是内容不完整；有些是目标和内容都完整，但课程实施太任意，没有有效地加以落实，导致部分内容和目标的空缺，幼儿全面发展教育难以真正实现。从本质上说，就是实践脱离了《指南》要求，幼儿缺乏有效的评价，导致幼儿的难以实现全面发展。这意味着幼儿园教师"发展完整性"的意识还不强，发现和纠正的能力还有待提高。

还有一些幼儿园以强化课程特色为名，行片面发展之实。一些地区强化"一园一特"，很多幼儿园老师没有精力真正去从事全面的课程建设，而是被要求挖空心思找特色，导致了幼儿园课程严重不平衡。学校教育有统一的课程标准，有统一的教科书，为改变千校一面的状况，提出"一校一特"有一定的道理。幼儿园课程本来就是以园为本，从幼儿园的现实出发的，关注特定幼儿园幼儿发展和生活的现实，关注幼儿园的资源条件，注重幼儿园的教育传统，在落实全面发展目标的前提下各尽其能。对《指南》要求落实得越好，就越有自身的特色。因此，特色不是去刻意追求，是以园为本的全面发展教育的自然结果。所以，要坚决消除由行政力量推动"一园一特"，要以幼儿园实际情况出发，充分发挥教师检查和修复课程不平衡现象的专业能力，切实关注课程设计、实施和评价各个环节，确保课程内容的平衡，幼儿获得经验的平衡。

2. 要解决资源的不充足和不合理问题。

幼儿园课程资源是幼儿开展各种活动获得的基本保证。基本课程资源的配备是促进幼儿发展的重要条件。教育部曾颁布了《幼儿园教玩具配备目录》，对幼儿学习所需要的基本玩具配备做出了规定，这对于促进幼儿基本的学习是非常必要的。基本玩具的配备，直接影响到幼儿动手基本能力和相关感知经验及运动经验的获得。如幼儿在玩积木的过程能让幼儿获得，诸如形状、大小、高矮、长短、厚薄、颜色、间隔、排序、匹配、数量、方位、空间、对称、平衡、节奏、纹样等方面的学习经验。但现实中许多幼儿园的资源还不够丰富，种类单一，数量和质量都不足以支撑幼儿全面发展的学习，很多材料不符合幼儿的年龄特点，难以引发幼儿的兴趣。只有幼儿园加强对资源的投入，幼儿园教师具有材料鉴别、选择、提供和指导的能力，才能真正让每一种材料都符合幼儿的需要，促进幼儿的发展。

幼儿园的学习是以现实生活为基础，以游戏为基本活动的。仅仅依靠购置的材料往往不能完全满足幼儿学习的需要，必须充分挖掘园内外各种资源，丰富幼儿的学习环境，扩展相互作用的对象和范围，真正让幼儿在生活中学习，在游戏中学习。有一些幼儿园只会购置课程资源，不会在生活中挖掘和利用。例如，幼儿是以解决游戏和生活中的问题的方式进行科学和数学学习，因此，如何利用现实生活环节和情景，如何创设适宜的游戏，对幼儿的学习十分重要。这要求教师有明确的发展价值观，能及时发现现实生活中的机会和资源，引发幼儿进行有效的探索和实践。例如，某幼儿园历尽艰辛把一棵数吨重的枯死大树运到了幼儿园。组织幼儿进行平衡、钻爬、攀登、测量、调查动植物、数年轮、采木耳、写生等一系列的活动，使幼儿获得多方面的经验。这就是一种重要的资源挖掘和利用能力。因此，因地制宜挖掘和利用课程资源是教师的基本专业能力，需要进一步在实践中不断加强。

3. 要解决活动的深入性和有效性问题。

幼儿园的教育成效关键在多样化的活动。与中小学课程不同，幼儿园的活动有基本的目标，但也是灵活的，基本的依据是幼儿的表现。幼儿园教师可以在观察和分析幼儿行为的基础上，从特定情景出发，不断引发幼儿的深入学习。幼儿的学习可能在深度上不断延伸、不断面临挑战、不断解决新的问题，实现经验的纵向延伸；教师也可能按照活动自然生发的逻辑，引发幼儿开展相关领域经验的综合学习，打破学科和领域的界限，让幼儿在活动中获得综合的经验。因此，深入的学习不只是难度加深的问题，还是幼儿面对新的问题和新的解决问题的方式，获得新的经验。现实的状况是，部分幼儿园的教育活动按部就班，照本宣科，缺乏对幼儿行为的观察，幼儿没有真正面临新的问题和挑战，没有真正让幼儿获得新的经验。因此，在幼儿园课程建设中，教师不但要明确什么是不断深入的学习，什么活动才能真正促进幼儿的发展，还要努力通过特定的环境和材料，创设有利于幼儿发展的学习情境，让幼儿真正进行深入的学习。

只有深入的学习，才能引发幼儿的发展，才能称为有效学习。有效学习意味着幼儿能获得新的经验，能真正得到发展。有效学习有赖于教师对幼儿学习需要和兴趣的把握，教师要读懂幼儿，教师不能成为"教书匠"，不能以教师为中心、以知识为中心，不能由教师决定幼儿的每一个活动。教师应学会倾听幼儿的声音，关注每一个幼儿的表现，以多样化的环境和材料，引发多样化的、可选择的活动，使幼儿园的各项活动具有选择性，满足不同幼儿的现实需要，既是力所能及的，也是具有挑战性的。这意味着幼儿园教师要把握幼儿活动和学习的状态，真正让他们积极主动地投入每一项活动，在活动中获得新的经验，真正实现《指南》中的各项目标。

教师专业成长是一个长期的过程，将不断面临新的问题和挑战，需要在课程建设的过程中不断锤炼。幼儿园课程建设的过程是教师综合运用多种专业能力的过程，也是教师专业发展的必经旅程。

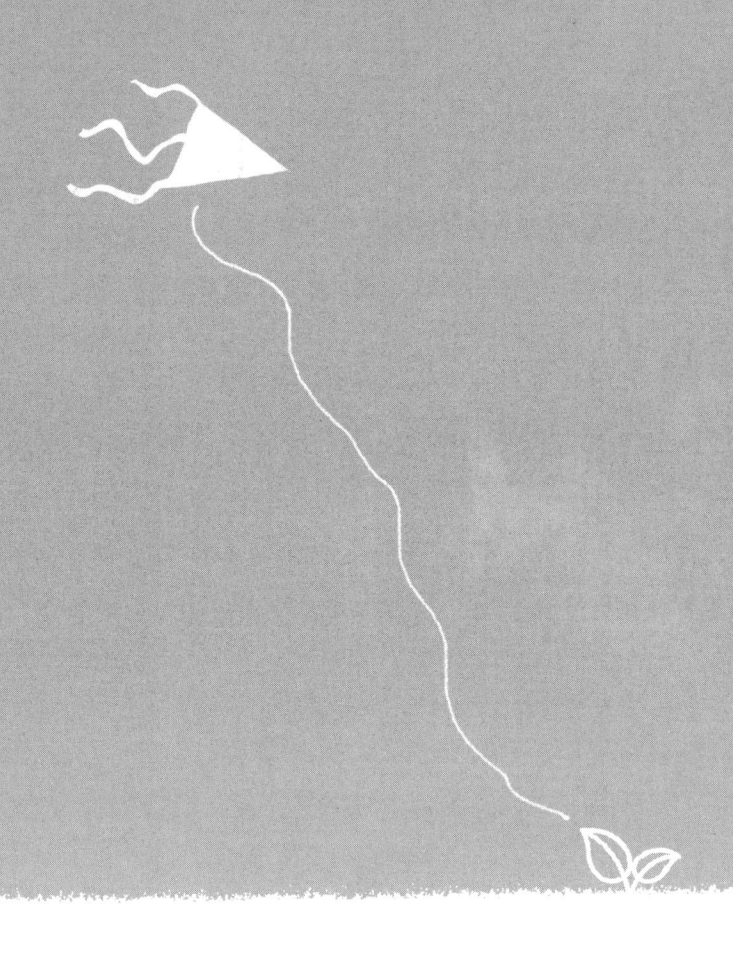

第三章

经典课程思想

弘扬陈鹤琴思想　播撒活教育种子[①]

陈鹤琴是中国现代幼儿教育和儿童心理学的重要奠基人，中国现代学前师范教育的重要开拓者。1923年，陈鹤琴创办了南京鼓楼幼稚园，这是现代中国学前教育的实验基地。

就是在这里，诞生了在中国幼教史上具有重要影响的单元课程，也为活教育思想的形成积累了实践依据。就是在这里，形成了专家和教师共同协作构建和实施幼儿园课程的实践模式。就是在这里，陈鹤琴及其团队提出了一系列教育主张，开创了中国现代幼儿教育的新篇章。

鼓幼是具有世界眼光的。鼓幼的教育实践借鉴了世界先进的学前教育理念和实践。陈鹤琴系统梳理和深入分析了西方学前教育发展的基本历程和趋势，借鉴了当时教育领域的一些先进思想，系统构建了鼓幼教育实践的基本路线。尤其是把儿童心理学理论运用于幼儿园的课程实践，指导幼儿园的课程建设。

鼓幼是注重中国现实的。鼓幼与当时教育领域存在的"外国病"不同，陈鹤琴坚持立足中国的现实，研究中国社会和文化，强调从大自然、大社会中寻找教育内容。他关注儿童的现实生活，认为教育是为了儿童的，应该关注儿童的需要和兴趣，儿童的生活是幼儿园课程的基础，注重培养具有现代意识的中国人。

鼓幼是坚持科学方向的。陈鹤琴在这里开展了以"试验"为基础的

[①] 本文原载于《中国教育新闻网—中国教育报》2021年10月24日。

科学的幼儿教育研究，采用近似于行动研究的方法论，利用教育现场展开研究。他提出幼儿教育"必须经过比较普遍的、比较长久的试验"。这是陈鹤琴教育思想和实践同以往旧教育的分水岭。正是通过科学的儿童观和教育观指导下的实践，与在实践过程中的发现和反思，幼儿教育才逐步走上健康发展的科学轨道。

鼓幼是坚持儿童为本的。"五四运动"前后，以陈鹤琴为代表的留美学子的回国，为我国儿童心理学的发展奠定了知识论和方法论的基础，直接推动了中国化的、以中国儿童为对象的儿童心理学的产生。陈鹤琴认为儿童不同于成人，不同于洋人，也不同于古人。这充分说明了陈鹤琴对儿童认识的现代性、实证性和社会文化性。这与陈鹤琴的活教育目标"做人、做中国人、做现代中国人"的逻辑一脉相承。陈鹤琴在鼓幼的实践坚持以儿童为本，深入理解儿童，一切为了儿童，实施真正适宜于儿童的教育。

鼓幼是注重继承和超越的。鼓幼几代园长和教师一直为继承和弘扬陈鹤琴教育思想而不懈努力。他们研究和实践陈鹤琴教育思想，将其作为幼儿园不断前行的支撑和动力，不断总结实践研究成果，并在新的历史条件下开展创造性的实践探索。他们在学习和实践陈鹤琴教育思想的同时，不断接纳相关的新理论、新思想，丰富陈鹤琴教育思想的内涵，通过培训、协作及研究等方式，将陈鹤琴教育思想在全国传播和推广，取得了显著成效，无愧为陈鹤琴教育思想的实验中心和传播中心。

中国幼儿教育科学化的先锋——陈鹤琴
——纪念陈鹤琴先生诞辰 120 周年 [1]

陈鹤琴是一位经历过私塾教育洗礼、对传统教育思想深有感受的教育家,也是一位经受过西方教育熏陶、对现代教育思潮深有感悟的教育家。他毕生从事推进中国幼儿教育科学化的事业,在他的引领下,中国的幼儿教育吸纳现代幼儿教育的先进理念,扎根中国的文化土壤和幼儿教育实践,不断向着科学化的道路迈进。陈鹤琴的科学精神、科学态度和科学研究成果是我们宝贵的财富,值得我们继承和弘扬。

纵观陈鹤琴的幼儿教育思想,我们可以清晰地看到幼儿教育科学化发展的基本理路。研究教育从研究儿童开始,研究儿童是如何发展的,儿童的兴趣和需要是什么,儿童的行为特点是怎样的,这是陈鹤琴幼儿教育研究的起步性研究内容。正是这些研究,加上西方儿童发展理论的影响,形成了陈鹤琴基本的儿童观。陈鹤琴儿童观的本质内容是要科学认识儿童,顺应儿童的天性,给予儿童活动的机会和条件,给予儿童适宜的指导和帮助,并且要热爱儿童。他认为儿童是在实践中学习的。他指出:"小孩子的知识是由经验得来的。所接触的环境愈广,所得的知识当然越多。所以我们要使小孩子与环境有充分的接触。"(1924)他认为教育要遵循儿童身心发展的规律,所以他指出"应根据幼儿的特点,多给幼儿感性的知识,创造各种环境和条件,多让儿童接触大自然和大社会,多观察,多活动,扩大他们的眼界"。(1979)陈鹤琴明确提出游戏

---

[1] 本文原载于《幼儿教育》2012 年 4 月。

对儿童发展有重要意义，他指出："游戏也是儿童生来就喜欢的。儿童的生活可以说就是游戏。""名义上虽说是游戏，但所学确是很好的学问，很好的东西。"（1927）他也主张关注儿童的个性，关注儿童之间的发展差异。他指出："儿童的个性不同，我们不能强之以同。"（1924）他主张理解儿童、尊重儿童，要与儿童建立起新型的师生关系，"幼稚园教师应当作儿童的朋友，同游同乐地去玩去教的"。（1927）正是站在这个立场上，陈鹤琴对无视儿童的旧教育展开了猛烈的批判，尤其揭示了旧教育损害儿童天性、剥夺儿童权利和让儿童陷入呆板机械学习状态的现象，并深入分析了造成这种现象的原因。

在这些思想的影响下，陈鹤琴开展了以"试验"为基础的科学的幼儿教育研究。他采用行动研究法，利用教育现场展开研究。1923年，他创办了我国历史上第一所实验幼儿园——南京鼓楼实验幼稚园，这也是我国第一个由高等院校（当年的东南大学教育科）创办的幼儿教育实验研究基地，开创了我国高等院校理论联系实际，利用实验研究基地开展科学研究的先河。陈鹤琴认为科学的幼儿教育必须经过试验，才能确定是否可行，是否有效。他提出幼儿教育"必须经过比较普遍的、比较长久的试验"。（1927）我们认为，这正是陈鹤琴教育思想及其实践同旧教育的分水岭。正是通过科学的儿童观和教育观指导下的实践，以及在实践过程中的发现和反思，幼儿教育才逐步走上健康发展的科学轨道。陈鹤琴将幼儿园课程，幼儿园环境和设备，幼儿故事、音乐、图画、玩具、习惯等内容纳入自己研究的视野，并逐一加以研究，形成科学的认识。陈鹤琴对幼儿教育领域中诸多内容的研究是细致深入的，也是充满感情的，他的每一项研究都让人感动，这样一个广闻博识、乐学乐行、醉心研究的教育家实在令人敬佩。

陈鹤琴之所以是科学的幼儿教育的积极推动者，是因为他的研究是立足国情的，不是照搬西方的。这也是陈鹤琴教育思想科学性的重要标志。作为留美学者，他反对简单移植"美国式"教育，他认为应该借鉴西方优秀的教育思想和内容，但不能一味模仿。陈鹤琴对福禄贝尔、蒙台梭利等西方主要幼儿教育家的思想进行过深入的研究，既分析他们的优势，也指出他们的不足，言之成理，以理服人，教导人们不要盲从。陈鹤琴1926年就提出的告诫至今仍然具有重要的警示作用，因为在现实的教育实践中，一知半解者甚多，盲从者无数。陈鹤琴认为，研究幼儿教育的一个重要原则是要关注国情，只有结合国情，才能产生科学而有效的教育。陈鹤琴指出："外国有许多经验，也有许多好的经验，但不能不加分析地照搬照抄，要结合中国的实际情况，以实践来检验哪些是成功的、切实可行的，哪些是不可取的，要适应中国的特点。"（1979）

陈鹤琴晚年一直呼吁要开展幼儿教育的科学研究，他提出：不但要研究观念，还要研究内容和方法；不但要研究幼儿园的教育，还要研究家庭的教育；不但要研究正常儿童的教育，还要研究特殊儿童的教育。他甚至提出"为切实开展教育科学之研究，特建议设立儿童教育玩具、教具、设备的研究室和研究工厂"。（1980）"教育实验"是他晚年撰写文章时经常出现的词汇，这是对幼儿教育科学化的呼唤，是对幼儿教育质量的呼唤，也是对童年幸福的呼唤！

值此陈鹤琴先生诞辰120周年之际，谨撰此文以作纪念。

活教育的时代意义与实践指向[①]

一、陈鹤琴与活教育

陈鹤琴是真正的教育家，中国现代幼儿教育之父、儿童心理学家、中国现代学前教育学科的重要奠基人、中国学前师范教育体系的重要开创者、中国儿童玩教具研究的拓荒者，为我国学前教育的发展做出了重大的贡献。他的活教育理论至今仍具有重要的创新意义和实践指导价值。

活教育于20世纪20—30年代孕育，1923年在南京成立的鼓楼幼稚园和1929年在上海成立的中华儿童教育社为活教育的产生奠定了坚实的实践基础。活教育是20世纪40年代形成的一个新儿童教育运动，也是一个划时代的教育运动。它是中国社会的产物，是适应中国人民的需要，经历了一系列的实验而产生的。活教育是一种适合中国实际的教育制度，也借鉴和吸收了西方现代教育的核心思想，与陶行知先生倡导的生活教育一脉相承。活教育也是较早在西方产生影响的中国教育理论。

在创立江西省实验幼稚师范学校期间，陈鹤琴提出了活教育理论，并将该理论运用于幼稚师范学校的教育过程之中。活教育孕育在儿童教育（幼儿园和小学教育）之中，是对改进儿童教育的深入反思和迫切愿望催生了活教育。1940年，陈鹤琴在主题为"什么叫作'活的教育'"的演讲中首次提出活教育。他说，我是最喜欢儿童的，同时我还可以说

[①] 本文原载于《幼儿教育（教育教学）》2021年12月。

今天在座的诸位也都是喜欢儿童的,儿童总是可爱的,即使最低能的儿童。"我今天武断地说一句,儿童的命运,将来的前途,很大程度上操在教他们的成人手中,这是多么重要啊。"

活教育是一种真正旨在改变"浪费童年"的教育。陈鹤琴指出:"不会教小孩,不知贻误了多少聪明的儿童,埋没了多少天才的儿童,没有合理的教育去教我们的小孩,没有把我们的小孩的聪明与天才发展出来,这真是太可惜了。"陈鹤琴正是从这种对教育的反思和感慨当中,看到了教育中没有儿童的严重不足,引出了活教育,提出要改变教育,改变教育的目的,改变教育的内容,改变教育的方式。其实,这种情况直至今天还是没有从根本上改变,"小学化"现象的部分根源就在于此。"学前教育宣传月"宣传的就是要倡导儿童发展的活的教育。

活教育的本质是从儿童出发,主张教育必须为了儿童。陈鹤琴从对自己孩子的案例的分析中指出,很多成人其实并不了解孩子,随意采取的教育策略不能被孩子接受。为此,陈鹤琴说:"我可以肯定地说,要了解儿童心理,认识儿童,才能谈到教育儿童,这就是我们今天所讲的活的教育,而不是死的教育。"活教育活在追随活儿童,根据儿童的发展现状决定教育的内容、形式和方法,所以,活教育也是适宜于儿童的教育。陈鹤琴提出,什么是活的教育?简单地说一句,就是不是死的教育,我们要教儿童所需要的和应当知道的,我们不能一再贻误我们可爱的儿童,儿童不是皮球,更不是鸭子,而是一个有生命力和生长力的好动的小孩。我们所需要的教育不是打气或者塞鸭子,我们是要小孩自发主动地通过行动来学习。

活教育就是动用儿童的多种感官的教育。陈鹤琴指出,我们要活的教育,教材是活的,方法是活的,课本也是活的。我们大家要一起振作起来,研究儿童的切身问题,为儿童谋福利,尽量地利用儿童的手、脑、口、耳、眼,打破只用耳朵听,只用眼睛看,而不用口说,不用脑子想事情的教育,我们不能再把儿童的聪明、儿童的可塑性、儿童的创造能力埋没了。我们要效法狂风暴雨的精神，对教育也要以同样的手段纠正过去，开发未来。

活教育不是标新立异，想自外于一般的教育主张，而是不满传统的固陋和偏枯，想推动为全民幸福服务的一种教育运动。陈鹤琴指出，今天中国的社会及世界的趋势都是复杂而多变化的。我们中国人民的生活，无论在意识上和方式上都是多样的。在今天，我们还要求多数人闭门读书，把教育的意义停留在书本或学校的圈子里，这是不合公理也不可能的事。我们希望中国人民的教育是在生活上获得知识，以丰富的知识来提高生活，失去了生活的意义，也就失去了教育。我们提出的理论和我们的理想还有相当距离，正如一次长距离的旅行，提起了已经走了一段路程的腿，还要向着辽远的前程迈进。有刺手的荆棘吗？有；有绊脚的石子吗？有。我们的步子有时候要迟缓一点，有时候要迂回一点，但是，我们的方向和意志永远不变。

二、活教育是一个完整的体系

活教育涉及教育的观念与实践，涉及教师和课程，涉及儿童的成长和发展，涉及国家和民族的未来，涉及幼儿园、小学和师范，要改进各层级的教育还涉及和关系家长，要完善家庭教育。针对陶行知先生批评当时的教育存在"教死书、死教书、教书死，读死书、死读书、读书死"的现象，陈鹤琴提出"教活书、活教书、教书活，读活书、活读书、读书活"的思想，以努力改变当时教育的状况。

陈鹤琴详细分析了活教育与死教育的十大区别。他认为，死教育的主要特点是："一切设施、一切活动，教师是中心是主体，学校里一切活动差不多都是教师的活动；教育的目的在于灌输许多无意义的零星知识，养成许多无关重要的零星技能；一切教学集中在'听'，教师口里讲，儿童耳朵听；个人学习，班级教授；以威以畏来约束儿童；教师以个人主见来约束儿童；固定的课程，呆板的教材，不问儿童能否了解，不管与时令是否适合,只是一节一节地上,一课一课地教;儿童呆呆板板,暮气沉沉,不好动,不好问,俨然是小老人;师生界限分明,隔膜横生;校墙高筑,学校与社会毫无联系。"而活教育的主要特点是:"一切设施、一切活动都以儿童为中心的主体,学校一切活动差不多都是儿童的活动;教育的目的在培养做人的态度,养成优良的习惯,发现内在的兴趣,获得求知的方法,训练人生的基本技能;一切教学集中在'做',做中学,做中教,做中求进步;分组学习,共同讨论;以爱以德来感化儿童;儿童自定法则来管理自己;课程是根据儿童的心理和社会需要来编订的,教材也是根据儿童的心理和社会的需要来选定的,所以课程是有伸缩性的,教材是有活动性和可随时更改的;儿童天真烂漫,活泼可爱,工作时很静很忙,游戏时很起劲,很高兴;师生共同生活,教学相长;学校是社会的中心,师生集中力量改造环境,服务社会。"

此外,陈鹤琴还比较了死教育和活教育在课程、教学、儿童等方面的不同。如传统教育注重文字知识、听得来的知识、未经自己验证的知识。活教育注重大自然、大社会,以实际生活做出发点,观察事物、调查情况、从事实验,通过这许多活动的课程——"做"的课程、实际的知识、真实的经验,获得真知识。有了科学的依据,自己做出判断,这种知识才是儿童自己的。再如,学习方法上的不同。传统教育注重知识的传授,以教师为主,以社会为中心。活教育注重的是实际的做,要学生自己做,注意分组学习、集体讨论,以相互的经验来相互切磋。以儿童为主,以爱以德来感化儿童,每个儿童遵守集体公约,在爱的氛围中陶冶良好品德。

活教育是个完整的体系,其内容主要包括三大目标体系、十七条教学原则、十三条训育原则、学习的四个步骤、五项活动、活教育十个特点等。下面,主要从三大目标、五项活动和活教育十个特点来重温陈鹤琴的活教育思想。

（一）三大目标

陈鹤琴在活教育体系中提出了活教育的"三大目标"：1. 做人、做中国人、做现代中国人；2. 大自然、大社会是知识的主要源泉；3. 做中学、做中教、做中求进步。同时指出，现代中国人的核心在于：

1. 健全的身体。身体的好坏对一个人一生的生活、事业及抱负都具有很大影响。一个健康的人，他有理想，他乐观、积极、有毅力，他能担当起大事。我们应该锻炼身体，保持健康的身体，只有健康的身体才能担负起现代中国与世界给予我们的任务。

2. 创造的能力。我们提倡培养创造力，并且从儿童时期培养起。儿童本来就有一种创造欲，我们只要善为引导启发，就可以事半而功倍。只要我们能加以适当的训练，就能养成他们一种创造能力。怎样训练呢？第一，要有劳动的身手，活教育主张"做"，做就是劳动。一切创造从不是从空中造楼阁，而是要劳动，需要做，从做中学，从做中求创造。第二，要有科学的头脑，把我们的头脑武装起来，认真认识大自然运动的法则，认识社会发展的路向，用科学的方法去做、去劳动，这样手脑并用才能创造。

3. 服务的精神。我们要爱国家、爱人类、爱真理，并要为国家服务，为人类服务，为真理服务。如果我们只有知识和技能，却不服务于社会，只知自私自利，就失去了教育的目的，必须培养儿童的一种服务精神。我们要指导儿童去帮助别人，去了解大我的意义，肯服务，这才配做一个现代中国人，一个世界人。

4. 合作的态度。我们的合作精神还不够彻底，所谓一个和尚挑水吃，两个和尚抬水吃，三个和尚没水吃，就是对我们中国人做人态度的一种强烈讽刺。只要人一多，就不知道怎样来合作……缺乏合作精神，确实是一个严重的缺陷。所以谈做人，做现代中国人，首先要培养这种合作的态度。

5. 世界的眼光。既然我们要做一个世界人，就必须有世界的眼光，所谓世界眼光就是对世界的看法，我们要有对世界的正确看法，必须要了解世界的事事物物，大自然是怎样运动的，大社会是怎样发展的，大自然大社会是与人息息相关的。

只有认识世界，才能使眼光远大，不斤斤计较个人的利害得失。要在日常生活中去观察、去体验，我们必须与大自然、大社会接触，追究大自然、大社会的运动和发展。活教育主张大自然、大社会都是活教材，以宇宙为学校，这样才能有世界眼光，才能做一个世界人。

（二）五项活动

陈鹤琴在活教育中提出了儿童的五项活动，即儿童健康活动、儿童文学活动、儿童社会活动、儿童科学活动、儿童艺术活动，又称"五指活动"。

陈鹤琴说，五指活动的五指是生长在儿童的手掌上的。换句话说，就是一切的活动要在儿童的生活上、智力上、身体上互相联系、连续地发展。如果把这只手掌当作成人的，那么儿童心身的发展就不能依据正常的途径前进，而每次活动也因此变得枯燥乏味，脱离儿童实际生活。因此，五指活动要注意儿童生理、心理的发展，要关注儿童的生活实际。五指活动的五指是活的，可以伸缩，相互联系。在幼稚园里，课程不是分割的，不是独立的，而是相互联系的。幼儿园课程是整个的，连贯的。依据儿童心身的发展，五指活动在儿童生活中结成一个教育的网，有组织、有系统，合理地编织在儿童的生活上。

（三）活教育十个特点

1. 活教育的中心是儿童，在整个学习过程中，儿童就是能动的核心。学校中一切的活动是为儿童的，教师可以建议儿童去学什么，但最终要学习者来处置。

2. 活教育的目的是要培养儿童良好的举止和习惯，发现他们的内心兴趣，锻炼他们生活的艺术。

3. 新教育制度着重在做，在做中学，做中教，做中求进步。

4. 活教育促进分组学习、集体讨论。儿童根据自己的需要和爱好，可以参加各种小型的活动中心。

5. 在新制度下，儿童在慈爱的氛围中成长。

6. 在新制度下，课程是根据儿童的心理和社会需要来编定的，而且教学的材料在需要的时候可以做变动的。

7. 在新制度下，儿童靠自尊和自治来管理。

8. 在新的学校内，我们看到儿童活泼可爱，他们忙碌地工作，快乐地游玩。

9. 在新的学校内，教师与儿童共同生活、共同工作、共同学习。

10. 在新的制度下，学校是社会的中心，教师与儿童集中力量重整环境，为社会服务。

三、从活教育原则看课程的变革

陈鹤琴在活教育教学原则的卷首语中指出，他提出的教学原则，受到了两位西方学者的影响。一位是格雷戈里，他提出了"七个教学原则"，更重要的是另一位，威廉·詹姆士，他把教育心理学运用于具体的教学过程，让教学原则生动明了。

陈鹤琴说，十七条教学原则是根据最近儿童心理学的学说和他自己的教学经验来写的，他的目的与格雷戈里和詹姆士一样，实现"心理学的具体化和教学法的大众化"，使得做老师的和做家长的读了都能了解和应用。

原则一：凡是儿童自己能够做的，应当让他自己做

没有一个儿童不好动，也没有一个儿童不喜欢做，他自己动手就可以得到肌肉运动的快感。生活中有很多练习的好机会，他做过了，就有了自己的感受，就建立了跟外部事物之间的联系。在学校里的一切活动，凡是儿童自己能做的，应当让他自己做，自己动手即是做，做了就与事物发生了直接接触，就得到直接的经验，就知道做事的困难，就认识事物的本质。要知道做事的兴趣越做越浓，做事的能力越做越强。陈鹤琴说："'做'这个原则，是教学的基本原则，一切的学习，不论是肌肉的，不论是感觉的，不论是神经的，都要靠'做'的。""所以，凡是学生能够做的，你应该让他自己做。"

原则二：凡是儿童自己能够想的，应当让他自己想

一切教学不仅仅要在"做"上打基础，还应当在思想上下功夫。最危险的就是儿童没有思考的机会。思考是行动之母，思考没有受过锻炼，行动就等于盲动，流于妄动。各种教学你都不应该直接告诉儿童种种的结果，应当让儿童自己去实验、去思想、去求结果。教师的责任是从旁指导儿童怎样研究、怎样思想，越俎代庖是教学中的大错，直接经验、自己思想，是学习的唯一门径。

原则三：你要儿童怎样做，就应当教儿童怎样学

要让儿童获得某种行为或品性，就要有针对性地用适宜的方式去教儿童，让儿童学得有效，真正能通过学习获得这种行为或品性。尤其是应该让儿童在行动和体验中去学习，很多行为的获得，讲解并没有实际的用处，必须在体验中学习。如游泳、炊事及得体的说话均是如此，一定要使他们在适当的自然、社会环境中，得到相当的学习。

原则四：鼓励儿童去发现他自己的世界

学校所学的实在是很少，即使老师拼命地注入填塞，儿童所学到的东西还是不够用的，而且所填塞的东西都不容易消化，不容易理解，并且和学问修养仍然没有太大关系。把一本教科书翻开，遮住了儿童的两只眼睛，儿童所看到的世界只不过是一本六寸高、八寸宽的书本而已，儿童的世界多么大，有伟大的自然界亟待他去发现，有广博的大社会亟待他去探索。花草树木、鱼虫鸟兽、风霜雨雪、日月星辰，多是儿童知识的宝库。儿童的世界是儿童自己去探讨、去发现的，他自己所求来的知识才是真知识，他自己所发现的世界，才是他的真世界。

原则五：积极的鼓励胜于消极的制裁

应该利用儿童人性普通的好恶来鼓励儿童怎样做人，怎样求学，要多给孩子鼓励，不管是物质的还是精神的，对儿童来讲都非常重要。活教育不是消极的，而是积极的。你不要禁止孩子不做这样，不做那样，而应该教孩子做这样，做那样。一切的一切，你要用鼓励的方法来引导儿童的行为，来督促儿童求学。消极的制裁不会产生多大的效果，有时候反而容易引起儿童的反感。

原则六：大自然大社会是我们的活教材

有大自然、大社会意识的教师，就能够注重周围环境中的自然社会资源，不会满足于讲解，不会抱怨没有辅助材料、没有课程资源。大自然是我们最好的老师，大自然充满了活教材，大自然是我们的教科书，我们要张开眼睛去仔细看，伸出双手去缜密地研究。书本上的知识，是间接知识，你要获得直接的知识，确实而经济，你应该从大自然中去追求、去探讨。大自然是我们知识的宝库，是我们的活教材、活教师，我们应当向它请教，向它探讨。这种教学，教师教起来生动深刻，学生学起来兴奋有趣，我们何必将一部分一部分的教材四分五裂？应该整体地去把握课程内容。

原则七：比较教学法

比较教学法的好处，是它能使小孩子对所学的事物的认识格外准确，印象更加深刻，记忆更加持久。各种常见的事物都是可以用比较教学法的。自然物、国语以及做人等都可以用比较的方式来进行教学。这种方法能提高教学的效果，学起来比较生动、比较具体。总而言之，比较教学法在教学上是很有价值的，他在学校里应当占着重要的地位。你若用这种方法去教小孩子，那么小孩子对所学的事物一定学得格外有兴趣，认识一定格外清楚，印象格外深刻，记忆格外持久。

原则八：用比赛的方法来增进学习的效率

凡是儿童、普通儿童都喜欢比赛的。比赛有什么好处呢？比赛可以增加学习兴趣，提高学习效率。比赛分团体和个人两种，团体比赛的价值比个人比赛来得大，合作互助、牺牲精神可在团体比赛中培养的，但团体的范围应当常常加以扩大，不要变得太狭窄。比赛中有两种精神小朋友必须学到，就是胜则不骄，败则不馁。个人比赛又分两种，就是与他人比赛和与自我比赛。自我比赛比较来得妥当，我们应当多多采用。

原则九：积极的暗示胜于消极的命令

小孩子喜欢听好话，而不喜欢听恶言。利用这种心理教师可用激励教育法去教育儿童。积极的暗示就是一种激励教育法，它是软性的，比消极的命令要费时间精力，但其效果却非常之大。暗示可分为四种：一种是语言；一种是文字；一种是图画；一种是动作。其中动作的暗示性最大。做父母、教师的应当以身作则，利用动作的暗示去教育儿童。

原则十：替代教学法

小孩子生来无所谓好，无所谓坏。他时时喜欢游戏，我们应当想办法满足他的欲望，同时使他顾到别人的幸福，要使他参加共同生活，要使得他爱护公共事务。小孩子好奇的侥幸的心理也是有的，机遇诱惑可以引起他的好奇，我们可以利用各种游戏来满足他的侥幸心理。小孩子是好动的，他喜欢做这样，喜欢做那样，你没有东西给他做，他就要破坏，就要捣乱，所以我们要他做，要他建设，要他创造。小孩子喜欢合群，我们应当让他有一种正式的组织来发展他的能力，养成他们的群性。我们要用各种替代的方法来满足他的欲望，来发展他的个性，养成他的人格。

原则十一：注意环境，利用环境

儿童既然喜欢玩耍，大自然、大社会中都可以找到很多好玩的东西来做活教材和活教具。教师要有发现环境中教学材料的能力和敏感性，不断利用环境充实教学内容，让儿童有更多材料玩，有更多东西学。要做一个成功的老师，你一定要注意环境、利用环境，环境中许许多多的东西，初看与你所教的没有关系，仔细研究研究看，也可以变成很好的教材、很好的教具。

原则十二：分组学习，共同研究

班级教学与个别教学各有利弊，分组教学更具好处。它的好处在于两个方面，一是有组织的，二是经济的。它更注重教学过程。集体学习是活教育教学原则的一种方式。一个人的思想需要有刺激，有了刺激，思想就越来越多，越来越进步。别人给我们的刺激不一定是好的，但别人的刺激而引起我们其他的思想，同样也可以得到好处。三人行，必有我师。还有时候，态度非常重要，不要以为自己总是对的，别人总是错的，要大家贡献意见，择其类别加以分析而讨论之，那做事的兴趣就一定浓厚。一人做事与两人做事就不同，两人做事彼此商量，意思就多，就是享受也是如此。所谓独乐不如共乐，所以研究学问更应当共同来学习。

原则十三：教学游戏化

游戏是人生不可缺少的活动，不管年龄性别，人们总是喜欢游戏的。健康的小孩子是好动的、快乐的。假如在读书的时代，我们能够化读书活动为游戏，那么读书就会变得更加有趣、更加快乐、更加进步。但是人们总是认为读书的时代不应该游戏，把读书和游戏孤立分离开来看，完全是错误的。假如读书只有读书，读书不应该游戏，那么读书的生活会变得枯燥无味，哪里谈得上进步？

做到教学游戏化就要使读书活动兴致勃勃，学习进步迅速。游戏化适合于任何儿童，也适合于任何工作与教学，在教学游戏化过程中，我们老师还应该特别注意：一要注意方法与目的的结合。游戏的方法，本来是为了达到教学的目的而应用的，忽视这一点就失掉了教学的意义；二要注重多数人的活动，游戏化最容易产生的利弊就是让少数成绩好的儿童来做，其余儿童坐着看，这无异于剥夺了大多数儿童的学习机会。教学游戏化是以做为中心的，也就是做中教、做中学、做中求进步的教学应用，其充实与发展还有待于大家研究与努力。

原则十四：**教学故事化**

所有孩子都是喜欢故事的，教学故事化就是利用孩子喜欢故事的心理来展开教学，丰富教学的内容，增进教学的成效。第一，故事与儿童的情感有交流作用；第二，故事情节的神奇能满足儿童的好奇心；第三，故事能激起儿童的想象力；第四，故事组织完整，意义连贯的事物更容易理解，适合于儿童的学习心理。教学故事化可以从两个方面来展开：第一是教材的故事化；第二是教法的故事化。教学故事化是活教育的新要求，它在教学过程中究竟能产生如何的影响，需要进一步研究。

原则十五：**教师教教师**

所谓教师教教师，就是举行教学演示或者组织巡回教学辅导团一类的组织。这是近代教育方法上的一种新趋势，不仅能够在一个学校一个城市里举行，同样可以应用"分组学习、共同研究"的原则，推行到所有学校中去，对于充实教师本身、提高业务水平有较大的帮助。

那种只用耳朵听，靠别人用嘴讲的讨论或者演讲方式不能收到成效，就是由于非亲身去做，不能切实感觉的缘故。教学演示能改变这种状况。教学演示的基本步骤就是担任教学演示的教师做好教学设计，并演示给到场的各位教师观摩，演示完后进行评奖，评论其优缺点，进而讨论怎样用新的方法选择新的教材，完成最合理的教学工作。

原则十六：**儿童教儿童**

儿童教儿童的好处在于以下三个方面：第一，儿童了解儿童的程度比成人更为深刻，由于他们彼此年龄相仿，兴趣易于接近，理解思想一致，尤其是儿童最乐于把自己的经验告诉别人，当学会一点新的东西时，他总是热心地去让别人知道。儿童了解儿童较为深刻，这是我们所要提出的儿童教儿童的第一个基本认识。这一条教学原则是根据陶行知的"小先生制"提出来的，意思是让儿童来教育儿童，让儿童来指导儿童。这种办法一方面可补充教师数量之不足，有益于教育的普及；另一方面可以对教师的教学起辅助作用，有益于教学效益的提高。第二，儿童鼓励儿童的效果比成人所能达到的更为巨大。儿童心目中认为成人能够做成这件事并不稀奇，所以我们说儿童教儿童，对被教儿童的鼓励更大。第三，儿童教儿童是教学相长，儿童为了要教，事先就得充分准备，在教过以后，他们对于教的内容必然认识得更加清楚。所以，儿童教儿童不但是被教者得益，即使教者本身也得到了很大益处。这种得益不仅仅是教材以内的知识范围而已，而且儿童获得了发展创造才能的机会。儿童教儿童的范围应该不断扩大，个别儿童轮流教，在同一学校、同一班级都能进行。各校的儿童可以轮流教，各国的儿童都可以轮流教。儿童教儿童是有效的教学，希望它能够与儿童互助运动紧密结合，推进人类文化得到进一步发展。

原则十七：精密观察

观察是获得知识的基本方法。精密观察，这是开启真理宝藏的钥匙。掌握这把钥匙，我们就变能接近科学真理。我们在教学过程中，如果能采用观察方法，一方面通过实地观察来实行教学，另一方面通过实际研究来培养儿童善用观察的学习态度，则教学效果必将因此而得到提升。为什么用了观察方法就能增进教学效果呢？第一，由观察所获得的知识是直接的知识；第二，亲身阅历的经验印象最深刻；第三，容易发现问题，也容易解决问题；第四，我们可以说，观察不仅能增进教学效能，还可以培养儿童学习的兴趣与求真的态度。

观察的教学不仅促进学习兴趣，而且儿童的人生态度也将因此得到健全的发展。观察所依据的是客观事实，失去事实的支持，则附会造作都将产生。儿童养成观察习惯之后，一种尊重事实、求真求实的态度自然会建立起来。怎样进行观察呢？第一，全面地观察；第二，比较地观察；第三，系统地观察；第四，五官俱到地观察。观察是人类获得知识的基本方法。假使要教学能获得大的效果，则精密观察的方法便不能不予以正确地应用。

我们要学习陈鹤琴的问题意识和反思意识。陈鹤琴所关注的问题经历了近一个世纪，有些问题尚未真正得到解决，现在需要反思的是我们，需要行动的是我们。活教育充分体现了陈鹤琴的创造精神，即努力学习和研究西方的教育思想，又能立足中国实际，脚踏实地、深入实验，探究解决中国问题的中国方案。我们需要这种魄力和勇气，更需要这种精神和志向。

从儿童出发是陈鹤琴教育思想的核心支撑，也是活教育活的灵魂。从儿童出发，能让我们看清很多问题的本质，我们应该大力倡导，努力践行！

陈鹤琴的儿童劳动教育思想[①]

劳动教育在我国的学前教育体系中一直具有重要的地位。劳动教育一方面是养成儿童基本生活能力和服务精神的重要途径，另一方面，劳动教育也是儿童综合的学习，是幼儿园课程实施的重要途径。在劳动过程中，儿童能获得多方面的有益经验。著名教育家陈鹤琴是现代中国学前教育体系的重要奠基人，有大量关于学前教育的论述。他虽然没有专门系统论述过儿童劳动和劳动教育，但在他的著作中，儿童劳动教育的思想贯穿始终，在不同的年代和历史时期，他都强调了儿童的劳动及其重要意义。仔细阅读陈鹤琴著作，我们可以发现，陈鹤琴强调儿童劳动和劳动教育主要是从儿童天性、动作能力和习惯、学习方式、良好品行四个方面加以论述的。他论述的儿童劳动教育的基本精神与注重儿童生活的理念是合拍的，也是与活教育思想一致的。

一、劳动是儿童的天性

陈鹤琴认为，儿童是好动的。儿童喜欢做事，这是儿童的天性。劳动就是做事的过程，让儿童做一些力所能及的事，符合儿童的天性，也是重要的教育方式。在《家庭教育》中，陈鹤琴首先分析了儿童心理，关注了儿童的学习。认为儿童的学习需要感觉和联念，还要有动作。因此提出了学习的刺激原则、联念原则和动作原则。所谓动作原则，就是

---

① 本文作者刘颖、虞永平。

要让儿童自己学，自己做，让儿童有亲身尝试的机会。这是儿童劳动或自我服务及为他人或为动植物服务的心理基础，就是在动作过程中接受刺激，引发联想，获得经验。在《家庭教育》第七章中，陈鹤琴指出："游戏就是工作，工作就是游戏"中，陈鹤琴重点强调的就是给儿童动手的机会，这些机会大部分讲的就是手工劳动。需要使用一些工具，在动手的过程中看到事物的变化或形成自己的作品。陈鹤琴认为这些工作都是儿童喜欢的，有游戏的特性，也符合儿童的心理。

陈鹤琴在《活教育的教学原则》[①]中，第一条原则就是凡是儿童自己能够做的，应当让他自己做。陈鹤琴指出，没有一个儿童不好动，也没有一个儿童不喜欢做，他自己动手就可以得到肌肉运动的快感。生活中有很多练习的好机会，他做过了，就有了自己的感受，就建立了跟外部事物之间的联系。在学校里的一切活动，凡是儿童自己能做的，应当让他自己做，自己动手即是做，做了就与事物发生了直接接触，就得到直接的经验，就知道做事的困难，就认识事物的本质。要知道做事的兴趣越做越浓，做事的能力越做越强。陈鹤琴说："'做'这个原则，是教学的基本原则，一切的学习，不论是肌肉的，不论是感觉的，不论是神经的，都要靠'做'的。""所以，凡是学生能够做的，你应该让他自己做。"儿童的做包括了游戏、实验、探索、劳动等。

二、动作能力和习惯是劳动的现实基础

儿童的劳动是建立在一定的能力基础之上的。在幼儿园阶段，主要不是生产劳动，而是自我服务和简单的为他人服务的劳动，是手工劳动。这是与儿童的能力好习惯相对应的。《幼稚生应有的习惯和技能表》，[②]由陈鹤琴、张宗麟、俞选清于1925年共同草拟，最初在鼓楼幼稚园试

---

① 陈鹤琴.陈鹤琴全集（第五卷）[M].南京：江苏教育出版社，2008：65.
② 陈鹤琴.陈鹤琴全集（第二卷）[M].南京：江苏教育出版社，2008：90.

验，继后在南京特别是全市幼儿园及燕子矶、晓庄等乡村幼稚园试验，后在上海试验，几经修改。在这个习惯技能表中，包含了卫生习惯、做人的习惯、生活技能、游戏运动技能、表达思想的技能及日用常识等，涉及健康、社会、艺术、科学等领域的内容。其中，在卫生习惯方面，有"会拍苍蝇、蚊子"等内容。在个人做人习惯方面，有"开关窗户要轻，放椅子也要轻""用过的东西放好并且要放整齐""拾起地上的纸屑等件放到纸篓里去"等内容。在社会性的做人习惯方面，有"帮助做家事""帮助老师做事""做值日生做得好"等内容。在生活的技能方面，有"会搬椅子、凳子""会洗碗碟""会扫地""会拔草"等内容。在日用常识方面，有"会养护蚕""会保护两盆花不使干死"等内容。

在《家庭教育》第十二章"怎么样使小孩子的经验格外充分些"中，陈鹤琴明确提出了"凡是孩子能够自己做的事情，你千万不要替代他做"[①]。他认为，代替儿童做事，有三个弊端：一是剥夺小孩子肌肉发展的机会，二是养成小孩子懒惰性质，三是养成小孩子不识世务，不知劳苦的性质。因此，他认为让儿童自己做事有四个好处：一是可以发展他的肌肉，二是可以养成他勤俭的性质，三是可以使小孩子知道做事的不易和世务的艰难，四是可以养成独立的精神。因此，做事不只是为了做，而是可以成就儿童多方面的发展。因而，陈鹤琴进一步讨论了如何让儿童做事，如"叫小孩子做事，不宜太易，也不宜太难，需在他的能力以内而仍非用力不可的"，其实就是说，劳动也要让儿童尽努力，以激发他们的兴趣，并达到发展的目的。此外还应鼓励儿童去尝试，在尝试中有所发现，鼓励儿童好奇好问，这是儿童发展所必需的。

因此，在幼儿园阶段，要发展儿童的基本能力和技能，这是劳动的现实基础。从这个意义上说，儿童劳动能力的发展是与游戏活动、生活活动、体育活动及美工活动能紧密相关的。幼儿园的很多活动都是在为

---

① 陈鹤琴.陈鹤琴全集（第二卷）[M].南京：江苏教育出版社，2008：631.

儿童的劳动活动打基础和做准备。如果只有能力，没有养成劳动的习惯，还是无法产生劳动活动，无法真正养成热爱劳动的品性。因此，从小养成劳动的习惯对儿童一生的成长至关重要。

三、劳动就是现实生活

陈鹤琴主张大自然、大社会都是活教材，强调充分发挥现实生活的教育价值。在他的论著中，无论是家庭教育，还是幼儿园课程，都是以现实生活为基础的，在现实生活中开展教育的。劳动教育是服务于儿童自己和同伴生活的教育，更是为了生活，来源于生活，并在生活中进行的教育。

陈鹤琴指导下的南京鼓楼幼稚园园长周淑钟在《鼓楼幼稚园对儿童进行教育与教学的情况》[①]（1945年10月—1951年秋）一文中，介绍了幼儿园课程实施的情况。当时幼稚园的各种体操，都是在音乐的伴奏下反映人们的劳动过程的，如将拉索、打铁、锄地、割麦、划船、锯木、推磨、纺纱等都编入体操。同时注重儿童的自我服务的独立生活能力和个人卫生习惯的培养，从穿脱衣服和鞋子开始，保持卫生和整洁，为自己和班级做力所能及的事。在饲养蚕、鸽子、小鸡、小鸭、兔子的过程中，了解它们的习性，并模仿它们的特征开展相关的游戏。大班儿童已经开始锄地、松土、下种子、除草等活动。"在饲养和种植活动中，培养孩子爱劳动，爱护动植物，教会孩子做事有始有终，加强责任感，负责做好教师给他应做的事。"[②]幼儿园开始有目的地引导儿童去观察周围人们的劳动，如参观厨房，看看叔叔阿姨在做些什么，怎么做的，还参观附近农民伯伯怎么种地，工人叔叔怎么做工。这也是帮助儿童形成对劳动者和劳动的态度。总之，幼儿园已经开始培养儿童对现实生活的关注，培养对劳动的态度、情感和劳动的习惯。

[①][②] 陈鹤琴.陈鹤琴全集（第二卷）[M].南京：江苏教育出版社，2008：465-471.

四、劳动是重要的学习方式

陈鹤琴在《怎样编制幼稚园课程》[①]一文中提到了抗战胜利后，回到南京，恢复鼓楼幼稚园，并开展第三单元的教学试验，目的是编制出符合大中小班的教学单元材料。在此过程中，继续以活教育思想为指导，陈鹤琴先生亲自指导。园长周淑钟在《鼓楼幼稚园对儿童进行教育与教学的情况》[②]（1945年10月—1951年秋）一文中，介绍了他们试验的有关情况。在这一阶段，劳动的意识更加明确，为儿童提供了劳动的工具和材料。如在园舍设备的准备方面，为儿童提供了"劳动用的木质小推车，劳动园艺小工具"，在教师的帮助下，儿童已经开始饲养小白兔、小鸡、小鸭和鸽子。除了有些必要的教学活动在室内，大多数实践都在户外，开展体育锻炼、体操、游戏、劳动、自由活动。由此可见，劳动已经成为当时幼儿园的重要的活动之一，也是重要学习方式之一。

在《家庭教育》第十三章"为儿童造良好的环境"[③]的论述中，陈鹤琴明确提出了要为儿童创造"劳动的环境"。他认为儿童都是好动的。其实也是喜欢做事的，喜欢劳动的。"平时做父母的总喜欢自己劳动而不愿意孩子去帮助他们，如小孩子起居饮食种种事情，做父母的常常要为小孩子们代劳……"。陈鹤琴认为，儿童能自己做的事情就应该让他们自己去做，如穿脱衣服等。"其他如吃饭、扫地、叠被，甚至浇花、洗衣、烧饭种种活动，在可能范围内，我们应当让小孩子有劳动的机会来发展他们做事的能力。要知道做父母的主要工作，是培养儿童自己劳动的习惯，培养儿童自己独立的能力。"因此，劳动的意义不只在做事本身，不只在当下，而是在长远和未来，在儿童劳动习惯、态度和能力的养成。

---

① 陈鹤琴.陈鹤琴全集（第二卷）[M].南京：江苏教育出版社，2008：453.
②③ 陈鹤琴.陈鹤琴全集（第二卷）[M].南京：江苏教育出版社，2008：465，636.

五、劳动形成关键的品性

劳动教育是综合的学习，也有助于培养儿童良好的品性。陈鹤琴非常关注劳动教育的育人价值，这与他活教育的目的论是相吻合的。活教育就是要让儿童学会做人，做中国人，做现代中国人，还要做国际人。劳动教育具有引导儿童形成良好品性和做人的功能。

1. 在劳动中学会做人。

1951年，《儿童教育的新动向》[①]中提出新中国儿童教育的四大目的任务，其中第三个任务是培养初步的国民公德和国际主义精神，以及其他优良品德，其中国民公德中有五爱公德，包括爱劳动，再一次把劳动纳入儿童教育的目的和任务体系之中。

2. 养成基本的习惯。

陈鹤琴还在如何教儿童待人接物方面提出要使儿童养成收藏玩物的好习惯，就是说自己玩的物品要自己收拾，不能把责任推给别人，培养儿童初步的责任意识和保持环境整洁的习惯。尤其提出"小孩子在家里应当帮助他的父母做点事体"[②]。儿童从小愿意帮助父母做一些力所能及的事，父母应该加以肯定，让他们养成习惯。儿童能做的应该尽可能让他们去做，儿童不能做的，成人给予适当的帮助，让儿童能做成，儿童是在做事的过程中获得经验，增长才干的，这对儿童未来习惯的养成非常重要。

3. 劳动形成基本的服务精神。

将劳动的基本能力融于日常基本的习惯和技能之中。1934年，陈鹤琴在上海《时事新报》庆祝儿童节特刊上发表了《儿童教育的根本问题》一文，他指出："现在的儿童，就是未来的主人，社会的进化，国家的繁荣，要看这些未来主人的品格才智如何而定。"因此，他提出要促进儿童

[①] 陈鹤琴.陈鹤琴全集（第二卷）[M].南京：江苏教育出版社，2008：416-636.
[②] 陈鹤琴.陈鹤琴全集（第二卷）[M].南京：江苏教育出版社，2008：613.

健康和发育，其中他强调要养成"服务的习惯"[①]，他认为，有了健全的身心，不能做有益公众的事情，这不但对社会无益，或许是有害的，所以我们教育儿童，还要培养他们的服务习惯，包含三层意思：一是不自私，二是帮助家人，家庭中，遇到儿童能做的事情，做父母的就应当让儿童去做。三是守秩序。

《活教育的目的论》[②]一文中，陈鹤琴提出了活教育的目的是"做人，做中国人，做世界人"。他认为要做现代中国人，必须具备几个条件，其中之一是要有服务的精神。我们要爱国家，爱人类，爱真理，便要为国家服务，为全世界的人类服务，为真理服务，如果我们只有知识和技能却不服务于社会，只知自私自利，就失去了教育的目的。因此，"必须培养儿童一种服务精神，我们要知道儿童去帮助别人，去了解大我的意义，肯服务，这才配做一个现代中国人，现代世界人"[③]。这种服务精神是需要劳动去实现的。因此，服务精神和服务习惯在一定程度上就是劳动精神和劳动的习惯，并且是为着他人、集体、国家和人类的。

总之，陈鹤琴是一贯重视发展儿童的动手能力的，并将动手能力作为劳动的基础。注重在生活中培养儿童力所能及的劳动能力和习惯，养成儿童服务自己和他人的精神，并在劳动中感受父母及他人的付出，学会孝敬、体谅等品质，在劳动中学会做事，学会做人。这些思想对于我们今天开展幼儿园劳动教育仍然具有重要的指导意义。儿童的劳动，主要不是社会生产劳动，根本的目的不在生产劳动产品，而在于劳动过程，在于劳动过程中儿童与环境、与他人的相互关系，在于儿童在劳动过程中面临新的挑战，获得新的经验，养成新的习惯和品性。在幼儿园教育中，有很多劳动教育机会，要切实充分利用，并将劳动教育当作综合的学习，让劳动教育真正促进儿童健康地成长。

---

① 陈鹤琴.陈鹤琴全集（第二卷）[M].南京：江苏教育出版社，2008：646.
② 陈鹤琴.陈鹤琴全集（第五卷）[M].南京：江苏教育出版社，2008：59.
③ 陈鹤琴.陈鹤琴全集（第五卷）[M].南京：江苏教育出版社，2008：61.

赵寄石的幼儿园课程研究[①]

20世纪80年代初，赵寄石教授针对当时幼儿园课程中各学科内容相互割裂，幼儿的主体地位没有得到充分体现，幼儿园课程与现实生活的关系不够紧密等问题，打破近30年分科课程一统化的制度约定，大胆提出在幼儿园开展综合教育的研究，由此开始了我国幼儿园课程改革和发展的新时代，也进一步引发了我国幼儿园课程回归儿童的天性，回归幼儿园课程的本质，回归生活，回归过程。因此，赵寄石教授是改革开放以来幼儿园课程改革的重要启动者，是以儿童为中心的幼儿园课程的积极倡导者和推动者。她的努力，不只是改变了幼儿园课程的结构，更重要的是改变了幼儿园课程设计和实施的理念。

一、幼儿园课程研究的基础

赵寄石教授的幼儿园课程研究不是应景而做的研究，而是有坚实的基础和准备的。这种以解决真实问题为出发点的研究，特别需要倡导。

赵寄石教授的课程研究基础主要表现在以下三个方面。

1.对幼儿园课程实践现状的把握和分析。

赵寄石教授认为，研究是人类积极的智慧活动，它的基本前提是有明确的目的，有问题意识，并聚焦问题的本质，这是研究具有价值和取得成功的关键。她指出当时我国幼儿园教育结构还存在以下几个问题：

[①] 本文原载于《早期教育（教师版）》2010年9月。

①幼儿园进行分科教学，强调各科自身的系统性，而对各科之间的联系和关系缺乏考虑，对幼儿园教育内容和过程缺乏整体的研究；②由于把幼儿园教育的重点放在各科教学上，实际上把上课作为幼儿的主要活动，其他活动，尤其是游戏的教育作用未能得到足够重视；③由于各科教学着重考虑教师"怎样教"，很少考虑幼儿的学习规律及实际效果，幼儿的积极性未得到发挥。又由于强调集体的统一要求，忽略个别对待，幼儿发展不平衡的现象未受到重视。在分析这些问题的基础上，赵寄石教授提出了幼儿园课程建设的理论基础。

2. 幼儿园课程研究的理论基础。

赵寄石教授提出了把儿童放在首位的理念。她指出，教育的对象是人，切不可用尝试错误的办法来摸索其发展效果，把儿童当成牺牲品，而是要有充分的教育理论依据。为此，她强调课程探索的每一步首先要在理论上站得住脚，然后通过实践测定其效果，这样才能使改革的科学性和实效性得到一定的保证。

同时，她也指出，课程研究要以唯物辩证法的观点为指导，吸取系统论、结构论、蒙台梭利和皮亚杰提出的建构论，以及社会生态理论中合理的观点，用于探索幼儿园综合教育的过程中，一边进行理论思考，一边进行实践尝试，其最终目的是建立我国自己的幼儿园教育的理论与实践体系。皮亚杰理论在赵寄石教授推动的幼儿园综合课程改革中起到了重要的指导作用。尤其是皮亚杰关于认知结构是通过个体的活动得到发展的，即个体自身的活动在外界引起的反应，使儿童有可能去认识和感受环境中的人、事、物的各种复杂的相互关系等观点，对综合教育的建构起到了重要的支撑作用。

20世纪80年代末，赵寄石教授吸收了可持续发展和生态文明的观念，并以此来指导幼儿园课程建设。她指出，我们现在正处于21世纪的前夕，人类社会即将进入一个建设崭新的生态文明的时代。生态文明的一个特点是可持续发展，要重新协调人与自然的关系。在对待自然环境和自然资源方面，既要满足当代人的需要，又要为后代创造日益美好的发展前景。从生态学的观点看，幼教领域是社会各行各业中的一个系统，每个幼儿园是所在地区各种机构中的一个系统。任何系统，都是不停地运转的开放系统，一旦停止运动，停止新陈代谢，就没有了生命力。因此，幼教领域、各个幼儿园都要形成一种有序的、有一定结构的开放系统，建立一种自我发展的机制，才能得以生存和发展。她认为，建立自我发展机制并不需要具备什么特殊条件，任何幼儿园只要从本园实际出发，从点滴经验和问题着手，结合日常教育教学进行研究，就会发现保教质量和师资水平同时在研究中得到提高。一旦尝到"甜头"，人力资源的内部潜能迸发出来，就会形成一种任何外力都不可阻挡的持续发展机制。课程改革就会成为幼儿园的一种内在需求，成为迎接新世纪挑战的强大动力。

此外，在课程研究的方法论上，赵寄石教授提出使用行动研究的方式，即由理论工作者和实际工作者密切结合，发挥各自优势，通过多次反复的理论思考和实践探索，建立起幼儿园课程结构的框架，形成一种可供广大幼儿园参考的模式。这种方法对幼儿园课程研究的实践起到了积极的作用。

3. 幼儿园课程研究的实践基础。

幼儿园综合教育课程的主要实践基础是学科课程研究的基础。赵寄石教授指出，改革并不是简单地否定一切，而是一种扬弃的过程。要扬长避短，先弄清楚要发展的是什么，要抛弃的是什么，这就需要依据。在我国幼儿教育发展史上，一切照搬和全盘否定的教训是沉痛的，切不可重蹈覆辙。她认为，南师大各学科的研究人员对学科教育的系统研究是综合课程研究的主要实践基础。

二、综合教育课程研究的核心突破

幼儿园综合教育在观念、结构等多方面实现了扬弃、创新和突破。

本文仅关注三个方面。

第一，教师和幼儿关系的再构。赵寄石教授从20世纪70年代末就开始强调要改变教育的立场，重新思考教师的立足点。她指出：从只考虑"老师怎样教"转到先研究"孩子怎样学"再考虑"怎样教"，这是教育观点的转变，是提高教育质量的关键。所谓研究，意味着了解儿童如何学习，要通过科学研究，要应用一些科学的方法，不能想当然。她提出要尊重儿童，认为仅凭"爱"不一定能把儿童教育好，必须尊重儿童的发展规律才能取得良好的效果。而尊重儿童就要承认儿童是人，是发展中的人，是发展中的个人，儿童的个人特点也应受到尊重。她还从尊重儿童人格、尊重儿童发展规律及尊重儿童的个别特点三个方面提出了具体的教育建议。

怎么看待教师和儿童的关系呢？赵寄石教授分析了两种观点，一种是教师凭良好的主观愿望传授知识技能，把儿童看作被动的接受对象；另一种是把儿童看作学习的主人，教师想方设法调动儿童学习的主动性，促使他积极地发展成为社会需要的人才。教师的作用是为儿童创造学习环境、组织学习内容、教给学习方法、激发儿童的学习主动性，使他在积极的学习活动中长身体、长智慧、提高能力、养成习惯。她指出，婴儿呱呱坠地，具备了人的生物条件，然而，要成为一个社会成员，一个适合社会需要的人，则要经过与周围生活中的人、事、物不断地交往，把外界的物质和信息转化为自己的机体和智慧，这是一个漫长的学习过程。对一个儿童来说，怎样吃、睡、玩，处理好自己的生活；怎样适应集体的要求，掌握必要的社会性行为，等等，这一切都需要学习，这一切都是他的学习内容。

赵寄石教授还进一步指出，儿童学会学习是从学会玩开始，学会玩就是学会操作玩具，包括良好的操作习惯和熟练的操作行为以及操作结束后得到的成就感。这些不但有利于入学后主动完成课业，还会迁移到以后的工作和生活中，一辈子受益。为此，她从儿童学习和发展的视角十分关注幼儿的游戏，指出游戏对儿童来说，是一个积极探索客观世界的过程，是儿童积极主动学习和积极探索各种人际关系的重要方式，因此它也应当成为婴幼儿教育的重要手段。

第二，幼儿园课程结构的再构。赵寄石教授认为，研究一个系统要抓住三个要点：①系统是指整体，不是各部分相加之和；②系统的各要素之间不是一般的联系，而是相互发生作用的，因而这种联系不是固定的、静止的，而是发展的、运动的；③各个系统有它自己的特征，这种特征来自各要素之间的特殊联系以及特殊的相互作用。她充分借鉴了瑞士心理学家皮亚杰的观点：任何一个系统的结构有三个特点：①整体性(或称程序性)，指的是许多要素之间的联系，而不是整体本身或整体要素的本身；②易变性，即结构是一个变动的体系；③自动调节，这是结构内部的变化，这些变化有一定的法则和规律，结构的变化不会违背这些法则和规律。

通过1983年到1986年三年的理论思考和实践尝试，赵寄石教授及其团队认识到教育结构探讨是通过研究幼儿园教育中各个部分、各种要素之间的关系，充分发挥它们之间的积极的相互作用，从而揭示幼儿园教育作为一个整体的功能和发展规律。这种探讨的目的并不是树立某种可供仿效的模式，而是提供一种思考方式使幼儿园教师能针对所教班级的实际情况，创造性地建立相应的教育结构，发挥其最大的效益。

在深入实践研究的基础上，赵寄石教授提出，幼儿园教育结构包括表层结构和深层结构两个层次。表层结构的各个要素是有形的，深层结构是无形的，然而深层结构决定着表层结构各要素之间的各种关系，因此是表层结构的基础，即基本的教育思想体系。任何一种教育活动都是由各种因素组成的，这些因素之间总是有联系的，并相互发生作用。她提出，幼儿园教育的表层结构的要素可分为三组：①教师与幼儿之间的关系及其相互作用；②教育任务、内容、手段、物质环境之间的关系及相互作用；③幼儿园与家庭、社会之间的关系及相互作用。这三组要素之间又存在各种联系及相互作用。幼儿园课程有三个方面的综合：①教育内容的综合：根据教育任务和幼儿发展的需要，确定一个阶段的教育内容，将《纲要》中提出的教育内容围绕某一主题组织起来。重视各方面内容之间的横向联系，并保持各自必要的系统性。②教育手段的综合：根据某一阶段的主题内容及幼儿的发展水平选择相应的教育手段。强调各种手段的互相配合，发挥各自的独特作用。③教育过程的综合：把认知、情感、行为、能力的培养互相结合在统一的过程中。这个过程以认识周围生活为基础，从情感教育入手，着重培养良好的行为习惯，发展语言和思维能力。幼儿园课程还包括三个层次的综合：①阶段活动的综合：把每个年龄班的教育分成若干阶段，在每个阶段中，把有关的内容和手段互相联系、互相配合，使认知、情感、行为、能力的培养密切结合组成有机的整体。从而使幼儿园的三年生活成为一个促进发展的连续过程。②一日或一周活动的综合：每个主题的内容又要落实到各周的每日活动中。③个别活动的综合：每项活动尽可能在各个部分自然的有机联系中进行。

赵寄石教授秉持开放的课程观。她指出，幼儿园教育应该有多种模式，可以建立在各种不同的理论基础上，只要它们都能达到为培养人才打基础的目标。综合教育结构仅仅是幼儿园教育结构之一，幼儿园教育改革也只是幼教领域里改革的一部分，然而，它有特别重要的意义。因为幼儿园是教育的基层，站在第一线，直接面对着广大幼儿，又对家庭教育、幼儿师范教育、幼教行政管理等产生影响。

第三，幼儿园教育资源的再构。在幼儿园综合教育研究的过程中，赵寄石教授特别强调突破对书本知识的过度依赖，要关注幼儿的现实生活。要从幼儿周围的自然、社会环境中寻找活生生的教育资源。充分利用动物、植物、天气、地形、风俗等有利条件，开展相应的教育活动。赵寄石教授在城市和农村分别开展了幼儿园综合教育课程的研究，研究的重要内容之一就是发现、挖掘和利用生活中的课程资源。尤其是农村幼儿园课程的研究，更是关注了幼儿对周围村庄、街道的观察和调查，关注了幼儿园的种植和饲养，关注了家庭资源的利用，关注了村落中儿童自然游戏的价值。幼儿园课程资源的真正多样化，不仅丰富了幼儿园活动的内容，也增加了幼儿操作的机会，丰富了幼儿的经验，更好地促进了幼儿的发展。

三、学前课程研究涉及的主要领域

赵寄石教授学前课程涉及的主要领域有以下几个方面。

1. 语言领域课程研究。赵寄石教授从20世纪50年代起就开始了对幼儿语言发展的特点，幼儿语言学习的特点，幼儿语言教育的目标、内容及方法等进行了系统的研究，由她领衔编写的《学前儿童语言教育》（人民教育出版社）一书代表了幼儿语言教育领域的最新研究水平和成就。

2. 幼儿园综合课程研究。赵寄石教授从20世纪70年代末期开始，系统研究了幼儿园综合课程的理论基础、课程的特点、综合的机制、课程的编制流程、教师的专业培训等一系列问题，为综合教育在我国幼儿园的普及奠定了坚实的基础。

3. 农村幼儿园课程研究。农村幼儿园课程是幼儿教育中一个薄弱的、需要特别关注的研究领域。赵寄石教授发扬南京师范大学一贯注重农村幼儿教育的历史传统，申报了"七五"教育科学规划课题，专门研究农村幼儿教育课程。对农村社会发展状况、农村家长的特点、农村儿童的特点、农村教师的特点、农村幼儿园课程资源的特点及农村幼儿园课程的编制进行了深入的研究，尤其是对农村学前一年课程进行了系统的研究。《农村学前一年综合教育课程设计》（教育科学出版社）代表了当时我国农村幼儿园课程研究的新进展。

4. 托班课程研究。赵寄石教授在留学前和留学过程中，曾经从事婴幼儿教育的工作和学习。退休后，她又开始从事婴幼儿教育的研究，这是一种历史性的学术归宿。她带领幼儿园的老师们一起研究了婴幼儿的心理特点、生活规律、学习规律和教育规律，她和幼儿园共同编写的《2—3岁幼儿综合课程》是综合课程向低龄阶段的延伸性探索。此外，赵寄石还针对2—3岁儿童教育及相应的家长教育编写了系列讲座。

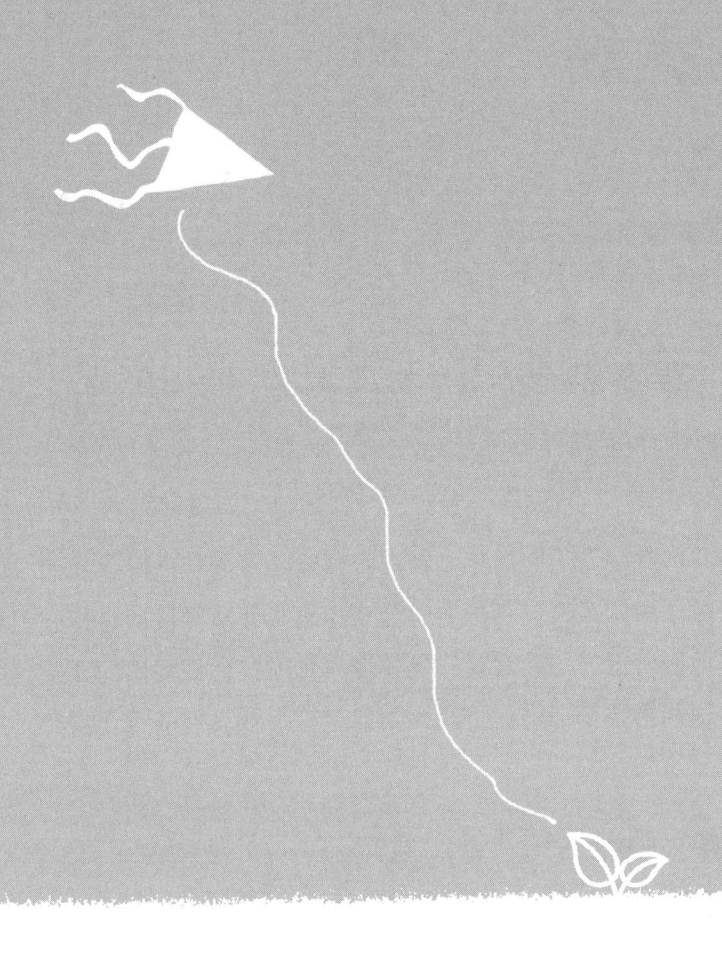

第四章

幼儿园课程发展历史

儿童万岁：延安时期中国共产党人的儿童观[①]

今年是中国共产党建党100周年。在庆祝建党100周年之际，我们难以忘怀在延安时期中国共产党领导人对儿童保育事业所倾注的热情和心血，不能忘记他们所倡导的儿童观，更要继承和弘扬他们提出的儿童观和教育主张。这些主张至今仍然是我国学前教育事业发展的重要指针和强大动力。

一、抗战烽火中诞生的"革命摇篮"

20世纪30年代，日本侵略者大肆侵犯我国领土，给我国人民带来了无穷的灾难。日本侵略者烧杀劫掠，使无数儿童流离失所，生命和安全受到严重的威胁。为了保护战争中的儿童，1937年3月，延安市托儿所成立。这是延安最早的托儿所，设立在延安城南的柳林村，以收容抚养战区难童、烈士遗孤、出征将士子弟、革命干部子女为宗旨，规模很小。托儿所后改称保育院，得到毛泽东等中央领导和边区政府及社会各界人士的大力支持。毛泽东、朱德、项英、林伯渠等中央领导与陕甘宁边区党政军各界领导机构及个人合计捐赠863元，边区政府机关捐赠1000元，边区政府拨给开办费200元，并确定每月拨出经费100元，保证了托儿所的扩充建设得以顺利进行。1937年8月20日，除原有18名婴孩外，第一保育院开始接收更多儿童入院。

[①] 本文原载于《学前教育研究》2021年7月，作者虞永平、王淑君。

在中国共产党中央和陕甘宁边区政府的支持下，1938年成立了战时保育会陕甘宁边区分会，并于同年10月2日在延安托儿所的基础上成立了战时保育会陕甘宁边区分会战时儿童保育院。由于敌机不断空袭和轰炸延安，战时儿童保育院（以下简称保育院）于同年11月10日迁址到安塞小草峪。保育院的宗旨是为边区直接参与抗战的军民解除后顾之忧，受托对象是7岁以下（不包括乳儿）的边区党政军机关子女、烈士遗孤和战区难童，实行免费的学前教育。保育院成立之初有幼儿36名，分设婴儿班和幼稚班，后又分为乳儿、婴儿、幼稚、小学四个部。1940年9月，保育院迁至新址——延安北门外李家洼，新的院舍有石窑50孔，土窑40孔，平房69间，办学规模有所扩大。[①]1941年8月，延安女子大学托儿所和中央统战部托儿所并入保育院。1945年5月，保育院改称为陕甘宁边区第一保育院。自保育院开办起，在中央和陕甘宁边区政府的支持和领导下，保育院工作人员牢记中国共产党的嘱托，全心全意照护儿童，在艰难的条件下确保保育院儿童的生命安全和营养健康，并多次在危急关头转移儿童，路程达数千千米，从而确保了革命后代的平安，保育院也由此成为名副其实的"马背上的摇篮"。1938年到1949年，保育院共接收了2500多名儿童。后来，这些儿童中很多人成长为国家各领域建设重要的业务骨干和领导者。

在保育院里，儿童的生活得到了周到的安排和优先保障。20世纪30年代，有着"国统区新闻记者"身份的赵超构曾发表《延安一月》一文，被毛泽东称赞为"能在重庆这个地方发表这样的文章，作者的胆识是可贵的"。周恩来把这篇报道比作中国记者写的"西行漫记"。[②]在《延安一月》里，作者真实地描述了保育院的状况："保育院幼稚部所在的地方叫作儿童沟。那真是儿童之沟，两岁到六岁的小孩像牛羊一样，在空气和阳光下嬉戏。这些儿童活泼肥壮，逗人欢喜。延安人的生活虽然那么节

---

① 吴贞萱. 陕甘宁边区第一保育院的创立[J]. 各界，2019（12）：189.
② 赵超构. 延安一月[M]. 北京：中国国际广播出版社，2013：2, 168-169.

约，对于儿童生活似乎并不吝啬：成人的衣服是土里土气的，这些小孩子的衣服样式却是十分摩登，个个穿得像洋娃娃。"[①]儿童的生活也是得到充分保障的："每个孩子每月可吃到鸡1只、肉2斤、油1斤、蛋30个、小菜2斤、枣子2斤、饼干1斤、青菜30斤、大米1斤、麦20斤，园内有诊所和小儿科医生2位。"[②]可以说，这是战时延安的最高待遇了。

二、中国共产党人对保育院和儿童的关心

从保育院诞生开始，中国共产党的主要领导人就十分关注保育院的建设、儿童的生活和学习。1938年保育院刚成立，毛泽东就为保育院题词"儿童万岁"。朱德、项英等领导亲临保育院祝贺。同年岁末，毛泽东再次给保育院题词"好好的保育儿童"。1940年保育院迁址李家洼后，朱德题词"耐心的培养小孩子"，林伯渠题词"新的战士在孕育中"，徐特立题词"保证儿童身心平均发育"。周恩来虽然身在重庆，但是也非常关心保育院。1943年左右，保育院一位儿童生病，周恩来得知后，立即委托美国驻延安观察组的飞机捎来药品，缓解了病情。回延安的工作间歇，周恩来专程去保育院，督促做好环境卫生等方面的工作。[③]延安还流传着一个"领导人给孩子们送香蕉"的故事。有一年秋天，有人给毛泽东送了些香蕉。毛泽东将5根香蕉送给了徐向前，徐向前又将2根香蕉转送给保育院。当时谁也不舍得吃，将两根香蕉悬挂在教室里，给孩子们作教材。[④]

除了边区政府的大力支持，党中央也从经济上支持保育院的发展。在经费十分困难的情况下，毛泽东、朱德、项英给予保育院极大的关怀，曾捐助700余元帮助保育院建设和发展。邓颖超、蔡畅、康克清也经常到保育院看望孩子们，并指导保育院的工作。1947年，保育院转移到山

[①] 赵超构. 延安一月[M]. 北京：中国国际广播出版社，2013：2, 168-169.

[②][③][④] 西安第一保育院. 我的童年故事：战火中的陕甘宁边区战时儿童保育院[M]. 西安：西安交通大学出版社，2015：2-3, 13-14.

西后，为了保证儿童的安全，贺龙专门派人给保育院送来枪支和弹药。

战争年代，一部分儿童的父母在前线。为了给予这些儿童家的温暖，中央还决定，边区政府和妇委干部在节假日把父母不在身边的儿童接到自己家里过节。这样，前线父母放心，在家孩子愉快，接孩子的干部喜欢，体现了边区大家庭的温暖。

总之，中国共产党及其领导的边区政府对保育院和儿童的关怀是多方面的，根本的宗旨就是促进儿童健康成长，为革命事业培养接班人；解除家长后顾之忧，提升部队的战斗力。

三、中国共产党人的儿童观

在1938—1949年期间，以毛泽东为代表的中国共产党人高度重视儿童的教育和发展，积极扶持保育院的发展，尤其是对儿童保育和保育院的发展指明了方向，提出了要求。

毛泽东提出"儿童万岁"的观点，这从一定意义上代表了中国共产党人对儿童的基本认识，是中国共产党人延安时期儿童观的集中体现。"儿童万岁"也是现代儿童观的重要表达。这个观点意味着毛泽东对"儿童决定未来"的基本事实有了充分的认识，也意味着在毛泽东的眼里儿童应该得到最高的尊重。由此，儿童的重要地位得到了充分确认。尤其在那个年代，普通大众尚未确立科学的儿童观，甚至还有很多人把儿童看作是不独立的、无权益的个体。毛泽东"儿童万岁"的观念是对传统的决裂，是对科学儿童观的重要宣导。毛泽东对儿童的主张与今天联合国《儿童权利公约》及国际社会所倡导的"儿童优先""儿童利益最大化"等原则是一致的。事实上，在"儿童万岁"等理念的影响下，延安时期，保育院的孩子每天所获得的营养也是充分的，生活上得到了优先照顾。毛泽东非常关心儿童的生活和发展，对保育院提出了"好好的保育儿童"的要求。这意味着儿童是重要的，儿童是需要爱护的，儿童是革命事业的未来和希望。毛泽东"好好的保育儿童"的要求，激励着保育院为儿童的生命安全和健康发展尽心尽责，把最好的条件让给儿童，在枪林弹雨中保护儿童，在长途转移中不丢失一个儿童。

朱德"耐心的培养小孩子"的题词体现了与毛泽东"好好的保育儿童"相同的思想，也体现了朱德对儿童的关怀，对儿童保育的期待，也蕴含着朱德对未来革命事业的期待。"耐心的培养小孩子"意味着小孩子是有自己的特点的，需要成人对儿童有更多的耐心、更多的付出。这充分体现了朱德对于培养儿童的认识和理解。林伯渠则从保育院健康成长的儿童想到了未来革命事业所需要的人才，保育院快乐生活的儿童就是未来新的战士，就是新的战斗力，就是革命的生力军，所以他的题词是"新的战士在孕育中"。这意味着保育院培育儿童就是在培育革命事业的未来和希望。林伯渠在1939年1月的陕甘宁边区第一届参议会工作报告中指出，"为培养中华民族的优秀后代，减少革命干部的家庭顾虑，边区政府曾在前年建立了托儿所"，"获得了各方面的帮助，儿童获得了较为优良的待遇。如每三个儿童有一个保姆，五个幼稚生有一个教员。每天有白面、白米及代乳粉和牛羊奶等较好滋养料的供给，住的房屋亦较舒适，儿童文化、卫生设备亦已稍得具备，对于幼稚生进行抗日救国教育，这于培养民族优秀后代是有极大贡献的"。[①] 由此可见，陕甘宁边区政府对儿童保育有比较系统的规划和举措，能确保"儿童万岁"理念的落实，使儿童保育工作成为边区政府工作中不可或缺的重要组成部分。

徐特立以革命家和教育家的双重眼光看待保育院的事业。"保证儿童身心平均发育"就是确保儿童身体和心理都得到发展，不能偏废。这是现代教育的基本目标，也是年青一代发展的基本方向。"保证儿童身心平均发育"既是徐特立提出的对革命事业接班人的要求，对儿童发展成长的希冀，也是对保育院工作人员提出的要求，就是要在确保儿童身体健

---

① 中国学前教育史编写组. 中国学前教育史资料选[M]. 北京：人民教育出版社，1989：381-395.

康发展的同时，促进儿童在认知、社会性、品德等方面的全面发展。徐特立在《对于边区儿童的我见》(《新中华报》1941年4月13日)一文中指出，"我们的儿童是新民主主义革命的参加者，将来是社会主义建设的主人翁"，"因此我们对于儿童的希望，不能满足于现有状态，尤其不应该满足于封建残余的儿童生活"，"今日的儿童转眼即青年，稍不注意就难补救了。我以为保育工作和儿童教育工作，应该进行科学研究，应分配有经验的、有学识的、有能力的干部去领导这一工作"。[①]

陕甘宁边区儿童保育院成立后，《新中华报》(1938年10月5日)发表社论《保育我们后代的战士》指出，"边区保育院不仅担负着收容边区内受难儿童的伟大任务，而且在真正地培养与教育我们的后代，使他们在将来大规模地建设新中国时，成为可靠的生力军"，"保教儿童工作，是我们今天极重要工作之一，谁忽视了这一工作的重要性，谁就是等于对抗战建国的怠工。我们好好地来教养我们的后代"。这篇社论对边区保育工作的重要性和价值做了充分的论述。[②]

值得关注的是，陕甘宁边区政府还根据中国共产党中央的精神，制定了一系列促进儿童保育工作的政策和措施，为战时保育工作奠定了良好的政策基础。如《陕甘宁边区政府关于保育儿童的决定》(1941年1月施行)规定，"建立管理(保育行政)组织，在X区民政厅设保育科，各县市政府第一科内，添设保育科员一人，区乡政府内，添设保育员一人"，并强调"关于婴儿的保育：一、婴儿在周岁前，应由生母养育，因工作及其他特殊情形者例外，周岁以前之婴儿无论由母亲养育或雇人养育，每人每月均发保育费十元，周岁以后婴儿，领取半成年的伙食粮费，并发给保育费五元"；"关于托儿所之建立，以各机关团体学校有婴儿五人以上者，应设立托儿所；五人以下者，可和数单位共设托儿所；不足

[①②] 中国学前教育史编写组.中国学前教育史资料选[M].北京：人民教育出版社，1989：370-395.

五人又无单位合设者，得设立窑洞安置婴儿，由婴儿母亲轮流照顾"。[①]由此可见，边区政府对儿童的保育教育和发展非常关注，有非常具体的政策和举措，以确保儿童的健康成长。此外，还有《陕甘宁边区政府民政厅训令》（1941年4月）、《陕甘宁边区民政厅关于二届边区参议会有关保育儿童问题之各项规定》（1942年2月9日）等。这些政策和措施是对毛泽东"儿童万岁"和"好好的保育儿童"等主张的具体落实，是全民关注儿童和保育儿童的动员令和强大政策支撑。

总体上看，延安时期，中国共产党主要领导人已经具备了科学的现代儿童观，充分认识到了儿童对于革命事业和未来社会的重要影响，对儿童及其保育教育非常关心，充满了对儿童的关爱，努力为儿童的健康成长创造良好的条件，真正做到了儿童优先。中国共产党主要领导人充分重视儿童的地位和作用，充分重视儿童全面发展，并带领干部和保育院的工作人员一起为儿童的健康成长而不懈努力。这是对中国共产党人儿童观的系统表述，是中国共产党对儿童保教事业的基本态度和立场。这也是我们今天学前教育价值观的重要源头，是中国特色社会主义学前教育事业发展的重要理论与实践基础。

当前，我们正在努力建设公益、普惠、安全、优质的学前教育公共服务体系，需要全社会尤其是各级政府充分认识到儿童健康成长的重要意义，充分认同学前教育的重要价值，加大学前教育投入，不断完善学前教育管理体制机制，坚持以儿童为本、儿童优先，践行"儿童万岁"的精神，为儿童成长提供多方面的保障，真正促进儿童的全面、健康发展。

[①] 中国学前教育史编写组.中国学前教育史资料选[M].北京：人民教育出版社，1989：370-395.

从模仿借鉴到规范创新

——新中国成立 70 年来幼儿园课程的发展[①]

一、幼儿园课程概念的回归与内涵的流变

（一）幼儿园课程概念的回归

幼儿园教育的实践在我国已有 115 年的历史，虽然从一开始就无法逃避存在课程实践的事实，但在我国学前教育政策文献中，出现"幼儿（稚）园课程"一词的文件仅一个。被称为我国第一个学前教育法规的《奏定蒙养院及家庭教育法章程》中，虽揭示了幼儿园课程与小学课程的不同，如"蒙养院保育之法，在就儿童最易通晓的事情，最所喜好之事物，渐次启发涵养之，与初等小学之授以学科者迥异有别"，但对其所列的游戏、歌谣、谈话及手技等课程内容只是称为"条目"。被称为我国第一个幼儿园——湖北武昌蒙养院的《湖北幼稚园开办章程》（1904），规定了行仪、训话、幼稚园语、日语、手技、唱歌、游嬉等课程内容，称之为保育课目。就是 1920 年国民政府教育部修订的《国民学校令施行细则》中，只是提出蒙养园"保育之项目，为游戏、唱歌、谈话、手艺"，仍然未见课程一词。直到 1932 年 10 月公布、1936 年 7 月修正的国民政府教育部《幼稚园课程标准》中，才出现幼儿园课程一词，并明确提出了"课程范围"，涉及音乐、故事和儿歌、游戏、社会和常识、工作

[①] 本文原载于《南京师大学报（社会科学版）》2019 年 6 月，作者虞永平、张帅。

及静息，对每一项课程内容作了目标和内容的说明。有些内容相当细致和丰富，比如"工作"包括了沙箱装排、积木、画图、纸工、泥工及纸浆工、缝纫、木工、织工、园艺等，每一个小的项目又建议了很多的事项。解放区及新中国成立后的学前教育文件基本上没有使用幼儿园课程这个词汇。新中国成立后的1952年颁布的《幼儿园暂行规程草案》列出了体育、语言、认识环境、图画手工、音乐、计算等"幼儿园教养活动项目"。改革开放四十年来的中央政府关于学前教育的文件几乎没有提过"幼儿园课程"这个概念，但对幼儿园课程相关内容的规定和要求更加具体，更加明确。

学术和实践领域的文献中，幼儿园课程一词出现了一次反复。最初往往使用条目、项目、课目等词汇。1919年以后，陆续出现幼稚园课程这个词。这不能不说与庚子赔款赴美留学生回国有直接的关系。课程一词发端于英国，在英美是常用词，是英美教育体系中指称学习者在学校学习内容的词汇。我国的学前教育最初师法日本，日本在很大程度上学习德国。在19世纪末日本的学前教育体系里，课程不是热词和显词，因而即便把日语也带进了中国幼儿园，也没有带来"课程"这个术语。目前所见到的幼稚园课程一词出现在1920年《中华教育界》第十卷第五期上，薛中泰介绍了南京高等师范附属小学的幼儿园（即"杜威院"，杜威在1919年和1920年在该幼稚园成立前后分别去过两次）。在这篇文章中，明确使用了"课程"和"幼儿园课程"的概念，并明确地将课程与儿童的动作与经验联系起来。很显然是受到了杜威教育思想的影响。

陈鹤琴1919年从美国学成回国，并就职于南京高等师范学堂，他一开始研究儿童心理和家庭教育，1923年创办了南京鼓楼幼稚园，开展幼儿园教育的实践和研究，开始使用课程这个概念。起初，他将课程一词与功课这一概念相联系。如在《新教育》1924年第八卷第二期的《现今幼稚教育之弊病》一文中，他指出的弊病之一就是"功课太简单"，不外图书、玩沙、玩土（黏土）、折纸、团体游戏、唱歌、玩积木等几种。他认为儿童天天就是玩这几样东西，"所以对于课程一方面，我们应当设法极力扩充的"，①此后，他的著作和文章里不断出现幼儿园课程这个词。1926年与张宗麟合写的《一年来南京鼓楼幼稚园试验概况》一文中，就是在介绍鼓楼幼儿园课程的试验情况。在《幼稚教育》等著作中都有专章讨论幼儿园课程，对幼儿园课程的原则、组织、结构及实施等进行较为深入的研究。陈鹤琴也是国民政府教育部《幼稚园课程标准》的主要研制者，是我国现代学前教育理论的重要奠基者，更是学前教育课程理论的重要开拓者。

张雪门先生也是对幼儿园课程的研究和实践具有重要贡献的教育家，是我国幼儿园课程研究的重要奠基人。早在1917年，张雪门就担任宁波星荫幼儿园的园长，他对幼儿园课程是非常了解的。1926年北新书局出版了张雪门的《幼稚园的研究》论文集，其中就有专章讨论幼儿园课程，探讨了幼儿园课程的设计、实施等问题，还提供了一些实践案例。而且，张雪门很关注国内外对幼儿园课程的研究，经常阅读美国的相关文献，并与美国的教育界有学术上的联系。"前一星期接到从美国寄来的American Childhood，又见到了一份幼儿园课程组织提要。"②我们可以清楚地看到，他一直在关注美国幼儿园课程研究的进展，熟知美国的话语体系，他的课程概念就来自对美国文献的学习和借鉴。他对课程做出了明确的定义，认为课程就是经验：是人类的经验，用最经济的手段，按有组织的调制，用各种的方法，以引起孩子的反应和活动。幼稚园的课程是什么？就是给三足岁到六足岁的孩子能够做而且喜欢做的经验的准备。③应该说这也是深受杜威教育思想影响的。

从20世纪20年代开始，幼儿园课程这个词在学术界和实践领域频繁出现，成为一个重要的词，形成了一个重要的学术领域和实践领域。

---

① 陈鹤琴.陈鹤琴全集（第二卷）[M].南京：江苏教育出版社，2008：2.
② 戴自俺.张雪门幼儿教育文集[M].北京：北京少年儿童出版社，1994：23.
③ 戴自俺.张雪门幼儿教育文集[M].北京：北京少年儿童出版社，1994：24.

1949年前，学前教育的实验大多围绕幼儿园课程而展开。新中国成立之后，尤其是20世纪50年代，广泛学习苏联的学前教育模式，采用教学的系统概念指称幼儿学习的内容体系，无论是政府文件还是学术界和实践领域不再使用课程这个术语。

20世纪80年代，随着改革开放的不断深入，尤其是伴随着幼儿园课程的改革，在我国学术界和实践领域开始再次使用幼儿园课程一词。1982年南京师范大学赵寄石和唐淑两位教授在题为"挖掘幼儿智力潜力 促进幼儿智力发展——幼儿园课程研究三年小结"一文中重提"课程"一词，"课程"又回归了大众视野。高校开始开设"幼儿园课程"或"学前课程论"这类课程，开始招收幼儿园课程研究方向的研究生。幼儿园课程这个术语的复归，是幼儿园教育改革开放的多元化表现，也是整个学前教育充满活力和生机的表现。赵寄石和唐淑教授主持的全国幼儿园课程改革年度研讨会对幼儿园课程改革实践和理论研究起到了重要的推动作用。可以说，20世纪80年代以来，幼儿园课程改革一直是学前教育改革的重点，课程教学领域的学术论文在整个学术论文中的占比一直是较高的。

值得关注的是，新中国成立以来，国家的政策文件很少使用过幼儿园课程这个词。即便是改革开放以来以课程和教学为主要内容或涉及课程与教学的《规程》《纲要》以及《指南》都无一例外地没有使用"幼儿园课程"。与此同时，各级地方政府出台的政策和文件却经常使用幼儿园课程这个术语，提倡幼儿园课程改革。一些省市甚至出台了以"幼儿园课程"为核心内容的文件。如上海市的幼儿园课程改革和江苏省的幼儿园课程游戏化等文件。

（二）幼儿园课程内涵的流变

与课程的概念一样，幼儿园课程的内涵也随着不同的时期、不同的理念变化和发展着。每一种界定背后都体现出鲜明的时代特征和特有的价值取向。新中国成立以来，幼儿园课程的内涵经历了从分科到综合、从结果到过程、从知识到经验、从静态到动态等变化过程。

1949年12月，教育部召开了第一次全国教育工作会议，提出了"以老解放区新教育经验为基础，吸收旧教育有用经验，借助苏联经验，建设新民主主义教育"的指导方针。① 在"以俄为师"思想的指导下，学前教育也开启了全面学习苏联理论和实践经验的新历程。苏联的幼儿园课程是典型的学科课程，它是"以系统化知识及相关技能的传授为主要目的，以适合儿童思维的可能性为基本前提的一种教育组织方案，其主要形式是'作业'，核心是知识系统化，意即深入评定每种知识，弄清知识间的联系，组织有明确的系统"。② 20世纪五六十年代至80年代初，代替"课程"这一概念的是具有苏联教育特色的"教学大纲""作业"，苏联的教学话语体系占据了主流。尽管不再使用"课程"一词，但幼儿园课程的实质内涵并未改变。幼儿园课程被看作是幼儿园所开设的各门科目。1952年3月《幼儿园暂行规程草案》（以下简称《暂行规程草案》）以及同年7月《幼儿园暂行教学纲要（草案）》[以下简称《暂行纲要（草案）》]的颁布更加明确了幼儿园通过作业进行系统分科教学的思想。这一时期，幼儿园课程即为各门科目及其进程安排的总和，注重各门科目的系统教学，强调系统知识的授受，关注教材教法的研究。

改革开放的到来，学前教育进入了恢复与改革的发展新阶段。20世纪80年代后，对幼儿园课程的理解开始采用广义和狭义之分，幼儿园课程"广义指所有学科，狭义指一门学科。中国幼儿园现行的课程设置包括体育、语言、常识、计算、音乐、美术六门"。③ 幼儿园课程没有突破学科界定的范围，仍以学科为基础，但随着不断地发展其内涵得到了逐步

---

① 中国教育年鉴编辑部.中国教育年鉴（1949—1981）[M].北京：中国大百科全书出版社，1984：684-685.
② 虞永平.学前教育学[M].苏州：苏州大学出版社，2001：209.
③ 李沐明.幼儿教育词典[M].哈尔滨：黑龙江科学技术出版社，1987：85.

的充实与完善。20世纪80年代初"幼儿园课程"的含义是指"每门科目本身的教材结构、教学规律和各门科目之间的相互关系，是反映幼儿园某一科目的教育、教学客观规律的总体结构，或是反映幼儿园整体教育客观规律的总体结构"，"幼儿园课程的含义已由单科的教材教法向学前教育整体发展，由强调单科的教材结构、教学规律向强调学前教育的整体结构转移，由着重幼儿园教育各部分本身的教育作用发展为着重各部分之间的相互关系、相互作用，以提高整体教育效益"。[1] 到了80年代末，幼教工作者越来越认识到以学科界定幼儿园课程的局限性，开始由学科视野转向"教育活动"视野，如认为幼儿园课程"广义是指为实现幼儿园教育目标而组织安排的全部教育活动，或指规定的全部教学科目及其目的、内容、范围和进程的总和"。[2] 这种界定尽管未完全摆脱幼儿园课程即科目的观念，但已不再视幼儿园课程为狭隘的教学科目。

20世纪90年代以来，随着幼儿园课程改革的不断深入发展，幼教工作者在总结理论与实践经验的基础上，对幼儿园课程的理解呈现出多样化。总的来看，对幼儿园课程的界定主要存在三种倾向：学科倾向、活动倾向、经验倾向。学科倾向的界定主要是将课程内容以各类科目的形式加以组织与安排，如卢乐山教授一方面将幼儿园课程看作是幼儿园的整体教育，另一方面也指出幼儿园课程是某一科目教学的教学内容、教学过程及实践安排等。活动倾向的界定旨在凸显活动对于幼儿的重要性，对幼儿园课程持活动倾向的代表学者是冯晓霞教授，她认为幼儿园课程是幼儿在幼儿园教育环境中进行的，旨在促进其身心全面和谐发展的各种活动的总和。经验倾向的界定是为了强调幼儿在课程中要有新经验的获得，以虞永平教授的观点为代表，他认为幼儿园课程从幼儿身心发展的特点和特定的社会文化背景出发，有目的地选择、组织和提供综合性

---

[1] 赵寄石.赵寄石学前教育论稿[M].南京：南京师范大学出版社，2001：337-338.
[2] 祝士媛，唐淑.幼儿教育百科辞典[M].上海：上海教育出版社，1989：49.

的、有益的经验。此外，赵寄石先生也曾指出，要用整体的观点、联系的视角来看待幼儿园课程，看待幼儿某一发展领域的教育或学前教育机构的保育和教育，其核心思想是揭示教育的总体结构、内在联系、各部分之间的相互作用及整体功能。

这一时期幼儿园课程的"经验说""活动说""经验—活动说"开始逐渐取代"科目说"而占据主导地位。在20世纪90年代末，有学者主张可以从三个层次来理解幼儿园的课程：1.幼儿必须通过活动，才能获得经验，学前期应以获得直接经验为主。从这个层面来看，幼儿园课程是幼儿园进行的各种活动的总和。2.幼儿习得的经验应是经过精选的有价值的经验，而不是零散、杂乱的自然经验。从这个层面上来看，幼儿园课程是有目的、有计划、有组织的学习经验。3.教育、教学方案必须经过实施才能产生教育效应。从这个层面上来看，幼儿园课程是由教育目标、教育内容、教育组织和教育评价组成的系统工程，并始终处于持续展开的过程之中。[1]

通过对幼儿园课程概念的梳理，可以看出学前教育领域对幼儿园课程实质的认识，经历了从"学科"到"经验"；从重视"教育者"到重视"学习者"的转变。[2]20世纪五六十年代，人们将课程理解为学科和静态的知识。到了20世纪80年代，人们扩大了课程范围，逐渐将课程理解为动态的活动，一切能够促进幼儿发展的活动都纳入课程的范围。20世纪90年代后，人们对幼儿园课程的特性基本取得了共识，认识到幼儿园课程的特殊性和不可替代性：幼儿园课程目标具有全面性和启蒙性，课程内容具有生活性和浅显性，课程结构具有整体性和综合性，课程实施具有活动性和经验性。[3]总的来说，自新中国成立以来我国学者对幼儿园课程认识的变化主要有以下几种：幼儿园课程重心的转变，课程由"学

---

[1] 唐淑.幼儿园课程实施指导丛书·总论[M].南京：南京师范大学出版社，1997：3.
[2][3] 虞永平.幼儿教育观新论[M].北京：人民教育出版社，2006：117.

科"到"经验"的变化,实质上是课程由重物到重人的转变,将课程指向儿童的整体发展;幼儿园课程本质观由静态走向动态,从把课程理解为学科,理解为静态的知识、内容到把课程理解为动态的活动,儿童的学习活动,幼儿园所有活动的总和;确立了以促进儿童身心和谐发展为目的的价值取向;幼儿园课程的涵盖性有所增强。①

二、幼儿园课程的改革与发展

(一) 20世纪五六十年代:对苏联学前教学的模仿、借鉴和偏离

新中国成立初期,教育部于1949年12月召开了第一次全国教育工作会议,根据会议精神,幼儿教育既采用老解放区托幼组织的课程经验又吸收了陈鹤琴活教育的思想,至1951年,幼儿园课程基本沿袭了旧中国幼儿园的课程设置。随着抗美援朝运动的影响,教育领域开展了对杜威实用主义教育理论和儿童中心主义的批判,并由此也引起了对陈鹤琴活教育理论的批判。1952年起,全国范围内掀起了全面学习苏联的热潮。在学前教育领域,开启了全面仿苏的学前教育改革之路。苏联学前教学中对系统知识的强调、儿童全面发展的主张、游戏和作业等多种形式的凸显、教养员主导作用的发挥等方面的特征对我国学前教育的变革产生了重要影响。我国20世纪五六十年代学前教育的教学内容、组织形式等均体现出苏联学前教学理论的影子。

首先,以促进儿童的全面发展作为学前教育改革的指导思想。苏联在学前教学理论方面倡导对全体儿童实施全面发展的教育,在其1953年颁布的《幼儿园教养员工作指南》中指出:"幼儿园的主要任务是对学前儿童进行全面发展的教育。培养他们成为体魄健壮、生气蓬勃、愉快活泼、并具有共产主义道德品质的人。幼儿园扩展儿童的眼界,根据儿童

---

① 王春燕,王秀萍,秦元东.幼儿园课程论[M].北京:新时代出版社,2005:13-14.

的年龄特征，传授给他们容易接受的知识和技能，发展他们的思维和语言，并做好他们进入小学的准备工作。"[1] 这一思想影响着我国学前教育变革。50 年代，我国学前教育变革的目的性较为明确，即对儿童进行全面发展的教育。"幼儿教育的目的，在使幼儿能有初步的体、智、德、美四育的全面发展，为升入小学打下良好的基础，以准备他们在将来能成为全面发展的祖国的建设者和保卫者。"[2] 在当时颁布的各类文件中无不反映出全面教育的思想。诸如在《暂行纲要（草案）》中指出教养活动的总任务是"在有目的、有系统、有组织地对幼儿顺次传达知识，发展他们的体力、智力；并培养优良品德和习惯，打好准备升入小学的一切基础"。[3] 德智体美各方面知识的传授成为幼儿园主要的教育任务，通过设置相应的教学内容，以体育、算术、音乐等作业教学来实现全面发展的目标。

其次，仿照苏联学前教学体系确立了学科课程与分科教学。随着全面学习苏联浪潮的掀起，在学前教育领域，全盘否定了陈鹤琴的活教育理论和单元课程，新的教学模式亟待确立。建立在教育学、心理学基础上的苏联分科教学模式被引入我国，成为我国学前教育领域很长一段时间内的主导模式。苏联学前教育十分强调知识的系统性，认为儿童知识系统化不仅是可能的而且是有价值的，指出要"保证使每个儿童在全班都必须上的作业课上有可能掌握最复杂的和具有一定系统的教材，而这种教材又是为体、智、德、美等方面的全面发展，为形成学习活动的前提所必需的"。[4] 因此，苏联学前教育在教学中注重按照儿童年龄阶段的不同顺次分配和编排教学内容，形成各自的体系。如体育包括文明卫生习惯、走跑跳等各项基本动作、各部肌肉练习等；计算包括区别物体数量、

---

[1] 苏联俄罗斯联邦教育部学前教育司.幼儿园教养员工作指南[M].金世柏，等译.北京：人民教育出版社，1955：5.
[2] 黄人颂.幼儿园教育理论与实践[M].南京：江苏教育出版社，1954：2.
[3] 中国学前教育研究会.中华人民共和国幼儿教育重要文献汇编[M].北京：北京师范大学出版社，1999：565.
[4] A.B.查包洛塞兹，等.学前教育学原理[M].李子卓，等译，北京：人民教育出版社，1984：9.

点数、10以内加减运算等。教养员对每项作业制订系统的教学计划，按照教学大纲和计划分科进行教学。在苏联幼教专家戈琳娜等的指导下，我国教育部于1952年3月颁布的《暂行规程草案》从体、智、德、美全面发展的角度规定了幼儿园教养工作的目标，并将幼儿园教养活动分为了体育、语言、认识环境、图画手工、音乐、计算。这与苏联《幼儿园教养员工作指南》中所规定的教养内容：体育、游戏、本族语和认识环境、计算、音乐以及图画、泥工、剪贴、设计制作等具有一致性。各项教养活动的内容按照不同领域的知识逻辑体系进行组织，并形成各自完整的体系。同年7月颁布的《暂行教学纲要（草案）》按照幼儿的年龄特点从教学目标、教学大纲、教学要点和设备四方面对儿童所需掌握的六项教养活动的知识进行了系统的编排与详细的规定。两个文件的颁布与实施，明确了学前教育的目的性、计划性，确立了幼儿园实行学科课程和系统分科教学的思想。在模仿和借鉴苏联学前教学体系的基础上，我国学前教育初步确立了幼儿园教育教学的目标和内容体系，形成了统一的教学大纲。但在实践过程中，由于对两个文件存在"理解的不同和缺乏必要的学习、领会课程精神的环节，教学效果不甚理想"。[1]因此，1956年教育部委托北京师范大学学前教育研究室起草了《幼儿园教育工作指南（初稿）》[以下简称《指南（初稿）》]并于1957年颁布，更加具体明确地阐释了幼儿教育理论与实践工作的要点，以指导幼儿园的教学工作。《指南（初稿）》中将幼儿园课程分为了体育、游戏、认识环境和发展语言、计算、音乐、美术六方面。各科分别进行，通过游戏和作业来实现幼儿园全部的教育任务。

再次，形成了以作业与游戏为主的教学形式。苏联学前教育教学的一个重要原则就是通过各种活动——游戏、劳动、作业、日常生活等多种形式来促进儿童的全面发展。各种活动之间彼此交织、相互作用。苏

---

[1] 杜成宪，丁钢. 20世纪中国教育的现代化研究[M]. 上海：上海教育出版社，2004：22.

联学前教学中关注游戏对儿童全面发展的价值。受苏联教学理论的影响，在我国五六十年代的学前教育中也十分重视游戏，尤其是教学游戏的重要作用。戈林娜指出："教学游戏对幼儿的教育具有特殊的专门性质，它的特点在于培养新的知识、技能和熟练技巧。"[①] 教学游戏作为教学的手段，将系统的知识融于各种游戏活动中，让儿童在直接感知的过程中，获得教学所需掌握的知识。1957年，教育部颁布的《指南（初稿）》，在关于幼儿园教育工作的手段相关阐述中指出："幼儿园的全部教育任务是通过各种活动实现的……在正确的教育下三至七岁幼儿的主导活动是游戏。"[②] 体现出了游戏在幼儿园教学中的重要地位，游戏成为作业教学的一种手段。同时，与苏联学前教学中对游戏的划分一样，当时我国幼儿园的游戏也划分为了创造性游戏、活动性游戏、教学游戏。此外，在苏联学前教学中，游戏与劳动、作业等其他各种活动是密不可分的。"文艺作品朗读、背诗篇、看儿童影片、唱歌、听音乐、有音乐伴奏的游戏和跳舞等艺术教育手段，在作业中占着重大的地位。"[③] 苏联的作业教学和知识系统化思想也反映在了我国五六十年代的学前教育变革中。《指南（初稿）》中指出："在幼儿园完成教育任务的另一种活动是作业。通过作业教师有计划地按照本书各科内容的要求和顺序，在一定时间内向全班儿童传授基本知识并培养简单的技能技巧。"[④] 借鉴苏联的教学大纲对各个年龄阶段幼儿作业的次数和时间进行了规定，作业成为有组织的教学形式。幼儿园教师是知识的掌握者，在作业教学中起着决定性作用。在幼儿园的作业教学中，教师根据教学内容和教学任务的不同采用不同的

---

① 戈林娜. 苏联幼儿教育讲座[M]. 于曦，译. 北京：人民教育出版社，1953：37、57.
② 中国学前教育研究会. 中华人民共和国幼儿教育重要文献汇编[M]. 北京：北京师范大学出版社，1999：641.
③ 凯洛夫，等. 苏联的国民教育[M]. 人民教育出版社教育编辑室，等译. 北京：人民教育出版社，1958：61.
④ 中国学前教育研究会. 中华人民共和国幼儿教育重要文献汇编[M]. 北京：北京师范大学出版社，1999：642.

作业——以传授新知识为主要内容的作业；巩固知识和技巧的复习作业和练习作业；儿童独立运用以前获得的知识和技能的作业等，来选择多样化的教学方法组织活动。幼儿园教学在强调教师主导的同时，还强调幼儿积极性、主动性的发挥，但由于教师理解的偏差，幼儿的主体地位并未被凸显。以教师为主导的作业教学成为这一时期我国学前教育的显著特征。

20世纪五六十年代，我国幼儿园基本上就只有分科课程这一种课程模式。因此，这一时期的幼儿园课程改革主要围绕幼儿园各学科课程的研究展开。1960年以后，教育界展开了对苏联修正主义的批判，幼教工作者开始了本土化幼儿园课程的实践探索，编订了一系列幼儿园分科教材，奠定了分科教学的理论基础。如南京师范大学教育系学前教育研究室1960年编的幼儿园五科教材，江苏省教育厅1960年编写的幼儿园教材，北京市教育局幼儿教育研究室1957年编的《北京街道幼儿园教养员学习材料》等，这些教材的编订是在充分研究儿童心理发展的年龄特点与规律的基础上进行的，主要涉及幼儿园的体育、语言（包括认识环境）、美术、音乐、计算等科目。[1]这一时期我国幼儿园课程具有了统一的教学标准和教学大纲，初步形成了系统的幼儿园教育教学目标与内容体系，确立了学科课程和分科教学的模式，促进了幼儿园课程的规范化发展。但是，由于没有很好地结合当时的中国国情，全盘否定陈鹤琴活教育理论，而又未能准确把握苏联理论，照搬照抄苏联模式，在苏联专家离开中国后，幼儿园课程的发展偏离了苏联轨道，造成了幼儿园课程模式单一。

---

[1] 王春燕. 中国学前课程百年发展与变革的历史研究[M]. 北京：教育科学出版社，2004：108.

（二）20 世纪七八十年代：恢复与改革期

20 世纪 70 年代末 80 年代初，我国教育正处于全面恢复、走向正常化发展时期。为了恢复因"文化大革命"而遭受破坏的幼儿园教育教学秩序，1979 年教育部颁布了《城市幼儿园工作条例（试行草案）》（以下简称《工作条例》）重新强调幼儿体、智、德、美的全面发展，并规定幼儿园必须贯彻保教结合的原则，着重幼儿的体育锻炼，开展游戏和作业。《工作条例》规定幼儿园设置语言、常识（日常生活中幼儿可理解的、粗浅的自然科学常识）、计算、音乐、美术、体育等科作业，将《指南（初稿）》中所规定的认识环境和发展语言一科分开设置为语言、常识两科。接着，在继承和重新修订 1952 年《暂行纲要（草案）》的基础上，教育部于 1981 年颁布了《幼儿园教育纲要（试行草案）》[以下简称《纲要（试行草案）》]。《纲要（试行草案）》中一方面将"教学"改为"教育"，力图改变将教学视为幼儿园课程理论与实践全部内容的片面观点，但是将"作业"改为"上课"却无形中加重了"上课"的倾向；另一方面，将幼儿园教育内容由原来的六方面拓展为生活卫生习惯、体育活动、思想品德、语言、常识、计算、音乐、美术等 8 方面，并强调通过游戏、体育活动、上课、观察、劳动、娱乐和日常生活等各种活动来完成教育任务。根据此纲要，"教育部 1981 年委托上海市教育局幼儿园教材编写组及有关专业人员编写幼儿园教材 7 种（体育、语言、常识、美术、计算、音乐、游戏）9 册，并提出教材编写工作要遵循思想性、科学性、趣味性、稳定性等原则"。[1] 教材经审议和修改后于 1982 年由人民教育出版社出版，并由上海教育出版社出版了配套挂图，这是新中国成立以来第一次全国统编幼儿园教材。[2] 新的课程大纲的制定、幼儿教育教材的编写

---

[1] 中国教育年鉴编辑部.中国教育年鉴 1949—1981[M].北京：中国大百科全书出版社，1984：118.

[2] 王萍.幼儿园课程实施的个案研究[M].长春：东北师范大学出版社，2012：43.

促进了幼儿园教育的恢复与发展。这一时期的幼儿园课程依然是苏联分科课程模式的延续，对当时恢复"文化大革命"动乱所带来的破坏具有很大价值，且总体上体现了儿童身心发展规律和学习特点。但课程模式单一，分科教学中存在的各科之间缺乏联系等弊端也逐渐开始暴露，普遍出现"重智育轻德育、体育，重教师教轻学生学，重上课轻游戏"等倾向，[①]幼儿园课程的多样化发展成为需求，课程改革迫在眉睫。

随着改革开放的到来，西方先进的儿童心理研究及教育理论，如皮亚杰的儿童认知发展理论、人类发展生态学理论、系统论等引入我国，传统的教育观念受到了新理论的冲击，幼教界掀起了以幼儿园课程领域为核心的新一轮改革浪潮。幼教工作者根据美国课程专家泰勒的目标模式编制课程，进行课程改革的实验研究，从而把课程编制的目标模式引入了中国幼儿园课程领域。与此同时，陈鹤琴、陶行知等人的课程思想也重新得到了重视和研究。

1983年起，南京师范大学和南京市实验幼儿园合作，率先开展"幼儿园综合教育结构的探讨"的教育试验。1984年，中央教科所与北京市第五幼儿园和崇文区（现东城区）第二幼儿园进行以常识教育为中心的"幼儿园综合教育"的实验。这两项试验开创了80年代幼儿园整体改革的先河，[②]打破了分科课程模式一统天下的局面。1985年，全国幼教研究会第二届理事会成立了"幼儿园课程结构改革"课题组，推进了幼儿园课程改革的进程、广度、深度，使课程改革具有了普遍性和整体性。综合教育课程、整体教育课程、主题教育课程、活动教育课程和发展能力课程等在全国各地迅速展开，形成了多种课程形式并存的格局，并呈现了这样一种发展趋势：从单科课程的实验扩展到整体课程的实验；从城市扩展到农村，不仅研究正规幼儿园的课程，也开始研究各种非正规幼

---

① 唐淑.幼儿园课程基本理论和整体改革[M].南京：南京师范大学出版社，1998：151.

② 中国学前教育研究会.继往开来共创辉煌：全国幼儿教育第五届学术研讨会文选（上册）[M].北京：北京师范大学出版社，1995：230.

教机构的课程；不仅关注探索正常儿童的课程，也开始关注、探索非正常幼儿的课程。[1]如上海市长宁区开展的"幼儿园综合性主题教育"实验（1985）、天津的"系列主题综合教育活动"（1986）、南京的活动教育课程实验（1987）、黑龙江省的"幼儿园综合性主题教育"（1988）、南京师范大学的"农村学前一年综合教育课程研究"（1988）、福州台江实验幼儿园的"幼儿园分组教育活动"、合肥市宿州路幼儿园的"整体课程改革"和东北师范大学的"幼儿园整体优化课程"研究（1988）等。20世纪80年代所进行的这些幼儿园课程实验在理念上表现出非常高的一致性：课程目标上，追求个性的全面发展和自我实现，强调能力的发展，注重幼儿情感性、操作性和创造性能力；课程内容上强调儿童的兴趣、经验；课程实施过程上，强调教师与儿童合作以及活动形式；课程组织结构上，强调整体性、综合性等。[2]

在幼教工作者开展课程改革实验的基础上，1989年国家教委制定并颁布了《幼儿园工作规程（试行）》[以下简称《规程（试行）》]。《规程（试行）》中虽然没有提到幼儿园课程，但其传达的精神可以看出只要能够促进幼儿身心发展的一切活动都可以看作是幼儿园课程。《规程（试行）》指出幼儿园体、智、德、美的教育要"互相渗透、有机结合"，"合理地组织各方面的教育内容，并渗透于幼儿一日生活的各项活动中"，活动的开展要"遵循幼儿身心发展的规律，符合幼儿的年龄特点，注意个体差异，因人施教"，"创设与教育相适应的良好环境，为幼儿提供活动和表现能力的机会与条件"。《规程（试行）》强调儿童的主体地位、注重游戏的价值、关注儿童活动的过程，阐述了新的儿童观、教育观、教师观，突破了苏联分科课程模式，倡导幼儿园课程模式的多样化，为幼儿园课程改革的深入发展提供了指导思想。《规程（试行）》对儿童的活动

---

[1] 唐淑.幼儿园课程基本理论和整体改革[M].南京：南京师范大学出版社，1998：155.
[2] 刘小红.中国百年幼儿园课程的价值审思：基于课程文本的分析[M].重庆：西南师范大学出版社，2015：136.

提出了深入具体的要求，系统地出现了主动活动、充分活动、自主活动、集体活动和个别活动、自由活动等一系列相关的概念，强化了活动是儿童学习的主要方式，活动是经验产生的根本原因。同时，强调教师观念的转化，要将儿童观、教育观转化为教师实践，从而进一步转化为儿童的发展。这是一个从教育理论到实践，以实践促进儿童发展的过程。①因此，幼儿园课程也就从注重统一性向着注重多元化、自主性方向发展。

（三）20世纪90年代后至20世纪末：规范和创新发展期

1990年第三届理事会上将"幼儿园课程结构改革"改称为"幼儿园教育整体改革"，标志着1990年代课程改革将进入一个新的阶段。1990年代前期的幼儿园课程改革主要是在贯彻落实《规程（试行）》的过程中进行的。《规程（试行）》经历了六年的试行后，对其部分条文做了修改，其基本精神未变，国家教委于1996年正式颁发《幼儿园工作规程》。将上述《规程（试行）》的十章六十条增至十章六十二条，具体修改之处有：第一，改变了试行版中"幼儿园是学校教育的预备阶段"的提法，明确"幼儿园是基础教育的有机组成部分，是学校教育制度的基础阶段"，更强调其基础教育的属性。第二，论述幼儿园双重任务的提法改为"为家长参加工作、学习提供便利条件"。第三，在总则中增加"尊重、爱护幼儿，严禁虐待、歧视、体罚和变相体罚、侮辱幼儿人格等损害幼儿身心健康的行为"，并列在总则中。第四，在培养目标中增加培养"求知欲望"；将"不怕困难"改为"克服困难"；并将萌发幼儿初步的感受美和表现美的"情趣"改为"能力"，使之更符合培育幼儿的需求。第五，第八章原为"幼儿园与幼儿家庭"改为"幼儿园、家庭和社区"，其中新增一条与社区相联系的内容，形成三方共育的环境。②《规程》中更

---

① 阎水金. 学前教育学 [M]. 上海：上海教育出版社，1998：135-136.
② 何晓夏. 简明中国学前教育史 [M]. 3版. 北京：北京师范大学出版社，2015：366.

加凸显了幼儿园的教育主体属性,确定了幼儿园在国民教育中的基础性地位;同时,不再使用"上课"等字眼,取而代之的是"活动""引导",体现了课程观的转变。

1990年代中后期幼儿园课程更加注重课程内容的整合以及幼儿作为主体对活动的参与。幼儿园课程改革实践的典范有上海市静安区南京西路幼儿园开展的"幼儿园游戏课程研究"(1992)、江苏省无锡市吴顽琛等人开展的幼儿园"生活、学习、做人"课程的研究(1994)、上海宝山区仇佩英等人开展了"幼儿园情感课程研究"(1995)等。此外,1994年人民教育出版社出版了以《幼儿园教育活动》为名的幼儿园教师指导用书。这套课程指导用书是我国第一次以"领域"划分和组织幼儿园课程,把学前教育分为健康、社会、语言、科学、艺术五大领域。[①]1996年,由赵寄石主编、南京师范大学出版社出版的《幼儿园课程指导丛书》同样以五大领域来划分课程。由"领域"代替"分科"的课程模式渐露端倪。

这一时期幼儿园课程改革与发展主要表现出如下特点:1.改革的参与者范围扩大,课程研究百花齐放的局面初步形成。2.改革向全面性和整体性方面发展。3.改革力度增大,不断深入教育实质;理论研究和实践探索相结合,产生了崭新的教育思想。4.课程以"教育活动"为基本组织形式,强调活动在幼儿发展中的作用,并把游戏确定为幼儿园的基本活动。5.努力更新教育目标,优化教育内容。6.潜在课程被引入幼教领域,并受到广泛重视。[②]

(四)21世纪以来:新时期新发展

进入21世纪以来,在总结以往幼儿园课程改革经验和吸收国外优秀的教育教学思想和课程研究成果的基础上,教育部于2001年颁发了《幼

---

① 袁爱玲.当代学前课程发展[M].广州:广东高等教育出版社,2007:193.
② 石筠弢.90年代我国幼儿园课程改革和发展的特点[J].幼儿教育,1998(10):6-8.

儿园教育指导纲要（试行）》，标志着我国学前教育改革迈进了一个新的阶段。新《纲要》由总则、教育内容与要求、组织实施、教育评价四部分组成。在教育内容与要求部分中指出"幼儿园的教育内容是全面的、启蒙性的，要从不同的角度促进幼儿情感、态度、能力、知识、技能等方面的发展"，"要避免仅仅重视表现技能或艺术活动的结果，而忽视幼儿在活动过程中的情感体验和态度的倾向"。在教育评价部分，新《纲要》再次强调"尤其要避免只重知识和技能，忽视情感、社会性和实际能力的倾向"。教育内容的选择要"贴近幼儿的生活"，"选择幼儿感兴趣的事物和问题"等，体现了"以幼儿发展为本"的思想。与20世纪80年代颁布的《纲要（试行草案）》相比，一方面，新《纲要》将原来的生活卫生习惯、体育活动、思想品德、语言、常识、计算、音乐、美术八个方面的内容融合为健康、语言、社会、科学和艺术五大领域，各领域的内容相互渗透。另一方面，不再按照年龄阶段具体规定相应的发展目标、教育内容与要求，而是对幼儿五大领域的发展提出概括性的目标和指导要点。此外，"指导""引导""帮助"等字眼，体现出既尊重幼儿主体地位，又发挥教师主导作用的儿童观、教师观、教育观。新《纲要》颁布后，全国各地掀起了学习纲要精神的高潮，课程改革实践在全国范围内展开，幼儿园课程改革进入多元化发展的新阶段。以南京实验幼儿园"综合教育课程"、梅花山庄幼儿园"民间艺术教育课程"、浙江安吉"安吉游戏课程"等为代表的"园本课程"、南京市太平巷幼儿园的"田野课程"、以深圳市翠园幼儿园"主题探究活动课程的开发与实践"为代表的"主题探究活动课程"、学前创造教育课程、渗透式领域课程等都是21世纪初中国化、科学化的本土幼儿园课程实践。这些课程实践都体现出了关注幼儿的经验、兴趣及需要，尊重幼儿发展的主体性，关注课程情境的动态变化，注重不同领域的融合等特点。

　　为了规范幼儿园保教工作，贯彻落实《意见》和《纲要》精神，国家出台"防止和纠正幼儿园教育'小学化'现象"的相关政策，其重点在于去除幼儿园课程"小学化"。在政策的引领下，各地区展开了对幼儿园"小学化"倾向的专项治理工作。随着新《纲要》实施得越来越深入，幼教工作者和家长需要更为细化、更具指导性的文件来指导教育工作和育儿工作。由此，我国教育部于2012年9月颁布了《指南》，《指南》中对五大领域的细化目标做了清晰的描述，指明了不同年龄阶段的学前教育目标，并结合细化的目标举例说明了指导策略，为新时期幼教改革的开展提供了政策上的支持。《指南》的颁布在我国学前教育领域具有里程碑式的意义。《指南》从最直接的意义上来说，在于最大限度地促进3—6岁儿童的学习与发展，帮助他们为进入小学做好准备，为一生的发展打下基础，而从与此相关的各个方面来看，《指南》还具有诸多广阔和深远的作用：更好地落实《儿童权利公约》，促进学前教育公平；促进《纲要》的深入贯彻，进一步提高幼儿园教育质量；帮助幼儿教师发展专业素质，提高促进幼儿学习与发展的专业能力；提高家长教育能力和家庭教育质量；引导全社会正确地认识幼儿的学习与发展。[1] 为贯彻落实《指南》精神，以江苏省为代表的各个地区展开了新一轮的幼儿园课程改革实践。2014年，江苏省教育厅、财政厅下发《关于开展幼儿园课程游戏化建设的通知》，展开了幼儿园课程游戏化建设。项目针对该省"学前教育保教质量有待进一步提高，以游戏为基本活动、保教结合、寓教于乐的要求未能得到有效落实，'小学化'倾向仍然存在"的现状提出，力求通过幼儿园课程游戏化建设，"引导幼儿园树立正确的儿童观、游戏观和课程观，推进幼儿园课程实施符合幼儿身心发展规律和学前教育规律，促进幼儿健康快乐成长"。[2] 此后，越来越多的地区展开了全面推进幼儿园课程改革的工作，力求全面提升学前教育质量。

---

[1] 李季湄，冯晓霞.《3—6岁儿童学习与发展指南》解读[M].北京：人民教育出版社，2013：13-15.

[2] 虞永平，张斌.中国教育改革40年：学前教育[M].北京：科学出版社，2018：199.

三、幼儿园课程研究的核心论题

20世纪50年代起，幼儿园课程的研究主要集中在各学科的内容、方法及教育手段的研究，努力尝试结合我国的实际，使教学内容适宜于我国的幼儿园。在幼儿智力培养、品德和劳动教育以及游戏等方面开展了一些较为深入的实践研究。60年代中期后，幼儿园课程的实践有了更大的改变，研究也终止了。80年代至20世纪末的20年，随着幼儿园课程的恢复和改革，幼儿园课程的研究也得到恢复，从最初的学科和领域目标、内容和方法研究，逐步转向课程理念、课程结构乃至整个课程系统的研究。最典型的是幼儿园综合课程的研究引发了幼儿园课程研究领域的很多新发展、新变化。综合课程的研究催生了课程理念的变革，课程的生活化、游戏化、整体性成了幼儿园课程的核心理念，课程结构的探索和尝试也越来越丰富，全国一统化的幼儿园分科课程模式被打破，各种形式的综合课程、领域渗透课程等相继出现，呈现了课程研究和发展的良好局面。

21世纪以来，随着《纲要》的颁布，学前教育领域对幼儿园课程的关注度不断增加，幼儿园课程研究进入了多元化阶段。从"十五"规划到"十三五"规划期间关于幼儿园课程研究的相关课题达30项，仅2001年就涉及8项。总体来看，对幼儿园课程的研究主要集中在幼儿园课程模式、课程资源、课程的生活化游戏化、幼儿园课程与传统文化、幼儿园课程价值等方面。在幼儿园课程模式方面，田野课程、园本课程、主题探究活动课程等不断涌现，学前教育领域呈现出多样化的课程模式。这些幼儿园课程模式的研究都体现出了以幼儿为本的课程理念，致力于将课程的实施与儿童的生活情境相融合，将目标模式与过程模式相结合，构建适宜性课程。课程资源方面的研究旨在充分挖掘可资利用的各种资源作为幼儿园课程的材料，构建家庭、社区、园所一体化的课程资源网，为幼儿园课程的有效开展提供物质基础。课程来源于生活，而游戏又是幼儿的基本活动，因此，生活化游戏化是幼儿园课程的必然选择。生活化游戏化课程的研究探讨了生活、游戏、幼儿与幼儿园课程的关系，更加明确了生活化游戏化的课程理念，同时在实践层面形成了相关的实施策略。通过对幼儿园课程研究课题的梳理发展，无论是基于对幼儿园课程领域哪一方面的研究，无不体现出对幼儿园课程生活化、游戏化、整体化的强调与关注。

70年来，幼儿园课程建设和发展的事实表明，能否在幼儿园课程的生活化、游戏化和整体性上下功夫，将影响幼儿园课程的建设和发展。因此，生活化、游戏化和整体性在幼儿园课程中的远离或趋近一直是70年来幼儿园课程研究的重要内容，尤其是近30年来幼儿园课程研究的核心主题。

（一）幼儿园课程生活化

学前教育的基本任务就是要发现儿童生命成长的基本逻辑，努力站在最有利于儿童生命成长的立场上，和儿童一起建构幼儿园的课程。杜威指出"那么，儿童与课程的这个争论怎么样呢？结论应该是什么呢？根本的错误，在我们所提出的那些原来的辩解中，是以为我们没有其他选择，除非要么放任儿童按照自己的无指导的自发性去发展，要么从外面把命令强加给他。"[1] 把儿童的生命成长真正与教育联系在一起，实践旨在生命、促进生命的教育。一种关注儿童生命的教育，应该承认、尊重儿童固有的本能，关注、重视儿童的积极性、主动性和能动性。关怀生命，关注生活的幼儿园课程意味着什么？意味着课程首先不是为了成人的需求构建的，而是为了满足儿童生命成长的需要，应该站在儿童的立场上，由儿童参与课程的建构。幼儿园课程应该承载儿童生命的张力和诉求。课程不是一个冷冰冰的文本，而是一系列源源不断的、引人入

---

[1] 杜威.杜威教育论著选[M].赵祥麟，王承绪，编译.上海：华东师范大学出版社，1981：95.

胜的活动，幼儿园课程呈现的不是人类分门别类的学科知识的地图，而是一幅儿童自身生活的画卷，其中有儿童对美好生活的享受，也有儿童面对生活中挑战积极的应对和尝试。幼儿园的课程不只是儿童端坐静听，更重要的是儿童去探索、交往、体验和感受，儿童的活动过程，就是课程展开的过程，也是儿童的生活过程，也必然是儿童生命成长的过程。关怀生命，关注生活的幼儿园课程不是放任儿童的课程，不是"希望儿童从他自己心中'发展'出这个或那个真理。我们叫他自己思维，自己创造，而不提供发动并指导思想所必需的任何周围环境的条件"[①]。因此，无视儿童能力和兴趣的指导，那是指令，只有指令就不能最大限度地促进儿童精神的发展。

完整的生活才能孕育完整的生命。将儿童的生活当作一个整体，不去肢解它，不去分割它，应是教育工作者的基本信条。杜威在其《儿童与课程》中指出，儿童的生活是一个整体，一个总体。他敏捷地和欣然地从一个主题到另一个主题，正如从一个场所到另一个场所一样，但是他不意识到转变和中断，既没有意识到什么割裂，更没有意识到什么区分。儿童所关心的事物，由于他的生活所带来的个人和社会的兴趣的统一性，是结合在一起的。凡是在他的心目中最突出的东西就暂时对他构成整个的宇宙。那个宇宙是变化的和流动的。它的内容是以惊人的速度在消失和重新组合。但是，归根结底，它是儿童自己的世界。它具有儿童自己生活的统一性和完整性。杜威的这一思想至今还应该是我们遵循的重要的原则。只有真正关注儿童生活的整体性和完整性，幼儿生命才能得到真正的伸展。

幼儿园课程生活化是幼儿教育回归幼儿生活思想的具体体现。幼儿教育回归幼儿生活是针对幼儿教育的理论和实践存在的很多问题提出的。当今的幼儿教育，受到追逐利益的商业化思想的影响，受到"不要输在

---

① 杜威.杜威教育论著选[M].赵祥麟，王承绪，编译.上海：华东师范大学出版社，1981：86.

起跑线上"的"望子成龙"的大众教育意识的影响，受到一批低素质的甚至缺乏专门训练的人员进入的影响，存在着幼儿失落自己的生活世界的现象。有些幼儿过早的学习与他的生活十分遥远的、他根本无法懂得的经文、典籍，而远离了游戏和欢笑；有些幼儿被塞进各种兴趣班，而正是这些兴趣班，让幼儿的兴趣荡然无存；有些幼儿被迫处在一个符号刺激和练习的世界里，在那里，学习不是直观的和生动的，幼儿个人的主观性被集体的一致性和成人的强迫性吞噬了。进而，幼儿的生活世界被成人的世界、被科学世界吞噬了。因此，让幼儿回归自己的生活世界，不只是为了教育的成效和课程的成效，更是为了幼儿生命的成长，为了让幼儿的生命不受扭曲。让幼儿的生活真正是"我的"和"我活"和"为我"的。

所谓幼儿园课程生活化不是让幼儿教育变成生活训练，不是将幼儿教育等同于日常生活，回归幼儿生活世界的本质是承认、尊重生命的存在和生命成长的现实和需要，让幼儿在真正属于他的、能让他的生命得到萌发的、现实的、感性的和真正能彰显主体性的环境中生活和学习。生活世界本来就是幼儿自己的，是外在的力量使幼儿远离了生活世界。所谓幼儿园课程生活化，不是指课程只承载生活技能，不是将课程当作生活事件的堆积。课程生活化的本质是通过课程，使幼儿真正处在一个自己的需要、兴趣、潜能可能得到充分发挥的世界里，使幼儿的生命更具活力，更有力的成长。课程生活化意味着让幼儿沉浸在自己的生活世界里，不再受成人利益世界和科学世界的奴役。课程生活化的典型特征是课程的具体性、直观性、主体性，课程从幼儿自然的发展规律中设定目标，课程从生活世界寻找内容，课程以向现实经验的还原为指针确定实施的策略。幼儿园课程就是引导幼儿进入不同层次的共同生活，在共同生活中，与不同个体建立日益丰富的相互关系，从而获得更加全面、丰富的经验。①

幼儿的身体发展尚不成熟，心智发展处于具体形象和动作性思维阶段，幼儿对世界的感知是具体的、感性的、直观的和个人化的。对幼儿而言，只有生活世界是他有安全感的世界，而成人的世界和学科的世界，对幼儿来说经常意味着陌生、非我甚至死寂。因此，没有哪个年龄段的教育像幼儿教育那样迫切地需要回归生活，没有哪个年龄段的课程像幼儿园课程那样迫切地需要生活化。只有给幼儿提供生活化的课程，幼儿的生命才能得到适宜的和有效的发展，幼儿才会有美好的童年生活。美好的童年只在生活世界里才存在，处在生活世界里的儿童才可能享有美好的童年。②

（二）幼儿园课程的游戏化

"幼儿园课程游戏化"不是一种新课程的模式，而是一种理念和实践。幼儿园课程游戏化旨在将迄今为止的理论成就和基本实践共识落地生根，因此幼儿园课程游戏化关注的是实践过程和实践成效。我们对幼儿园课程的理解与国家法规是一致的，课程就是有目的、有计划地引导儿童积极主动参与的，能获得各种有益经验的活动。这是一个将生活、学习和游戏相结合的定义，就是既关注幼儿应该获得的系统的关键经验，又注重幼儿的天性和身心发展规律，将内容的逻辑与生活的逻辑紧密结合起来，将幼儿的学习和游戏有机结合起来，让幼儿园课程充满游戏精神。让幼儿园课程真正成为有趣的、有效的和生动活泼的过程。这种课程就是游戏化的课程。

那我们为什么还要强调幼儿园课程游戏化呢？这是因为在现实的幼儿园课程实践之中，存在着强化教师主导，忽视儿童主体性的现象；存

---

① 虞永平.生活与幼儿教育[M].合肥：安徽少年儿童出版社，2011：121.
② 虞永平.生活化的幼儿园课程[M].北京：高等教育出版社，2010：6.

在着强化课程内容的系统学习，忽视儿童游戏的现象；存在着儿童的主体性受到限制，缺少自由、自主、创造及愉悦的游戏精神的现象；存在着无视儿童的身心发展特点，选择课程内容和实施方式等现象。这些现象势必导致幼儿园教育的"小学化"，势必导致幼儿园课程的异化，势必导致幼儿园教育质量的低下。我们提倡课程游戏化，就是要强调幼儿园课程回到幼儿的发展规律上来，回到幼儿的天性上来，回到幼儿园课程本源上来，回到国家的基本法规上来。

《规程》指出："遵循幼儿身心发展规律，符合幼儿年龄特点，注重个体差异，因人施教，引导幼儿个性健康发展。""幼儿园应当将游戏作为对幼儿进行全面发展教育的重要形式。""以游戏为基本活动，寓教育于各项活动之中。""幼儿一日活动的组织应当动静交替，注重幼儿的直接感知、实际操作和亲身体验，保证幼儿愉快的、有益的自由活动。""幼儿园应当将环境作为重要的教育资源，合理利用室内外环境，创设开放的、多样的区域活动空间，提供适合幼儿年龄特点的丰富的玩具、操作材料和幼儿读物，支持幼儿自主选择和主动学习，激发幼儿学习的兴趣与探究的愿望。"因此，国家法规中强调的就是课程游戏化的精神。幼儿园课程游戏化不是一个新课程，而是幼儿园课程回归本源的过程，是对幼儿的身心发展规律与课程内容和实施形式真正有机结合的期待。幼儿园课程游戏化是课程改革的工程，是一个质量提升的工程，也是一个进一步深入贯彻落实《规程》和《指南》精神的重要举措。

游戏化是幼儿园课程的基本特性。幼儿园课程游戏化就是让幼儿园课程回归本源。幼儿园课程游戏化是一个重要的理念，也是一项重要的实践。它是幼儿园课程改革的需要，是提升教育质量的需要，也是推进《指南》落实的重要举措。课程游戏化不是要另搞一套课程体系，不是倡导课程的一统化，而是对现有课程的优化和完善，是在《指南》理念指导下实现课程的适宜性和有效性。课程游戏化不是要把幼儿园规范在一条线上来，重回一统化，而是鼓励不同的幼儿园从自己的实际出发，尤其是结合幼儿园课程存在的问题，形成自己的工作思路和方法，不断推进课程改革和建设，朝着《指南》指引的方向，创造性地开展适合自己实际的课程改革和建设。在幼儿园课程游戏化的进程中，广大幼儿园对课程游戏化的精神理解不断深入，各项工作落实逐步到位，呈现了积极创新的实践样态，一些影响教育质量的问题得到了初步的改变，尤其是过于依赖教师的讲解、过于强调集体教学、过于在意教师用书、过于在意一致化行动等现象得到了明显的改变，课程游戏化稳步推进。

课程游戏化不是要把课程全部变成游戏，课程游戏化也没有改变游戏的本质。[①]幼儿园课程游戏化是强化了幼儿园课程的特质，游戏化是幼儿园课程的应有之义。课程游戏化既不是将课程变成游戏，也不是简单地在课程中增加一些游戏的分量，不是课程与游戏的机械对接。幼儿园课程与游戏不是分割的，应该有机联系的，这是学前教育领域的共识，幼儿园课程游戏化的关键在"化"上。"化"意味着是一个过程，是"展开""浸润""融合""生发"。游戏包括了内涵、精神、价值、内容、形式等要素，课程游戏化中最核心的是对"自由、自主、愉悦和创造"的游戏精神的吸收、弘扬和生发，有了游戏精神，就有了游戏的灵魂，其他的要素会自然而然地呈现。因此，课程游戏化就是将幼儿园课程与游戏精神融合起来，或者说在幼儿园课程中注入游戏精神，让幼儿园课程真正成为幼儿的活动。获得能促进幼儿全面发展的经验。

如何落实自由、自主、愉悦和创造的游戏精神呢？首先要重新审视幼儿园的课程，甚至重新审视幼儿园的一日生活。对儿童来说，游戏就是他的生活。[②]真正了解、理解和落实儿童的兴趣和需要，让一切规则更有利于儿童自主性和创造性的发展，让时间和空间更好地为儿童的活动服务，让幼儿对幼儿园活动充满兴趣，真正高度投入和充满热情。其次，

---

① 虞永平，等.学前课程的多视角透视[M].南京：江苏教育出版社，2006：107.
② 虞永平.生活化的幼儿园课程[M].北京：高等教育出版社，2010：23.

要确保幼儿的自由游戏时间，这是儿童的天性，是儿童心灵成长的需要，课程超载导致的对自由游戏时间剥夺的现象必须切实的扭转。再次，在全面集体、小组或个别教学活动中，尽可能采用生动活泼的游戏方式，提高幼儿学习的情趣，增进学习的效果，生发一些新的学习。在这些方面，陈鹤琴先生早就进行过相关的探索，张雪门先生也有类似的思想。

课程游戏化的研究大部分就是强调应用的研究，虽然会涉及一些基本的原理问题，但主要关注的不是原理本身，而是原理的践行。尤其是幼儿园参与的研究就是以改善实践为目的的。幼儿园课程游戏化不是一个高不可攀的目标，而是所有幼儿园应该努力追求的境界。因此，从课程游戏化项目设计上，不是掐尖树典型，不是选择高水准的幼儿园去贴标挂牌，而是选择中等及以下的幼儿园，切实引导展开一个实实在在的课程建设的历程。鼓励有条件和意愿的市县开展项目区域推进研究，让更多幼儿园参与项目建设过程，让课程游戏化的理念和实践落实到更多的幼儿园。江苏省五年来的实践表明，课程游戏化项目的推进，提升了幼儿园的课程意识和教育质量意识，教师们进一步明确了科学的儿童观和教育观，更深入地关注幼儿的学习和发展，更自觉地对照《指南》的要求开展教育活动。

（三）幼儿园课程的整体性

20世纪50年代，中国的幼儿园课程深受苏联的影响，采用分科课程，将幼儿园课程分为体育、语言、认识环境、图画和手工、音乐、计算等项目，幼儿园课程不断分化，虽然在实践中有强调随机教育，但总体上看，课程之间的相互割裂还是明显的。加上中苏关系的恶化，我们对苏联课程的把握不够全面和深入，尤其是对教学系统化的思想理解不够准确和全面，对不同科目之间的横向联系关注不够，没有有机整合课程内容，没有采取有效措施避免课程的割裂。1981年的《幼儿园教育纲要（试行草案）》，对课程内容又做了新的划分，包括生活卫生习惯、体育活动、思想品德、语言、常识、计算、音乐、美术等八个方面。这种课程，一方面使我们对课程内容系统性的把握不断深入，但在课程的整体性和综合性上没有大的进展。直至今天，我国幼儿园的课程几乎就是两种生存状态：期待拥有系统性的综合课程和期待拥有横向联系的领域课程，也许在它们之间还存在由于系统性、综合性的程度不同而形成的中间形态。这种期待意味着没有真正完善的课程，这种期待也是我们努力的方向和动力。

幼儿园课程的整体性与幼儿发展的联系性是紧密相关的。幼儿的身心发展特点决定了幼儿园课程的生活化和游戏化，幼儿的生活是整体的，幼儿园课程也应该是一个整体，课程的各个部分应该有机联系、相互渗透。因此，课程政策和课程改革的重点工作应该在完善课程结构，增进课程联系，增强课程的整体性上。2001年的《纲要》指出："幼儿园的教育内容是全面性的、启蒙性的，可以相对划分为健康、语言、社会、科学、艺术等五个领域，也可做其他不同的划分。各领域的内容相互渗透，从不同角度促进幼儿情感、态度、能力、知识、技能等方面的发展。"这意味着课程不能只关注单一的领域，也要关注领域划分的多种可能，还要关注不同领域间的有机联系和相互渗透。没有相互渗透的领域是背离儿童发展规律和学习特点，背离课程的整体性和综合性的。相互渗透就是保持幼儿园课程的自然特性，维护课程中的基本联系线索，注重不同的课程领域之间的有机联系，实现课程的有机整合。整合不只是综合性主题课程的任务，而是所有幼儿园课程的共同任务。充分的、合理的、相互渗透的领域课程，就是拥有横向联系的领域课程。其实，领域间相互渗透的思想，陈鹤琴先生早就提出过。陈鹤琴先生把幼儿园课程中健康、语文、社会、科学、艺术等五大领域活动称为五指活动。把幼儿园的五大领域比喻为人的五个手指，同生于一掌，血脉相连，形成一个不可分割的、有机联系的整体，这是陈鹤琴先生对五大领域相互渗透做出的形象而生动的解释。

儿童是个整体，儿童身心关联，发展的各个领域是一个完整的系统，是有机联系的。儿童的学习也是整体性的，他们不会意识到不同学科门类的经验，对他们来说，学习就是生活，就是统一的过程。因此，幼儿园课程应该是个整体。幼儿园课程整体性的实现需要一个系统整合的过程，是一个复杂的系统，将涉及课程的众多因素，包括课程观念的整合、课程目标的整合、课程内容和资源的整合、课程实施方法和手段的整合，最终实现幼儿发展的整合。这就是课程整体性的总体蓝图，也是幼儿园课程的基本特征。[①]

---

① 虞永平.学前课程与儿童幸福[M].北京：教育科学出版社，2012：30-31.

改革开放 40 年我国学前教育的成就与展望[①]

学前教育是基础教育的重要组成部分，是关乎儿童健康成长、人民安居乐业、国家和民族未来的重要事业。改革开放以来，我国政府与社会对发展学前教育的重要性的认识逐渐增强，特别是 2010 年以来，在中央政府的主导下，多层面、全方位、大力度、体系化的政策发挥出显著的改革效应，促使我国的学前教育事业实现加速发展，取得了一系列令人瞩目的成就。但是基础薄、起步晚的中国学前教育，面对新时期教育现代化的挑战，还面临很多亟待破解的问题。

一、学前教育改革与发展的成就

改革开放 40 年来，我国学前教育事业所取得的成就具有划时代意义。一个曾经被视为"看孩子"的行当，如今已发展成为拥有独特价值、独立话语体系的不可被替代的社会事业与专业活动。

（一）资源增量取得历史性突破，学前教育公共服务体系初步建立

改革开放 40 年来，我国的办园数量、在园幼儿数及学前三年入园率呈大幅增长态势。1979 年，全国共有幼儿园约 16.56 万所，到 2017 年已超过 25 万所，涨幅为 50.97%；40 年间，在园幼儿数增长了 3721 万人，

[①] 本文原载于《中国教育学刊》2018 年 12 月，作者虞永平、张斌。

涨幅高达 423.32%；毛入园率则比 1978 年提高了 69 个百分点。[①] 特别是 2010 年《意见》的颁布，有力推动了各地学前教育的发展，大批增量资源弥补了学前教育供给的长期不足，促使学前教育的普及率大大提高，"入园难"问题在一定程度上得到了初步缓解。

在兼顾学前教育公益属性与社会主义经济体制改革背景的基础上，我国学前教育供给的结构得到优化，一个"政府主导，社会参与，公办民办并举"的学前教育公共服务体系逐渐建立了起来。

首先，该体系坚持了公益性与普惠性的发展方向。改革开放初期，延续计划经济体制下对学前教育福利属性的定位，我国强调学前教育的福利性和公共性，集体办园与单位部门办园是学前教育服务的主力军，家庭缴费更多的是象征意味，学前教育具有绝对的普惠特征，如 1988 年《国家教委、国家计委、财政部、人事部、劳动部、建设部、卫生部（现为卫计委）、物价局关于加强幼儿教育工作的意见》中指出举办幼儿园"是一项具有社会公共福利性质的工作"，1997 年《全国幼儿教育事业"九五"发展目标实施意见》重申"幼儿教育既是教育事业，又具有福利性和公益性的特点"，家长所承担的费用应"考虑幼儿教育成本、当地物价水平和群众承受能力"。20 世纪 90 年代末到 21 世纪初，我国的学前教育在当时市场经济体制改革的冲击下，进入了过度依赖市场的时期，原本带有公益性质的集体园、部门办园数量骤降，民办园"野蛮生长"，学前教育的公益性受到一定损害。对此，从中央到地方出台的一系列政策都在试图重申学前教育的公益性。尤其是 2010 年《意见》明确提出学前教育是"重要的公益事业"，"发展学前教育，必须坚持公益性和普惠性"，并通过大力发展公办幼儿园，积极扶持面向大众、收费较低的普惠性民办幼儿园发展。2010 年以来，公办园数量明显增长，其中教育

---

① 本文未做说明的数据，均来源于历年《中国教育年鉴》《中国教育公报》《中国教育统计年鉴》和《中国教育经费统计年鉴》，因篇幅有限不复赘述。

部门办园从 2.93 万所上升到 7.56 万所，增幅为 158.02%，远高于民办园的 56.79%，占园所总数的比例从 19.45% 提高到 30.22%。2017 年开始的第三期学前教育行动计划更是着力增加普惠性资源供给，破解公办园少、民办园贵的问题。这些举措保障了学前教育服务不偏离公益性和普惠性的方向。

其次，该体系确立了政府及社会力量多元参与的办园体制。多元办园体制是我国学前教育体制的时代性产物，当其顺应学前教育发展的基本规律时，有助于解决学前教育事业发展的重要问题。事实证明，就我国现阶段的经济及社会发展水平而言，单一渠道的学前教育服务供给既无法满足快速增长的社会需求，也难以顾及不同群体的需求差异。政府、市场和社会共同参与办园，将有利于打破单一主体办园造成的改革动力不足的局面，增加办园活力，发挥各类主体的优势，减少权力垄断，提供多样化的服务。"学前教育国十条"鼓励"优质公办幼儿园举办分园或合作办园。制定优惠政策，支持街道、农村集体举办幼儿园。……社会力量以多种形式举办幼儿园。……积极扶持民办幼儿园特别是面向大众、收费较低的普惠性民办幼儿园发展"。截至 2015 年，我国在民办园入园的幼儿有 2302.44 万人，占在园幼儿总数的 50%；集体办园的在园幼儿数为 293.06 万人，占比为 6%；其他部门办园在园幼儿数为 62.86 万人，占比为 1%；2017 年，民办园占总园所数的 64.16%，集体办园占 4.89%，其他部门办园占 0.72%。

再次，该体系开创了以普惠性幼儿园为主的办园格局。20 世纪八九十年代，我国的办园格局是以公办园为主体、社会力量为补充。90 年代以后，民办园数量迅速增加，并逐渐超过其他类型园所，原有的办园格局开始瓦解。为了在坚持公益性的前提下发挥多元办园体制的正向效益，应对"入园贵"问题，大力发展普惠园成为 2010 年后我国学前教育改革的重要议题。普惠性幼儿园意在强调普遍惠及、人人享有、收费合理、有质量保障，是构成广覆盖、保基本、有质量的学前教育公共服务体系的关键因素。各级政府利用公共财政举办的公办园、企事业单位及集体组织投资举办的部门办园和集体园，以及不以营利为目的、收费标准参照公办园的普惠性民办幼儿园，是目前普惠园的常见类型。这一提法淡化了以往对公办园与民办园的对立分类，弱化了办园主体的所有制形式与幼儿园经济诉求之间的直接联系，将关注举办主体转变为关注服务性质，最大限度地发挥了民间资本在学前教育领域的社会效益，有助于实现学前教育自身的"公益性"和"普惠性"。

（二）经费与财政投入显著增长，学前教育成本分担机制日趋合理

教育经费问题曾一度扼住我国学前教育发展的咽喉。通过40年来各级政府及社会各界的共同努力，特别是2010年《规划纲要》颁布以来的积极作为，学前教育的财政投入显著增加，相对合理的成本分担机制开始形成。我国的学前教育事业实现了"脱贫"。

第一，财政投入支持学前教育发展的责任得到明确与落实，财政投入的力度不断加大。我国学前教育经费和财政性经费曾长期在低水平徘徊，2010年起，学前教育的总经费，尤其是来自财政的经费明显增加。财政性学前教育经费从2003年的46亿元增长到了2016年的1326亿元，占GDP的比例和占财政性教育经费总额的比例分别达到0.18%和4.22%，打破了财政性教育经费中学前教育经费占比长期徘徊于1.2%—1.3%的局面。同时，学前教育经费的公共分担比例也从2010年的33.56%提高到2016年的47.30%，财政投入分担了近一半的学前教育成本。生均学前教育总经费和生均财政性学前教育经费分别从2003年的371元、231元增长到2015年的6352元和3004元；生均学前教育经费和生均财政性学前教育经费占人均GDP的百分比，分别从2003年的3.47%和2.16%上涨到2016年的11.78%和5.57%。

第二，学前教育经费保障的长效机制得到建立。近几年来，中央和地方政府通过多项制度手段，确保了学前教育财政投入水平持久高位运

行。一方面，将学前教育单独列入预算，使其成为经由立法机关批准的、具有法律效力的财政支出，防止学前教育经费被其他学段挤占，一些地区还通过提升学前教育预算在教育行政部门预算公开的级别，使地方人大和公众能够了解地方政府在财政预算中对学前教育的投入，增加了学前教育财政投入的透明度；另一方面，规定财政性学前教育经费在同级财政性教育经费中的比例，以稳定学前教育的财政投入水平，如宁波市要求"县（市）区财政性学前教育经费占同级财政性教育经费的比例应当不低于百分之八，不举办高中的区不低于百分之十二"[①]。

第三，政府、家庭和社会共同参与的成本分担机制正在形成。本着谁受益、谁分担的原则，在学前教育阶段，政府、社会、家庭应共同合理分担学前教育成本。2011年《财政部 教育部关于加大财政投入支持学前教育发展的通知》中就明确指出，要"建立政府投入、社会举办者投入、家庭合理负担的投入机制，积极动员社会力量投资办园、捐资助园，多渠道筹措学前教育资金"。

该机制包含了三方面的要义。一是政府作为学前教育的主导力量，要首先承担起财政投入的职责，只有这样，才能真正实现公办园和普惠性民办园的"真公办"和"真普惠"。到2015年，我国已有11个省级行政区财政分担比例超过了55%，15个省级行政区超过了50%。二是家庭作为学前教育的直接受益方，应缴纳合理的费用，需要强调的是该费用应控制在家庭可负担的范围内，从而避免幼儿因家庭经济原因而失去接受学前教育的机会。同时，合理的分担机制应将分担比例与家庭状况挂钩，主动降低农村地区、经济欠发达地区和贫困家庭的家庭分担比。对此，《财政部 教育部关于建立学前教育资助制度的意见》要求各地从2011年秋季学期起建立学前教育资助制度，《教育部 国家发展改革委 财

[①] 宁波市人民政府. 宁波市学前教育促进条例[EB/OL].（2012-12-06）[2018-10-4]. http://gtog.ningbo.gov.cn/art/2012/12/6/art_389_380404.html.

政部关于实施第二期学前教育三年行动计划的意见》提出要"逐步建立以公共财政投入为主的农村学前教育成本分担机制"。三是社会作为学前教育的受益者,可通过基金会、企业等主体分担学前教育成本。目前我国社会组织发展尚不成熟,"捐资助学"的意识仍比较单薄,但各级政府已开始尝试通过财税政策的鼓励引导社会来合理分担学前教育成本。近年来,一些有实力的企业也积极投入,在自办幼儿园、委托第三方办园等方面进行了积极的探索。

(三)探索制度创新,学前教育管理体制得到理顺

改革开放 40 年来,我国的学前教育管理体制在摸索和尝试中日臻完善,逐步构建起了纵向上"以县为主,多级政府分担",横向上"教育部门牵头,多部门分工协作"的学前教育管理体制。

"地方负责,分级管理"是改革开放后我国学前教育管理长期坚持的原则。1987 年《国务院办公厅转发国家教育委员会等部门关于明确幼儿教育事业领导管理职责分工请示的通知》提出,幼儿教育实行"地方负责、分级管理"和各有关部门分工负责的原则;1989 年《国家教委关于实施〈幼儿园管理条例〉和〈幼儿园工作规程(试行)〉的意见》确定"建立起地方负责、分级管理和各有关部门分工负责的管理体制";此后又有多项政策述及此原则。但在实际执行过程中,由于没有明确划分各级政府的责权,也未确定所谓"地方"意指哪一级政府,致使多年来"地方负责,分级管理"更多地被误读为发展学前教育是区县级以下即乡镇(街道)政府的职责,从而造成责任主体重心过低,统筹协调和财政保障能力严重不足等问题。[①] 直至 2017 年,《教育部等四部门关于实施第三期学前教育行动计划的意见》首次提出"建立健全国务院领导,省地

---

① 庞丽娟,范明丽."省级统筹以县为主"完善我国学前教育管理体制 [J]. 教育研究,2013(10):24-28.

（市）统筹，以县为主"的学前教育管理体制，同年《关于深化教育体制机制改革的意见》再次明确"建立健全国务院领导、省市统筹、以县为主的学前教育管理体制"，并提出要充分发挥乡镇政府的作用。经过30余年，长期困扰我国学前教育发展的政府责任重心过低的体制壁垒得以突破，发展学前教育的责任主体得到确立，各级政府的责任关系得以理顺，为新时期各级政府的有效履责提供了制度保障。

学前教育事业的复杂性决定了必须采用政府多部门协同配合、分工协作的管理模式。对此，2003年《教育部等部门关于幼儿教育改革与发展的指导意见》首次要求建立由教育部门牵头、有关部门参加的幼儿教育联席会议制度，以通报、协调、解决学前教育事业发展中出现的问题；2010年颁布的《意见》提出各级政府要加强对学前教育的统筹协调，健全教育部门主管、有关部门分工负责的工作机制，形成推动学前教育发展的合力；第三期学前教育行动计划也要求"各地要建立学前教育综合改革协调机制，明确教育、编制、发展改革、财政、人力资源社会保障、住建、卫生计生、残联等部门的任务，着力破解长期制约学前教育发展的体制机制问题"。学前教育联席会议制度是我国政府探索建立健全学前教育综合改革协调机制的一种有效尝试，具有资源密集度低、权限约束性小、灵活性高的特点。

（四）儿童本位的基本理念得到认可与传播，保教质量不断提升

毫不夸张地说，对儿童的认识与态度是决定学前教育品质的根基。改革开放初期，学前教育研究者们就开始了对儿童观的思考，到20世纪90年代，我国的学前教育理论界已在思想层面达成了对儿童的如下认识：其一，儿童是人，生来具有一切基本人权；其二，儿童是一个处在特殊发展时期的人，具有主体性、完整性、潜能和个体差异；其三，童年不只是为成年做准备，它自身拥有价值；其四，儿童应当享有欢乐自由的童年。此后的学前教育实践正是跟随着这些基本观念的拓展与深化而展

开的。

20世纪80年代，在贯彻《幼儿园教育纲要(试行草案)》等政策精神的过程中，幼儿园开始积极改革教育方法，教师们普遍意识到了幼儿成长需求和学习方式的特殊性，如不少幼儿园着手科学营养膳食[①]，调整一日作息[②]，加强体育锻炼[③]，有的农村幼儿园带领幼儿观察田野、饲养动物、种植采集[④]。针对《幼儿园教育纲要(试行草案)》在执行中缺乏整体观念的问题，南京师范大学与南京市实验幼儿园开展了"幼儿园综合教育结构的探讨"，提出并践行了"幼儿是主体，教师是引导者"的指导思想，认为幼儿的身体发育及智慧和道德的发展是依靠其自身与客观环境交互作用自主建构起来的，而不是由他人强迫灌输达到的。[⑤]

20世纪80年代末到90年代末，随着《规程》的试行与正式颁布，学前教育实践更加关注幼儿学习与发展的环境的创设，关注幼儿的主动学习。如有幼儿园将活动室划分为多个区域，供幼儿自由选择游戏内容、玩具材料和同伴，并且尝试让幼儿参与环境创设与管理[⑥]；有幼儿园将备课从"备如何教"变为"备幼儿如何学"，将评价幼儿的标准设定为"是否在原有的基础上努力、进步、提高"[⑦]。这些做法，无疑显示出尊重幼儿发展与学习特点、相信幼儿的学习能力、呵护儿童感受的态度。

2001年《纲要》的颁布，带来了学前教育实践的进一步革命。首先，

---

① 北京市宣武区虎坊路幼儿园. 加强膳食管理提高营养水平[G]// 教育部初等教育司. 幼儿园教育纲要实施经验选集. 北京：人民教育出版社，1984：12-23.
② 许维贞. 合理安排幼儿的生活[G]// 中央教育科学研究所幼儿教育研究室. 幼儿教育经验：研究第一辑. 北京：教育科学出版社，1980：26-31.
③ 上海市虹口区教育局. 全面抓好幼儿园体育工作[G]// 教育部初等教育司. 幼儿园教育纲要实施经验选集. 北京：人民教育出版社，1984：1-11.
④ 徐慧琳. 利用农村自然环境向幼儿进行常识教育[G]// 教育部初等教育司. 幼儿园教育纲要实施经验选集. 北京：人民教育出版社，1984：34-41.
⑤ 赵寄石. 赵寄石文集[M]. 南京：凤凰出版传媒集团江苏教育出版社，2006：51-61.
⑥ 史慧中. 谈幼儿园的素质教育：适应我国国情，提高幼儿素质教育的实验研究丛书一[M]. 北京：科学普及出版社，1994：239-245.
⑦ 史慧中. 为幼儿奠定良好的素质基础：适应我国国情，提高幼儿素质教育的实验研究丛书二[M]. 北京：科学普及出版社，1997：58-59.

教育部提出通过广泛宣传、先试点再推开、研究问题、总结经验等策略推行《纲要》，并要求幼儿教师培养机构做好相应的教育工作，客观上推动了广大一线教师(及准教师)教育理念的蜕变。同时，如高瞻课程、方案教学、瑞吉欧教育体系等国外学前教育模式也逐渐为国内幼儿教师所熟悉，教师们在学习、模仿上述模式的过程中更新着教育理念。因此，"传统的说教减少了，儿童的自主学习增多了；……大班额的集体活动减少了，小班化的分组教学增多了；……单调固定的环境布置减少了，丰富多变的环境创设增多了"[①]。

2010年以来，儿童本位的观念继续落实到教师的教育行为上，保教活动趋于更加理想的状态。全国涌现出了很多具有改革意义的尝试，如江苏省的课程游戏化项目，浙江安吉的"安吉游戏"模式等；幼儿园的课程实践强调顺应自然、因性而为，让幼儿在农事劳作、博物研究、自主游戏等活动中建构有意义的经验；游戏作为幼儿园基本活动的观点已经普及；对"小学化"倾向的整顿愈加密集与发力；保教环境的创设也更关怀幼儿的生活与学习，2011年《幼儿园安全友好环境建设指南》中提出"建设幼儿园环境，要体现以幼儿为本的办园理念"，2016年《幼儿园建设标准》中提出"幼儿园建设必须坚持'以幼儿为本'的原则，符合幼儿生理和心理成长规律"。

今天，我国学前教育已逐步实现了追求个人发展的内在目的与促进社会发展的外在目的的平衡与融合。各教育政策、规范和行动方案，均首先将学前教育的目的、任务立足于幼儿的身心健康与和谐发展，以内在目的的实现承托外在目的。正如有学者指出："事实上，……实现了儿童的发展价值，也就实现了社会的其他价值，如社会文化传递，社会意识的渗透等。相反，儿童个体发展的价值得不到实现，社会价值也不可

---

① 岳亚平. 十年践行路[EB/OL]. (2011-11-9)[2018-07-12]. http://www.cnsece.com/KindTemplate/MsgDetail/30444.

能真正实现,所以我们不应该把学前教育价值简单放在相反对立的两极,为了儿童个体发展与为了成人或社会发展应是统一的。"①

"教什么""怎么教"是学前教育理论与实践无法回避的基本问题,随着教育目的观的转向,强调以"经验获得"为核心的观点渐渐成为对上述问题的回答。自21世纪初以来,学前教育出现了回归经验、回归生活的理念变化。回归经验的学前教育注重幼儿通过"直接感知、实际操作和亲身体验"学习,回归经验的学前教育注重幼儿"主动探索、操作实践、合作交流和表达表现"的过程,回归经验的学前教育"关注个别差异,促进每个幼儿富有个性地发展",回归经验的学前教育讲求学习环境的创设与利用,回归经验的学前教育要求教师观察幼儿、理解幼儿、支持幼儿、引导幼儿。

伴随学前教育的改革,我们的教育逻辑发生了彻底的变革——以幼儿为本、具有"儿童意识"的价值立场已大致形成,幼儿、经验与活动取代了教师、知识与课堂,成为学前教育的起点与归宿,这些理念将指引我们的学前教育朝向更健康、科学的方向。

(五)师资队伍量质齐增,培养培训模式更加开放、多元、专业

师资队伍的质量关系着学前教育思想与政策最终落实的水平,是影响学前教育事业发展的关键因素之一。改革开放40年来,国家出台了幼儿教师配备标准,建立了幼儿教师长效补充机制;建立了幼儿教师待遇保障机制,依法落实幼儿教师地位待遇;全面落实幼儿教师专业标准,不断加强幼儿教师培养培训,提高教师专业化水平。

从数量上来看,我国幼儿教师队伍(含园长)规模在改革开放40年间呈整体扩大趋势。1980—1990年,幼儿教师增加了39.48万人,增幅近一倍;1991—1999年的增幅为15.21万人;与2000年相比,2001年我

---

① 虞永平. 学前课程价值论[M]. 南京:江苏教育出版社,2002:115.

国幼儿教师人数大幅度减少，减幅为31.64万人；2002—2009年，幼儿教师规模逐步增加，每年增幅不超过10万人；自2010年开始，幼儿园师资队伍增幅迅速扩大，每年增幅持续保持在17万人以上。近年来，对农村学前教育的倾斜政策使得我国幼儿园专任教师增长主要集中在农村与乡镇，例如，2014年全国专任教师比2011年增加了40.17%，其中乡村和镇区的增幅分别达到49.09%和45.41%，城区则为33.86%。①

师幼比是反映教师数量能否满足学前教育发展的指标之一。测算发现，我国幼儿园的平均师幼比先降后增，2010年以来师幼比明显改善。1996年师幼比为1:23，到2001年骤降为1:32，之后持续缓慢增长，2010年恢复到1:23，2016年已提升到1:18。这反映出教师数量逐渐充裕，开始能够应对入园幼儿人数的激增，但这距离依据《幼儿园教职工配备标准(暂行)》和《规程》相关规定测算得出的1:20—1:16的标准仍待提升。

从质量上来看，幼儿教师学历持续提升，专业水平呈逐年提高的态势。20世纪80年代，我国幼儿教师群体的整体文化层次偏低，教育部门办园中教师以幼儿师范学校毕业生为主，其他部门办园、农村园的教师则多为初中毕业甚至小学毕业生；②90年代中期开始，我国幼儿教师的学历结构发生了重要的变化，初中及以下学历的人数占比从1991年的18.67%降低到了2000年的8.7%，中等和大专以上幼教专业毕业的人数比则从1991年的27.29%增长到了2000年的67.15%；21世纪以来，接受过高等教育的幼儿教师越来越多，到2016年，本专科及以上学历的教师占比已达77.56%。

从师资培养来看，培养机构的数量逐渐增加，层次不断提高，类型

---

① 《国家中长期教育改革和发展规划纲要》中期评估学前教育专题评估报告[EB/OL]. (2015-11-24)[2018-03-24]. http://www.moe.gov.cn/jyb_xwfb/xw_fbh/moe_2069/xwfbh_2015n/xwfb_151124/151124_sfcl/201511/t20151124_220650.html.

② 庞丽娟. 中国教育改革30年：学前教育卷[M]. 北京：北京师范大学出版社，2011：193.

更加丰富。1979年,全国独立的幼儿师范学校有22所,此后逐年递增,1988年后增加并维持在65所左右。20世纪90年代,部分中师层次的学校开始培养初中起点的五年一贯制大专生,带动了幼儿教师学历的提升。同时,在教师教育改革的大背景下,越来越多的综合性高等学校、非师范学校及各类教育机构纷纷参与到了幼儿师资的培养中,形成了多渠道、多层次、多规格、多形式的学前师资培养体系。就2008年的数据来看,全国举办学前教育专业的本科、专科和中专层次的院校分别为128所、389所和1871所,其中,高师院校106所,中等师范学校106所。我国已经形成了综合性大学、师范大学、地方学院、职业技术学院、幼儿师范学校、职业高中共同参与幼儿教师教育的多元化办学格局。

从师资培训来看,各级培训覆盖教师人数持续增长,例如2011—2015年国家实施面向全体幼儿教师的"国培计划",中央财政投入17亿元,培训中西部农村幼儿教师共58.5万人次,实施多项针对学校管理者的国家培训计划,培训幼儿园园长近11.7万人。[①] 培训重心从学历补偿转向教师专业发展需求,改革开放初期由于我国幼儿教师的学历水平普遍偏低,各类培训目标定位于使教师逐步达到相当于幼儿师范学校和中等卫校毕业的水平,符合该阶段学前教育事业发展的需要;20世纪90年代,随着师资学历合格率上升,教师培训开始转为以提高教师素质为核心目的的全员继续教育;21世纪后,幼儿教师培训被正式纳入中小学继续教育体系中,培训更为关注受训群体的专业发展需求。培训机构日趋多元,高校、学术团体、幼儿园、民间组织、企业等的介入,打破了曾经主要由教育行政部门及其专设机构提供培训服务的局面。

---

① 《国家中长期教育改革和发展规划纲要(2010—2020年)》中期评估教师队伍建设专题评估报告 [EB/OL]. (2015-12-7)[2018-03-24]. http://www.moe.gov.cn/jyb_xwfb/xw_fbh/moe_2069/xwfbh_2015n/xwfb_151207/151207_sfcl/201512/t20151207_223264.html.

二、当前我国学前教育面临的挑战

(一) 有品质的普惠性学前教育资源仍将供不应求

随着我国城镇化速度提升及"全面二孩"政策的推进,人民群众对学前教育的需求在一定时间内将继续增长。粗略估计,至2020年,全国学前三年适龄幼儿人数将达到6100万~6200万[①],根据第三期学前教育行动计划提出"全国学前三年毛入园率达到85%,普惠性幼儿园覆盖率达到80%左右"的目标,届时我国学前三年在园幼儿数至少为5270万,需要普惠性学前教育资源覆盖4216万余名幼儿,而该数据比我国2017年在园幼儿的总数还多200余万。截至2016年,各类公办园及公办性质幼儿园入托人数约1976万人,仅占在园幼儿人数的44.77%。虽然目前缺乏普惠园的具体数据,但学前教育资源总体不足,尤其是普惠性资源稀缺的局面是显而易见的。

另外,由于一些地方政府对学前教育的公益性、普惠性认识不足,不利用多元办园体制扩大普惠性学前教育资源供给,反而将其作为推卸责任的手段,导致当前"假公办""假普惠"的现象突出,扩大了普惠性资源供给与民众需求之间的差距。如2014年,吸纳了全国52.47%在园幼儿的民办园,仅获得了相当于公共财政安排的预算学前教育经费的6.79%。加之民间资本的大规模介入,强化了部分民办园的营利行为,在缺乏对民办园必要的规制和财政补贴的前提下,市场化加重了家长的负担。

(二) 学前教育发展不均衡,农村学前教育问题依旧突出

由于我国曾经历长时间的城乡二元发展格局,学前教育资源分布也

[①] 数据测算参考:杨顺光,李玲,张兵娟,等."全面二孩"政策与学前教育资源配置——基于未来20年适龄人口的预测[J].学前教育研究,2016(8):3-13.同时本研究也根据国家统计局公布的2015—2017年的出生人口(到2020年时年满3—6岁,其中2017年为推测人数,分别为1655万、1786万、1900万),以及2014年的一半出生人数(到2020年,2014年9月出生的儿童尚不能进入小学,人数为843.5万),总计为6184.5万。

带有强烈的城乡不均衡烙印。改革开放初期,各地延续了1949年以来优先发展城市学前教育的思路,导致农村和城乡接合部至今是学前教育发展的洼地。

一方面,优质、普惠的学前教育资源更多地集中在城市,农村办园条件较差,师资薄弱,质量偏低。据教育部公布的统计数据,截至2016年,全国城区园舍总面积为12548万平方米,其中危房面积28.87万平方米,占比0.23%,而乡村园舍面积为5457.73万平方米,危房面积16.39万平方米,占比0.3%;全国幼儿园图书总量为32490.68万册,其中城区园图书占比为44.2%,乡村园占比仅18.17%;专任教师中高中及以下学历的占乡村专任教师总数的4.48%,而城区仅为0.93%。城乡办园条件差距明显。

另一方面,幼儿园布局规划不合理导致城乡接合区域、乡镇和农村的学前教育资源分布不均,难以满足辖区内幼儿享受有质量的教育。一类情况是在城乡接合区域办园和乡镇中心园规模普遍偏大,班额超标严重,增加了传染病的传播可能,降低了游戏材料与活动空间的人均占有量,增加了保教人员的工作负担,严重影响保教质量,同时服务半径过大制造了巨大的接送负担和潜在危险;另一类情况则是伴随城镇化及乡镇学前教育资源的整合,村园持续萎缩衰败,由于多数村园缺乏财政支持,园所条件普遍较差,家长们宁愿舍近求远,送幼儿到质量更有保障的乡镇中心园就读,生源外流使得部分村园入不敷出,难以为继,导致留村幼儿的受教育权面临威胁。[①]

(三)先进的教育观念在思想与实践之间存在距离

观念的彻底改变需要打破积习,这是一个艰难的过程。虽然先进的

---

① 张斌. 农村幼儿园规划布局问题探讨与对策建议 [J]. 早期教育(教科研版),2016(11):23-26.

教育观念已根植在学术思想和国家意志中，并逐渐生长于实践，但如何实现广大幼儿教师基本观念的彻底解放与重构，实现从科学理念到合理行动的真正转化，仍是摆在中国学前教育改革发展面前的一道难题。

在与幼儿园教育实践的接触中，学前教育研究者常常会听到这样的无奈："道理我们都懂，但就是不知道该怎么办。"一面是教师们在教研讨论中、在活动分析中、在论文写作中高扬着"理念"，一面是在教育活动中违背着自己的专业信仰……为何在思想理论和社会法规形态都能保持科学、正确的儿童观、教育观一旦转化到行为动机形态就会发生偏差？难道理论言说与实践行动之间必然存在不易跨越的沟壑？

首先需要肯定的是，尽管针对教育观念本身的理论性研究并不直接服务于实践，但其所产出的观点都会成为促进教育实践更加美好的智慧支持。"儿童本位"绝不仅仅是一种停留在论文或法规上的言说，它具有行动的属性。造成科学的教育观念贯彻难的原因是多方面的。

其一，在多数情况下，对科学教育观点的误解、误判导致了行动上的失当。例如，有的教师僵化地理解"以儿童为中心"就是事事顺着幼儿的兴趣、意图，导致只有"幼儿活动"，而没有"有益经验建构"，只看得见儿童却看不到教育。教育是关乎活生生的人的活动，具有复杂性、灵活性、受多因素交互影响等特点。因此，只有顾及教育的张力，将基本理念中的一贯精神与动态的具体情境相协调，才能精准、正确、透彻地读懂教育观念的内涵。

其二，学习、理解观念与践行观念所需要的思维方式不同。进行理论思考需要的是一种"说清楚、辨分明"的思维方式，而开展教育实践却在于"想周全、可行动"，两类思维方式大相径庭，传统的教师教育没有细致地考虑两类思维方式的合理划界，常常出现实践思维与理论思维相互僭越的问题。[①]而在真实的学前教育情境中，教师要根据需要交替运

---

① 秦金亮，步社民，朱宗顺，等. 全实践进行时：反思性幼儿教育实践者的专业养成[M]. 北京：新时代出版社，2011：26-29.

用两种思维方式，实现在两种思维中的按需"穿梭"。所以，能否兼具两种思维方式并能够及时转换，影响了教师能否成功地将儿童意识从理念转化为行动。

其三，理想的教育行动需要足够的实践经验支持。教育是一项对经验依托要求较高的活动，只有通过一定量的实践，教师才能积累起对幼儿的理解、对教育情境的辨析、对应对策略的组织等经验。要在教育行动中体现儿童意识，需要教师拥有一定的教育实践经验作为基础。

（四）幼儿教师的身份、待遇仍遭遇尴尬

与其他学段的教师相比，幼儿教师待遇保障处于较差境况，在职业选择更为自由的今天，这是影响幼儿教师质量的首要因素，也是制约我国学前教育发展的羁绊之一。

首先，最为突出的问题是在编和非在编教师待遇差距较大，同工不同酬现象仍较为普遍。非在编教师工资主要来自幼儿园的保教收费，因此工资水平较低，稳定性弱。我们在调研中发现，有些地区非在编教师的薪酬仅为同工龄在编教师的一半甚至三分之一；不少公办园非在编教师和民办园教师还未享有国家规定的足额足项的社会保险和住房公积金；大量面临退休的非在编教师养老保障问题尚未得到有效解决。这种由历史和体制造成的"身份"差别导致的教师待遇分配不公平，严重挫伤了部分教师的工作热情和积极性。

其次，幼儿教师职称评定难。一方面，未评定职称教师比例较大，由于近年来幼儿教师队伍不断壮大，未评职称的教师比例也呈上升趋势，例如，2014年全国城区、镇区、乡村未评职称的幼儿教师分别占城区、镇区、乡村教师总数的71.62%、70.7%和77.63%；另一方面，职称评定存在不公平现象，部分地区民办园教师在职称评定、评优等方面尚未真正与公办园教师被一视同仁。职称是教师待遇的重要组成部分，与教师的工资待遇、职业上升等直接相关，因此，职称评定是破解教师待遇问

题特别重要的一个环节，亟须解决。

再次，除了上述显性问题之外，幼儿教师所面临的隐性待遇障碍也不可小觑。如超大班额带来的过重身心负担、部分家长的苛责带来的人际关系困扰、个别媒体对幼儿教育负面案例的过度宣传等，不仅影响保教质量，还会影响教师的工作热情和职业幸福感，甚至损害幼儿教师的社会形象。

三、展望新时代中国学前教育

进入社会发展的新时期，我国的学前教育需要从以下方面着手，破解事业发展的难题，提高教育质量，为广大幼儿造就幸福美好的童年。

（一）社会文明呼唤"儿童意识"

儿童意识是以"儿童本位"为核心思想的、对儿童这一处于特殊年龄阶段的人的认识与态度。它表现为对儿童价值的认可、对儿童身心特点的尊重、对儿童兴趣与需求的理解、对儿童权利——特别是发展权——的支持。联合国《儿童权利公约》曾提出："关于儿童的一切行为，不论是由公私社会福利机构、法院、行政当局或立法机构执行，均应以儿童的最大利益为一种首要考虑。"20世纪90年代以来，我国已连续三次颁布儿童发展纲要，反复强调"保护儿童""儿童优先""儿童最大利益""儿童平等发展"等观点。可见，倡导树立儿童意识已成为世界的共识和我国政府的责任。

但学前教育领域出现的各种问题，反映出儿童意识还未从国家意志完全融入地方决策、融入教育理念、融入民众意识、融入大众文化。一个文明、和谐的社会主义国家有必要唤起全社会的儿童意识，从国之未来的高度认识学前教育的价值，进一步加大对学前教育事业的政策倾斜，引导社会资源合理流入；严格禁止违背科学教育观念的学前教育行为，支持学前教育学术研究与实践创新，为彰显儿童意识的教育行为提供有力解释和榜样参照；宣传正确的儿童观和教育观，营造人人关爱儿童、呵护儿童、支持儿童发展的良好社会氛围。

（二）"幼有所育"呼唤法制建设

完整的、连贯的教育立法体系是衡量一国教育是否发达的重要标准之一，虽然改革开放40年来，我国教育法律法规体系的基本框架已经大致形成，然而，学前教育至今没有专门的法律。由于缺乏国家层面的法律规范，学前教育在很多方面还没有真正建立起长期稳定有效的体制和机制，全社会尤其是一些政府部门还没有从法律上认识学前教育的地位和作用，投入不足、资源缺乏、师资流失、质量不高等问题随时可能加剧，学前教育的健康持续发展还难以得到真正实现。可喜的是，学前教育法已于今年纳入全国人大常委会立法规划的一类立法项目，并拟在十三届全国人大常委会任期内提请审议。专门法律的确立，将为健全具有中国特色的学前教育法规体系起到搭框架和夯基础的作用，为落实"幼有所育"的中央指示提供法律依据。

对此，我们建议如下。其一，学前教育立法应关注政府与公民的关系，重点是明确成本分担的主体及比例；关注各级政府的关系，关键是明确中央与地方、地方各级政府权责分担与配置；关注不同政府部门之间的关系，要点是明确各部门权责分担与分配，建立部门之间行之有效的协调、协同机制。其二，要注重对违法责任行为、责任主体进行明确界定，规定违法应承担的法律责任，否则将无法进行有效的督导和问责，法律也难以发挥其应有的效应。其三，注意发挥学前教育法律对学前教育政策的协调作用，加强法律保障，并不意味着轻视政策，学前教育政策可以指导相关法律的制定和实施。

（三）民生幸福呼唤政府担当

改革开放40年来的经验与教训提醒我们，要实现学前教育自身的良好发展，以及发挥其对国家发展的利好作用，应务必坚持政府在学前教育事业中的主导地位。政府管理越到位，学前教育就越能先前发展。①

《纲要》提出"建成覆盖城乡的基本公共教育服务体系"，"建立政府主导、社会参与、公办民办并举的办园体制"。这意味着无论哪一种幼儿园类型、无论办园主体是谁，政府在幼儿园的举办过程中都应起到必要的投入、监管责任。即便是主要依靠市场机制运行的民办幼儿园，政府同样要分别做好必要的监督管理和投入支持。

我们认为，政府的主导责任应立足于如下方面：一要从促进教育公平、社会发展、儿童健康成长的高度统筹辖区学前教育，担负起规划布局区域学前教育的责任，特别要注意公办与民办幼儿园的均衡布点，避免普惠性学前教育的盲区；二要承担主导性的责任来保障全体公民平等地享有有基本质量的公共服务，通过一系列制度的设计与建设，以直接或间接的方式保障幼儿入园的基本质量，监督并促进民办幼儿园的教育条件、师资质量和业务水平的提升；三要继续进行学前教育投入，逐步构建起合理的学前教育成本分担结构，我们建议政府分担50%—55%甚至更多的学前教育成本，家庭分担比例为35%—45%，社会辅助分担为5%—10%；四要建设学前教育管理的专门机构、配备专门人员，做好各部门协同管理的"联络员"，确保对民办幼儿园的管理少重叠、无空白；五要建立有效的政府问责制度，明确责任主体及其相应责任清单，建立责任制，落实责任目标、责任部门和责任人，破解"是否履行责任""履行责任效果如何"等难题。

(四)可持续发展呼唤"中国思想"

改革开放40年来，我国学前教育界不断向国外学习，借鉴了不少先

---

① 虞永平，刘颖. 学前教育体制机制的主要问题与改革思路[J]. 学前教育研究，2017（12）：3-11.

进经验，这对起步晚、基础薄、又曾遭受破坏的中国学前教育来说，具有极其重要的意义。但随着与国外交流机会的增加，"拿来主义"的做法日益明显，蒙台梭利教学法、多元智能理论、感觉统合训练、高瞻课程、瑞吉欧教育体系……都成了教育机构模仿、使用的对象，甚至出现了追求某种海外经验的潮流。

教育是具有时空限制的文化活动，只要开展教育就不可能回避国情和文化差异。单纯复制、照搬来的做法不但可能"水土不服"，无法引导本土教育的向好发展，还有可能压抑本土的创造。创办既符合幼儿发展规律、教育运行规律，又具有中国特色的学前教育，是我国学前教育研究者、实践者共同面临的问题。一方面，先进的本土化观念需要在既有教育思想和现代学前教育的一般原理上再构，这是理论研究者的责任；另一方面，将外来理论转化为适宜本土的、指导教育行动的观念时，需要实践者的观念重构。

中国特色的学前教育基本观念的形成是一个需要漫长时间的教育文化建设过程，既需要坚定的信心，更需要笃定的耐心。这主要是由于，长期以来，我国的学前教育研究理论体系薄弱，很多基本概念尚未澄清，学理性程度还有待提高；实践中，人们多模仿甚至抄袭他人的操作性经验，关注"怎么做"，而忽视"为什么做"；而自身的不足，又加强了我们对国外经验的倚重。所以，基本观念上的"中国特色"，并不否认、抛弃学前教育的世界智慧，相反，要更深入地、联系地研究有影响的国外学前教育理论，把握其理念要义，为本土建构提供滋养。同时，应扶持国内的基础理论研究，鼓励对那些看似已盖棺定论、实则缺乏本土证据与理性考量、对学前教育发展具有重大决定作用的基础性问题开展系统研究。

幼儿园课程 70 年创新求变多元发展[①]

幼儿园课程建设与改革的发展历程表明，生活化、游戏化和整体性在幼儿园课程中的远离或趋近，一直是 70 年来幼儿园课程研究的重要内容，尤其是近 30 年来的核心主题。系统性的综合课程、横向联系的领域课程，以及介于两者的中间形态，是当今幼儿园课程努力的方向。幼儿园课程结构的完善、课程各部分整体性和联系性的增强，应成为课程政策与课程改革的重点。

幼儿园课程是学前教育事业改革和发展中极其重要的内容。新中国成立 70 年来，我国幼儿园课程经历了从简单模仿到规范创新的发展历程，逐步勾勒出创新多元的新局面。幼儿园课程每次的变革都带有深深的时代烙印，课程实践模式不断涌现，课程理念不断孕育更新。

一、幼儿园课程概念经历了从消失到复归的演变

我国幼儿园教育的历史已有百余年，幼儿园课程实践自始至终都是绕不开的议题。但在我国学前教育政策文件、学术和实践领域，对幼儿园课程概念的运用情况不尽相同。幼儿园课程概念在消失和复归中，内涵也得到了充实和丰富。

国民政府教育部于 1936 年修正的《幼稚园课程标准》中出现了幼儿园课程一词，这是我国学前教育政策文件中唯一提及幼儿园课程的文件。

---

① 本文原载于《中国教育新闻网—中国教育报》2019 年 10 月 20 日，作者张帅、虞永平。

在此之前，往往使用条目、课目等指称课程。新中国成立以来，国家政策文件很少使用幼儿园课程一词，而各级地方政府出台的政策文件却时常采用这一术语。在学术和实践领域，从20世纪20年代开始，幼儿园课程一词频繁出现成为重要词语。薛中泰在1920年《中华教育界》第十卷第五期介绍南京高等师范附属小学幼儿园的文章中明确使用了"课程"和"幼儿园课程"的概念，并将课程与儿童的动作和经验联系起来。陈鹤琴、张雪门等对幼儿园课程研究和实践具有重要贡献的教育家，也都曾在出版的专著、论文中专章论述幼儿园课程。

20世纪50年代，广泛学习苏联学前教育模式，苏联教学话语占据主流，课程一词在政策文件、学术界和实践领域均消失了。1952年颁布的《幼儿园暂行规程草案》指出，幼儿园教养活动项目包括体育、语言、认识环境、图画手工、音乐、计算等。幼儿园课程被看作是各门科目的教学及进程安排，强调系统知识的授受。20世纪80年代，随着改革开放以及幼儿园课程改革的深入，幼儿园课程一词重新回归学术界和实践领域。1982年南京师范大学赵寄石和唐淑两位教授在《挖掘幼儿智力潜力促进幼儿智力发展》一文中重提"课程"。幼儿园课程这个术语的复归，表现出幼儿园教育改革开放的多元化，展现了学前教育的生机与活力。

复归后的幼儿园课程在内涵上依然囿于学科界定的范围，但新的内涵也在孕育生成，由强调单一科目转向强调整体结构，开始关注各科目之间的相互关系。20世纪80年代末，以学科界定幼儿园课程的局限性逐渐暴露，幼教人员开始由学科视野转向活动视野，如认为幼儿园课程"广义是指为实现幼儿园教育目标而组织安排的全部教育活动，或指规定的全部教学科目及其目的、内容、范围和进程的总和"。这种界定虽未完全摆脱课程即科目的观念，但却扩大和丰富了幼儿园课程的内涵。20世纪90年代以来，对幼儿园课程的理解更是呈现出多样化，幼儿园课程的"经验说""活动说""经验—活动说"开始逐渐取代"科目说"而占据主导地位。学前教育领域对幼儿园课程实质的认识，经历了从"学科"到

"经验",从重视"教育者"到重视"学习者"的转变。幼儿园课程的内涵也实现了从分科到综合、从结果到过程、从静态到动态等的变化过程。

二、幼儿园课程改革逐渐从模仿借鉴走向规范创新

新中国成立初期,受苏联学前教学中强调系统知识、主张儿童全面发展等思想的影响,体智德美各方面知识的传授成为当时幼儿园主要的教育任务,苏联分科教学模式引入我国。

1952年《幼儿园暂行规程草案》《幼儿园暂行教学纲要(草案)》的颁布与实施,确立了幼儿园实行学科课程和系统分科教学的思想。幼儿园形成了以作业和游戏为主的教学形式,以教师为主导的作业教学成为20世纪五六十年代学前教育的显著特征。1960年以后开始批判苏联修正主义,幼教工作者逐渐基于本土情况进行幼儿园课程实践。但是由于对苏联理论把握不准确,幼儿园课程存在内容割裂、模式单一等问题,发展偏离了苏联轨道。

改革开放以来,幼儿园课程进入恢复改革期,开始由统一化走向多元自主化。1979年教育部颁布了《城市幼儿园工作条例(试行草案)》重新强调幼儿体智德美的全面发展,规定保教结合,开展游戏和作业。1981年颁布了《幼儿园教育纲要(试行草案)》,并根据此纲要进行教材编写。1983年出版了新中国成立以来第一次全国统编幼儿园教材。

随着西方儿童教育理论的涌入,幼儿园课程的多样化发展成为需求。1983年"幼儿园综合教育结构的探讨"、1984年以常识教育为中心的"幼儿园综合教育"实验,开创了20世纪80年代幼儿园整体改革的先河。全国各地迅速展开了主题教育课程、活动教育课程和发展能力课程等,形成了多种课程形式并存的格局。1989年《幼儿园工作规程(试行)》颁布,更是从政策层面强调游戏价值、关注活动过程、尊重儿童主体地位,倡导幼儿园课程模式的多样化。

20世纪90年代后是幼儿园课程规范创新发展时期。前期幼儿园课

程改革围绕《幼儿园工作规程（试行）》的贯彻和落实展开，经过六年试行，国家教委于1996年正式颁发了《幼儿园工作规程》。《规程》中用"活动""引导"等词取代了"上课"，体现了课程观念的转变。90年代中后期的幼儿园课程改革更加凸显幼儿主体地位，注重课程内容的整合。

21世纪以来，幼儿园课程呈现出创新求变多元发展的新局面。2001年教育部颁发了《纲要》，将原来八方面的教育内容融合为五大领域，"指导""帮助"等词的反复运用，彰显出对幼儿主体地位、教师主导作用的关注。随着对《纲要》精神的学习与贯彻，课程改革实践的广度和深度不断推进，主题探究活动课程、渗透式领域课程等成为21世纪本土化幼儿园课程实践的代名词，均体现出关注幼儿的经验、兴趣，注重课程情境动态变化等特点。2012年《指南》的颁布，不仅为教师和家长有效进行教育和育儿工作提供了指导，也为新时期幼教改革提供了政策支持。随后，以江苏省"幼儿园课程游戏化建设"为代表，新一轮幼儿园课程改革实践在全国展开，学前教育向着公益、普惠、有质量的方向发展。

三、生活化、游戏化、整体性成为幼儿园课程的核心理念

幼儿园课程建设与改革的发展历程表明，生活化、游戏化和整体性在幼儿园课程中的远离或趋近，一直是70年来幼儿园课程研究的重要内容，尤其是近30年来的核心主题。

发现儿童生命成长的基本逻辑，站在利于儿童生命成长的立场上与儿童共同建构幼儿园课程，是学前教育的基本任务。完整生命的孕育离不开完整的生活。儿童的生活是整个的，不该被肢解与分割，这应是幼教工作者的基本信条。幼儿教育回归幼儿生活的具体体现是幼儿园课程生活化。课程生活化不是将课程等同于生活，其本质在于通过课程，使幼儿在真实的、可感知的、属于自己的、能够彰显主体性的环境中生活和学习，使幼儿的需要、兴趣、潜能得到充分发挥，使幼儿的生命更具

活力，更有力地成长。

　　幼儿园课程游戏化既是一种理念又是一种实践，既关注幼儿系统经验的获得，又强调遵循幼儿天性和身心发展规律，既要将内容逻辑与生活逻辑紧密结合，又要将幼儿学习与游戏有效衔接，让课程的开展充满游戏精神。强调课程游戏化是为了回应幼儿园课程实践中存在的"小学化"倾向、课程异化以及幼儿园教育质量低下等问题。

　　幼儿是个整体，身心相互关联，因此，幼儿园课程也应是整体性的。系统性的综合课程、横向联系的领域课程，以及介于两者的中间形态，是当今幼儿园课程努力的方向。幼儿园课程结构的完善、课程各部分整体性和联系性的增强，应成为课程政策与课程改革的重点。幼儿园课程需要关注不同领域间的相互渗透与融合，也就是保持幼儿园课程的自然特性，维护课程中的基本联系线索，注重不同课程领域之间的有机联系，实现课程的有机整合。这一整合过程，涉及课程观念、目标、内容和资源、实施方法和手段等诸多因素的整合，最终指向幼儿的整体发展。整体性强化了幼儿园课程的特质，是幼儿园课程的应有之义。

第五章

课程生活化、游戏化

再谈幼儿园课程的生活化和游戏化[①]

2000 年，我申报了全国教育科学"十五"规划课题"幼儿园课程的生活化、游戏化研究"。当初报这个题目的主要原因是看到了一些地方幼儿园课程建设中存在的一些问题，诸如教育活动以教师为中心，儿童常常处于被动的状态；课程忽视儿童的现实生活，过于在意文本和符号，忽视感性的现实；儿童自由游戏的时间常常被剥夺，班级以集体教学活动为主；儿童的活动枯燥、单一，主动性、积极性没有充分调动，活动没有情趣；儿童的需要和兴趣没有被充分关注，儿童投入不够等。当时，我们课题组提出幼儿园课程要回归生活，要高度重视游戏，要让课程、生活与游戏相互融合。我们把幼儿园课程改革的基本方向确定为幼儿园课程的生活化和游戏化，这里的"化"既是相互融合、相互支撑，发挥各自作用的意思，也意味着这不是文本改造就能解决的，而是一个持续的实践的过程。为此，我们在全国选择了部分幼儿园开展实践研究，并形成了课程改革的基本理念和思路，也取得了一定的实践成效。20 多年过去了，随着《规程》《纲要》和《指南》不断落实，审视今天的幼儿园课程，上述的很多问题都得到一定程度的改善，但是并不是所有问题都得到了根本的解决，有些问题依然很严重，迫切需要下大力气从根本上解决。十九届五中全会提出，我国已经进入高质量发展阶段，要建设高质量的教育体系。我们认为学前教育的高质量发展，必须坚持以《规程》

[①] 本文原载于《幼儿教育》2022 年 8 月。

《纲要》和《指南》为指导，聚焦现实问题，坚持科学的教育观、儿童观和课程观，深化幼儿园课程改革。在此，我从继续推进幼儿园课程的生活化和游戏化两个维度，谈谈自己的认识和幼儿园课程改革的粗浅思路。

一、幼儿园课程的生活化

幼儿园课程是指幼儿园中儿童获得有益经验的各种活动。一方面，这些活动有些是由教师加以组织的，具有更强的计划性和目的性；有些是儿童自发的，但与儿童在家庭的自发活动不同，由于活动发生在幼儿园环境中，因此，时空、材料、规则和氛围都具有教师准备和引导的性质，不同程度上反映了教育的意图。因此，这类活动也具有一定的计划性和目的性。儿童的自发游戏就属于这一类。也就是说，课程总是与一定的目的联系在一起的，总是可以获得新经验的，只是活动的发起者有所不同，获得的有意识程度不同，获得的经验也有所不同。从这个意义上说，幼儿园中无论是什么类型和性质的游戏，都或多或少具有获得新经验的可能，都埋藏了一定的目的和意图，都具有课程的价值，这是与家庭等其他场合的游戏有所不同的。当然，幼儿园课程也是与儿童的生活紧密相连的，是渗透在儿童的生活之中的，生活过程与课程实施的过程经常相互融合。另一方面，幼儿园的课程实施过程就是儿童在园生活的重要组成部分。对儿童来说，他们的童年生活主要就是由家庭生活、幼儿园生活和部分社区生活构成的。其中幼儿园生活占据了大量的时间，尤其是在我国全日制的学制下更是如此。在幼儿园生活中，包括了儿童的日常生活（满足各种生理需求）、学习、游戏、运动、交往等活动，每一种活动都是儿童幼儿园生活的重要组成部分，这些活动渗透了各种课程的目标。在这些活动中，儿童都不同程度地具有获得经验的机会。因此，儿童大部分的活动都是与课程的实施有关的。可以说幼儿园课程本来就是生活化的，这是幼儿园课程的重要特质。而儿童的生活是具有游戏意味的，是充满了游戏的，儿童具有将生活渗入游戏的强大能力。因而，幼儿园课程也是游戏化的。幼儿园课程的生活化和游戏化是相互统一的，它们的基础就是儿童的身心发展规律，就是童年的本性，从此意义上说，一切真正从儿童出发、能充分满足儿童兴趣和需要的课程，一定是生活化和游戏化的。

幼儿园课程的生活化是针对幼儿园课程符号化、书面化、固定化和无趣化而言的。20世纪七八十年代，幼儿园课程小学化现象严重，一些幼儿园的课程实践不能真正让儿童成为学习的主人，儿童的主动性、积极性不能得到充分发挥，要改变注重数字和文字，忽略现实生活中的问题和事实；要改变教师说教，儿童被动接受的现象；要改变活动单调无趣的现象，那就要让幼儿园课程回归生活。3—6岁儿童的身心发展规律和学习特点决定了他们还处于具体形象思维阶段，他们是通过亲近自然、融入社群、积极运动、直接感知、实际操作、友好交往、活跃思考、创造表达、投入游戏、亲身体验等方式来学习并获得直接经验的，这些就是儿童现实的生活，才是幼儿园课程应有的历程和形态。因此，幼儿园课程的生活化就是要让幼儿园课程回归儿童自己的生活之中，用适宜于儿童身心发展规律和学习特点的方式去学习和发展。这也要求教师关注和研究儿童的生活，理解儿童的生活，努力与儿童共同生活，与儿童一起创造更加丰富多彩、生动有趣的生活。

生活化是幼儿园课程的重要特质。幼儿园课程生活化就是让幼儿园课程回归本源，从文本和符号中解放出来，从接受和模仿中解放出来，让儿童真正成为主动的经验获得者，让儿童对幼儿园课程有更高的兴趣和热情，更积极地动用自己的多种感官去与周围环境相互作用，获得更多丰富的、综合的直接经验。因此，幼儿园课程的生活化不是要把生活简单等同于课程，更不是将日常生活环节改造成有目的、有计划的教学活动。幼儿园课程生活化就是要让幼儿园课程更贴近儿童的生活，更贴近感性世界，更符合儿童成长的需要。对儿童来说，有利于其生命成长的一切活动都具有生活的意义。生活就是为生命成长和延续而展开的一切活动。幼儿园课程要突破"教室""上课"等框框，尤其是冲破"灌输"和"训导"的束缚，充分利用各类活动对儿童发展的价值，要抓住一切有利于儿童获得新经验的机会。因此，幼儿园课程生活化不是简单地将现实的日常生活等同于课程，也不是要把课程都全部融入日常生活环节之中。很显然，幼儿园课程生活化所指的生活不只是满足生理需要的饮食、睡眠、休息等环节，而是儿童更加广泛和综合的活动。日常生活有可能给儿童带来新经验，但也并不是所有生活环节都具有课程的意义。一个大班的儿童每天午睡时间熟练地穿脱衣服，这是其日常生活的重要组成部分，也是其在小中班不断经历和练习的结果。对大班儿童来说，这并没有什么新的经验。因此，没有多少课程的意义。对小班儿童可能课程意义更大一些，因为大部分儿童可能自己穿脱衣物的机会不多，很多动作还不熟练，不同季节的衣服穿脱都有一个学习的过程，都与一些动作的发展有关联。因此，一个生活环节是否具有课程的意义是因儿童发展的状况而定的。从更深入的意义上说，也是根据个体的发展状况和具体的情境而定的。不是所有小班儿童都不会穿脱衣服，这跟家庭的生活引导和儿童的生活能力有关。也不是所有大班儿童都会穿脱衣服，这也要看是什么样的衣服、儿童的家庭生活和个人穿脱衣服的能力。从这个意义上说，"一日生活皆课程"既有道理，也不尽然，要从个体、生长环境和现实情境等方面具体分析。

儿童有意愿和能力选择自己的生活，选择自己喜欢的角色，从事与角色关联的活动。布朗芬·勃伦纳认为，在人类发展生态学中，微观系统是儿童主要的和直接的生活环境。在微观系统中，儿童承担的角色越丰富，其与他人的关系也越丰富，从事的活动也越丰富。因此，在现实生活环境中，儿童生活的丰富性和获取新经验的可能性经常是与他们的角色承担紧密相关的。无论是儿童真实承担的角色还是扮演的角色，都对儿童的活动以及与事物和同伴的关系具有重要的影响。从这个意义上说，丰富角色承担的机会，就是丰富儿童的生活，也是丰富儿童的活动和经验。多样化角色的承担需要开放的时间和空间，需要灵活合理的规则，需要教师适宜的支持。

　　从生活的意义上看幼儿园课程，我们可以发现，儿童的生活不完全是由计划决定的，因为儿童的生活在基本秩序和节奏的背景下，是流动和变化的，客观事物和儿童的兴趣、需要都是影响生活进程的重要因素。幼儿园课程不是像中小学课程一样按照铃声来实施的，而是按照儿童心灵的自然节奏，按照活动的达成度来进行的。儿童在活动中达成内心的目的并获得经验十分重要。因此，活动的结束不是一个点，不是几分钟的临界线，而是一个儿童可以自己掌控的一个时间段。儿童之间的行为可以有先后，不需要完全统一步骤。幼儿园不完全由教师事先确定的计划决定儿童的行动，应该由儿童的行动过程决定儿童行动的时间和方向。让课程真正成为儿童自己的活动，成为儿童可以参与调控的活动，成为儿童自己的生活。从生活的意义上看幼儿园课程，儿童的生活也不完全是由结果决定的，儿童的生活在于过程，在于体验，在于经验的获得，而不一定是实际的结果。一群大班儿童经过激烈的讨论，决定尝试未曾经历过的种植甘蔗。从讨论、找种子、定位置到实际的种植、管理、观察、测量、统计、写生等活动儿童都高度投入，有成功，也有失败。儿童也知道，等甘蔗成熟的时候，他们已经在小学了，他们没有因为看不到结果而降低活动的兴致，他们始终处于热情、投入和负责任的状态中。直到把这块田地管理和照护的任务交代给中班的弟弟妹妹。这群儿童投入的是这个过程，在这个过程中，他们获得了多方面的新经验。这也成了他们难以忘怀的童年生活。这就是活生生的生活化的课程。

　　从生活的意义上看幼儿园课程，还意味着儿童的生活不完全是在教室内实现的。幼儿园室内外都是课程实施的场所。所以，幼儿园把室外空间称为户外活动场地。户外活动是幼儿园课程的重要组成部分，也是儿童经验的重要来源。园外的社区生活也是课程内容的重要来源。从这个意义上说，规划户外环境，就是规划儿童的生活，也是规划幼儿园课程。要从儿童多样化的生活需要出发规划幼儿园的室内外空间，充实环境和材料，充实多样化的活动可能，让儿童在与环境的互动中获得丰富的、多样化的经验。因此，要让课程更好地反映儿童的兴趣和需要，就必须拓展儿童的生活空间，丰富活动材料，增加儿童的活动机会。打破室内学习，室外课间休息的小学化惯例。在幼儿园，户外活动场地上随时随地有儿童在活动是正常的现象。儿童对环境中各种生命及其生长环境的观察、记录和思考是重要的学习，亲近自然是获得经验的重要途径。一个室外资源丰富的幼儿园，就应该处处、时时看得见儿童，让儿童感受日月星辰、雨雪风霜、鱼虫鸟兽、花草树木，不断丰富和拓展儿童的经验。这就是儿童真实的生活，让儿童在生活中学习，在生活中成长。离开现实的客观事物和情境，仅仅通过教师的讲解，儿童难以获得真实的经验。有的幼儿园鼓励儿童观察幼儿园里的一草一木，儿童记录了春天开花的很多花草，比较这些小花颜色、形状、数量的不同，关注这些花朵是否都会结出果实。这是教室里无法实现的学习，是观察、比较、记录、讨论、统计等一系列综合学习的过程，儿童所获得的经验对于他们未来的学习和发展具有重要的奠基作用。

社区生活是儿童现实生活的重要组成部分，也是幼儿园课程的重要来源之一。儿童生活空间的拓展也应该包括向社区空间的拓展。儿童对居民小区这种生活场景并不陌生，在教师的带领下，儿童参观社区，能形成自己关注的重点。无论是民居还是店铺，桥梁还是房屋，政府机构还是其他公共设施，都可能引发儿童的兴趣。一条挖开的城市管网沟渠，就能让儿童驻足很久。各种线路、管道纵横交叉，还有枢纽和仪表，它们有各自的用途，跟人们的生活紧密相关，儿童充满好奇，有无数的问题，生发无数的经验。一个小小的食品店铺，儿童会关注食品是怎么生产的，用什么材料和工具生产的，有哪些技术和工艺，是什么味道，需要多少钱等，这里也蕴含了很多的经验，需要进行深入的观察甚至尝试，也是书本和视频很难给予儿童的。其中，儿童与社区人员的交往是重要的学习途径。在交往的过程中，儿童了解了不同职责的社区人员，了解了不同的工种，以及他们的工作内容，对人们生活的贡献，对社会生活形成了更加丰富的理解。

幼儿园课程空间甚至可以向更加遥远的空间拓展。关注国内外更多的地方，了解这些地方的风土人情、特色产品、地方文化、风景名胜等。有的幼儿园在寒暑假结束后，会组织一个惯例性的活动，让儿童把假期的外出经历带到幼儿园，无论是在本地，还是外地，甚至国外，都可以向同伴们介绍。介绍时可以在地图上寻找位置，出示保留的车票、门票及其他票据，拍摄的照片，自己画的相关图画，有关纪念品等，也可以讲述旅行过程中有趣的经历，遇到的困难和问题，其他儿童也可以提问，了解自己想了解的内容。这种相互之间的讲述和展示，具体、形象、生动，拓展了儿童的认知空间，丰富了儿童的生活感受，也使儿童获得了很多新的经验。到了大班阶段，很多儿童都有关注其他国家和其他文化的愿望，但能去国外的儿童毕竟是极少数。教师可以通过家长来拓展儿童的认知空间。如一个家长在群里提到自己要去非洲，不能参加班上要开展的亲子活动了。老师就告诉儿童："有一个小朋友的爸爸要去非洲两个星期，你们想知道一些什么呢？能不能让这个爸爸帮助我们了解一下这些问题，回国后来班上给大家介绍一下。"带着儿童的重托，这个家长收集各种票据，购买了一些有特色的纪念品，还有大量的照片和视频，甚至还有几个很有特色的玩具。回国后他带着这些东西，还带了一个地球仪，来到班级，那半天班级里的好奇、问题、兴奋、尝试的热情是可想而知的。儿童从这个家长生动、具体的叙述中，了解了一个不一样的国家，知道了一些动物的生存环境，了解了一些风土人情，大大拓展了自己的认知世界，了解了另一种生活和文化，从而充实了自己的生活。有一个儿童问了这个家长一个问题："你比去非洲前黑了吗？是不是非洲的温度很高，会把人晒黑了"。当他得知非洲的夏天温度并不很高，看到了家长对半个月温度的记录，终于明白了，黑人不是晒黑的，而是一个人种，黑人在很冷的地方还是黑的。就像我们，不管在南方还是北方，都是黄种人。

总之，对于幼儿园的儿童来说，要拓展他们的生活空间，丰富他们的生活体验，让他们感知周围的生活设施、生活现象、生活事件，充实他们的生活活动。引导儿童在观察、交往、尝试、体验的过程中不断思考，不断充实对周围生活世界的认识和体验，提升自己的生活能力。

二、幼儿园课程的游戏化

在儿童的生命成长历程中，最不需要激发和督促的是游戏，在当今大部分地方，儿童对游戏的渴望往往胜过饮食。儿童有天生的生理和心理需求，它们满足儿童机体和精神的成长需要。教育家陈鹤琴说，儿童是好动的，是喜欢游戏的。的确，儿童是游戏大师，他们会将生活中的很多事转化为游戏，儿童有天然的游戏生发能力，他们在玩中做，玩中乐。愉快、积极的体验是影响行动过程和成效的关键。从这个意义上说，游戏是儿童重要的和基本的活动，没有游戏，他们就失去了生活的趣味。从这个意义上说，儿童已经将生活游戏化了，他们有将游戏融入一日生活中的能力，饮食、穿脱衣物、走路、交往等过程都有可能被儿童深入游戏的意味。因此，儿童的生活充满了游戏的过程，因而是趣味的、生动的和充满魅力的。儿童生活着，也游戏着，他们的成长伴随着生活和游戏。游戏在儿童的生活中具有很重要的分量，是儿童生活的核心特质。

课程游戏化是针对幼儿园课程的僵化、呆板、无趣和低效的现象而言的。在有些幼儿园中，课程背离了儿童身心发展的规律和学习特点，尤其是缺乏自由游戏，课程中不能充分体现游戏精神。也就是说，是幼儿园课程的内容和实施有问题，需要改造课程，让幼儿园课程回到应有的状态，让幼儿园课程真正符合儿童生命成长的节律。在幼儿园教育实践中，部分教师对游戏的价值认识不足，没有充分理解游戏对儿童发展的意义，没有充分认识到游戏在儿童发展中的地位和作用。因此，常常用所谓的学习活动侵占儿童自由游戏的时间和机会,儿童难以在游戏中获得童年应有的快乐感受。幼儿园课程游戏化没有否认游戏的作用和价值,恰恰相反,幼儿园课程游戏化充分确认和肯定了游戏对于儿童生命成长的意义,并且充分强调要维护儿童游戏的权利。

幼儿园课程游戏化不是要把所有课程转变成游戏。课程和游戏既有联系,又有区别。课程是实现教育目的的手段,是多样化的、适合儿童身心特点的活动,包括一些游戏活动。总体上看,课程总是有特定的目标的。课程目标是课程的基本要素,课程的内容、实施、评价等要素都是围绕课程目标发挥作用的。课程与游戏是不能画等号的,有些课程模式成为游戏课程,也就是说游戏成为课程的主要内容和课程目标实现的主要途径,但还是能看出游戏与课程不是完全等同的,甚至有些游戏被赋予课程目标了。很多国家有幼儿园课程标准、教育指南之类的文件,解决的主要是课程问题,尤其是儿童发展什么和怎么发展的问题,往往涉及课程的目标、内容和实施途径等问题,但很少会对游戏做这样的规定。这是由游戏的性质决定的,更多的是倡导游戏,倡导对儿童游戏权利的尊重。游戏的定义不同,游戏的内涵也不同。游戏的目的经常在儿童自身,尤其是自由游戏,游戏的意义在游戏之中。从目的性的意义上说,不同的游戏也是有区别的,不能一概而论。总体上说,游戏更应强调儿童自身的目的,更应强调与儿童兴趣和需要的相容性。

游戏是儿童生活的重要内容,也是儿童在幼儿园的基本活动。所谓基本活动,是指幼儿园中经常发生的,最符合儿童内在需求的,最能反映儿童现实意愿的,与其他活动具有最大相融性的,对儿童的成长和发展具有重要价值的活动。儿童的游戏几乎融入儿童一日生活的所有环节之中。课程是儿童生活的重要组成部分,因此课程和游戏就是紧密相融的。所有的课程都有融入游戏的可能。这也是幼儿园游戏有别于其他阶段游戏的重要特点。

幼儿园课程游戏化是幼儿园课程能带给儿童特殊的体验和收获,能激发儿童广泛的学习可能。这种体验和可能的核心就是游戏的基本精神——自由、自主、愉悦和创造。这意味着良好的幼儿园课程应该具有游戏精神，在充分激发儿童天性的同时，应该让儿童学习和尝试解决现实活动中出现的问题，协商制订和内化规则，不受过多的人为束缚，能悠然、自在地参与活动之中；儿童有活动、材料、伙伴等的选择权，能充分展开自己喜欢的活动，对活动的进程和方式具有决定权，有明确的存在感；儿童在活动过程中和活动成果中能感受到愉快和舒适，有积极的情绪体验；儿童的精神得到放松，创造潜能得到充分的激发，思维活跃，有敏锐的问题意识，能创造性地考虑问题和对策。这种状态就是充分游戏的状态，是对周围的环境、事物和现象高度敏感的状态，对儿童来说也是有效学习的状态，是具有获得新经验的无限可能的状态。是什么让儿童处于这样的状态，那就是自由、自主、愉悦和创造的游戏精神，这种精神是儿童充分游戏的重要支撑，也使儿童在游戏中获得真实的和多维的体验。因此，当游戏精神融入幼儿园课程，当儿童与同伴、环境、材料等因素在自由、自主、愉悦和创造的游戏精神下相互作用，那么有意义的学习就会发生，儿童也必定会不断获得新的经验。所以，从根本上说，幼儿园课程游戏化就是对课程的反思和改革，重点是深化游戏对儿童发展价值的认识，让儿童更多享有自主游戏的权利，在教师组织的活动中更多地采用游戏的方式，在一日生活的各类活动中充分渗透游戏精神，让幼儿园课程更生动、更有趣，更能引发儿童的热情和投入，更有效地促进儿童的发展。

三、如何实现幼儿园课程的生活化和游戏化

实现幼儿园课程的生活化和游戏化是学前教育高质量发展的重要路径。如上文所述，幼儿园课程的生活化和游戏化关注的是课程中存在的不同问题，这些问题不是孤立的，而是相互关联的，有些问题是两者共同关注的。如果这些问题不能得到充分解决，势必会影响教育质量，影

响儿童的发展。高质量的核心是教育过程中的相关要素，如教师以策略、材料、规则、氛围等，最大限度地支持和促进儿童的发展。支持和促进的前提是对儿童生活现实发展状况和需求的充分把握，对儿童身心发展规律的充分把握，对儿童学习特点的充分关注，尤其是对儿童在特定情境中的行为充分观察和分析，理解儿童的现实需要和可能，做出适宜儿童现状的反应，以促进儿童的活动。因此，灌输训导、单调贫乏、严管高控、放任自流都是阻碍儿童获得新经验的，也是阻碍学前教育高质量发展的。

幼儿园课程的生活化和游戏化不是排他的选择。依据幼儿园教育的现实问题，依据不同的理论，依据改革者的知识和实践背景，可以从不同的视角讨论课程改革的思想和路径。幼儿园课程生活化和游戏化是特定时期、特定背景下的一种解决问题的思想和路径选择。要实现幼儿园课程的生活化和游戏化，应切实关注以下三个基本问题。

首先，要形成对幼儿园课程、游戏和儿童生活的基本立场，厘清它们之间的关系。用理性的眼光去看待这些基本概念和内涵。既要避免内涵、外延无限放大，也要避免只见树木，不见森林。要看到现实的教育情境的多样性和复杂性。避免课程建设停留于宏大叙事和高歌一曲，要深入到现实的教育情境之中，从事实和现象出发，努力借鉴先进的理论研究成果，要避免思想封闭和刻意排他，要兼容并蓄，博采众长。要实现课程生活化和游戏化，根本的是理解儿童，不同年龄阶段的儿童有不同的行为特点和内心需求，课程的生活化和游戏化要处理的一个核心问题是既要更深入地接近儿童的内心世界，努力去理解儿童的兴趣、需要和学习渴望，解放儿童，满足儿童，促进他们的发展；又要发挥教育机构和教师的作用，提供适宜的课程，满足儿童活动的需要，增进儿童的经验，以实现全面和谐发展。这两个方面本来是统一的，了解和尊重儿童是教育的基础，科学适宜的课程实践是重要的途径，也是让儿童感到愉快、充实的路径。因此，教师要做的重要工作就是让自己的内心"蹲下来"接近儿童，观察和理解他们的心灵世界，与儿童共同生活，和儿童一起共生和经历基于生活、充满游戏精神的生动有趣、富有获得新经验的无限可能的适宜的课程。

其次，要努力提供适宜于儿童活动的环境和材料。我们应该让幼儿园的儿童生活在一个什么样的地方？如何创造一个让儿童倾心的童年生活环境？这是幼儿园课程建设需要考虑的问题。让儿童亲近自然，接触多样化的生命，尝试用多种方式去观察、接触这些生命，关注丰富多样的生命现象，理解各种生命生长的环境条件，用生态的眼光去看待自然界，这应该是我们今天考虑幼儿园环境创设的重要出发点。这无疑能丰富和充实儿童的生活，满足儿童的好奇心和求知欲，让儿童更好地理解与自然的相处之道，获得关心和照料动植物的感受，真正用心去观察、比较、测量、照料、欣赏大自然中的事物。有利于儿童获得新经验的环境还应该具有丰富多样的、可选择的材料。无论是购置的活动材料还是来自现实生活中的材料，对儿童的发展都具有重要的作用。幼儿园应该根据国家的有关要求，配备基本的玩具材料，这是儿童活动的基础条件。同时，现实生活中的多样化的材料也是儿童活动不可缺少的。活动材料应丰富多样，能满足儿童活动和创造的需要；活动材料要分层，能满足不同发展阶段儿童的需要；应可选择，儿童有获取所需材料的机会和权利。当然，儿童活动的氛围也是非常重要的，严控和混乱、无所事事都是不可取的，要真正让儿童成为活动的主体，热情、投入、专注是理想的状态，也是最能显现游戏精神的状态，是真正快乐、充实的童年生活状态。

最后，理解并履行教师的职责。总体上说，在幼儿园课程实践中教师应充分发挥儿童的主动性和积极性，让儿童成为活动的主人，给予儿童与周围环境相互作用的机会和权利。但不要剥离幼儿园的背景谈儿童的活动和发展，不要脱离幼儿园和教育来谈儿童的发展。教育就是引导和促进儿童发展，教育总是有目标的。这些目标会转化为课程的目标，最终成为活动的目标。有些活动的目标是预设的，有些是生成的。幼儿园课程的生活化、游戏化就是要让课程的目标与儿童成长的需要和可能有更高的默契，能焕发出儿童活动的更好的状态，而不是让课程远离教育的目标，远离促进儿童成长的宗旨。因此，不要因为强调儿童的自主性而忽视了教师的作用。任何一个教育机构，教师的作用是不可或缺的，只有教师如何发挥作用的问题，没有教师要不要发挥作用的问题，否则它就不是真正的教育机构。幼儿园课程的生活化和游戏化强调教师发挥适宜的作用，强调教师对环境、活动材料具有重要的规划、设计和供给的作用。强调教师对儿童兴趣和需要的了解应是活动的起点，对儿童行为的观察和分析，是教师做出反应的基础和前提。同样一件事情儿童做不下去了，要看是哪个儿童，他的基础和现实行为，不急于去帮助和指导，有了正确的判断再形成适宜的回应方式。因此，教师发挥作用的重要机制是在问题、目标与儿童能力和基础之间进行系统分析和判断。面对儿童的活动，教师在观察中相随，理解儿童的感受，分析儿童的所为，在必要时提供适宜的支持。

幼儿园课程游戏化实践中如何聚焦问题和解决问题[①]

幼儿园课程游戏化项目是一个由政府推动的学前教育质量工程，是幼儿园课程改革的探索性实践，也是《指南》在江苏省落实的现实路径。如何在不断总结实践经验的基础上，深入推进幼儿园课程游戏化，是我们必须深入思考和努力探索的问题，也是项目取得最终成效的关键所在。幼儿园课程游戏化项目的实施，需要以江苏省幼儿园课程实践中的核心问题为导向，以解决问题、推动发展及提高质量为目的，充分鼓励各地发现关键问题，针对现实问题，透过问题的现象找到问题的本质和根源，寻找解决问题的办法，因地制宜，积极创新，勇于实践，总结经验，反思调整，不断更新观念，不断完善幼儿园课程体系，全面提高学前教育质量，努力实现学前教育的公益普惠和优质发展。

一、课程游戏化项目是以问题为指向的探索

（一）从实践出发，聚焦一般问题

幼儿园课程游戏化项目基于江苏省幼儿园课程实践中的核心问题，是以解决问题为指向的。江苏省是全国最早开展幼儿园课程改革的省份之一。随着国家改革开放的浪潮，赵寄石教授和南京市实验幼儿园的老

[①] 本文原载于《早期教育（教育教学）》2020年9月。

师们，于1983年在全国率先开展了幼儿园综合课程研究，由赵寄石教授和唐淑教授牵头的全国幼儿园课程改革年度学术研讨会又进一步推动了全国幼儿园课程的改革和研究。30多年来，江苏的幼儿园课程改革取得了可喜的成果，有四项课程改革和建设成果获得了国家基础教育优秀成果一等奖，涌现了一大批积极推进课程建设的幼儿园，在课程建设上实现了一些突破，积累了一些经验，为未来的发展打下了很好的基础。但是，幼儿园课程建设领域仍然存在着一些长期难以得到有效纠正的问题，也出现了一些新的问题，尤其是在一些办园质量中等以下的幼儿园中，存在的问题更加突出。在2014年幼儿园课程游戏化项目实施之初，部分幼儿园存在的问题主要表现在以下几个方面。

第一，一些教师的教育观、儿童观和课程观更新不到位，还不能跟上《指南》的要求，还不能真正指导幼儿园课程改革和建设的实践。一些地方不同程度地存在着"小学化"的现象。一些教师对儿童疏于观察，对儿童的需要和兴趣关注不够，很少倾听儿童的心声，注重自己的教学任务，注重讲解，注重课程文本，忽视幼儿的多感官学习，忽视实践过程。

第二，一些幼儿园课程的目标缺乏系统性，存在目标缺失、笼统和过度重复等问题，对儿童的研究不够，目标与儿童的现实不相适应。在课程内容的选择上，存在机械刻板或过于随意的问题，对儿童的现实生活关心不够，不能与周围的现实环境相联系，不能满足儿童的好奇心和求知欲，课程内容缺乏有机联系。

第三，一些幼儿园的环境不符合儿童的身心发展特点，缺乏自然性，还存在一定的安全隐患，无法满足儿童户外活动的需要。幼儿园课程资源不够丰富，材料和设施的数量和质量不能完全适合特定年龄阶段的儿童，对园内外的课程资源缺乏挖掘和利用，儿童自主使用材料的机会还不够充分，区域活动总体上比较缺乏。

第四，一些教师过于在意集体教学，对区域活动和其他一日生活活动关注不够，重视不够。有些教师在教学过程中存在明显的说教现象，儿童学习的主动性和积极性还没有得到充分的调动，儿童学习活动的形式还不够丰富，儿童的自主游戏没有得到充分重视，儿童的学习还不够投入、专注。

第五，一部分教师的专业能力还不强，专业能力发展还不够全面。尤其是观察分析能力、环境创设能力、课程计划能力和评价反思能力还不高，导致课程建设推进慢，课程改革的成效受到一定程度的影响。

针对当时存在的这些问题，幼儿园课程游戏化建设项目确定了有针对性的建设目标和内容，目的是以项目建设推动这些问题的解决，在解决这些问题的过程中增强课程建设的力量，为幼儿园课程建设培养队伍、增加后劲，并加大课程改革的力度，努力做到标本兼治，切实提高课程建设水平。为此，项目培训和现场指导以及年度视导始终紧紧围绕重大问题，通过多种途径和举措，力图确保这些问题逐步得到缓解，直至从根本上加以解决。

（二）从实际出发，聚焦特殊问题

聚焦问题是幼儿园课程游戏化项目推进的重要行动思路，也是工作的着眼点。江苏省的课程建设和发展的水平还具有区域、城乡和类别差异。不同发展水平的区域之间，城市和乡村之间，不同性质的幼儿园之间，课程建设的水平和教育质量不仅存在差异，而且有些差异还相当大。因此，课程建设过程中出现的问题很可能是因地而异、因园而异的，甚至不同的教师也有不同的情况。因此，幼儿园课程游戏化项目的实施，要切实关注不同地区和不同幼儿园的问题在性质、结构上的特殊性和差异性，聚焦真问题、现实问题和对发展形成真正制约的问题。如果全省笼而统之，指向相同的问题，那项目就难以取得应有的成效。聚焦问题要坚持科学导向、审议聚焦和反思行动。

坚持科学导向是指要树立标杆和尺度，这个标杆和尺度的核心内容有三个方面：第一是国家的法规和政策，要坚持把《规程》《纲要》《指南》作为重要的工作指针，努力加以贯彻和落实。正是从这个意义上说，幼儿园课程游戏化项目是江苏省贯彻落实《指南》精神的重要抓手。第二是科学理论，一定要把项目推进的过程当作不断学习的过程，让广大教师具有学习学前教育科学理论的自觉性，真正能用理论武装自己，用理论指导自己的实践工作。因此，在幼儿园课程游戏化推进的过程中，全省组织了广泛的学习活动，推荐了一大批参考读物，也收到了明显的成效。第三是典型经验，在课程改革和建设的实践中，形成了一批成功的实践典型，他们的实践案例和反思总结，是在长期实践和探索中树立的标杆和尺度，对广大幼儿园具有启发和引导的作用。因此，学习实践典型是推动课程改革和建设的重要途径。

审议聚焦是指对特定区域和幼儿园存在的问题进行全面梳理和审议，并由此确定对课程实践具有重要影响的主要问题。用审议的方式聚焦问题，互换立场，互为镜子，深挖问题，有利于凝聚共识，也便于统一行动。审议的基础是经过整理的实践总结、案例、现象描述、各类文本及音像、图片等资料，以及丰富的实践现场观察与积累的资料。审议的过程就是分析问题的过程，即对重点问题表达各自的看法，在充分讨论和分析的基础上，逐步达成共识，实现问题聚焦，形成问题优先清单，为形成进一步的问题解决方案创造条件。

反思行动就是针对问题清单，逐一分析形成问题的原因，寻找解决问题的策略。反思是确定问题原因的关键步骤，教师个人、教育群体、整个幼儿园以及政府主管部门都要进行问题反思。不同层次的问题有不同的产生原因，涉及不同的主体，因此，需要全员都具有反思意识，不回避问题，不推卸责任，客观公正地厘清问题线索，只有这样，才能消除产生问题的根源和土壤。从这个意义上说，反思越深刻，越有利于问题的解决。在现实的教育实践中，问题的根源往往不是单一的，而是很多因素综合作用的结果。因此，解决问题往往需要系统思维和整体考虑，切实形成解决问题的有效策略。幼儿园课程游戏化项目的根本指向就是解决问题，实现新的发展，解决问题需要一个系统的、逐步推进不断深入的过程。

二、解决问题需要积极探索和创新实践

六年来的实践表明，幼儿园课程建设实践中的问题是多样、复杂的。虽然幼儿园课程实践中一些重大的观念问题和实践问题正在逐步得到解决，呈现了明显的转变和改善的状况，但实践中不同层次的问题依然存在，需要我们不断发现问题，不断解决问题。只有这样，才能不断提升教育质量。

（一）查找园级层面的问题

幼儿园层面的问题，是教育实践的基本问题。从本质上说，只有幼儿园层面的问题得到真正的解决，才能推动教育质量的提升。只有幼儿园层面的问题清楚把握了，才有把握区域层面上问题的可能。因此，要高度重视幼儿园教师发现问题和解决问题的能力。发现问题和解决问题是从确立科学理念开始的。幼儿园课程游戏化作为课程改革的项目，其理念已经被广大幼儿园教师理解和接受。这些理念与《规程》《指南》的精神是一致的。正是从这些理念入手，广大教师才意识到现实的教育实践与这些理念之间的距离，才意识到国家法规的很多核心精神还没有真正落实到自己的教育实践之中。因此，确立基本理念，是发现实践问题的前提和基础。在进一步发现新问题的过程中，需要教师进一步加强学习，不断深化对国家法规政策的理解，加深对学前教育基本理论的学习和理解，不断提高发现问题的自觉性和敏锐性，不断发现问题，迎接挑战，深化改革，提升质量。发现和查找幼儿园层面的问题，应从以下几个方面着手。

1.从薄弱环节入手。在幼儿园课程建设的所有工作中，在各项工作的所有环节中，总有相对薄弱的环节。如果这些环节能得以完善和提升，

将进一步提高工作的成效，最终提升教育质量。因此，要在评价总结的基础上，瞄准薄弱环节，寻找造成薄弱的原因，分析具体的影响因素，有针对性地进行改革和完善。如有的幼儿园一到区域活动环节就会出现儿童过度兴奋的现象，而教师在管与不管间也呈现出进退两难的状况，导致区域活动的成效不明显，有些教师自身也觉得不知如何是好。因此，对这个幼儿园而言，区域活动就是一个薄弱环节，应该深入分析，寻找问题的根源，切实在源头上解决问题，从教师观念、指导能力、空间和材料安排等方面深入分析，寻找适宜的举措，真正使儿童专注地投入活动，教师则进退有度，只有这样，才能提高区域活动的成效。

2. 从困难事项入手。在教师需要处理的众多事项中，有些事项如果不少教师明显感觉到有困难，大家为此焦虑，或者经常躲开绕开，那么这些事项必须高度关注，明确难在哪里和为什么那么难。如有的幼儿园不少教师觉得观察记录太难了，一到要交观察记录的时间就愁眉苦脸，有的甚至临时编造，应付了事，根本谈不上让观察记录发挥作用。这是一种现象，那么问题的本质是什么呢？是教师的意愿有问题吗？是幼儿园对教师布置的观察记录的数量太多了？教师们接受过相关的培训吗？教师们实际上感受过观察带来的好处吗？老师们目前的工作方式有可能深度观察吗？在找准根源之后，切实开展培训、教研等有针对性的活动，这样才可能有效地逐步解决这个让老师们感到困难的问题。

3. 从痼疾顽症入手。有些幼儿园的课程实践中存在一些长期以来一直难以解决的问题，大家都意识到，但就是长期一直顽固性地存在着，严重影响幼儿园的课程建设和教育质量。如有的幼儿园长期以来课程动摇不定，经常改弦易辙，积极跟风，让老师们捉摸不定，忙于应付。教师无法真正在课程中融入自己的思想，无法形成真正有效的课程方案，更难以形成课程文化。老师们疲倦、失望，职业幸福感低下，更谈不上创新和进取了。这种现象是一种病态的实践，一定要深入分析内在的原因。这类问题的根源关键在园长，基础问题是园风，缺乏对幼儿园课程和课程建设的正确理解，缺乏民主、有效的交流渠道，缺乏自我纠错的机制。

4. 从意见批评入手。课程建设是一个系统工程，由各方面的人员参加，其中教师是主力军，也是最专业的力量。幼儿园其他工作人员、家长乃至社区人员都可能参与其中，都会对课程建设有深切的感受。如果这些参与者对课程建设过程有一些重要的意见甚至批评，很可能是课程建设过程中出现了问题，要引起重视，认真加以分析，确认问题的本质，并寻找解决问题的途径和方法。如有的老师对长期无休止的加班产生了厌倦，以致对课程建设产生了懈怠。这个问题必须引起重视，因为如果教师失去了热情，课程建设也就失去了动力。一定要思考为什么加班？是否非加班不可？如何提高工作效率？必要的加班如何让教师认同？如何将教师的意见切实加以解决并调动他们的工作热情？

5. 从对照《指南》入手。其实，查到问题最重要的途径就是对照《指南》等法规和政策的要求。在实践中切实衡量这些要求落实的状况，查找不足和漏洞，这是发现问题的最有效方法。无论是日常教育教学、教研工作还是评价都应以法规和政策为指针，努力寻找课程建设中的问题和不足，并通过深入分析，查找原因，采取切实措施，努力解决问题。如对照《指南》，发现有些目标没有得到实现，有些目标过于重复，这势必会影响儿童的全面发展。这就有必要思考对《指南》的学习是否到位，目标制订的要求是否明确，现实活动中的发展契机是否充分利用，不同层次的目标是否有效衔接。由此可见，幼儿园课程建设的基本前提就是加深对国家法规和政策的了解和理解，只有这样才可能充分地贯彻和落实，尽可能减少在课程实践中出现问题。

（二）聚焦区域层面的问题

区域层面上的问题是以幼儿园层面的问题为基础的，是对幼儿园的主要问题进行总结和归纳得到的，是一定区域代表性的相对普遍的问题。

这些问题的解决对整个区域层面的课程建设至关重要。要准确把握区域层面的问题，需要考虑以下几个方面。

1. 要形成总结和反思的有效机制。总结和反思是区域行政管理层面的重要工作环节之一，也是发现和解决区域层面问题的主要途径之一。要在幼儿园全面总结的基础上，发现和梳理幼儿园存在的主要问题，进行区域层面的总结和反思，聚焦共同性的问题。要形成督促和整理幼儿园课程建设情况的制度，组织专业力量，把聚焦区域问题作为一项重要的行政工作任务，切实把握主要问题，深入分析产生问题的根源，并通过多样化的举措解决问题，引领实践。要形成问题公布和研讨的制度，避免用简单的行政决策代替幼儿园之间的研究和讨论，要引导园长们在讨论中认识到问题的危害和根源，能主动提出解决问题的策略和方法，提高其解决问题的主动性、积极性和能动性。

2. 要坚持进行课程评价。加强区域层面的课程评价，是发现课程建设过程中的关键问题的重要手段。在幼儿园课程建设过程中，要引导幼儿园对课程方案、课程实施过程和教育成效进行评价，以发现一些现实的问题。同时在区域层面，可以组织整个区域或者以片区为单位的课程评价。评价工作应以《指南》的要求为指导，每次确定评价的重点，如课程理念的落实、目标体系的建立与实施、课程资源的挖掘与利用、区域活动的规划与组织、活动过程中的合理互动，等等，围绕重点进行深入有效的评价。通过对评价结果的分析，聚焦幼儿园面临的共同问题。通过培训、教研等适当的方式，让教师们参与讨论和分析，寻找问题的根源，努力寻找解决问题的方法。

3. 要充分利用督导结果。督导是人民政府组织的对政府和教育机构办学行为的监督和指导机制。整体性的督导应包括督学和督政两个方面。在督政的过程中也会涉及一些课程建设的区域性问题，但对课程建设的督导主要是通过督学过程来实现的。在各级政府督导报告中，一定会反映一些机构内部或区域层面的课程建设问题，对这些问题的分析，有助于把握一些影响课程建设的关键问题。因此，要形成一种分析和利用督导报告的机制，使督导真正发挥解决问题和改进工作的作用。

4.要以多种方式广泛了解问题。区域层面的问题还来自多方面的信息渠道。教师、家长的主动反映是发现问题的重要渠道，各种投诉、举报和意见建议在合理分析和确认后都具有重要的价值。区域层面也可以以问卷调查、座谈会等调查方式，主动了解广大教师和家长的困难、意见和问题。在此基础上，进行深入的研究和总结，聚焦一些重要的普遍性问题，作为区域重点突破的目标。因此，有必要建立一种区域信息收集的渠道和机制，使信息汇集和分析制度化，推进问题的聚焦和解决。

三、以务实和创新的举措解决问题

发现问题不是课程建设和管理的目的，发现问题是为了最终解决问题。解决问题的前提是认识到问题的存在，问题的性质和问题的根源，在此基础上确定解决问题的方法和举措，并努力推动这些方法和举措的落实。因此，解决问题是一个系统工程，需要有正确的理念支撑，有科学的方法保证，有强大的执行力来推动。

（一）将问题解决纳入工作目标

无论是幼儿园还是县（区），都要高度重视课程实践中存在的问题，把问题解决当作课程改革和发展的机遇。在清晰把握主要问题和核心问题的基础上，将问题的解决纳入工作计划，根据问题的性质和解决的复杂程度，决定纳入年度计划、学期计划还是月计划，并加强对落实情况的监督，确保每一个问题都得到有效的解决，并把问题解决的情况纳入工作评价和总结的内容之中，努力形成一个发现问题、分析问题、解决问题和评估问题解决情况的工作系统。只要坚持不懈瞄准问题不放松，就一定能实现课程建设的新突破，并逐步减少新问题的产生。有些幼儿园和县（区）之所以问题常在，建设进展不快，成效不显著，根本的原因就是缺乏问题意识，缺乏解决问题的决心和行动。

（二）鼓励探索解决问题的方法和策略

幼儿园课程建设过程中的问题是复杂多样的，有些问题的解决需要长期坚持不懈的努力。如有些地区教师的工作热情很高，但活动过程中有很多背离国家法规政策的行为，教师努力了，但改进不大。这就涉及问题的根源问题，如果是无证教师比例较高，没有接受系统的专业能力训练，其专业素养无法满足课程建设的需要，那就必须下决心进行长期的、有效的培训，提高教师的素养。有些问题涉及政策和制度问题，比如一些教师之间配合有问题，还有一些教师不愿意更多的付出，深究原因，其实与教师队伍没有实现同工同酬有关，同样的劳动和付出，有些教师的收入仅仅相当于另一些教师的一半，这是政策和管理造成的问题。当然，课程建设大量的问题是具体的教育过程中的问题。无论哪一类问题，在判定原因的基础上，都要形成有效的方法和策略，鼓励方法和策略上的探索和创新。问题的解决需要行政、教研、教学、管理等各方面人员的协调努力，在找准根源的基础上，要责任到人，建立相应的督查制度，确保问题的解决。

（三）在解决问题的过程中寻找新的发展和突破

解决问题的过程是推动发展的过程，是教育和警示的过程，也是专业提升的过程。在发现问题、分析问题、确定解决问题策略并实施的过程中，需要充分提升相关人员的专业素养，需要强化行政和管理人员的专业意识和管理水平，因此，问题解决过程的成效是多方面的，重点是问题得以解决，核心是提升专业素养，防止类似问题再次出现，形成对相关问题的防御机制，这就放大了问题解决过程的成效。但不是所有问题的解决都能达到这个成效，如果面对问题，只关注现象，不触及本质和根源，没有对问题有深入的认识和反思，那么现象的改变就不一定意味着问题的解决,相反,很可能隐藏着不断出现新问题的隐患。因此,要努力在解决问题的过程中强化和加固防御机制。例如,前些年班级环境中教师的作品过多,布置位置过高等现象在一些幼儿园总是很难根绝,"给儿童更多机会"和"降一些高度"这样的要求很快被遗忘。原因在于这些要求不是问题的根源,教师也没有完全了解自己的做法有什么不对。因此,简单的口头要求往往很难取得应有的成效。如果让教师问问儿童,在环境中找不到自己的作品是什么感受,让教师体会一下幼儿园橱窗里展示的各类材料总是没有自己的材料会是什么感受,让教师蹲下来仰头十分钟看看墙上的作品会是什么感受,或许教师们就能有深切的感受和体会。由此可见,只有让教师真正去了解儿童的需要,去了解儿童的特点,真正去确立科学的儿童观,才能真正避免这些问题的不断出现。有了科学的儿童观,教师们就能举一反三,明白任何空间、任何活动、任何时间都不能忽视儿童自己的感受,不能无视儿童自己的需要,都应该更多地从儿童的角度考虑我们的教育行为,从而延伸和放大解决问题的成效。

村园的未来不是梦
——课程游戏化项目中的皂河二小幼儿园[①]

一说起村园,很多人可能都会联想到条件差和低质量。的确,我国有相当一部分村园的房舍建筑和师资条件不尽如人意,总体上看,质量处于较低水平。提高村园的办园质量,一直是很多省市政府尤其是县(区)政府关心的学前教育大事之一。江苏省宿迁市湖滨新区皂河二小幼儿园的一个个场景,一个个活动,一个个故事,都让我们对村园有了全新的认识和感受,让我们看到了课程游戏化给村园带来的真切变化,看到了村园里愉快而有意义的童年生活,也树立了我们对村园教育质量的信心。

激发儿童探索热情。走进皂河幼儿园,"追随儿童"四个大字醒目地出现在幼儿园的正前方,这是幼儿园的核心理念,是教师们的自我鞭策,也是对家长的积极引导。院内除了一块人造草坪,还有一大片宽阔的草地,绿草茵茵,充满生机,幼儿在草地上投入地活动,一派生动活泼的景象。院子里有品种多样的树木和花草,有小山涵洞,也有沙池和水池,场地上点缀着鲜花,给人自然清新和美的感受,这是一种养眼、养心的环境,更是一种激发幼儿积极投入、探索发现和充分表达的环境。在舒适的秋风里,幼儿有的在击鼓而舞,有的在钻爬攀登,有的在探索建构,有的在泥塑编织,有的在玩沙玩水,有的在寻寻觅觅,有的在观察绘画,还有的在角色扮演。大家投入专注,情绪愉悦。幼儿正是在这些活动中,

---

[①] 本文原载于《早期教育(教育教学)》2019年11月。

运用丰富多样的资源和工具，不断面临新的情境和问题，不断进行探索、交往和表达，在不断深入的活动中，获得新的经验。这是一个为了儿童的户外环境，是一种能切实满足幼儿发现、探索、交往和表达需要的环境，也是一种能激发幼儿天性的环境。

点燃儿童创造之火。在幼儿园的室内和户外，我们被一幅幅儿童画深深吸引。这些画作透出灵气和自在，透出舒展和豪迈，生动地描画了幼儿园中的各种事物。每一幅画作的用色和笔触各具特色，表现出稚拙又不乏和谐和柔美。在走廊里，活动室里，在户外草地上，不少地方都可以看到正在聚精会神画画的幼儿。幼儿表现出大胆、自信、自如和投入的状态。真无法想象一个村园里的幼儿能在画画过程中呈现出这样的状态。教师无须教画画的方法和顺序，也不必规定画画的主题和要求，教师所要做的就是满足幼儿时间、空间和材料上的要求，欣赏他们，倾听他们，赞许他们。"让幼儿成为学习的主体""满足幼儿多样化表达的需求""让儿童成为创造的主人"等理念在这里得到了真正的落实。家长们怎么能不为自己孩子的创造能力感到惊讶和感动呢。正因如此，家长们真正感受到了幼儿园课程给幼儿带来的发展和变化，更加理解了幼儿园教育的基本理念和目标，理解了课程游戏化的精髓。

丰富儿童活动资源。幼儿是在多感官参与的活动中学习和发展的。丰富的环境和资源是幼儿活动的基础和源泉。皂河二小幼儿园除了丰富的户外环境和资源，活动室内也有丰富的活动资源。走在幼儿园的廊道里，到处可见各种活动材料，秋天收获的南瓜、山芋、菱角、芋头及当地的多种水果，可供幼儿观察、比较、称重、测量及品尝。各种植物的根茎叶随处可见，可供幼儿观察、加工、编织、剪贴。班级里有积木等基本的游戏材料，有多个活动区，区域里有多样化的活动材料，很多是芦苇、蒲草、玉米芯等自然材料，也有一些绳子、剪刀等辅助材料和工具。与主题相关的绘本和其他绘本分别摆放，便于幼儿自取。不少活动桌上，可以看到各具特色的插花，特别是乡村道旁的野花，自然清新、精美雅致，给幼儿一种美好的感受和体验。所到之处，幼儿都愉快而投入地从事着他们的活动。教师的资源意识是幼儿投入活动和获取经验的关键，只有具有追随儿童理念的教师，才能意识到满幼儿的需求、丰富环境和资源，是促进幼儿学习和发展的关键。

开创家园共育新篇。课程游戏化实施之初，有少数乡镇幼儿园反映，最大的阻力是家长。当孩子热衷于游戏，投入各种发现和探索，不再学拼音和开展数学练习时，家长认为孩子没有学到东西，因此，对课程游戏化有一些抵触情绪。宿迁市湖滨新区皂河二小幼儿园为全省树立了一个转变家长认识、引发家长支持的良好榜样。一个村级幼儿园，他们是如何实现家长认识和行动的突破的呢？如何让家长成了幼儿学习和发展的支持者、欣赏者，让家长力量成为与教师同向的推动课程发展的力量的呢？这一方面是湖滨新区政府做出了优质幼儿园帮扶发展的重要决策，让皂河二小幼儿园纳入宿迁市第一实验小学幼儿园的组织架构之中。第一实验小学幼儿园向皂河二小幼儿园输送管理人员，也输送先进的教育理念和管理制度，让教师们的认识和行为实现突破。另一方面是教师们的专业情怀为她们不断专业学习和进取奠定了情感和态度基础。在今天的苏北农村幼儿园，幼儿园教师的待遇还不能尽如人意，教师们之所以能坚守幼教岗位，不断改变自己，用心追随幼儿，深入研究和发现幼儿，努力为幼儿创造良好的学习和发展环境，主要还是因为她们的专业情怀，以及对幼儿和幼儿教育的感情。幼儿的点滴成长是对教师的最大回报，幼儿学习和发展的问题和困难是对教师专业的呼唤。皂河二小幼儿园的教师们就是用儿童学习和发展的现实表现，不断激发自己，鞭策自己。同时，让家长真正理解了游戏是重要的学习，生动活泼、形式多样的学习才是适合幼儿的学习。家长在幼儿成长的具体表现中，理解了幼儿有内在的潜力，有强大的学习和创造能力，教师是引发幼儿深入学习的专业人员。因此，与幼儿园协力共育是家长的必然选择。在第一实验小学幼儿园的指导和帮助下，皂河二小幼儿园形成了积极进取的课程文化，相信这种文化将推动幼儿园的课程持续完善，不断深化和优化。

村园是解决农村入园难、入园贵的重要途径，如何提升村园的教育质量也是需要深入探索和研究的重要课题。四年来，皂河二小幼儿园的变化表明，只要各级政府重视村园建设，采取适宜的政策和措施，我国的村园教育质量一定会得到有力的提升。在各级政府和全社会的关心支持下，高质量的村园这一美好愿景一定会实现。

课程游戏化的意义和实施路径[①]

一、课程游戏化的意图

江苏省从全面提升幼儿园教育质量的角度出发，设立了幼儿园课程游戏化建设项目。课程游戏化是什么？大家可能有疑问。因为过去对这个问题没怎么提过，或者过去课程和游戏是分开提的，当它们组合在一起，大家会有一些不同想法。站在质量的高度，站在儿童获得完整经验的角度，站在儿童身心发展规律和学习特点的角度，我们应该对课程游戏化做出一个回答。课程游戏化项目的推进，最终目的是促进幼儿发展，同时提升教师课程建设的水平，提升课程实践的水平。我们通过提升课程建设水平和课程实践水平，来提高幼儿园整体教育质量。课程游戏化项目推进的过程就是教师成长的过程，尤其是基本的教育理念、教师课程意识、教师的专业水平和专业能力提升的过程。因此，我认为此项目是一个从小的切入点去推动整体幼儿园课程建设的过程。

我把课程游戏化看成一个质量工程，抓课程游戏化这件事不是为了项目本身，而是教育质量的抓手和切入点，这也是当前课程改革和课程建设的突破口。抓课程游戏化最核心的是能让我们的幼儿园课程更加贴近幼儿的实际发展水平，贴近幼儿的学习特点，更加贴近幼儿的生活，更加贴近幼儿的兴趣与需要。因此，不是说幼儿园课程贴一个游戏化的

[①] 本文原载于《早期教育（教师版）》2015年3月。

标签，或者游戏活动多一点就是游戏化了。从整体上提升幼儿园课程建设的水平，提高幼儿园课程实施的水平，提升教育质量，是我们当前面临的最根本的任务。所以理解课程游戏化要从提升教育质量的高度来理解，要从儿童发展上来理解。

高质量的教育有赖于科学的实践，游戏化是科学实践的基本路径和指导思想之一。当我们不能很好地理解幼儿园课程游戏化，我们的科学的教育理念就没有真正确立，《纲要》和《指南》就没有充分地落实。这个课程实践的基本前提要求我们进一步加强对《纲要》和《指南》的认识，把里面的观念统一、融入当前的实践中。所以，我认为课程游戏化也是贯彻落实《指南》的抓手。如何贯彻落实《指南》？可以通过幼儿园课程游戏化这个项目去引领。所以说，课程游戏化不是在《指南》和《纲要》之外另外给大家增加要求，它本身就是《指南》和《纲要》的精神实质之一。此项目推进的过程就是落实《指南》和《纲要》精神的过程。

课程游戏化不是课程改革的唯一路径。课程改革的路径有很多。例如，有些地方提课程生活化，有些地方提课程经验化，有些地方提课程过程化，有些地方提课程情境化。这些提法有相似之处。江苏省选择的是课程游戏化，这一切入点比较适合当前幼儿园教师认知水平，较容易与实践靠近，这也反映当前课程实践中基本的问题和焦点。江苏省从课程游戏化切入，跟其他省份选择从课程生活化切入，或课程经验化切入等是异曲同工的。从这一意义上讲，课程改革的切入点很多。

既然生活化就一定要游戏化，既然课程是游戏的，也必然有情境。游戏是一个过程，既然是一个过程就包含经验，这是相通的，只不过采用不同的表达方式而已，外延稍有差异。如何理解课程游戏化？游戏化的核心是关注质量，关注实践过程。课程游戏化项目的推进不是比文章写得多不多，而是教育过程是否有效，幼儿是否得到了发展，幼儿园课程水准是否提高。因此，游戏化的推进最终标准是实际水平的衡量。当然，在实践过程中我们也不断地提升经验，总结经验。经验总结出来，并继续辐射下去，深入下去，就形成江苏省课程改革和发展的阶段性成果，它能体现江苏省的基本水准。这是引领课程改革和发展的方向性问题。

二、课程游戏化的实质

课程游戏化不是用游戏去替代其他课程实施活动。课程实施的途径有很多，所谓课程游戏化不是把幼儿园所有活动都变为游戏，而是确保基本的游戏活动时间，同时又可以把游戏的理念、游戏的精神渗透到课程实施的各类活动中。也就是说，专门的游戏活动时间要确保。确保是指幼儿每天有自选活动的机会，能自选游戏，自由游戏时间应得到保证。2014年是《儿童权利公约》颁布25周年，世界各地开展了很多纪念活动，其中有很多研究报告讲到确保儿童的游戏权。儿童游戏权首先表现在对儿童自由游戏机会的保证。与此同时，我们还需要把游戏理念及精神渗透到课程实施的各类活动中去。这其中包括一日生活、区域活动、集体教学活动等。

课程游戏化即让幼儿园课程更加适合幼儿，更生动、丰富、有趣。游戏为何要适合幼儿？因为幼儿的内心是游戏的，幼儿的心灵有游戏的种子，幼儿的内心更贴近游戏。我们应让幼儿园的课程更加适合幼儿，让幼儿园游戏更加生动，更加丰富，更加有趣，更加有效，从而让他们获得更多新的经验。课程游戏化一定要更加有利于幼儿成长。课程既然应该是适合幼儿的，即意味着不是小学化的、成人化的。幼儿园课程应更加生动，不可死板；更加丰富，不可机械。活动室中的环境材料应是丰富多样的，更加生动有趣。幼儿园课程应能够吸引幼儿专注地投入活动，激发和提升他们的兴趣，满足他们的需要，使活动更加有效，使幼儿获得更多的经验。

课程游戏化与《规程》《纲要》中提到的"游戏是幼儿园的基本活

动"是什么关系？我认为，两者的精神是完全统一的。《规程》提出"游戏是幼儿园的是基本活动"，所谓基本活动，意味着重要的和不可缺少的。我认为基本活动内涵有三：一是幼儿园课程应游戏化，充满游戏精神。所谓游戏精神应是自由的、自主的、创造的、愉悦的。不是个别环节要有游戏，而是一日生活都要充满这种游戏精神，将这种游戏精神，融入一日生活中去。二是自由游戏时间要保证。儿童应有自由游戏时间，这种游戏时间不能被"教学"及其他教师直接指导的活动所替代。三是其他活动环节，尤其像集体教学活动环节尽可能采用游戏方式。所以有个词叫"教学活动游戏化"。一节课中某一环节就是游戏，或整节课本身就设计成游戏。集体活动不只是获得经验和能力的，也是充满愉悦感受的。因此，游戏的基本活动可以从这三个层面进行理解。

所以，课程游戏化不是把幼儿园所有活动都改为游戏活动，而是在自由游戏保证的情况下，让游戏精神落实到一日生活的各个环节中去。如果幼儿在幼儿园中是被控制的，那么他就不可能是自由的、创造的。有人会问：自由自主的游戏需要纪律吗？需要的。有纪律才会有自由，没有纪律是不会有自由的。纪律和自由二者是相辅相成的，自由的幼儿才会有好的习惯，没有好习惯的幼儿经常没有获得真正的自由。

三、游戏化是幼儿园课程的特性

游戏化是课程的一个基本特征。其实幼儿园课程本来就应该游戏化，幼儿园教育本来就具有游戏特征。现在小学教育改革开始讲课程游戏化、情景化问题。幼儿园更应关注。

对幼儿园来讲，游戏是幼儿园的存在方式，也是生活内容。没有游戏的生活就是小学化的、成人化的。

幼儿园要形成何种课程文化？第一，幼儿园要鼓励游戏。幼儿游戏的过程需要我们去欣赏。游戏不是幼稚的，游戏中有很多亮点，有很多值得我们关注的要素。第二，要服务游戏。我们要努力为幼儿提供游戏环境、游戏材料。第三，学会观察游戏。第四，合理指导游戏。为何要提"合理"指导游戏？因为教师指导过头了，指导就成了"导演"，幼儿游戏中的自由自主就会失去，创造就会失去，因此要合理指导游戏，形成这种课程文化。

我希望幼儿园的学习最终能够有趣、有效一点。而做到这一条，要求我们尊重幼儿的身心发展规律和学习特点，要去研究幼儿。要努力使幼儿园的活动游戏化、趣味化。教学活动可游戏化、趣味化，区域活动也可以做到，生活活动亦如此。趣味化的活动才能使儿童积极、投入和专注，才能使幼儿面对新挑战，获得新经验。

有效的学习一定意味着幼儿获得新经验。要获得新经验就要让幼儿面临问题和挑战。有些幼儿园区域活动数量惊人。但是，幼儿玩一会儿就走了。所以教师抱怨现在的幼儿不会玩。幼儿之所以不会持久玩下去，其根源在于教师。因为活动区里的材料教师不曾更新。有些活动一名幼儿是玩不起来的，需要两三名幼儿一起玩，有些需要特定的材料，有些需要适宜的指导，总之我们需要深入反思自己做得是否到位、是否越位。教师需要调动幼儿的多种感官，幼儿认真听教师讲，这不是全部学习。幼儿的学习要动用多种感官，尤其是手的动用非常重要，这在《指南》中多次强调，而且"活动"一词在其中提到80多次，这并非偶然。

教师需要让幼儿进行经验的积累和重组。这意味着教师需要与幼儿进行交流，包括师幼之间的谈话。让幼儿主动活动，教师不等于不说话，教师说话是有意义的。教师与幼儿之间的谈话是引导幼儿进行经验的提升和重组。有些活动，教师通过和幼儿讨论，把幼儿当前经验与已有经验进行整合，幼儿就能得到提高。因此，有些时候教师与幼儿的谈话很重要。但是，我们不主张教师在一节活动中从开始一直讲到结束。我再次强调幼儿园教师的备课写的不是讲稿，是行动方案。教师写的是幼儿做什么、在哪里做、用什么做及如何做的方案，而不是自己要讲的话。

幼儿有效学习与教师体力消耗不成正比。并不是说教师讲得越多，幼儿发展得越好。幼儿有效学习与教师的脑力消耗成正比。教师也需要创造性的劳动，无须多讲就可以把幼儿调动起来，幼儿就可以有效获得经验。有些教师既讲解又演示，非常忙乱，最后气喘吁吁满头大汗，这不能说明教师投入了，创造了，这个活动就有效了。恰恰相反，这个活动中教师剥夺了幼儿的自主探索、表达的机会。

四、课程游戏化的主要内容

课程游戏化不是重新设计一套游戏化课程。将过去的课程全盘抛弃，重新建立一套游戏化课程的做法是不可取的。幼儿园所做的课程都是有价值的，其中包含了成功、失败，包含了创新和教训，不能轻言放弃。

课程游戏化要尊重幼儿园课程传统，珍视幼儿园课程建设的经验。幼儿园经常推翻自己的做法是不恰当的。但幼儿园必须反思课程存在的问题与不足。幼儿园所建设和采用的课程应与《指南》进行对照，找出差距和缺陷。我们需特别关注幼儿园课程是否体现自由、自主、创造、愉悦的游戏精神？幼儿园课程有没有让幼儿真正成为学习的主人？有没有给幼儿创造丰富多样的游戏环境？有没有让幼儿在生活和游戏中学习？有没有让幼儿动用多种感官进行学习？有没有让幼儿不断获得新经验？

因此，课程游戏化是对现有课程的提升、改造和完善，其方向是《指南》和《纲要》。让幼儿园课程更加完善尤其是更加体现游戏精神，是我们应努力的方向。推进课程游戏化项目的目的，是提升幼儿园课程建设水平和提高教师专业能力。

轻易扔掉自己现实成果的幼儿园不会有大的进步。成为经典的幼儿园课程都是能够坚守自己的核心的东西，但不可故步自封，要找到差距及自身的问题，要把《指南》中的核心理念与当前实际进行对照，找到自身的不足。因此，找差距、找不足、找缺陷是我们面临的重要问题。这也意味此项目的推进要从对自身的诊断开始。

游戏化不是改改教案就可以，不是增加一些游戏活动时间，不是在教案里加几个游戏环节。游戏化是一个系统工程，从理念开始，到诊断目前的课程建设水平，然后完善活动，挖掘资源，组织多种形式的活动，确立评价的立场。大家的课程理念已在更新，但只是改变理念是不够的，要从内容、资源、活动形式等多方面整体考虑，并努力融入科学理念。只有这样才能真正推进幼儿园课程游戏化，从本园实际出发真正实现课程游戏化。

游戏化要避免一些误解。如：强化各类游戏的预定性目的，强化教师的直接指导，在计划中增加所谓的"游戏课"，在所有活动中硬加游戏环节，进行专门游戏设计和组织比赛，细化并检查游戏计划，等等，这些都是对游戏化的误解，也会给教育和儿童带来危害。

五、课程游戏化的思路和途径

课程游戏化基本思路首先是领会游戏内涵和精神。在落实《指南》的过程中思考课程游戏化。因此，课程游戏化项目推进应以《指南》作为总体背景，理解生活、游戏、活动、经验之间的关系。

幼儿园课程要聚焦幼儿的积极性、主动性、创造性。只有幼儿的积极性、主动性、创造性得到调动，幼儿才能成为学习的主人，成为学习的主体。幼儿是主体就必须是积极的、主动的和创造的。课程要聚焦幼儿的多感官参与，聚焦多样性的活动。

关注幼儿园现实的条件和资源。课程资源具有区域化特点，要充分挖掘幼儿园周围的课程资源。浙江省安吉县做得很好，它的最大特点是在科学理念的指导下，地方资源得到充分利用。没有充分利用当地资源，幼儿在教室里拿着本子完成书本上的任务是不可能游戏化的。游戏化要求我们关注周围鲜活的、丰富多彩的课程资源。在活动组织形式上要不断鼓励创新，注重活动形式的多样化。

要努力让幼儿的思想看得见，让幼儿的学习看得见，让幼儿的经验看得见，让幼儿的愿望看得见。要真正以经验论水平，以过程论质量，以适宜性论效果，以生活性论专业。课程游戏化的关键在教师，焦点在幼儿，幼儿行为折射教师的思想和作为。要从实际出发，从蓝本（幼儿园现有的课程方案）出发，从生活出发，从改造出发，走向创新和发展。课程游戏化的最后结果是过程和习惯，是幼儿不断丰富和发展的新经验，不只是文本。

教师的专业化是确保课程游戏化顺利推进的关键。课程游戏化的关键在教师，教师的教育理念、专业意识、专业能力直接影响幼儿园课程的品质，幼儿园课程要远离"小学化"，幼儿教师就必须专业化。课程游戏化是一个课程建设的过程，在这个过程中，教师的专业能力将起关键的作用。因此，课程游戏化项目的实施过程，也应该是教师专业能力不断提升的过程。教师专业能力缺失一直是困扰幼儿园课程建设的重大问题。

日本幼教专家高杉自子提出了推进幼儿园教育的三个论点：一是使幼儿能够情绪安定，充分发挥出积极性、主动性、创造性；二是实施以幼儿自发游戏为中心的综合性指导；三是根据幼儿个性发展的差异进行相应的指导。高杉自子认为"这也是今后幼儿园教师专业化发展的重要指标"。高杉自子的这个观点告诉我们，教师专业化最终是通过有效促进幼儿发展体现出来的，促进幼儿发展是教师专业化的根本目的。然而，教师的专业化也是非常艰巨的过程，这要求教师不断反思自我，改变自我，挑战自我。卡罗尔·格斯特维奇在《发展适宜性实践——早期教育课程与发展》一书中指出，对幼儿园教师来说，转变是艰难的。放弃原有的行为方式、学习新的知识技能、变化中出现的焦虑、个人时间的耗费、承受新的压力、处理新的关系等一系列由转变带来的问题，都会影响转变是否能真正实现。为了避免幼儿承受教育和个人失败的风险，教师的改变是不可避免的。教师拒绝改变就是教师让幼儿接受风险，就是教师甘于低质量教育。

因此，游戏化是一个系统工程。

（注：本文根据作者2015年1月16日在江苏省教育厅"幼儿园课程游戏化项目"推进会上的讲话录音整理而成，林路路协助整理。）

幼儿园课程游戏化项目的基本要求 ①

课程游戏化项目是一个课程改革项目，更是一个质量工程，也是推进《指南》落实的重要举措。课程游戏化不是要另搞一套课程体系，不是倡导课程的一统化，而是对现有课程的优化和完善，是倡导《指南》理念指导下课程的适宜性和有效性。项目不是要把所有项目幼儿园规范在一条线上，而是鼓励不同的幼儿园从自己的实际出发，朝着《指南》指引的方向，形成属于自己的发展局面。项目实施以来，项目幼儿园对课程游戏化的精神理解不断深入，各项工作落实逐步到位，大部分项目园呈现了积极向上的面貌，一些影响教育质量的问题得到了初步的改变，尤其是过于依赖教师的讲解、过于强调集体教学、过于在意教师用书、过于在意一致化行动等现象得到了明显的改变，课程游戏化项目稳步推进。更可喜的是，一些地方区域推进课程游戏化项目，全面开展幼儿园课程改革，形成了改革创新的良好局面。

在课程游戏化项目推进的过程中，也出现了一些问题，有些幼儿园对《指南》学习不够深入，对幼儿园课程存在的问题不够明晰，对幼儿园课程游戏化的要求理解不够透彻，甚至出现了一些认识和工作上的偏差。在此我想重申幼儿园课程游戏化项目的基本要求，希望项目幼儿园紧紧围绕这些基本要求，结合自己幼儿园课程的实际，尤其是结合幼儿园课程存在的问题，形成自己的工作思路和方法，不断推进课程改革和

---

① 本文原载于《早期教育（教育教学版）》2018 年 4 月。

建设。

一、明晰课程游戏化理念

课程游戏化理念的核心是关注儿童的需要和兴趣，关注儿童发展和学习的规律和特点，让幼儿园课程更具有游戏精神，变得更生动、更有趣、更有效。幼儿园课程游戏化是与国家有关的法规和政策一致的，也是陈鹤琴等老一辈教育先驱倡导的。项目建设幼儿园要以项目建设为契机，进一步深入学习《规程》《纲要》和《指南》的精神，学习陈鹤琴、张雪门、陶行知等教育家的思想，学习世界幼儿园课程和教学改革的新进展和新动向，根据自己的实际，切实遵循幼儿的身心发展规律和学习特点，理解幼儿园教育的特质和规律，形成科学的儿童观和教育观，并身体力行。在项目实施的过程中，不断反思实践，总结经验，努力提升对儿童、对课程的认识，逐步总结、提炼、明晰教育理念，增强课程意识，增强课程建设的目的性，不断提高课程建设的水平和质量。

幼儿园课程游戏化没有要求理念一统化，只要符合《规程》《纲要》和《指南》精神的理念都是值得提倡的。课程游戏化的理念涉及如何看待儿童、如何看待教育、如何看待课程、如何看待教师、如何看待教和学、如何看待环境和资源等问题。由于理念又有不同的层次，因此，不同的幼儿园结合自己的实际形成的理念体系可能是各不相同的，但总体上说，理念一定是在回答以上问题。要回答这些问题，需要不断地学习和实践，真正做到对科学理念的了解、理解和践行。课程理念最终总是会体现在课程的内容和形式中，体现在幼儿园的环境中，体现在师幼互动的过程中，体现在教和学的实际中，体现在幼儿园的文化中。

在课程游戏化项目实施的过程中，全省组织了多场培训，目的就是引导广大教师树立科学的教育观和儿童观，正确理解儿童的学习者主体地位，理解教师在促进儿童发展中的作用，理解幼儿园课程的重要性和特殊性。与此同时，我们推出了包括陈鹤琴、张雪门等教育家的著作在内的中外学前教育专业书籍，希望广大教师在实践探索的同时，注重学习和思考，使课程游戏化真正有科学的理念引导。我们也鼓励广大项目幼儿园通过互动平台，尝试用理念分析实践案例。不是所有的案例都符合科学理念，大家在相互的讨论中，要进一步看到成绩，发现问题，明确思路，从而进一步加深对理念的理解。课程游戏化项目就是在实践中不断凝聚智慧，总结经验，明晰理念。

二、改造课程游戏化方案

幼儿园课程不同于中小学课程。幼儿园课程主要的不是书面的符号系统，不是静态的知识体系，而是与幼儿的生活紧密相连的，是具有游戏精神的，是动态性的、过程性的、游戏性和情境性的，是幼儿积极投入其中的多样化的活动，是幼儿尝试、思考、创造的过程，是幼儿在生活和游戏中获取直接经验的过程。《纲要》指出，幼儿园教育应从幼儿园的实际出发，从班级的实际出发，因地制宜地开展适宜于儿童的多样化的活动。因此，幼儿园课程应该是因地制宜的，不是千园一面、万班一貌的，也不是一成不变的。每一个幼儿园应该充分把握幼儿的身心发展规律和学习特点，从幼儿园教师的专业水平的实际出发，充分把握幼儿园周围的课程资源，关注幼儿的需要和兴趣，关注《指南》的目标，真正让幼儿在多样化的活动中获得有益的经验。幼儿园教师不是"教书匠"，不是简单地把书本中的知识灌输给幼儿。幼儿园教师要关注和研究幼儿的生活，关注和研究环境和资源，规划真正适合幼儿实际的、生动有趣的、形式多样的活动。因此，从本质上说，幼儿园课程本来就是以园为本的，就是从幼儿园的现实出发的。对于幼儿园教师来说，不只是简单的课程实施，而是需要课程建设。要有课程的理念，以《指南》为依据，理解并根据幼儿发展的实际确定本班幼儿发展的目标，选择有利于实现这些目标的课程内容，并创设适宜的环境，准备适宜的材料。

由于教师的专业水平参差不齐，课程建设能力有一定的差异，不是任何教师都有能力进行系统化课程建设的。有一部分教师需要借助现有的一套或多套课程方案（即教师用书），选择使用其中的活动计划和方案。这些方案是教师课程建设的"拐棍"，帮助和启发教师确定相应的活动，有些教师甚至主要是执行方案中的活动。但任何教师都有改造这些现成的课程方案的责任，只有从本园实际出发，不断改造课程方案，才能实现课程方案的园本化。购买的课程方案不可能正好全部符合自己幼儿园的实际，不可能完全适合幼儿的兴趣和需要，必须进行部分的更替和改造。绝对不会改造课程方案的教师是不存在的，任何教师总会从不同的角度、在不同的发展领域、在不同的水平上对原有的课程方案进行调整，以提升课程的适宜性和有效性。只要有正确的观念，改造一定是伴随课程实施过程的。例如，一个村园的教师，当她开始去寻找幼儿园附近的课程资源，当她带着幼儿进行种植活动，或带着幼儿对附近的村庄进行参观，或根据天气的变化引导幼儿观察和记录，这时，课程的生成和改变一定会发生。

因此，课程游戏化项目要求幼儿园基于一套或多套现行课程方案，通过观察、记录、反思、研训、审议等方式，以适宜性和有效性为目的，从环境设置、游戏区域、活动组织以及日常生活等各种途径，开展课程方案的游戏化、生活化、适宜性改造，形成以游戏为基本活动方式、全面涵盖幼儿发展领域的幼儿园教育课程体系。这是一个漫长的过程，需要长期的努力。这也说明，课程方案的改造不是书面的功夫，而是实践的过程。在实践中不断改造，在实践中不断建构，在实践中不断完善，最终形成真正适合幼儿园实际的课程方案，扔掉现成的购置方案这个"拐棍"。

在课程方案的改造中，核心是幼儿的活动。要真正从幼儿发展的实际需要出发，选择适宜的活动形式。在幼儿园，一日生活中的各个环节都是课程实施的重要契机。集体教学、区域活动以及日常生活活动都能让幼儿获得有益的经验。选择幼儿的活动形式要考虑活动的内容和性质，集体教学、区域活动和日常生活活动具有各自的特点和作用，要充分发挥每种活动的优势。尤其要改变过去过于强调集体教学活动的状况，更要改变将集体教学活动当作教师说教的状况。要注重多种活动形式的相互配合，共同完成促进幼儿发展的目标。

三、创建课程游戏化环境

幼儿园的环境是课程实施的重要条件，环境的改造和创建也是项目的重要内容之一。幼儿园课程游戏化项目要求幼儿园的环境符合幼儿的身心发展规律和学习特点，既关注室内环境，也关注室外环境。这里首先主要讨论室外环境。要真正让室外环境具有生态性，要有生命气息，让幼儿感受生命的多样性，让室外环境真正成为幼儿获得多样化经验的活动场地，而不只是做操的地方。要为幼儿创设趣味化的活动空间，满足幼儿玩沙、玩水的兴趣，满足幼儿多样化的交往需要，让幼儿在户外活动中获得自然、审美、社会性、身体等多方面的经验。环境是课程游戏化的关键因素，幼儿园要根据课程实施的需要，适时、动态地对幼儿的活动环境进行改造、调整，从室内环境到室外环境，从显性环境到隐性环境，营造真正能让幼儿的探究、交往和表现的潜能得到充分展现的环境。

充分利用和优化室内的廊道环境、班级环境及其他公共环境，这也是充分发挥环境的课程价值的主要举措。要从课程目标出发，对幼儿园的室内环境进行总体规划，科学布局，充分利用和有效管理。要避免空间的浪费，在班级空间足够或廊道宽敞的情况下，不一定要建专门的活动室。如果班级空间狭小，走廊又无法利用，就可以考虑建几个必要的功能室，但要提高活动室的利用率，使之真正成为促进幼儿获得新经验的机会和条件。避免为了搞特色，背离《指南》的目标，挂牌辟室，建设所谓的特色活动，浪费空间，浪费幼儿的时间。

幼儿园要营造良好的心理环境，支持和鼓励幼儿主动探索、主动交往、充分表现。要充分调动幼儿的积极主动性和创造性，激发幼儿的主体性。要处理好规则与自由的关系，让幼儿参与规则的制定，让更多的幼儿真正理解规则，认同规则，从而达到真正的自由。从幼儿的年龄特点出发，给予幼儿选择的机会，培养幼儿的任务意识和责任意识，养成良好的行为习惯。鼓励幼儿创造性地表达自己的观点。要有师生共同生活的意识，教师不只是看护幼儿的生活，而是与幼儿共同生活，要真正接纳和爱护幼儿，让幼儿真正感受到安全、愉快、被在意和得到鼓励。

四、构建游戏化活动区域

在幼儿园的各类活动中，区域活动是过去关注相对不够的。我们强调活动区域，不是因为集体教学和日常生活不重要，而是因为部分幼儿园对区域活动有陌生感，在规划区域时遇到的问题和困难相对较多，在区域活动中出现的问题也相对较多，并不是说区域活动就一定优于其他活动。在一日生活中，活动类型的选择还是取决于活动的内容。

幼儿园的活动区域是开展区域活动的基本条件。活动区域可以存在于室内，也可以安排在室外。但对于一个特定的幼儿园来说，区域如何规划，是因班而异的，是与幼儿园实际的空间资源相关的。甚至不同的季节、不同的天气及幼儿的兴致都可能影响区域的安排。要避免区域规划的教条主义和机械主义。区域的规划要有利于幼儿的活动，要符合幼儿身心发展规律和学习特点，有利于幼儿经验的获得。区域的规划应注重多样性、互补性、互动性和发展性。不同的区域有不同的活动和任务，性质也可能各异，不是所有的区域都具有完全相同的功能，但不同区域之间可以进行协调和互动。因此，有些区域可能自发性和游戏性更强一些，有些区域可能目的性和探究性更强一些。在区域规划时，一定要将幼儿游戏的需要作为区域设置的重要依据，确保幼儿的自由游戏时间和空间。

在项目推进的过程中，很多教师感觉到区域活动的组织和指导比较困难，也有的教师觉得区域活动比较省劲。出现这两种情况，是因为对区域活动的认识和定位不同。与集体教学活动相比，区域活动具有更多的选择性和自主性，但它也是课程实施的重要活动，也需要教师的观察和指导。因此，区域活动中，教师应注重观察、适当介入、有效指导，为幼儿的主动发展提供条件，当然也不能将区域活动当作小组教学，教师介入过多，干扰幼儿的探索和发现。教师任何放任不管、过于随意的行为，都不可能引发幼儿的深层学习，不可能让幼儿不断面临挑战，形成新的经验。

要深入研究包括区域活动在内的各类活动的过程，研究活动过程中的各要素之间的关系，研究教师如何观察发现问题，教师的指导是否合理和有效，研究幼儿在活动中与周围环境的相互作用，研究幼儿良好学习品质的养成，研究幼儿是如何获得经验的。要关注活动过程，向过程要质量。

五、建设课程游戏化资源

幼儿是在行动中学习的，幼儿与周围环境，尤其是与材料的相互作用，是幼儿获得经验的重要途径。因此，无论是集体教学还是区域活动，都需要课程资源做保障。首先，要充分配足班级活动的基本资源，按照教育部《幼儿园玩教具配备目录》的要求，确保基本资源的到位。其次，课程资源是幼儿园课程园本化的重要支撑。在项目推进的过程中，要充分调查幼儿园周围的课程资源，可建立资源地图，系统登录周围资源的种类和功能，形成一个包括自然资源、社会资源、文化资源、科技资源等在内的广泛的资源体系。

要深入研究每一种资源的挖掘、收集、利用和储存的过程，研究每一种资源的功能，研究不同资源之间的协同和配合，最大限度地发挥资源的教育价值。要根据幼儿的兴趣和需要，组织和改造资源，将基本资源和辅助资源有机结合起来。要从幼儿的年龄特点出发，确保活动资源的可选择性、可获得性、适宜性和挑战性，要真正满足幼儿活动的需要，促进幼儿持续的学习。要深入关注幼儿利用资源进行互动的过程，发现问题，加强指导，使资源在活动的过程中真正转化为幼儿的经验。

六、提高课程游戏化能力

所谓课程游戏化能力，就是指幼儿园课程的建设能力。幼儿园教师不只要有课程实施能力，还要有课程建设能力，这也是幼儿园教师能力结构不同于中小学教师的关键因素。幼儿园课程建设不是高不可攀、遥不可及的工作，而是幼儿园最基本的工作，甚至是每天都在进行的工作。对于幼儿园教师而言，课程建设就是学习和理解《指南》的要求，明确以儿童为本的基本教育理念，注重生活和游戏的教育价值，明确不同年龄班幼儿的发展目标，在观察幼儿现实表现的基础上，为幼儿各方面的发展创造条件，如创设环境，准备资源，开展多样化的活动，让幼儿在丰富多彩的活动中获得相应的经验。对于一个具体的教师而言，就是在正确的儿童观、教育观的指导下，在以往教育经验的基础上，计划自己所在班级一学年和一学期的教育计划，再细化为具体的每个月、每周和每天的教育计划，关注幼儿的兴趣和需要，努力引导幼儿在一日生活中获得相互联系的多样化的经验。也许，有些内容需要借鉴一些经典的课程资源，也需要参考一些较为成熟的课程方案中的某些活动，甚至要借鉴一些其他幼儿园组织内容的思路。也许，教师们设计的活动还没有那么完善，环境也还没有那么丰富，但这都不能否认幼儿园正在进行课程建设。也正是在课程建设的过程中，幼儿园课程才可能不断完善，教师才会不断成长。

课程建设能力包括教师运用观察分析的能力、计划和设计能力、环境创设的能力、资源挖掘和利用的能力、各种活动的组织能力、评价和反思的能力，这些能力就是《幼儿园教师专业标准（试行）》中强调的教师的专业能力。这些能力是幼儿园教师有别于其他年龄阶段学校教师的能力，也是幼儿园教师的看家本领。培养学生获得这些能力，也应该是师范院校培养新任教师专业能力的目标。当前，尤其要关注观察分析能力、课程审议能力、反思总结能力等能力的发展，要深入实践，只有实践才能提升专业能力。因此，幼儿园课程建设能力就是幼儿园教师专业能力的集合和灵活的组合。

通过项目建设，深入开展幼儿园课程的改革和实践，不断推进课程的适宜性和有效性，提升教师的专业化水平，普遍提升幼儿园课程游戏化实施水平，从而提高幼儿园教育质量，更好地促进幼儿的发展。

着力研究区域推进，实现课程游戏化项目新突破[①]

幼儿园课程游戏化项目已经进入一个新的阶段，区域推动课程游戏化的成效正在不断显现。如何更深入、扎实地推进课程游戏化，如何真正聚焦幼儿园课程建设进程中的核心问题，如何在实践基础上不断总结和提升课程建设的经验，如何站在全面提升教育质量和促进儿童全面发展的高度落实课程游戏化，这是今后一个阶段我们应该努力的方向。

一、进一步深入理解课程游戏化的核心内涵

课程游戏化是在深入分析江苏省幼儿园课程建设实践的基础上，在聚焦课程建设重大问题的基础上，在深入学习国家关于发展学前教育的法规和政策的基础上提出的一个课程改革项目，它的直接指向是推动全省幼儿园课程建设，全面提高教育质量，更好地促进儿童发展。因此，幼儿园课程游戏化建设项目是实践导向、问题导向的。2014年课程游戏化项目启动之初，我们的幼儿园课程建设实践中存在的主要问题包括对幼儿园课程的本质把握不够、以儿童为本的理念理解和落实不到位、以游戏为基本活动的观念有认识和实践偏差、课程环境和资源不够丰富且有"小学化"的倾向、课程实施方式和手段不够丰富，等等。针对这些问题，我们进行了系统的学习和培训，基本的原则是回到法规的要求上

---

① 本文原载于《早期教育（教育教学）》2020年4月。

来，回到学前教育科学的必由之路上来，回到实践创新的基本导向上来。六年来，课程建设的成效是明显的，在教育观的更新和落实、幼儿园环境的创设和资源配置、课程实施方式的多样性、游戏精神的落实和教研工作的有效性等方面取得了明显的成效。这也为区域推进课程游戏化项目建设创造了良好的条件。

在区域推进课程游戏化进程中，需要进一步加深对以下几个基本问题的理解和落实。

第一，全面正确理解教育质量的核心内涵。中小学的教育质量经常或主要用考试分数来衡量。对幼儿园教育而言，衡量教育质量不是不要看儿童的现实表现，而是说不能完全根据儿童的现实发展水平。儿童的发展水平受多种因素的影响，儿童某一时间点的发展状况不能充分体现教师为提升教育质量所做的努力。因此，衡量教育质量的关键是要看教师为儿童的发展做了怎样的努力，提供了什么支持，采取了什么促进发展的举措。正如联合国儿童基金会质量研究专家海伦·佩恩说："要把质量当作一个动词来对待。"它是指不断寻求改善的过程，是教师和家长共同努力不断促进幼儿发展的过程，也是一个幼儿园所有的人、环境、时间、空间、课程不断给儿童的活动提供有力支撑的过程。幼儿园教育质量不只是由教师所传授的内容决定的，也不是对儿童发展的测量就能完全说明的，更不是标新立异的课程模式所能证明的，幼儿园教育质量是幼儿园教育系统中的各要素对儿童学习和发展的支持和促进程度。课程支持就是给儿童的活动和发展提供可能性，就是给儿童提供活动的时间、空间、材料和适宜的回应，使儿童有机会从事适宜其水平和需要的活动，并从中获得新的经验。促进意味着适宜的推动，让儿童不断面对新的情境，面临新的挑战，发现新的问题，进行新的尝试，从而不断获得新的经验。因此，促进不是单向的力量，是教育与发展之间形成合理的张力，让儿童处于既有挑战又力所能及的状态。促进不是牵引，不是被推动，而是在兴趣和需要引发下的不断深入学习。促进体现了教师的作用，体现了教师根据儿童的兴趣和需要而表现出的能动性和积极性，促进是为了更好地体现儿童的积极主动、热情投入，是教师主体和儿童主体的高度契合。促进是以对儿童的观察和评价为基础的。把握儿童发展的现状，理解儿童行为的现实水平，是形成有针对性的促进策略的前提。以《指南》为基础，深入观察，灵活施策，是有效促进儿童发展的关键。因此，支持和促进是动态的、持续的、综合的一种力量。质量是学前教育的重要追求，也是衡量教育成效的关键因素。

第二，正确理解课程建设在提升幼儿园教育质量中的核心地位。教育学的基本原理告诉我们，课程是实现教育目的的中介，所有教育机构的具体教育工作都是根据课程来展开的。在不同的教育阶段，由于受教育者的身心发展特点不同，课程有一定的差异，甚至同一教育阶段，由于教育理念和课程观的不同，课程也不尽相同。幼儿的身心发展特点决定了幼儿园课程不是以系统的书面知识为内容的，幼儿也不是通过教师的传授来获得这些知识的。幼儿园课程是一系列能让儿童获得有益经验的活动，这些活动按照一定的目的和系统组织起来。组织的方式根据儿童的状况、幼儿园的状况及现实生活情境而有一定的差别。基本的依据是《指南》，基本的方式是教学、游戏、日常生活等多种方式，根本的指向就是促进儿童的全面发展。《若干意见》提出，鼓励支持幼儿通过亲近自然、直接感知、实际操作、亲身体验等方式学习探索，促进幼儿快乐健康成长。因此，幼儿园教育中，不能动摇课程的核心地位，而且要让幼儿园课程真正体现幼儿学习与发展的需要和特点，真正成为适宜、有效的课程。如果幼儿园课程的内容违背《指南》精神，采用了小学课程的内容和方法，那就是"小学化"的表现。

第三，全面正确理解幼儿园课程游戏化的基本指向。幼儿园课程与中小学课程的根本区别就在于幼儿的身心发展特点要求幼儿园课程要贴近儿童的心灵，让儿童真正成为自主的学习者，让儿童在愉快、轻松和有趣味的活动中得到发展。游戏是儿童心灵的需要，也是儿童成长和发展的重要推动力量。因此,《规程》指出:"以游戏为基本活动,寓教育于各项活动之中""幼儿园应当将游戏作为对幼儿进行全面发展教育的重要形式。幼儿园应当因地制宜创设游戏条件,提供丰富、适宜的游戏材料,保证充足的游戏时间,开展多种游戏。"要进一步强化游戏对于儿童发展的价值,更好地满足儿童游戏的需要。所谓游戏是基本活动,意味着游戏能满足儿童的需要,对儿童的发展是重要和必不可少的。但游戏本身不是目的,促进儿童的生命成长才是游戏的真正目的。因此,幼儿园课程游戏化项目从一开始就提出了坚持儿童为本,要树立正确的儿童观、课程观和教师观。在此基础上重点强调了对游戏的三个基本要求:第一,落实自由、自主、愉悦和创造的游戏精神,将它融会在幼儿园所有的活动之中,真正让游戏成为基本的活动;第二,确保儿童的自由游戏时间,充分满足儿童对自主游戏的需求,这是游戏精神的体现,也是对剥夺儿童自由游戏时间的纠偏;第三,必须组织的各种教学活动,包括一些生活活动,也要融会游戏精神,将游戏作为重要的手段和方法,让活动更加生动、有趣和有效。也许不同的幼儿园现实水平不同,教师的状况不同,但都应该在这三个方面尽最大的努力。这是课程游戏化项目的基本方向,也是国家法规和政策在江苏省得以落实的基础和根本。

第四,正确理解课程的多样性、适宜性和有效性。幼儿园课程游戏化不是一种课程类型,也不是一种课程模式,我们从来没有要求全省统一实施所谓"幼儿园课程游戏化"的课程。从字面上看,这个项目的重点是幼儿园的课程要融入更多的游戏精神,本质上就是让课程更接近儿童的心灵,更好地满足儿童的需要,更具有幼儿园课程的特质。"化"不是"加一点",而是要融合、融会,让游戏精神在融合和融会中生长、发展,促进幼儿园课程的完善,让幼儿园课程更加适宜、有趣,更加有效,真正能促进幼儿的成长。幼儿园课程游戏化仅仅是一个课程改革项目,它的理念可以影响很多幼儿园课程,不管幼儿园原来采用的是什么课程,都可以从自己的实际出发实施课程游戏化。幼儿园课程游戏化从基本立场上说是专一的，明确的，但对不同类型的幼儿园课程来说是包容的，对改革的要求是明确的。幼儿园可以不更换课程方案或实践模式，但一定要更新观念。这些观念不是额外的，不是强加的，而是与国家法规一致的。幼儿园课程游戏化并不是同一要求和统一尺度，每个幼儿园都可以从自己的实际出发，循序渐进，稳步发展，使幼儿园课程真正适合儿童，适合教师，能在最大程度上促进儿童的发展。

二、以区域推进促进幼儿园课程的深入改革

幼儿园课程游戏化是政府支持、投入和领导的项目，也是一个真正贴近江苏省幼儿园课程改革和发展实际的项目，是提升教育质量的必由之路。前面五年，幼儿园课程游戏化项目主要是以幼儿园结对的形式开展项目研究，将项目幼儿园确定在中等及以下水平，并为项目幼儿园配备相应的指导幼儿园和指导专家。实践表明，这种方式是有效的，在结对幼儿园的共同研究和实践中，不但促进了项目园的课程改革和质量提升，也促进了指导园观念的更新和实践的改进。各市、区（县）积极行动起来，在不同行政层面上设置了项目幼儿园，有些区县把所有幼儿园纳入了项目幼儿园，并且取得了良好的成效，自发开展区域推动的态势已经形成。江苏省教育厅因势利导，将原来以结对幼儿园为单位申报改为以区域（区县）为单位申报，全面推开了区域推动幼儿园课程游戏化探索的实践。

第一，利用区域推进课程游戏化的优势。区县是决定教育质量的关键层级。一方面是区县能有效实现财权与事权的统一；另一方面，区县管理的范围具有直接性，不需要通过繁复的中间环节，在区县范围内，幼儿园之间的相互影响具有便捷性和可及性的特点，这就决定了在区域层面推进课程改革的可行性和有效性。区县也是配置专职教研人员的最基层单位，教研是提升教育质量的基本途径，区县有专业力量管理并引导辖区内的教育实践。目前，区县推进的状况各不相同，甚至不同区县

之间还有不小的差异，这与区县学前教育发展的基础有关，尤其与教师和教研队伍的专业素质紧密相关。因此，要大力加强对区县课程改革的支持和投入，尤其是要加强专业引领，在不断的实践探索中形成一大批有效推进课程游戏化实践的区县，这是决定学前教育整体质量的关键。

第二，落实区域推进课程游戏化的基本要求。区域推进的基本含义就是在县区范围内全类覆盖、全员参与、全面推进。不管什么类型的幼儿园都可以参与，不管是教师、保育员还是其他工作人员都可以为课程建设做贡献，不管是课程理念、课程目标、课程环境和资源、课程实施、课程评价哪个要素，都应该根据要求，不断优化和完善。经过几年的实践和探索，区域推进课程游戏化建设已经具有了良好的基础，幼儿园课程游戏化理念正在逐步深入人心，课程游戏化项目的宣传、实践和总结为区域推动课程游戏化创造了良好的条件。部分市、区（县）已经积累了区域推进课程游戏化项目的丰富经验，形成了全面覆盖、帮扶协进的良好机制，广大教师在参与课程游戏化的实践中，不断理解《规程》和《指南》的精神，不断改进自己的工作。区域推进课程改革，是迈向优质教育、均衡发展的关键步骤，从选拔性区域推进到全面区域推进是课程游戏化项目建设的未来趋势。我们应该在实践中不断探索，不断总结，努力形成区域推进课程游戏化建设的方法、策略和模式。

第三，促进区域教研的深化和效应的扩展。建立专兼职教研队伍是区域推动课程游戏化项目取得成效的关键之一。创造性地组织教研队伍，有效进行教研活动，及时解决教育实践中的问题，并总结实践经验，是区域推动的重要工作。要在队伍组织上下功夫，在聚焦问题上下功夫，在探索和研讨过程上下功夫，形成创造性的教研活动组织方式和灵活多样、有序有效的教研活动方式。

区域推进应着眼全体，关注所有的幼儿园，在区域内消除低质幼儿园，真正发挥"填洼效应"。重点关注师资队伍弱，课程建设尚未启动，对课程游戏化理念缺乏了解，对《指南》精神落实尚不到位的幼儿园，逐园深入分析情况，对照省教育厅的任务和要求，制订实事求是、切实可行的工作计划，真正使这些幼儿园改变观念，丰富环境和资源，改善教育行为，真正让儿童主动学习，让幼儿园课程实践回到《规程》和《指南》的基本要求上来。

区域推进就是要在有效时空里以片区教研、现场观摩、榜样示范、园际审议等方式，展开专业对话，产生专业"共鸣效应"，引发幼儿园发现问题，改进实践。要深入研究片区教研的作用，引发幼儿园之间的专业互动，尤其是要充分发挥不同层次幼儿园之间的帮带作用，使不同的幼儿园都思考"如何更好支持和促进儿童的活动和发展"以及"我们如何做得更好"这两个所有幼儿园都必须考虑的根本问题。

以往的课程实践中，有些幼儿园认为自己已经按照《指南》做了，但实际上是与《指南》背离的，原因就在于没有制度和机制帮助这些幼儿园校正自己的方向。区域推进就是给每一个幼儿园创造校验实践方向和成效的机会，让幼儿园能及时发现问题，安心、静心、精心地投入课程的实践活动之中。区域推进还意味着用集体智慧对区域整体实践方向的校正和检验，以发挥"检验效应"。多样化的区域活动能增进教师和园长的辨别力，一个区域的实践方向不再取决于一个人或几个人，而是取决于一个专业的团队。

第四，完善区域推进课程游戏化的机制。要避免以单纯的"任务驱动""项目驱动"来推进课程游戏化项目。历史经验证明，任何来自上层的要求往往作用有限，即便用力也不见得用心。要从儿童的需求中寻找真正的动力，从教师的感受中发现真正的动力。这种来自儿童渴望游戏和活动、教师们渴望改进自己实践的动力，才能生发创新的课程。因此，要加强对儿童和教师需求的把握，找到课程游戏化真正的原动力。课程游戏化实践从根本上来说是在总结和提升实践经验的同时，不断发现问题、解决问题的过程，是更新教育观念，转换视角，改进方法和策略的过程。有两个层面的问题：首先是实践层面的问题，这是影响课程实施和教育质量最关键的问题，这类问题能否得到解决是决定课程游戏化理念能否转化为教育实践的关键所在；其次是管理层面的问题。从推动课程游戏化理念和实践落实的角度，去衡量管理的适切性和有效性，就是说管理的依据应有助于解决实践问题。

三、以深化对实践过程的研究，促进教育质量提升

游戏化是幼儿园课程的应有之义。课程游戏化既不是将课程变成游戏，也不是简单地在课程中增加一些游戏的分量，不是课程与游戏的机械对接。幼儿园课程与游戏不是分割的，而是有机联系的，这是学前教育领域的共识。幼儿园课程游戏化的关键在"化"上。"化"意味着是一个过程，是"展开""浸润""融合""生发"。游戏包括了内涵、精神、价值、内容、形式等要素，课程游戏化中最核心的是对"自由、自主、愉悦和创造"的游戏精神的吸收、弘扬和生发，有了游戏精神，就有了游戏的灵魂，其他的要素就会自然而然地呈现。因此，课程游戏化就是将幼儿园课程与游戏精神融合起来，或者说在幼儿园课程中融入游戏精神，让幼儿园课程真正成为儿童的活动，从中让儿童获得能促进其全面发展的经验。基于这个基本认知，幼儿园课程游戏化项目的推进，要在进一步摸清家底、把握现实、明晰问题的基础上，继续紧紧围绕省教育厅关于课程游戏化建设的核心理念和基本任务，结合《规程》《指南》的基本要求，形成工作重点，制订行动方案，稳步推进各项工作。根据对幼儿园课程游戏化项目实施情况的检查和考察，我们认为课程游戏项目推进的根本还是应落实项目的各项基本任务。

第一，完善幼儿园课程理念。就是要强调以儿童为本，关注现实生活，注重游戏精神，倡导主动学习。要强调儿童多感官参与的互动，强调让儿童愿意学习、不断深入学习、有效表征学习，在游戏中学习，在学习中创造，在学习中发展个性，在学习中完善品质。要将这些思想融入幼儿园课程理念。要确保儿童的自由游戏时间，要真正将游戏精神融

入幼儿园的各类活动之中。生活不等于课程，课程应吸纳和融合儿童的生活；行动不等于学习，要注重活动的挑战性，要注重新经验的获得；资源不等于经验，要研究如何有效地利用资源，使多样化的资源真正给儿童带来综合的经验。幼儿园课程理念应更好地彰显儿童的主体地位，更好地体现儿童的身心发展规律和学习特点，真正成为指导幼儿园课程建设的灵魂。幼儿园课程理念不同于幼儿园教育理念、管理理念和办园理念，课程理念切忌标新立异、切忌空洞虚化，要切实与国家法规的要求结合起来，与幼儿园的现实结合起来。因此，课程理念一定是幼儿园教师们理解的、认同的，并且愿意去努力践行。只有这样的理念才能真正转化为实践，才能真正指导教师的行动，促进儿童的发展。

第二，完善幼儿园课程方案。几乎所有的幼儿园都有现成的课程方案，这些方案或者是幼儿园在长期的实践中逐步借鉴、开发、积累及改造得来的，或者是购买并简单调整、置换得来的。这些课程方案与《规程》《指南》的要求是否一致呢？是否有效促进了儿童的学习与发展呢？这就需要对课程方案进行重新审视和评价。没有一个幼儿园的课程方案是完美无缺的，不同的幼儿园儿童的状况是有差异的，教师队伍也是各不相同的，课程资源也是变化的，没有一个一劳永逸的课程方案，也没有一个对各级各类幼儿园都普遍适合的课程方案。因此，课程方案的不断完善是课程建设的重要工作，是提升教育质量的根本保证。课程方案的完善是要让法规精神融入方案，让课程理念融入方案，将游戏精神融入方案，让幼儿园长期积累的经验融入课程方案，让教师的专业热情和专业能力融入方案，让幼儿园拥有的资源融入课程方案，因此，课程方案的完善追求的是课程方案的适宜性和发展性，即适宜于幼儿园的实际，能最大限度促进儿童的发展。课程方案的完善不是给课程起名称和贴标签，也不是一定要无视现有的课程方案白手起家，它是一个根据幼儿园的实际，为了实现儿童更好发展的目标，不断借鉴、调整、创新、生发和完善的过程。因此，课程游戏化不是给全省强加一种课程方案，而是使每个幼儿园原有的课程更加生动活泼，形式多样，更具生命力和创造性。

课程方案除了要融入课程理念，还要切实形成课程目标和内容体系。我们认为，对于大部分幼儿园而言，就是要深入学习和理解《指南》中的目标，要学会分解和细化目标，让目标可操作、可落实、可检验。要避免为追求有新意，盲目地无视现有条件，另立目标体系，从而造成一些重要目标缺失，另一些目标又不断重复，导致全面发展的目标不能充分落实。要自觉将这些目标与儿童的日常行为对照起来，增加对儿童发展的敏感性，能从儿童行为表现中判断目标，能根据课程目标，创设适宜的环境，鼓励和引导儿童的行为反应。要根据目标体系选择和生发课程内容，尤其要避免无视目标来确定内容，不然很容易出现重要目标遗漏，或者部分目标过度重复的问题。要在内容和目标之间形成一种关联，尤其是要从儿童的现实生活、幼儿园内外环境、幼儿园的现实资源中寻找与目标相对应的、生动有趣、综合有序、不断生发的课程内容，以游戏为基本活动，鼓励儿童与环境多样化的互动。这是幼儿园课程方案的基础和核心部分。只有这样，幼儿园课程才能真正实现适宜性、有效性和园本化。

第三，幼儿园课程环境的完善。环境规划和创设是幼儿园课程建设的重要内容之一。没有适宜的环境就没有儿童有效的学习。环境建设的首要问题是安全达标。消除安全隐患，室内外面积符合国家规定的生均室内使用面积和场地面积的要求，符合国家关于活动基本场地设施的规划要求，如室内区域及场地设施要求。其次，从户外场地的规划和创设上看，环境创设应切实关注自然性，更多采用自然材料，增加草地面积，种植的树木、花草更多样化，让幼儿园环境有更浓郁的自然气息，让儿童有更多亲近自然的机会。尤其应给儿童提供种植园地，让儿童有种植、观察、伴随、收获的经历和体验。最后，幼儿园的户外场地不称操场，而应称为户外活动场地，这就意味着多样化的活动均可在户外进行，户外是幼儿园课程实施的重要场所，做操的功能仅是场地所有功能中极小的一项。无论风霜雨雪，户外场地都具有课程的价值，都能让儿童获得有益的经验。要从儿童活动需要的角度出发，整体考虑户外活动场地的规划和布局，考虑场地的综合运用，既要有特定功能区，如玩沙玩水区等，又要避免过度分隔，剥夺儿童奔跑和追逐的机会。要注重打通室内外活动之间的联系，如种植活动与生活活动之间的关系，文学作品阅读与儿童自发演绎之间的关系等，努力使室内外活动相互衔接，资源有效利用，儿童获得的经验得到延续。

今天不断出现的环境危机告诉我们，人与自然、人与环境的关系一定要融入幼儿园课程之中，引导儿童从小形成良好的自然观和环境观。澳大利亚学者朱莉·M.戴维斯在其《儿童与环境》一书中提出了三个不同层面的环境教育。一是在环境中的教育，即自然环境就是学习的媒介，户外场地作为学习的环境和资源应被优先考虑。它通常包括对户外的探索，对大自然的研究，使用自然物的艺术游戏活动，种植活动，玩水、沙土、泥巴、木棍和树叶等活动。其目的是要为儿童提供基本的经验，使儿童真正与大自然"亲密接触"，从而培养儿童的好奇心、同理心以及对大自然的热爱。二是关于环境的教育，包括鼓励儿童认识自然系统的功能之类的内容，例如，水的循环（雨从哪里来，为什么水坑会干涸）或碳循环（堆肥的过程）。它有助于儿童欣赏并重视自然世界的复杂性以及人和自然系统的相互关联。三是为了环境的教育，这属于社会政治层面的环境教育，包括对有关社会和环境方面的做法进行分析与批判，例如，午餐盒产生的浪费或者儿童排斥外貌或衣着打扮不同的人。在这种批判之后，还要合作解决问题并采取行动，让儿童了解更多社会和环境方面的可持续性策略。俄罗斯的《幼儿园教育教学大纲》及《幼儿园教育与教学大纲方法指南》中也有很多类似的见解。例如，提出让儿童认识生物界和非生物界，有意识地产生珍惜自然界的想法，形成生态文化的开端。又如，提出诸如"让儿童对植物、动物、自然现象以及周围环境的认识更加明确、深刻、系统化""对所有生物的生活现象（进食、生长、发育）形成认识""对自然界内部的因果联系形成认识""在与自然界生物的交往过程中，培养儿童在情感上友善地对待它们"等要求。

因此，亲近自然不只是表面的观察，物理上的接近，还是整体深入的感知；亲近自然不只是完成课程计划中的任务，而是要真正激发儿童感知自然、了解自然的强烈愿望，激发他们对自然的好奇心；亲近自然不只是单一学科或领域的学习，它是一个复杂的、多感官参与的过程，是综合经验的生发过程；亲近自然不只是短暂的和孤立的行为，它是围绕儿童的兴趣展开的连续的探索、发展和欣赏，是持续的和不断深化的行动；亲近自然不只是对信息的了解，不只是对自然事物的外部的感知，还是一个对自然事物和现象之间的关系不断深入思考的过程；亲近自然不只是空间的拓展，不只是走出活动室，还是课程现实化和过程化的过程，是课程信息活化的过程，也是鲜活的课程不断生发的过程。亲近自然是儿童学习的重要途径，在幼儿园众多的课程内容中，有自然及其内在相互关系、自然与人类相互关系、自然与文化相互关系的内容，自然学习是幼儿园课程的有机组成部分。亲近自然的课程和学习一定是开放的、生动有趣的、充满情感的、持续的和不断拓展的。

第四，完善活动区的规划与利用。区域活动与集体教学、日常生活是幼儿园课程实施的三个主要途径。我们从不否定集体教学的价值，认为集体教学是唯一的课程实施途径是固执不前的表现，认为已经没有必要进行集体教学了那是冲动莽撞的表现，两者对课程的实施都是不利的。问题是要明确集体教学到底指什么，不能把集体教学全部等同于教师的讲解，集体教学本身就是一个教师引导儿童生动活泼、积极主动、采用多种感官探索发现、交往互动、表达表现的过程，这样的集体教学有合作、有分享、有争论、有互动、有效率，为何不能成为课程的主要实施方式？！有效的集体教学一定是引导儿童主动活动，而不只是儿童听教师讲解。要正确认识集体教学，形成集体教学的正确图像。当然，什么内容适合集体教学也是需要深入研究的。日常生活不全是课程，但日常生活环节中有很多学习的契机，需要充分地加以利用，发挥它们的积极作用。因此，要有生活课程价值意识，要有对儿童经验的充分把握，以提升对生活的事件、生活内容、生活环节的敏感性。对于幼儿园课程游戏化项目幼儿园而言，最关键的问题是如何充分规划和利用班级的区域，促进儿童的学习和发展。对很多的幼儿园教师来说，如何根据儿童发展的需要，创设适宜、有效的区域是一个新课题、新挑战。区域的设计要考虑必要性和有效性，有些经验非常重要，用区域活动的方式能最大限度地获得实现课程的目的，那就需要设置相应的区域。区域的设置要考虑支持性和灵活性。任何一个区域，其运行和维护需要有相应资源的支持，否则儿童难以获得相应的经验。同时，区域的设置不是一成不变的，可以根据需要灵活调整。区域的设置要多用"除法"，将区域空间除以区域数量，将一个区域的面积除以其中的儿童数量，看看空间是否足以支撑儿童的活动。区域设置要有明确的目的，要切实考虑儿童的学习与发展，不仅区域之间应具有互补性，室内区域与户外活动之间也应具有互补性，区域活动与集体教学及日常生活活动之间也具有互补性。

第五，完善课程资源。对于强调在相互作用过程中学习的幼儿园课程来说，课程资源是儿童活动的基础，也是儿童与环境相互作用的主要对象。课程资源的丰富性和多样性，在一定程度上影响着儿童获得的经验的丰富性和多样性。因此，要重视并加强课程资源建设，提升对课程资源的敏感性。应全面落实国家关于图书、教玩具配备的基本要求，确保基本资源足量到位。同时，要加强幼儿园内外课程资源的开发和利用。尤其是要用足自然资源，给儿童更多亲近自然的机会，让儿童真正带着兴趣去探索、发现和感受自然事物和自然现象，增进科学经验，丰富对自然的情感。要带领儿童深入生活，在家长的支持下，共同挖掘本地的生活资源，考虑儿童的发展需要，从习俗、饮食、服饰、日常用品等多个方面收集课程资源，规划和组织相应的活动，助力儿童获得相关的经验。课程资源的挖掘和利用应从幼儿的经验出发，从课程目标出发，注重资源的种类和数量，要在有效利用上下功夫，切实将课程资源优势转化为儿童的经验优势。

第六，提升课程建设的能力。课程建设能力是幼儿园教师综合的专业能力，是决定一个幼儿园课程建设水平的关键性因素。其中包括了幼儿园教师对儿童行为的观察与分析能力；教育活动的计划、设计与组织能力；资源规划与利用的能力；环境创设与利用的能力；反思与评价的能力等。幼儿园教师只有真正具备这些能力，才真正具有专业性。这些专业能力是相互支撑的，在实践中成为一个有机的整体。每一项能力的获得需要专门的知识做基础，也需要专业态度和情感做支撑，更需要在实践中不断地尝试和锤炼。因此，幼儿园课程建设能力的获得需要大量的培训，需要补课，更需要在实践中不断训练和尝试。课程建设能力的提升是一项艰巨的工程，它受到教师培养过程中积累的现实基础的影响，受到教师个人的发展意愿的影响，也受到工作环境和状态的影响，还受到培训的系统性、针对性、有效性的影响，受到教师团队在实践中相互督促和激励机制的影响。要切实改善教师的生活条件，提高教师的收入，让教师有尊严地工作和生活，也要对教师专业发展提出新的要求，加强教师的培训和学习，系统设计教师培训体系，切实实现常规培训与专题培训的有机结合，线上培训与线下培训的有机结合，园外培训和园本培训的有机结合。教师专业能力的发展脱离了幼儿园实践本身是无法真正实现的，因此，未来要在园本培训和发展上加强引导和督促。

幼儿园教育环境创设与利用的问题和思路[①]

一、幼儿园环境创设的内涵和意义

(一) 什么是幼儿园环境

环境是人的生存空间及其对人的生存和发展产生直接或间接影响的各种因素的总和。总体上说，人类的生活环境包括自然环境和社会环境，其中有物质性的环境，也有非物质性的环境。环境是一个生态系统，不同层次的环境是相互联系、相互影响的。环境对人类的生活和发展至关重要。保护环境、建设环境，促进世界的可持续发展已经成为人类重大的发展目标，也是人类的基本共识。党的十九大报告中要求坚持人与自然和谐共生，提出建设生态文明是中华民族永续发展的千年大计。必须树立和践行绿水青山就是金山银山的理念，坚持节约资源和保护环境的基本国策，像对待生命一样对待生态环境，统筹山水林田湖草系统治理，实行最严格的生态环境保护制度，形成绿色的发展方式和生活方式，坚定走生产发展、生活富裕、生态良好的文明发展道路，建设美丽中国，为人民创造良好生产生活环境，为全球生态安全做出贡献。

幼儿园环境是指幼儿园的空间及其内在的影响儿童生长发展的各种因素的总和。它包含场院环境、廊道环境、班级环境和其他公共活动环

---

① 本文原载于《早期教育》2021年3月。

境。场院环境包括幼儿园的各类活动场地，如运动场地、种植园地、沙池、水池、草地，等等；廊道环境包括各种走廊、通道及其他半开放空间；班级环境主要指儿童的活动室、寝室、盥洗间等空间；公共活动空间指全园公用的各类功能室，如图书室、艺术室、生活室等。以上空间都需要特定的活动设施和材料，以满足儿童游戏和学习的需要。这些环境都是教育环境，对儿童的发展都起着重要的影响，是幼儿园课程设计和实施不可忽视的因素。因此，幼儿园环境创设是一项系统的工作，涉及不同层面的环境，涉及环境中不同的设施和材料，涉及环境中的各种因素与幼儿园课程的相互关联。

（二）幼儿园环境创设的内涵

幼儿园环境创设就是指从幼儿园课程的基本理念和目标出发，根据儿童学习和发展的现实需要，和儿童共同完善环境的布局，充实环境中的各种设施和材料，使儿童能在环境中开展适合其身心发展的各种活动，从中儿童能满足兴趣，迎接挑战，不断获得新的经验。因此，幼儿园环境创设是一个教师和儿童共同参与的过程，是一个多层次、多样化的实践过程，从一定程度上说，也是幼儿园课程建设的重要组成部分。所以，幼儿园环境创设是幼儿园的一项非常重要的工作，是直接对儿童的发展产生重要影响的工作。

幼儿园教育环境泛指支撑实现幼儿园教育目的的环境，包括园内和园外环境，即除了幼儿园环境，还包括社区和家庭环境，这些环境都会在一定程度上影响幼儿园教育作用的发挥，是儿童发展生态的重要组成部分。因此，幼儿园的教育环境一定要同时关注社区和家庭环境的改善，尤其是要充分挖掘和利用各种家庭和社区资源，共同提高幼儿园教育的成效，共同促进儿童的发展。

（三）幼儿园环境创设的意义

幼儿园环境创设是儿童身心发展的需要。儿童的身心发展规律和学习特点决定了儿童的学习和发展是在环境中进行的，依赖环境、通过环境、借助环境，在与环境的互动中，获得相应的经验。儿童处于人生发展的初期，其行动能力还在发展过程之中，不仅自理能力、独立能力和自我发展能力有限，而且其思维还处于直觉行动思维、形象思维和前运算阶段，还没有掌握文字符号系统，他们对世界的把握主要通过具体的事物和直觉形象来实现。因此，直接、感性和丰富多样的环境是儿童学习和发展的重要基础和条件。

儿童是在行动中学习的，是在与周围环境相互作用中学习的。儿童兴趣和需要的满足依赖于适宜的环境。从一定意义上说，幼儿园课程就蕴含在环境之中。儿童正是在同多样化的环境相互作用的过程中，获得了多样化的经验。幼儿园的环境创设不是墙面的布置，而是立体的、有机的和适宜的呈现，是对时间、空间和材料的合理组织和安排。因此，幼儿园环境创设一定要坚持儿童立场，让环境真正成为儿童的环境和为了儿童的环境。幼儿园环境的水平和质量在一定程度上体现了幼儿园课程的水平和质量。总之，幼儿园环境创设充分体现了教师的专业素养，对儿童的成长和发展至关重要。

二、幼儿园环境创设的主要问题

自《规程》颁布以来，幼儿园对环境创设越来越重视，幼儿园环境的丰富性、适宜性在不断提高。教师对课程与环境关系的认识在不断深入，创设环境的能力在不断提高，随着课程改革的不断深入，环境对促进儿童发展的作用也在不断地增强。但从全局看，幼儿园环境建设还没有真正满足儿童发展的需要，还没有充分体现科学的儿童观和教育观的指导。总结和回顾当前幼儿园环境创设的情况，结合一些幼儿园存在的具体问题，我们觉得幼儿园的环境创设还要科学、合理地处理好以下几个方面的关系问题。

（一）处理好不同功能的环境之间的关系

幼儿园的环境有不同的种类，也有不同的功能，要关注每一类环境，正确处理不同环境之间的关系。在幼儿园中，有些环境需要相对稳定，让儿童有安全感和秩序感；有些环境需要一些变化，让儿童有新奇感和探索欲；有些环境需要呈现儿童自己的作品，让儿童有成就感和自豪感；幼儿园环境还需要给儿童交往的机会，让儿童的内心得到倾诉和沟通。因此，我们不能只是简单地讨论幼儿园环境的墙面、地面或平面、立体的物理意义，而是要深入讨论环境对不同年龄段儿童的实际功能与意义，努力让每一个环境发挥独特的作用，努力做到各类环境的共用互补。

在幼儿园现实的环境中，存在着环境功能不全、陈列性环境过多、操作性环境不够等现象。有些幼儿园的活动区域类型接近，功能相似，没有充分发挥环境对儿童多方面发展的促进功能；有些幼儿园貌似有很多操作性的环境区域，但实际上无法或没有真正发挥操作的作用，如有些幼儿园的墙面环境连成人都要仰视，儿童很难看到墙面上的作品，或者看到的也是变形的作品，这样的环境就没有充分发挥让儿童欣赏、评价和讨论的功能；有些幼儿园用芦苇编织的帘子来装饰环境，帘子一直是70厘米的长度，用来编织的始终是绿色的塑料绳子，帘子上能看到的是落满的灰尘，却看不到儿童编织的迹象；有的幼儿园里放了多个儿童石磨，但儿童不会用，也从未真正用过，仅仅是摆饰；还有一些幼儿园创设了科学发现室，也置备了很多的器材，但儿童每次进去活动，却把这些仪器和设备当作玩具，随意取用，根本没有让仪器发挥应有的作用。究其原因，这些仪器对儿童来说大多没有用处，很多是小学甚至初中实验室的设备。以上现象说明，幼儿园的环境创设还很随意，没有真正考虑儿童的需要，没有认真研究每一个环境的功能，造成环境浪费，并导致儿童的时间浪费。

（二）处理好丰富和有序的关系

儿童的环境应该丰富多样。我国的学前教育法规和政策都要求幼儿园创设丰富多彩的环境，满足儿童学习和发展的需要。只有丰富多样的环境，才能引发儿童多样化的活动，增加儿童的经验。同时，幼儿园环境也应该安全有序，方便易行，有美感，让儿童感觉到既好玩又舒心。丰富和有序是可以统一的，这就需要对幼儿园的各种区域环境进行精心设计，一方面减少相互干扰，动线清晰，安全有序；另一方面，功能多样，相互补充，材料整洁，规则明确。

在当今的幼儿园教育环境中，还存在以下几个问题：一是环境规划不合理，没有充分利用各种环境的有益因素，没有让环境发挥最大的教育价值。如有些班级空间布局不够合理，缺乏区域活动空间，主要活动集中在教室的中间，更多满足的是教师讲解的功能，没有充分满足儿童活动的功能；二是幼儿园户外环境存在空间浪费的问题，如有的幼儿园还存在大面积的灌木，阻碍了儿童亲近自然，压缩了儿童的活动空间，没有最大限度地发挥环境对儿童探索、发现及运动等方面的作用；三是有些环境中的材料贫乏、单一，没有按照国家要求配备图书和教玩具，各类材料无法支撑儿童的多样化学习活动，环境对儿童的教育作用没有充分发挥；四是有些幼儿园虽然环境资源丰富，活动材料也多样，数量上也能满足儿童活动的需要，但材料的年龄针对性不强，不能满足儿童获得新经验的需要，挑战性不够，且环境过于杂乱，甚至影响到儿童活动的秩序和效率，也缺乏美感。

（三）处理好为了儿童的环境和属于儿童的环境的关系

为儿童创设的环境是教师的重要职责。但是为儿童创设的环境不一定就能成为有利于儿童学习和发展的环境。只有教师真正从儿童的身心发展特点和兴趣、需要出发，为儿童创设适宜的、丰富的环境，这种环境才能真正成为促进学习的环境。教师很少认为在幼儿园创设环境是为了教师自己，绝大多数教师都坚持认为环境是为儿童创设的，是为了儿童学习、为了儿童发展的。但这并不意味着教师创设的环境一定是儿童感兴趣的，能引发儿童学习的，能促进儿童发展的。这里最根本的是教师的专业素养，也就是教师对儿童身心发展规律和学习特点的把握程度，对儿童兴趣和需要的感受程度。

当我们看到幼儿园环境中挂满经文宣传册页的时候，虽然教师一再说是为了儿童好，也是为了国家好，但我们肯定不认为这是真正属于儿童的环境。像前文所述的放满了各类超越儿童年龄特点的科学仪器的所谓科学发现室，摆好了现成的商业"成品"的所谓"美食一条街"，还有那些仅仅放置了几本破旧的、印满汉字和拼音的图书的所谓图书角，等等，这些环境中经常会出现注意力涣散和无精打采的儿童，这难道不就是因为这些环境并不真正属于儿童吗？！有些幼儿园的户外环境的走道两旁有宽阔的绿篱，每棵树周围又有一圈绿篱，围墙边还是一大片绿篱，实际上留给儿童可活动的空间就所剩无几了，而且很多空间被绿篱或大型玩具人为隔离，导致儿童的奔跑距离很短，这些环境都不是真正属于儿童的环境。

（四）处理好室内环境与室外环境的关系

幼儿园的各类环境都有特殊的功能和价值，要充分利用，相互配合，相得益彰。尤其是室内环境和室外环境是幼儿园课程的重要载体，要加强规划和设计，把环境的设计与改造同幼儿园课程设计紧密结合起来，真正把课程融入环境之中，通过环境来实施课程，实施环境中的课程。以往的课程更多关注室内的环境，重点在墙面和区域，逐步拓展到廊道。通过利用各种空间，提供丰富多样的材料，合理配置时间，让儿童真正在环境中学习，需要教师越来越多地注重户外环境的利用，注重户外环境的丰富化、功能化，把户外环境中的活动当作课程实施的重要组成部分。总之，在环境的利用上，教师要处理好室内环境与室外环境的关系，根据室内外环境各自的特点来安排适宜的活动，而其最关键的问题是需要教师对整体环境进行设计和规划，对不同的环境及材料要进行活动的预估，避免环境中活动和经验的重复，以确保儿童在环境中能不断获得不同的新经验。

在现实的幼儿园环境创设和利用中，存在以下几个问题。一是环境缺乏规划，功能杂乱和重复，不能很好地体现环境为课程实施服务的目的，无法显现环境中的课程价值。有些幼儿园的环境没有真正为大多数儿童服务，而是以特色为名，超越《指南》要求，为极少数儿童服务。二是还有一些幼儿园认为上课才是课程实施，区域活动主要是游戏，与课程关系不大，究其原因，还是教师对课程观和学习观的认识存在问题，还没有真正把班级的所有环境当作课程实施和儿童学习的环境，还没有把组织的所有活动当作是课程实施的过程，还没有有意识地在幼儿园室内外环境中注入课程的目标。三是有些幼儿园虽然已经把室内环境的利用当作课程实施的重要途径，但对室外环境还不够重视，除了体育课，没有把室外环境与课程有机联系起来，没有很好地理解室外各功能区中儿童的活动和经验。因此，对室外相关的功能区缺乏设计，也没有按照活动的需要提供材料，这一定会影响儿童室外活动的展开和经验的获得。其实，室外环境的确能弥补室内环境的很多不足，需要充分地加以利用。要全方面、全天候、全功能地用好室外环境，逐步将室外环境当作课程实施的主要渠道，充分发挥其课程价值。

（五）处理好教师作用与儿童参与的关系

教师是幼儿园环境创设的主体，有环境创设的责任，也有环境创设的专业能力，因此要强化教师创设幼儿园环境的责任意识，提高教师创设和利用环境的能力。教师应把环境创设和课程设计有机结合起来，让环境充分发挥课程价值。同时，教师所创设的环境是儿童的环境，是儿童活动和发展的基础。为了儿童的环境有没有真正转化为属于儿童的环境，关键就在于儿童对这样的环境喜欢不喜欢，投入不投入。因此，儿童对环境不是完全被动接受的，除了其兴趣和需要是环境创设的前提，还应该尽可能地让儿童参与环境的创设，把儿童的活动与环境的不断完善有机结合起来。事实上，很多环境的创设都是需要儿童参与的，有些环境的创设甚至是以儿童为主的。如幼儿园中大班的种植园地，从种什么、怎么种、怎么管都应该由儿童决定或参与决定，种植和管理的过程都应该由儿童自己来完成。因此，一定要在环境创设中给儿童留下空间，留下机会，让他们真正成为环境的主人。

在儿童环境创设和利用的实践中，还存在一些问题。一是部分幼儿园教师还没有清晰地意识到自己在环境创设方面的责任，没有清晰地认识到充分利用环境是课程实施的重要途径，因而环境创设和利用的主体意识不强、责任感不够。有的幼儿园甚至把环境创设仅仅当作任务来完成，尤其是户外环境，经常交由园林部门来负责，没有老师们的思路和构想。二是幼儿园环境创设的目的性不强，缺乏计划性和指向性，有些环境长期不变，没有实际的教育价值，教师缺乏对环境的价值评估和更新意愿，没有真正将环境建设与课程建设联系起来，没有真正将环境与儿童的学习和发展联系起来，教师的活动设计和安排没有充分利用环境的有利条件。三是儿童没有真正成为环境的主人。环境设计没有充分考虑儿童的兴趣和需要，没有征求儿童的意见，儿童没有机会参与环境创设的过程，环境中的空间、材料、活动内容和方式没有给予儿童充分的选择机会，因而儿童在环境中难以产生惊奇感、发现欲和创造性。

（六）处理好集体教学活动与在环境中学习的关系

在我国，集体教学是课程实施的重要途径之一。但幼儿园的集体教学活动不同于中小学的上课，集体教学既可以是全班的，也可以是小组的，集体是相对于个别而言的。更重要的是，幼儿园集体教学不等于教师讲课，而是在教师的组织和引导下，儿童动用多种感官，与环境、材料和同伴相互作用，并获得相应经验的过程。因此，要让集体教学活动取得成效，环境起着重要的作用。集体教学可以充分利用班级中的各种环境，如室内中心空间、区域及廊道等，可以在班级中进行，也可以在户外环境中进行。有效的集体教学应充分利用室内外的一切环境。儿童在环境中的学习除了集体教学还有其他很多的活动，尤其是有很多儿童自发的游戏和学习活动，这些活动也是幼儿园课程实施的重要途径。因此，要丰富和利用区域环境，充分充实和优化户外环境，引导儿童在环境中充分活动，鼓励儿童主动自发地在环境中活动，在活动中学习，以获得丰富的经验。

在现实的教育实践中还存在以下主要问题：一是集体教学活动还是存在教师过多讲解的现象，缺乏对情境的创设和利用，学习形式单一，没有真正做到多感官学习，儿童的体验不够，甚至还存在"小学化"的倾向；二是集体教学的空间主要局限在教室，缺乏利用多种环境的、多样化的集体教学，缺乏在真实情景中的观察、探索、操作等活动，缺乏在集体活动中发现问题、讨论问题、解决问题；三是创设和利用丰富的环境开展多样化的自主活动有待加强。根据儿童学习和发展的需要，创设适宜的室内外环境，让儿童充分活动、主动活动，应该成为儿童学习的主要方式。

三、幼儿园环境创设的思路

党的十九届五中全会提出了高质量发展的要求，国家提出了建立高质量的教育体系。那么，学前教育的高质量如何实现？我们认为，环境建设是学前教育提高质量的关键途径，也是基本途径，幼儿园一定要加强幼儿园环境建设。幼儿园环境创设是一项专业性的工作，需要系统规划，周密安排，精心实施。环境的创设和利用是幼儿园课程建设的重要组成部分，是对儿童的学习和发展具有重要意义的工作。因此，要充分理解环境建设的重要性，科学构划环境创设的思路，系统创设支持儿童游戏和学习的环境，不断完善幼儿园课程的物质条件，让环境对幼儿园教育质量的提升有更高的贡献率。

（一）坚持儿童立场，努力构建真正支持儿童学习的环境

幼儿园的环境创设应该立足儿童的兴趣和需要，支持儿童的游戏和学习，要把研究儿童、理解儿童作为环境创设的重要前提条件。要避免环境创设中的成人中心和任务取向，无视儿童的需要，造成空间和材料的浪费。坚持儿童立场意味着要切实站在儿童的立场来看待环境，将环境与儿童的游戏和学习联系起来，用儿童快乐、满足、着迷和不断获得新经验作为环境创设的基本标准。因此，幼儿园环境创设需要倾听儿童的心声，观察儿童的表现，感受儿童的需要。只有这样，环境创设才能真正支持儿童的游戏和学习。

（二）坚持共同参与，发挥环境创设的综合效应

幼儿园环境创设是一项复杂的工作，需要教师和其他工作人员及家庭的相互协助和通力合作。教师是幼儿园环境创设的主要责任人，也是环境创设中各类主体的协调人，对幼儿园环境的质量起着决定性的作用。要充分发挥幼儿园各类人员的作用，不断优化室内外环境，让儿童参与环境的创设，要发挥家长的职业优势和业余爱好优势，发挥他们在推动幼儿园班级环境的优化和活动资源的丰富中的作用，以及对班级环境的科学和人文知识的咨询作用。幼儿园各类人员和具有专门才能的社区人员，都应该对环境的创设发挥积极的作用。要协调各方面的专业力量，共同为幼儿园环境的创设做出贡献。

(三)坚持经验导向,确保环境的可进入、可操作和可体验

幼儿园环境是为了儿童的游戏和学习的,是让儿童不断积累新经验的,是促进儿童发展的。因此,要从儿童活动的需要出发,规划和设计幼儿园环境,让环境真正适宜儿童、适宜活动。环境中的每一个空间应向儿童开放,儿童可进入、可亲近、可触摸,环境中的事物能被儿童充分利用,儿童可以与环境充分相互作用,儿童可以充分体验环境带来的感受,发现环境中的问题,并用各种方式尝试解决这些问题。儿童进入环境,与环境相互作用,不只是简单的认知,不只是为了获得知识,更重要的是在感受和体验中获得相应的经验,激发更多的好奇心和求知欲。要努力避免儿童活动环境空间过高、过于封闭和过多隔离的状况。

(四)坚持持续评价,不断提高环境对儿童发展的贡献率

环境评价是幼儿园教育评价的重要组成部分。环境评价的核心是关注环境是否符合儿童身心发展规律,是否适宜于儿童当前的学习需要,是否能满足儿童探索、发现的愿望,在多大程度上支持和促进了儿童的学习和发展。因此,幼儿园环境的创设就应该考虑儿童的需要,儿童为本是环境创设的根本原则。环境的评价不只是关注环境本身,不在于环境中事物的经济代价,而是要关注儿童与环境相互作用的过程,在意环境中的材料、空间等在儿童获得中的实际作用,在意环境引发了儿童怎样的获得和思考,在意儿童获得的实际经验。教师自身对环境的评价是最根本的和最主要的,也是提高环境的教育成效的关键所在。这就需要教师在活动中评价,在评价中反思和改进,不断提高环境的适宜性,使环境在提升教育质量的过程中发挥更加重要的作用。

幼儿园课程资源挖掘和利用的问题及解决思路[①]

改革开放四十多年来，幼儿园课程改革的基本走向就是让课程更贴近儿童，激发儿童活动的自主性和积极性，以便儿童获得更丰富的经验，促进其全面发展。幼儿园课程资源的挖掘和利用是课程建设的一项重要工作，随着学前教育改革的不断深入，幼儿园教师对资源重要性的认识正在不断提高，资源挖掘和利用的意识和能力也得到了提升，幼儿园资源和环境的面貌正在发生深刻的变化，并有力支撑了幼儿园各类活动的开展。但是，深入分析资源挖掘和利用的各个环节和各个层面，还存在一些亟待解决的问题。我们要用反思的眼光去审视资源挖掘和利用的过程，深入评价资源建设的成效，切实解决一些现实的问题，不断改进资源的挖掘和利用工作，确保儿童得到更好的发展。

一、课程资源挖掘和利用中存在的主要问题

（一）资源缺乏，适宜性不强

儿童是在与丰富的环境和材料相互作用的过程中得到发展的。因此，课程资源在一定程度上决定了儿童获得的状态，也决定了儿童发展的可能。为儿童创设丰富适宜的环境是课程建设的重要任务，为儿童提供多

[①] 本文原载于《早期教育（教育教学）》2020 年 10 月。

样、适宜的材料是教师的重要职责。改革开放以来，尤其是《规程》实施以来，广大幼儿园教师一直在不断探索，努力满足儿童活动对各种材料的需要。但是，对周围资源缺乏调查，缺乏挖掘和利用，儿童活动中各种材料不足甚至严重不足的幼儿园还是存在的。有些幼儿园材料数量不足、品种单一，儿童为获取材料而争抢的现象依然存在。材料缺乏导致的直接后果就是儿童的操作和探索机会减少，儿童的游戏受到限制，儿童多感官的参与难以充分实现，并由此影响儿童多样化经验的有效获得。

（二）舍近求远，追新求异，缺乏实效

幼儿园的课程资源来自儿童的现实生活，是儿童喜欢的，是儿童现实的发展所需要的。幼儿园教师应从观察和分析儿童的活动表现出发，有针对性地挖掘和利用各种有益的资源。在现实的课程实践中，有些幼儿园的资源数量似乎不缺，但与儿童的需要不一致，不能真正支撑儿童的发展。幼儿园周围自然和社会中的资源没有充分挖掘，而为儿童购置"流行""时髦"的材料，缺乏实用性，难以满足儿童各类活动的需要。如有的幼儿园不考虑儿童活动的现实，为儿童购置了大量科学探索器材，这些器材很多是小学甚至中学的器材，在幼儿园只能是摆设，这不仅浪费经费和空间，还影响儿童的活动和发展。相反，对周围生活中丰富的课程资源缺乏系统的专业调查，对很多活动材料视而不见。

（三）缺乏投入，教玩具和图书的基本配备不达标

对于幼儿园教玩具和图书的配备，教育部有相关的要求和标准。对于儿童来说，基本的教玩具和图书是其学习和发展的基础性资源，也是开办幼儿园的重要前提性条件。但是，基本配备没有达标的幼儿园还在一定程度上存在着，有些幼儿园的教室里找不到积木和插塑，儿童班级中只有破旧的几本图书，儿童缺乏基本的游戏条件。有些班级的教师虽然努力挖掘了很多生活中的课程资源，教室里的材料数量也不算太少，

但基本材料的配备缺乏，导致儿童缺少获得一些基本能力的机会，活动的类型和质量受到局限。不少材料难以在相互关系及空间上实现突破，儿童难以发展一些重要和可延续的能力和智慧。

（四）随意摆放，缺乏层次

幼儿园的活动材料是幼儿园课程的外化性表现，活动材料的状态往往预示着幼儿园课程的样态。材料怎么摆放，是否合于儿童活动与发展的逻辑，是判断教师专业性的重要标准之一，也是教师要练就的基本功。班级材料的布置不只是空间问题，还是时间问题，由于不同的活动都有一个基本的顺序，因此它更是一个经验问题和发展问题。材料与儿童经验的获得紧密相关，教师的专业性恰恰就表现在能根据儿童的发展需要确定材料的类型、数量及空间安排。有些班级的材料显得杂乱无章，与儿童的年龄特点不相吻合，如大班的角色游戏还使用大量塑料做的仿真"水果""蔬菜"，很多儿童完全可以自己动手做的材料都成了现成的、购置的材料。还有的材料与区域不一致。不同的区域有不同的功能，需要特定的材料，但有些班级材料杂乱，区域材料缺乏层次，难以满足不同儿童的需要，儿童往往随意使用，活动后也缺乏整理、分类和归位。儿童面对如此杂乱无序的环境，不仅难以持续有效地得到物质支持，还可能受到空间和物质的干扰，难以有效完成活动任务，难以有效获得相关的经验。

（五）课程资源储存不足，更新不力

对幼儿园课程资源进行科学规划是一项非常重要的工作。根据儿童发展的需要，确定课程资源呈现的时间、类型、数量和空间，这是幼儿园课程设计的重要组成部分，也是幼儿园课程有别于中小学课程的重要特点。对幼儿园教师来说，除了知识储备，还有资源的储备。储备足够的资源是保证儿童活动开展的重要条件，资源储存的线索，就是儿童活动和经验的线索。有些幼儿园建立了"资源室""资源库""资源箱",其作用就在于能不断支持儿童的活动和发展。但还有一些幼儿园资源储存不足,没有资源储存的制度和措施,有些班级的活动材料一学期不变甚至一学年不变,难以激发儿童活动的热情,难以激发儿童活动的积极性、主动性和创造性。幼儿园的活动要让儿童获得新经验,除了更新活动的方式,更重要的是有足够的资源支撑,能根据儿童发展的需要及时更新活动资源。

(六)对资源的利用缺乏研究,指导缺乏针对性

课程资源的根本价值在于有效利用、促进发展。一方面,要引导和激发儿童自主活动、自由游戏,自主选择和使用各类课程资源;另一方面,要加强对儿童的指导,以有针对性的方式积极回应儿童的各类需求,引导儿童不断投入活动,进行深度学习,不断获得新经验。因此,教师的作用是非常重要的。幼儿园教师要认真研究儿童的活动和经验,认真研究材料和活动、经验的关系,认真研究不同儿童的活动水平和对材料的不同需要,只有这样才能真正有效地为儿童提供适宜的活动材料和有针对性的指导。在现实的实践中,有些教师对儿童活动和材料的关系认识不够,对如何为儿童提供适宜的材料和指导缺乏研究和思考,因此,在幼儿园经常能见到教师管得太多、指导过多的现象,这在一定程度上剥夺了儿童自发探索和发现、思考的机会。在实践中也能经常看到教师缺乏观察,无视儿童活动过程和具体问题的现象,教师对儿童缺乏必要的指导,很多本该可由儿童进一步深入学习的问题,往往浅尝辄止而使儿童失去了获得新经验的机会。

二、产生问题的主要原因

以上问题的产生,有多方面的原因,概括起来主要有以下几个方面。

（一）认识问题

部分教师对儿童的身心发展规律和学习特点的把握不够深入和透彻，对幼儿园课程的内涵和特点缺乏充分的了解，对课程资源的意义和价值缺乏深入的理解，对《规程》《指南》等法规和政策缺乏深入的学习和理解。因此，没有形成真正的资源意识，过多相信自己的讲解和说明，没有真正把学习看作是儿童与周围环境相互作用的过程，看作是教师激发、鼓励和指导儿童动用多种感官获得经验的过程，甚至把课程当作主要是书本里的知识，而不是行动里的经验。他们更多的是在下书面上的功夫，而不是在资源上做努力。他们的备课主要备自己如何教，而不是真正考虑儿童怎么学，更不考虑儿童用什么学、在哪里学和如何学。因此，课程资源有多少，是否适合，能否让儿童获得真正的经验还没有成为他们关心的课程问题。必然地，这些教师不会以资源的丰富性、适宜性和针对性来衡量儿童的学习环境，相反地，他们对教师不停讲解、儿童端坐静听的教学过程却习以为常，甚至还认为是幼儿园教育的本来样态，资源的挖掘和利用还没有成为他们的任务和职责。这也是导致幼儿园教育"小学化"的重要根源之一。

当然，完全存在这类问题的教师并不多，但是，对儿童的身心发展规律和特点、幼儿园课程和资源的价值等缺乏全面认识，甚至或多或少存在错误认识的教师并不少见。在课程资源上的错误做法或多或少都有认识上的根源。也有一些教师认识上没有问题，道理都知道，而且头头是道，但不愿意这么去做。他们也清楚在幼儿园像小学一样地去教是最容易的也是最无效的，但他们还是那样做了。这是更高层面的认识问题，甚至关系价值观、职业伦理和专业信仰等问题，这些问题涉及一系列复杂的原因。

（二）能力问题

在资源挖掘和利用的工作上，仅仅有认识是不够的，还需要有能力支撑，否则再深入的认识也难以落实。教师的专业性不只是有资源意识，还应该具有资源挖掘和利用的能力，这种能力是在充分提高认识的基础上不断实践积累的，是不断完善的。拥有了资源挖掘和利用的能力，教师才可能真正胜任幼儿园教育的工作。部分教师在课程资源挖掘和利用上存在的问题，根源就在能力不足上。幼儿园教师的资源挖掘能力是职前培养和职后实践积累相结合的结果。完全依赖师范教育解决资源挖掘和利用能力是有困难的，但是没有职前教育在认识和基础能力上的奠基，职后的能力发展就会面临更大的困难。因此，要在师范教育课程和教学体系里找根源，在幼儿园的园本研修和教师的职后培训体系里找根源，也要在幼儿园的评价体系中找根源。长期重视了，加强评估和反思了，这种能力就能得到提升。相反，长期忽视，缺乏举措，必然造成能力的缺失。

（三）制度问题

制度是实践的重要牵引。缺乏制度往往就缺乏对实践的规约，缺乏必要的要求，行为就可能失去必要的制约。良好的工作制度，不只是对教师行为的制约和对工作结果的要求，还是良好的幼儿园文化产生的基础。相反，缺乏良好的幼儿园文化，缺乏相应的制度要求，必然难以产生期待的行为和工作结果。因此，是否把课程资源的挖掘和利用纳入幼儿园的制度体系是影响这项工作水平和质量的关键。如果在幼儿园的课程建设制度中，规定了课程资源挖掘和利用的主体、资源范围、使用空间、储备和更新要求、评价指标，那么这项工作就有了依据和保证，也有了制约的力量。因此，制订幼儿园课程资源挖掘和利用的制度并切实贯彻执行显得尤为重要。目前在幼儿园中，课程资源挖掘和利用的制度不健全、不落实的情况还是存在的，这在一定程度上制约了这项工作的现实成效。此外，还要有一些配套的制度和评价标准来支持资源挖掘和利用工作的顺利开展。比如，应关注活动室的设计标准是否有利于儿童充分活动、充分使用资源，儿童是否有选择的空间和机会，要把教师和相关人员调查、查找、收集和整理资源当作工作的内容，等等，有了一系列配套的制度和标准，才能引导大家做好这项工作。

三、解决问题的关键举措

从以上问题的成因分析来看，造成幼儿园资源挖掘和利用工作出现问题的原因是多方面的、复杂的，只有从产生问题的根本原因出发，经过深入的分析，才能形成解决问题的有效举措。在此，就解决问题的关键举措做一些简单的讨论。

（一）加强针对性的学习和培训

学习是解决认识问题的关键所在。要组织和引导教师学习有关资源利用的相关理论和实践范例，在理解的基础上举一反三。要加强专题培训，对与幼儿园资源挖掘和利用相关的理论和实践策略进行系统培训，真正起到提高认识、增进知识和强化能力的作用。学习和培训的内容应从三个方面入手。一是加强对国家相关法规和政策的培训和学习。在我国现有的法规和政策中，对于课程资源是高度重视的，强调了要充分利用园内外的各种资源，强调了儿童的多感官学习需要各类资源的支撑。对这些法规和政策要求要充分地理解并切实加以落实。二是对儿童学习和发展理论、对幼儿园课程理论和游戏理论的学习要持续和深化。要不断深化对这些理论的学习和理解，注重学习的系统化，要将这些理论的培训纳入区域和幼儿园的培训体系之中，并努力理论联系实际，有观点讨论和理论辨析，也有实践操作和案例分析，真正学懂了，会做了。三是加强对实践典型案例的学习。长期以来，各地在课程资源挖掘和利用方面开展了丰富多样的实践，积累了很多成功的经验，要加强对典型案例的分析，努力理解这些案例背后的指导思想和价值立场，真正知其所以然，并在此基础上结合自己的实际进行探索和创新。

（二）加强区域和园本教研

所谓教研，就是通过研究解决资源挖掘和利用过程中出现的具体问题。幼儿园的教研就是针对问题进行探索性实践的过程，而不是坐而论道。因此，发现并明了问题是教研的第一步。没有问题的教研不是真正意义上的教研，这意味着必须正视资源挖掘和利用过程中的实际问题，并在实践中探明问题形成的原因，才可能真正找到解决问题的策略。因此，要把区域教研和园本教研当作提高教师资源挖掘意识和能力的重要途径，引导教师真正根据法规和政策，依据相关理论，学会发现问题，看到不足，借助团队的力量，在实践中寻找产生问题的根源，通过不断深入的探索和尝试，革新和创造，解决实践中产生的问题，尝试并检验一些有效的课程资源挖掘和利用的途径和方法。要分析一些共同的和普遍的问题，加强区域团体教研的组织和实施，切实利用集体的智慧和力量解决一些长期困扰资源挖掘和利用的问题。

有关资源挖掘和利用的教研工作要从调查、收集、整理、储存、更替、利用和再利用等多个环节层层展开，梳理遇到的突出问题，探索和尝试一些具有园本特点的方法和措施，不断解决问题，提高工作的成效。其中，对课程资源的利用环节是研究的重点，要充分激发教师的主动性、积极性和创造性，鼓励更多的教师进行探索和发现，以更加有效的方式促进资源的利用，注重资源价值的深度挖掘，注重保护儿童的好奇心和求知欲，关注儿童持续的探索性学习，努力为儿童的学习提供适宜的、多样化的资源支撑，使资源真正成为儿童多样化经验的来源。总之，应加强并真正形成向教研要思路，向教研要办法，向教研要质量的意识和习惯。

（三）加强评估引导

要制订科学合理的评价标准，切实涵盖幼儿园课程资源挖掘和利用的各项工作、各个环节以及相应的要求，使评价真正起到牵引和带动的作用。要加强园内外的评估，尤其要发挥教师自我评价和相互评价的作用，借助评估的力量推动课程资源挖掘和利用工作的深入推进。要加强过程性的评估，及时关注资源挖掘和利用过程中出现的现实问题。要通过评估，引导教师反思自己的教育实践，明了资源挖掘和利用的基本要求和标准。对教师而言，评估就是检验活动目标的实现程度，或儿童需要和兴趣的满足状况，并分析没有达成的原因，以及可能产生的意外结果。因此，采用自我评价就是提升教师的行为自觉，就是激励教师的进步和发展。要让评估真正成为教师规范行为和创造性行为的指挥棒，引导教师努力与国家法规要求的基本价值立场保持一致，并在此基础上创造性地开展资源挖掘和利用的工作，努力使这项工作更符合评价标准，更接近法规要求，更能满足儿童活动的需要，更好地促进儿童的发展。

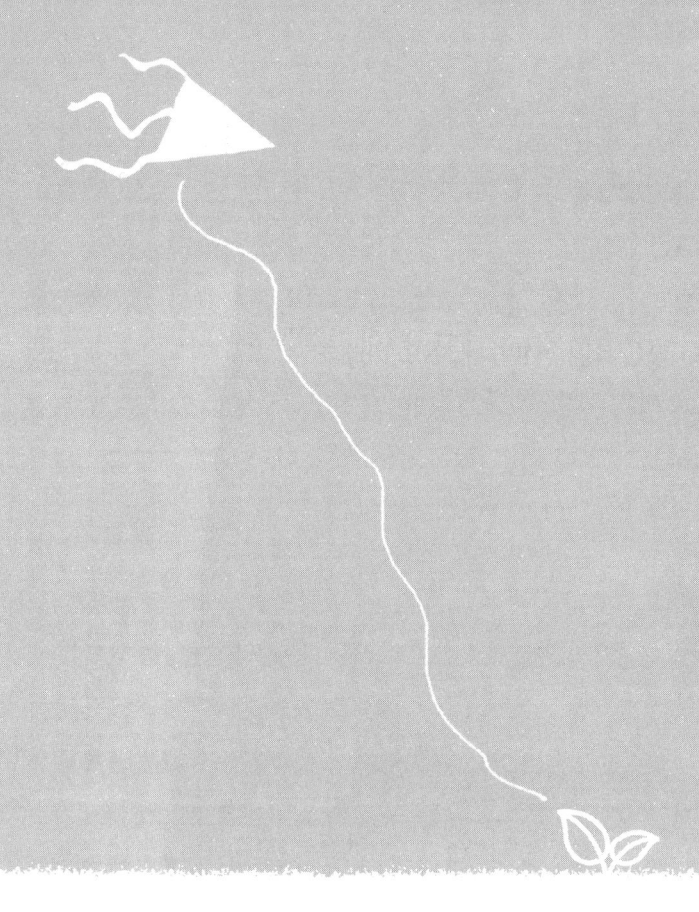

第六章

儿童与儿童文学

让儿童图画书回到儿童[①]

一、可以品味的理念

儿童图画书的确就是 20 世纪六七十年代人们惯称的"小人书"。然而，儿童图画书的创作没有因为是"小人书"而变得简单，相反，在如何接近儿童心灵这一点上，儿童图画书有特殊的要求，衡量儿童图画书首要的标准就是在多大程度上关注儿童的内心——他们的需要、期待和向往。因此，儿童图画书是需要立场和理念的，优秀的儿童图画书一定是以特定的理念浸润的。这个浸润的过程，就是作者以自己的专业能力和对儿童生活的理解讲述和表达的过程，就是作者与儿童平等对话的过程。所谓专业能力，就是文学和绘画的能力，这对于儿童图画书来说十分重要，它们使作品真正具有审美意义。所谓对儿童生活的理解，就是对儿童的行为和心灵的理解，不同的作者对儿童生活理解的水平有所不同，有些人通过对自己童年生活的回忆来把握童年；有些人努力去阅读关于童年的研究，理性地去关注童年；还有些人除了回忆、阅读外，还如深入成人生活一样去体验现实的、真实的儿童生活，这是值得赞许的做法。现实生活中那些让人啼笑皆非的、成人臆想的儿童图画书缺少的就是对儿童生活和心灵的理解。我将作者对儿童心灵的理解称为儿童图画书作者的核心素养，缺乏这种素养，不可能产生真正意义上的优秀儿童图画

[①] 本文原载于《早期教育（教科研版）》2013 年 11 月。

书。因此，所谓理念，很重要的是关于儿童生活和心灵的理念。

在一个作品中，传递什么理念，这是作者随心而发、水到渠成的，具体的理念是不能规定的，也是规定不了的，但"具有理念并让理念浸润作品"这一原则，应该加以规定和确认。对儿童图画书来说，理念就是用来触动儿童心灵的，用来引发儿童的思绪，让儿童觉得有趣和引人入胜的。理念不是用来绑架和拔高儿童的，超越年龄阶段的规约、无趣的说教是儿童图画书的大忌。最关键的是，儿童图画书的理念，不是用文字说出来的，不是用单一的图画告知的，而是连续地融入作品的内容之中。理念经常与诙谐、幽默为伴，理念也与奇遇和突变相随，理念深入作品中环境的角落里、角色的言行里。优秀作品中的理念是阅读者品味到的，甚至不一定要说出来理念到底是什么。这种可以隐隐约约品味到的东西，慢慢积聚于心，将会变成儿童的心灵力量，变成儿童的人格特质，将影响儿童的一生。

二、两个"自然"的浸润

有些作品，只要看标题或者翻看两页，我们就知道作者将训导什么、传递什么，这是因为作品的成人导向很明显，读者没有找到儿童的心灵，只找到了成人的目的。不是所有的儿童图画书都是用来传递新知的，其实，对一本儿童图画书而言，最低要求——让儿童想一想、笑一笑，觉得书里讲的是自己想知道和乐于知道的事。就是说，图画书多多少少要触及他们的内心，引发他们的心智和情感。对于作为儿童文学的儿童图画书而言，首先关注的不是认知上的任务，而是心灵的触动或激荡。因此，儿童图画书不是教材，不是根据知识点来编排的，如果作者总希望在作品中预设教导的要点，最终很可能适得其反，充其量口到心不到。

由美国作家吉恩·蔡恩和画家玛格丽特·布罗伊·格雷厄姆合作的《我是小花匠》是一本值得我们讨论的儿童图画书。书中包含了多重线索，核心线索是汤米和花木，外围线索是汤米和他人，其中包括与父亲、与母亲以及与邻居。我们看到一些出现父母的图书，大凡会将他们理解成价值和行为的引导者，甚至邻居也是如此。在这本书中，汤米与父亲、母亲及邻居的关系各具特点。邻居是汤米服务的对象，是汤米的顾客，汤米为他们照顾花木，他们给汤米付小费。汤米和邻居之间的关系表现很平淡，没有出现戏剧性，邻居也是以复数的方式出现的，画面上没有出现典型邻居的特写。汤米的母亲对汤米看护花木的行为先是惊讶然后是默许、包容和欣赏，这从母亲的表情上可以读出来，因此，母亲不是中立的，是支持汤米行为的，其实，母亲也在享受着满屋绿树的环境。汤米的爸爸是反对的，不愉快的表情几乎贯穿该书的始终，只是在这些花木送还邻居后才出现笑容。汤米的爸爸曾允诺汤米可以做自己喜欢的事，虽然对汤米养花不满意，但也无法制止汤米的行为，因此，总是满脸不悦的父亲因为信守承诺而给人另一种美感。书中汤米父亲这个角色有一定的戏剧性，他不顺意、不舒心、愁眉苦脸，与汤米陶醉、投入及自豪的感觉正好相反。对照着阅读汤米和他父亲的表情，会觉得特别有趣。汤米和所有的儿童一样，在这样的环境下，他的想象充分发挥出来了，一会儿感觉在热带雨林，一会儿感觉在森林池塘，一会儿又感觉在露天电影场，满屋的花木给他带来了无穷的乐趣和无边的遐想。满脸愁容的父亲没有教导和训斥汤米，只是有些不满，这不影响汤米去想象和享受。汤米也去图书馆阅读了，去修剪树木了，甚至把修下的小树枝栽插了，让植物的生命循环起来。这些不是父母教导的结果，而是汤米受噩梦启发的结果，在梦境里，汤米见到花木不断长大，导致房子倒塌。汤米获得了新的经验，但这些经验不是父母教导的，是实践的结果，汤米边行动边思考。

　　这本书里有理念吗？我认为有。从不同的角度都可以离析出理念来。比如，汤米父母的不教之教，汤米父亲的守信，汤米的需要及其满足，汤米的尽职，等等。我觉得，作者是非常懂儿童的，其实，喜欢接近植物，尤其是花木，几乎是儿童的天性，儿童喜欢亲近自然，对花草树木有特殊的感情。自然是儿童的最好"教材",也是儿童成长的重要影响力量。因此,让幼儿园、家庭以及社区中有更多的植物,对儿童成长是非常有意义的。在现实生活中,铺满塑胶地的幼儿园和紧闭大门的单元房,将儿童与自然隔离。花草树木、鱼虫鸟兽、水石泥沙是儿童身外的自然,儿童与这个自然相遇,积极探究,努力尝试,就会充实心灵。该书就是从汤米养花的视角展现了儿童沐浴自然和满足心灵的过程。其实,向往自然的何止是儿童。因为外出"旅行"而将花木寄托给汤米看护的邻居们,在图书最后露出笑容并决定带全家走出去"旅行"的父亲,内心同样有对自然的向往。"旅行"就是与更大的自然亲近。

更让我欣喜的是,我读到了读者与儿童心灵自然的相遇。儿童内心深处有一个自然,这个自然就是儿童的天性,就是儿童发展规律,就是儿童不断显现的需要和兴趣。作者是以儿童之心在画儿童之书。不理解儿童内心的需求和喜悦的作者是无法充分表现儿童的内心的,汤米的每一个表情都耐人寻味,为了衬托汤米的心情,作者在多个画面上表现了汤米家的狗和猫,两个小动物的神态和动作总是与汤米相呼应,表现出趣味和惬意。因此,汤米外在的自然和他内心的自然在作品中显现了,这绝对不是文学和绘画本身就能做到的,对儿童心灵的感悟显然是关键。

三、回到儿童叙述

从文学作品的角度上看,儿童图画书可以多主体叙述,甚至不排斥成人的叙述。只是,有些成人在叙述一个希望儿童获得成人期待的"知识"的故事,有些成人在叙述一个自己童年的故事。当然,他们经常不像是儿童的叙述,这种故事经常在儿童话语和成人眼光之间跳跃,这类作品经常满足成人回忆的意愿,远离儿童现实的生活,很难触动儿童的内心。以上的这些成人叙述经常有点说教、乏味,与儿童的现实需求不相关。儿童图画书应该让儿童叙述。所谓让儿童叙述,就是讲述能触动儿童心灵的故事,"蹲下心"来说儿童能理解的话语,满足儿童的兴趣和需要，不是教导导向，不是讲述"我年幼的时候"，而是讲述儿童想知道的，讲述儿童愿意知道的甚至会不断追问的。强调儿童讲述，意味着让成人撤退，就是让说教撤退，让无趣撤退，让对儿童的无知撤退。

让成人撤退，并不意味着儿童图画书不需要成人，事实上儿童图画书不能没有成人，只是儿童图画书的创作甚至阅读指导需要的是对儿童有所了解的成人，对儿童的内心有所知晓的成人，对儿童的行为稍有敏感的成人，对儿童愿意亲近和倾听的成人。就像丰子恺先生教导成人们的一样，当成人跟儿童说话的时候，得变成儿童，这样才能抓住儿童的内心。当然，这些是对儿童理解的基础条件，真正优秀的儿童图画书作者不会停留在这些基础条件上，一定会更加努力地去了解和理解儿童。对儿童了解的程度是区分优秀儿童图画书作者和一般图画书作者的重要标尺。只要做跟儿童有关的事，不论是教育、医疗、童装生产、玩具生产、儿童影视制作以及儿童图书的创作，在专业、技术等条件相同的情况下，多了解一点儿童一定更能接近精品，不断深入了解儿童一定是助推事业发展的强劲动力。因此，儿童图画书的现实主题就是回到儿童，回到儿童的生活，关注儿童的心灵。在这方面，《我是小花匠》的作者是良好的榜样。只有渗透了儿童需要和兴趣的儿童图画书才能真正成为儿童的精神食粮。

完整童年不可缺失文学[①]

文学就是童年的精神食粮，是童年内在愿望不断激起和生发的动力。

在我的心目中，儿童文学是与儿童的心灵紧密相连的大学问，它首先是文学，不是教化体系。儿童文学也是儿童哲学、儿童心理学，也可能蕴含了儿童教育学。虽然我是一个教育工作者，但我认为，儿童文学作品首先要关注的不是教育，而是儿童的心灵世界。

过于强调教育的作品很难满足儿童的真正需要和兴趣，也很难充实儿童的灵魂。在探索儿童心灵世界的各种努力中，是不存在学问界限的，一切能真实探寻儿童灵魂的学问本来就是相通、相融的。这些学问的共同之处，就是有温度、有感情、有灵性，它们欣赏儿童的话语，赞美儿童的想象，鼓励儿童的创造，它们一直与儿童真实的生活相伴随，与儿童的情感相呼应，与儿童的行为共节拍。儿童文学就是儿童的心灵之学，就是儿童内心情感和思维的创造性与审美性表达。因此，我认为，儿童文学、儿童哲学、儿童文化、儿童心理和儿童教育是相生相长的。

什么是美好的童年？也许它与食物有关，也许它也不能缺少衣着，也许还不可缺少玩具和游戏。但是，千万不能忘了文学，因为它能真正唤起儿童心灵深处的美好愿景，能激发儿童对世界的希望和期待，能让儿童用新的尺度去衡量这个社会和人们的行为，能让儿童用审美的眼光去看待人事万物。文学就是童年的精神食粮，是童年内在愿望不断激起

[①] 本文原载于《中国教育报》2020年1月19日。

和生发的动力。缺少了文学的童年是不完整的，也是有缺憾的。

由此也可让我们清醒：儿童文学创作是需要与儿童心灵相通的，儿童文学的创作就是不断让创作者回到童年的过程，就是要求创作者不断去靠近儿童内心世界的过程，是创作者用自己的作品让儿童产生心灵共鸣的过程。实事求是地说，不是所有的文学作品都真的能触及儿童的心灵，不是所有的儿童文学作品都在表达儿童的内心，哪怕是获奖作品。真正优秀的儿童文学作品首先是根据作品与儿童心灵的距离来评判的。儿童需要百看不厌、双目放光、触动心灵的作品，需要激荡他们内心世界的作品。

儿童文学作品的呈现形式之一是图画书，我注意到有的学者提出"图话书"的概念，并感受到了其中积极的意义。这说明我国的儿童图画书创造者和研究者已经在关注和探寻图画书的本质，这是非常可喜的一步。近15年来，图画书得到了前所未有的关注，全国图画书增长的总量及幅度是惊人的。但量变不能代表质变。人们对图画书价值的认识是不是也有惊人的转变呢？对图画书重要性的认识有没有达到新的高度？图画书创作的水平到底如何？对这些问题我们也要认真研究。我们是不是真的认识到了图画书对童年发展的意义？是不是认识到了图画书质量关系到童年的质量？是不是认识到了图画书也需要政府投入和社会关心？是不是认识到了图画书发展的水平在一定程度上体现了社会文明进步的水准？

值得关注的是，今天的幼儿园课程中，存在"绘本教学"过热的现象，这里有外在多种力量的推动，也有学前教育内部对图画书作用认识的偏差。图画书首先是用来阅读的。阅读是人生的最大愉悦，也是人生的挑战，更是人生不断成长的重要推动力量。儿童的阅读是儿童感受世界的另一种方式，是儿童学习思考的重要途径。其实，无论谁，无论在哪个年龄阶段，谁停止了阅读，谁就很可能停止了进步。儿童阅读不是一个简单吸收的过程，而是一个儿童与书本对话的过程、思考的过程、建构的过程，也是儿童赋予画面以意义的过程。从这个意义上说，阅读往往会调动儿童过往的经验，去解释和理解新的情景、现象、事物、行为和关系。因此，图画书阅读很可能是一个意义再创造的过程，是满足儿童想象需要的过程。

也许在阅读过程中，儿童需要成人的指导和启发，但不要用成人的理解代替儿童的理解，不要让阅读演变为传递。我们可以借助图画书开展语言活动，但不是所有的语言活动都需要通过图画书，"绘本教学"必须降温，成人讲解图画书式的教学大行其道，图画书就难以真正成为儿童的文学。教师不要迷恋"绘本教学"，不要迷恋意义传递，不要迷恋成人解读，而应把更多的时间放在研究和选择绘本上，放在观察和理解儿童的阅读过程，并适时给予有效的回应、启发和指导上。教师的作用不是让儿童听懂图画书，而是让儿童学习品味图画书，让儿童拥有更多的时间静心地阅读与其发展相适宜的图书。

我们希望全社会都来关注儿童的精神世界，关心儿童心灵的成长，关注儿童灵魂的需要，尽最大努力让儿童真正有时间、有机会、有自由地去欣赏儿童文学。儿童是国家的未来，一个有远见的国家和民族必然是珍视和善待儿童的。儿童的事就是天下最大的事！20 世纪 30 年代的延安时期，毛泽东同志给陕甘宁边区战时儿童保育院题写了"儿童万岁"四个大字。这是中国共产党人对儿童观的响亮回答！在"儿童万岁"这个惊天动地的口号里，我们感受到了早在 80 年前延安窑洞里，"儿童优先"和"儿童利益最大化"等 1990 年联合国《儿童权利公约》所倡导的原则精神，已经得到了倡导和体现。

在进入小康社会的今天，我们看待儿童的眼光有这个高度吗？儿童在我们的心目中有这个高度吗？因此，我们期待政府更多地关心和支持儿童文学和儿童图画书的创作，我们期待有更多的儿童图书馆和儿童电影院，我们期待有更多的儿童博物馆和儿童科技中心。让我们每个人从自己做起，从现在做起，用心听听儿童的心声，真真切切、实实在在地为儿童的发展创造丰富、适切的环境，真正维护儿童美好的童年！

阅读是滋养儿童心灵的重要源泉[①]

在世界读书日到来之际，我们不能忘记幼儿园里的小读者，他们读什么、怎么读、为什么要读，这些都是需要我们用心去回答的问题。在全社会越来越关注儿童阅读的大背景下，我们还是要强调，对儿童阅读的任何疏忽、误解和莽撞，都可能对儿童的成长产生消极的影响。

一、阅读充实心智、滋养人格

我们要站在儿童发展的整个历程中关注儿童的阅读，并真正理解阅读对于儿童心智成长和人格形成的意义。阅读是儿童内心的渴求，是儿童对外部世界感知的一个特殊部分，我们要像丰富儿童生活环境一样，为儿童提供丰富和适宜的图书。

儿童阅读不是成人对儿童的恩赐，不是儿童生活中可有可无的一件事，阅读是儿童内在的需要，图画书生动的画、有趣的故事，能给儿童带来想象和快乐，带来感受和经验。如果一个正常的儿童对图画书视而不见，那问题的根源大多在成人那里，大多是因为儿童不愉快的阅读经历和体验导致的，大多是因为儿童感受到了阅读以外的力量的影响。

对儿童来说，阅读不只是一个简单的视觉扫描的过程，而是一个用自己的心灵去触碰画面中的人物、环境、事件的过程，其中有感觉、想象、思维等综合的心理过程。阅读应该是儿童的自主行为，儿童可以用

[①] 本文原载于《中国教育报》2017年4月23日。

自己的经验和思维去解读文本，展开想象，进行思考。阅读优秀的图书对儿童来说就是享受心灵甘露，能助推儿童成长。

因此，我们要给儿童足够的机会、足够的时间、足够的图书、足够的自由，让儿童真正享受阅读过程。幼儿园、家庭配备有助于儿童成长的图书，是儿童生活的现实需要，也是儿童成长的基本条件，要切实确保家庭、幼儿园图书的拥有量、适宜性和使用率。

二、形成支持和研究儿童阅读的氛围

儿童的阅读水平与其身心发展水平紧密相关，要从儿童的发展出发，根据儿童阅读的实际表现，确定和调整儿童阅读的内容和方式。因此，观察和了解儿童是引导和支持儿童阅读的前提。

教师、家长及其他成人要共同为儿童的阅读做出努力，不要为了升学、认字等遥远的目的去为儿童选择所谓有价值的图书，不要拿起书来就做儿童的教师，不要把"教书"当作对儿童的最大支持，而是要真正感受儿童的兴趣、需要和可能，让儿童阅读真正有价值的、适宜的图书，让阅读真正能给儿童带来快乐，让阅读真正成为儿童愿意自觉维持的行为。

在加强对儿童的心理发展特点和阅读水平了解的基础上，成人尤其是教师应不断提升自己的儿童文学修养，要提升对儿童图画书的鉴别能力。只有适合儿童身心发展水平和发展需要的图书，只有能给儿童带来美好感受的图书，才对儿童发展具有实际的价值。要让伪劣图书远离儿童，让成人的读物远离儿童，要根据儿童的年龄特点，选择真正适合儿童的图书，让图书真正触及儿童的心灵，促进儿童的成长。要注重图书的更替频率，让儿童真正在阅读中审美、思考和想象。

如果儿童在图书面前无精打采、敷衍翻阅，要反思的不是儿童，而是成人。成人要伴随儿童阅读，关注儿童的阅读过程，要深入研究儿童的阅读过程，关注儿童的阅读倾向，关注儿童的注意选择性，努力解读儿童在阅读过程中的动作、情感和语言。只有这样，才能真正为儿童选择适合的图书。成人的潜心阅读是儿童阅读最重要的氛围，成人要成为阅读的榜样，成人对图书是否真正热爱会以感知方式让儿童感受到，成人一味要求儿童阅读，而自己远离图书，是无法真正成为影响儿童阅读的积极力量的。

三、鼓励儿童全心阅读、倾心对话

儿童的阅读不是为了外在的目的，儿童的阅读就是为了他自己。成人应该努力让儿童自主地、清静地、专注地阅读。有些书籍需要成人与儿童共读，但更多的时候，应该让儿童自主地阅读。指导儿童阅读不是围绕教师心目中的标准阅读，不是教师把自己的理解强加给儿童，更不是字、词、句的解释与背诵。教师的指导是针对问题、针对困难，更多的是启发鼓励、引领思考，激发儿童生发想象和诞生观念。儿童与图画书中的人物、情境和事件的对话，儿童对画面的沉醉和想象，儿童生发的创造性表达，才是高质量阅读所应该追求的。

儿童的阅读能力是在阅读的过程中发展起来的，别让教师主导的绘本教学再膨胀了，别让所谓的绘本教学毁掉儿童的自主意识、想象力和批判精神。如果不去研究儿童的心灵世界，只关注教的技巧，一课三研无用，就是一课十研还是无用。如果不研究儿童的心灵世界，教师主导的绘本教学与课程游戏化就没有丝毫的关系。如果不研究儿童的心灵世界，文学家创作的美好的文学作品就会被我们糟蹋，文学家留给儿童的审美机会、想象空间就会被我们浪费。

成人的文学素养和对儿童的了解比会"教"重要得多。不要把完整的作品拆解得支离破碎，不要只关注图画书中的只言片语，儿童的阅读是一个整体的感受和互动过程，是儿童与图画书的对话过程。

我想再次重申，给儿童一些自主阅读的机会吧，给儿童一些深入阅读的机会吧，给儿童创造更多安心阅读的机会吧！

四、对世界的探究和阅读是相得益彰的

最后，我想强调的是，研究儿童阅读，就是研究儿童的内心，儿童的内心是一个完整的精神世界，我们需要努力去把握，要敬畏它，维护它。阅读是儿童精神成长不可或缺的，只要阅读适宜的读物，有足够的阅读时间，有教师适当的引导，阅读就一定能充实儿童的精神世界。

阅读应该是儿童可以随时获得的机会，阅读不应限于阅读区和规定好的阅读时间，要让阅读与儿童的其他活动有机结合起来，让阅读真正成为儿童满足心灵需要的途径，成为求知和解决问题的途径，成为感受美好的途径，成为激发想象力和表达能力的途径。

当然，别把阅读当作幼儿园教育或幼儿园课程的全部，儿童对大自然、大社会的感受和探究是儿童发展与成长更为重要的途径，要努力让儿童与周围的客观事物发生相互作用，让儿童在亲身体验、实际操作和现实交往中获得更多的经验，这些经验是儿童不断深入阅读的动因和基础。儿童在与周围世界相互作用的过程中，获得的经验和感受，也会通过自己的方式表达出来，这些表达里也充满了美感，充满了想象，充满了生动的细节，它们又是儿童图画书的真正源泉。因此，要让儿童对周围世界的感知、理解与他们的阅读结合起来，相得益彰。

让我们共同努力，为儿童的阅读创造更好的物质和精神条件。希望幼儿园的阅读活动不只是给儿童强化道德规约，不只是语词和句式，不只是故事和知识，更要发展儿童的审美素养、文学素养、想象力和创造力，希望图画书阅读能充实儿童的童年生活。

在儿童教育视野里透视儿童文学[①]

一、儿童文学是幼儿园课程研究中一个值得关注的领域

对于幼儿园课程研究者来说，必须尽可能熟悉儿童文学、儿童歌曲、儿童美术、儿童语言、儿童健康、儿童社会等领域，并能够欣赏、评价和使用它们。幼儿园课程研究者如同一个乐队指挥，不一定精通小提琴或大号，但只要了解它们的演奏技法和音色，就能随时感觉到它们的作用是否合理发挥。对此，陈鹤琴是一个很好的榜样，他对儿童各类活动资源的研究是全面而深入的，也是充满情感和智慧的。在他用日常平实的语言对儿童的生活、儿童的需要、儿童的作品娓娓道来的时候，我们分明感受到了杜威的精神和现代教育思潮的力量，分明感受到了出神入化和入骨通透的道理和信念；我们不仅感受到了责任和方向，也由此知道——仅记得一些专业语汇，只是研究的起步，真正的研究是：如果研究者没有忘情努力，就不可能到达。儿童文学一直是陈鹤琴的一个重要研究方向。幼儿教师应当从儿童文学开始，慢慢感受更多的儿童精神产品和精神食粮，不断丰富自己的人文素养，提升自己的专业素养，努力使自己真正成为幼儿园课程研究者。

儿童文学作为一个研究领域，出现的时间并不太久远——学界有明中期、明末清初、民国等不同的见解。但笔者认为，作为一种文学类型

[①] 本文原载于《教育导刊（下半月）》2013年7月。

和文学活动，儿童文学已经有悠久的历史。只是在不同的时代中，儿童文学作品的"儿童性"是不同的，儿童文学作品中的儿童形象是不同的，儿童的生活境遇是不同的。教育界尤其是幼教界之所以有那么多人热衷于儿童文学研究，一方面是因为儿童文学是儿童教育的资源之一，是幼儿园课程的原料之一；另一方面是因为文学经常负载着综合的信息，研究儿童文学就是研究一个历史时期内人们的儿童观、教育观。在儿童文学作品里，我们可以感受到儿童的地位，儿童的生长空间，儿童的生长状态；可以看到成人镜像里的儿童形象，可以看到社会镜像里的儿童形象。即使是我国古代的文学经典也没有遗漏儿童，而是呈现出儿童生活的蛛丝马迹，折射出儿童世界的喜怒哀乐。

二、儿童文学滋养着儿童的心灵

不是所有的儿童文学作品，都要用儿童的语言去表达现实儿童的精神世界；也不是能写出儿童文学作品的人，就能理解儿童的内心。实际上，是否作为儿童文学作品的标准，并不在于能否准确描述童心，而是作者在儿童认知、表达愿望、生活积累等方面的区别。当然，期待能有更多的儿童文学作家了解童年、理解童年、关注童心、鼓励童真。可以把这些作为作者的追求，但不能把这些作为衡量儿童文学作者的标准。其实，进入儿童心灵不是一件简单的事情，它往往不是一个人的问题，它与公众的儿童意识有关。

因此，整个社会的儿童观，整个社会对儿童的发展规律、需要、权利、行为特征等的认识水平需要逐步提高，这也是我国教育部为什么连续举办"学前教育宣传月"活动的原因。西方发达国家发现儿童、理解童年也是经历了一个漫长过程的，儿童优先、儿童利益最大化、儿童拥有多项权利只是最近几十年才在国际社会的官方文件中得以体现。一个社会的文明程度越高，儿童文学作品中就越"有"儿童。其实，优秀的儿童文学作品本身就是宣传科学的儿童观的重要素材。而优秀儿童文学作品的大量出现是需要一个过程的。对此，我们不能期待过高，必须学会等待，等待儿童观的觉醒；更要学会为维护童年、丰富童年而努力，努力宣传科学的儿童观。

儿童文学滋养过无数人的童年。比如，我小时候曾经看到的很多作品，还是让人欣喜甚至痴迷的。记得有一本书《顺风耳和千里眼》，让我痴迷了很长的时间，甚至每天爬到灯塔土坡上去，四周远眺，觉得自己比前一天看得更远，似乎离"千里眼"为期不远了。后来每每想起这件事，从一个专业人员的角度，我会觉得一本优秀的儿童文学书籍对一个儿童来说不只是画和字，还有一系列的假想、一系列的尝试、一系列的憧憬。童年有了文学，才更为灿烂；童年有了文学，才充满想象。当然，儿童文学作品若要在儿童内心留下印记，内容和形式需要与童心相契合。

三、教育者应与儿童一起欣赏儿童文学

今天的儿童是幸福的，因为有大量的国内外读物可以选择。但是，儿童对文学作品的选择往往需要成人尤其是教育者的引导，儿童对作品的阅读有时也需要成人的指导。"有准备"的成人能有效地指导儿童的阅读。所谓"有准备"，就是尽可能了解儿童的身心发展特点，了解儿童的需要和兴趣。"先读"和"蹲读"是指导儿童有效阅读的前提。所谓"先读"，就是在指导儿童阅读前，成人先要阅读作品，了解作品的内容和表现特征，有时还需要多次阅读。只有这样，才能决定是否给儿童指导和给予怎么样的指导。要避免把儿童文学作品当作课文进行解读。所谓"蹲读"，是成人用童心去读绘本，要避免带着"中心思想""段落大意"和"新词汇"等思路去指导，没有童心，成人难以感受儿童文学作品中的趣味、幽默和想象。因此，所谓"蹲"，就是放下心来，用儿童的眼光去欣赏儿童文学。在儿童阅读指导中记住这一点，对各位幼儿教师和家长都很重要。

阅读指导者，必须去研究儿童从儿童文学中得到了什么，或儿童文学引发了儿童什么。什么样的文学作品能够吸引儿童？阅读指导者要研究儿童听故事的专注程度，关注儿童听故事时的表情、举动和提出的问题；要关注并细致分析儿童阅读儿童文学作品时的表现，包括关注儿童的注意时间，对不同页面的关注程度，对不同形象和情节的关注程度，什么样的内容引发了儿童的微笑和疑惑；还要观察和了解什么样的作品让儿童念念不忘，什么样的作品经常出现在儿童自发的表演游戏、结构游戏及其他游戏里。

文学作品与儿童的关系不是简单的教化和引导的关系，儿童是文学作品的鉴赏者、解释者甚至是践行者，儿童经常在批评和改造儿童文学作品，只是教育者没有在意；儿童经常在创造儿童文学作品，只是教育者经常忽略。与儿童共同阅读，是对教育者的基本要求。教育者不仅要仔细关注儿童的阅读行为，还应阅读儿童的阅读，理解儿童的理解。在儿童文学的学习上，教育者应该向儿童学习，因为儿童的心绪才是儿童文学最应关注和照应的，也是教育者最应研究和解读的。

儿童文学不只是用来读的。在幼儿园里，优秀的儿童文学作品可以用来听、用来读、用来做、用来演。儿童多感官、多层次地投入文学作品中，有利于扩展经验，发展能力。教育者应特别注重角色游戏和表演游戏与儿童文学的关系，因为这些游戏能让儿童文学作品情境化、立体化、多感官化，能调动儿童的文学再创作能力、语言表达能力、动手制作能力、想象能力、合作协调能力、交往能力等。因此，将儿童文学作品归于表演是将文学欣赏综合化，体现了幼儿园教育中的儿童"在行动中学习、通过经验学习、在情境中学习"等特点。因此，儿童文学作品的深度欣赏是儿童文学作品的价值增值。当然，这一切都应从儿童的需要、反应等出发，那些成人主导的表演会让儿童失去自由和自主。

儿童文学作品的深化和拓展，还可以通过儿童喜欢的其他形式进行，在这个过程中儿童也是有个别差异的。有些儿童擅长综合地深化和拓展文学作品，如改编作品，制作背景、道具并表演；有些儿童擅长绘画，将故事的主要情节画成连环画；有些儿童乐于建构，儿童文学中的奇妙场景经常成为他们用积木等材料建构的内容。教育者不应束缚儿童，要给他们机会、材料、空间、时间和其他条件，让文学更深地印刻在儿童的心灵深处。其实，围绕儿童文学，结合现实的活生生的儿童生活，我们完全可以建构一个个充满文学气息、环境丰富多彩、充满童话气息、有无数兴奋点、让儿童能积极投入、让儿童的想象和表现欲望能得到充分实现、是童话也是生活的幼儿园课程！

四、儿童文学素养是儿童教育工作者的基本素养

幼儿教师的知识结构与中小学教师相比有自己的特点，核心的特点是综合性和广泛性。这一方面是指幼儿教师要全面掌握各科知识，因为幼儿园课程不是分人分科的；另一方面是指幼儿教师在日常组织活动中要有综合建构的知识和能力，能融会贯通各学科知识，使幼儿园教育更具有综合性，使各种课程内容能从整体上影响儿童的发展。儿童文学素养应该是幼儿教师的基本素养。因此，我特别希望大学和其他师范学校加强儿童文学和儿童表演的课程建设，要增加相关课时，尤其是要加强作品鉴赏和创作练习的课时。学前教育本科必须开设这些课程。作品鉴赏是必修的，创作练习可以选修。要让学前教育专业的学生有儿童文学方面的素养，让更多的准幼儿教师和在职幼儿教师投入到儿童文学作品的创作、欣赏中来，要形成一批来自学前教育和小学教育专业的儿童文学作者。毕竟我们曾经是儿童，我们也承诺了为了儿童的幸福而学习和工作，因此对儿童文学已经不能敬而远之，更不能无视和鄙弃，而应该热烈地拥抱它、审视它、感受它、维护它，因为那是儿童心灵的滋养。

儿童文学就是学前教育专业的辅修专业，儿童文学史就是社会的儿童认识史，儿童文学研究从一定程度上说也是研究儿童的一个视角。儿童文学的细微变化，尤其是儿童文学中投射出的关于儿童认知和对待儿

童方式的变化，都是一个时代儿童意识的写照。儿童文学不是"小人书"，不是淡而无味的书，而是关于儿童成长的书和助推儿童成长的书。儿童文学应成为幼儿园课程研究的一个领域，儿童文学素养应成为儿童教育工作者的基本素养，让我们努力不做儿童文学的局外人。

在"世界儿歌日"思考什么[①]

3月21日是"世界儿歌日"。在众多的节日中,这也许算不上什么重大的节庆之日,甚至许多成人根本不知道有这个特殊日子,就是那些为孩子不断寻找"优等"食物和"高级兴趣班"的家长们,也未必在意这个节日。因为对成人来说,童年已经一去不复返,儿歌对于童年的意义已经很难跃然心间。这可能也正是需要"世界儿歌日"的重要原因。

儿歌是重要的儿童文学形式之一,也是儿童最早感受到的文学作品。很多儿歌跟儿童日常生活中的事物和现象相关,儿童有经验基础,也有亲切感。比如表现生活中的大南瓜、小花猫、小雨滴等的儿歌,赋予它们韵律和节奏,加上一些表情和动作,儿童就会觉得顺口、有趣、好玩。因此,儿歌往往生动活泼,节奏鲜明,趣味横生,能触动儿童的心弦。

很多儿歌是可以边吟唱边动作的,往往跟儿童游戏紧密联系在一起。游戏给儿歌衬托了快乐的氛围,儿歌给游戏以节奏、动作及顺序,也给游戏增添了创造和想象的机会。因此,儿歌和游戏是一个交融互生的过程。儿歌不只是短小的节奏文本,也是一个灵动的剧本。很多长期在民间流传的儿歌就是童谣,童谣往往充满浓郁的乡土文化,融入一些历史印记,甚至需要用方言吟唱,会更有韵味,更有乡土气息,更加亲近母语。

儿歌不是用来教和背的,而是让儿童真情吟唱的,是儿童在游戏中

[①] 本文原载于《中国教育报》2017年3月26日。

和同伴交往中、在日常生活中自然感受的。吟唱儿歌的核心意图不是要培养儿童的记忆力，而是让儿童感受事物、现象、意境、色彩、动作等表象的美好，感受节奏性、对比性、夸张性、比喻性语言的美好和有趣，增进儿童的愉悦，激发儿童对周围世界感受和探究的意愿，感受人世间的和谐，并发展语言表达能力和集体游戏能力。

儿童的心智发展水平和现有经验，将对儿童感受甚至创编儿歌产生一定的影响。为儿童提供优秀的儿歌，跟儿童一起创编更多的儿歌，对于儿童的发展和成长具有重要价值。儿歌是用童心童趣创作的，是用情感和幽默表述的，是用回到童年的意识和决心编织的。家长、教师以及儿童文学工作者，肩负着创作和引导儿童感受儿歌的重要责任和使命。

在"世界儿歌日"之际，我们不只是要关注作为儿童文学形式的儿歌，还应该思考儿童的需要、儿童的世界、儿童的心灵以及儿童的精神，甚至应该去思考儿童的未来。

也许，对于大部分国家和民族来说，"世界儿歌日"的意义不一定聚焦于1976年在比利时创立"世界儿歌日"时关于"关爱儿童、缔造和平、消灭战争、建设家园"的初衷，也不一定囿于1999年联合国教科文组织确立"世界儿歌日"时"搭起各国儿童的友谊桥梁，传达和平与发展的理想，寓教于乐，充分发展少年儿童的才智个性和身心能力，并培养他们对传统文化、民族语言和价值的认同及对祖国文明的尊重与热爱"的意图。在今天的世界上，很多儿童还是被忽视，很多儿童的权益还是不能被充分保障，很多先驱们多少次呼唤的"儿童的世纪"似乎还是那么遥不可及。

在这样的背景下，"世界儿歌日"提醒全世界的人们，儿童这个群体需要住所、需要食物、需要关爱和照护，还需要包括儿歌在内的优秀精神食粮。仅仅用高营养的食品和成人化的精神产品甚至垃圾产品，抚育不出人格健全的儿童。没有儿歌、没有文学、没有审美和想象的童年，是有缺失的和不幸的。

为了充实儿童的童年生活，让儿童度过真正幸福的童年，全世界都应关注儿童的需要、兴趣和愿望，为儿童创造更多优秀的儿歌及其他优秀的文学作品，让美好的东西去滋养儿童的心灵，去充实儿童的生活，去润泽儿童的人格。

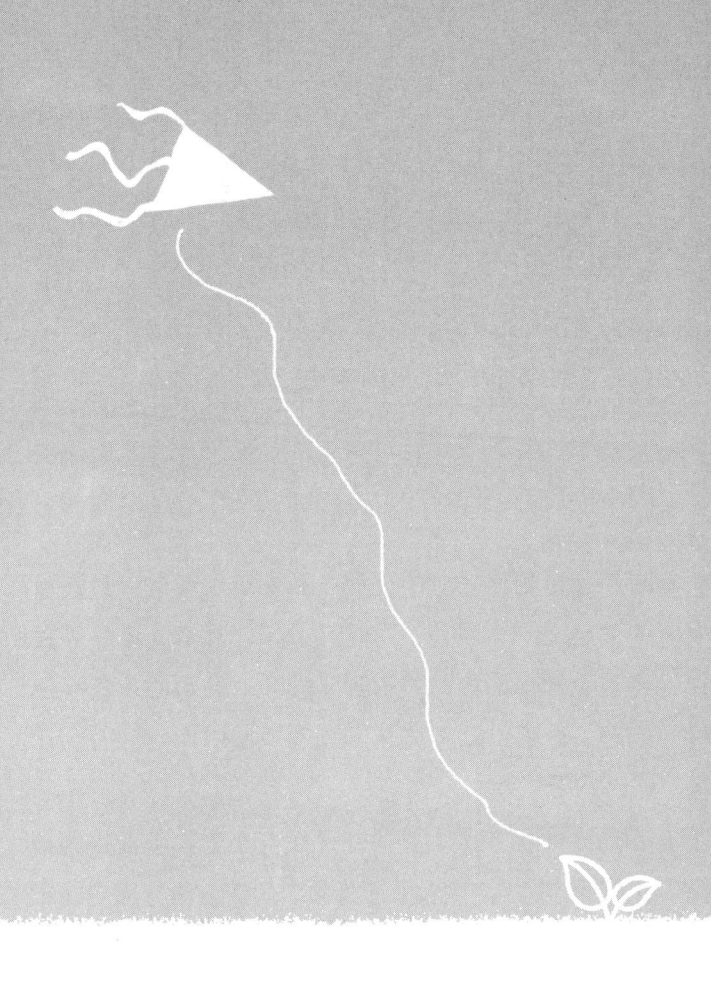

第七章

幼小衔接

幼小衔接应回归常态 [①]

幼小衔接是幼儿园和小学相互呼应的过程。做好幼小衔接，是实现基础教育高质量发展的关键之一。当前，"知识为本""升学为重"等观念违反了教育规律，将整个社会的焦虑投射到年幼儿童的身心。幼小衔接已经成为一个社会问题，政府、幼儿园、学校和家庭应协力配合，让幼小衔接回归常态。

2021 年，教育部出台了《关于大力推进幼儿园与小学科学衔接的指导意见》(以下简称《指导意见》)，从入学准备和入学适应两方面对幼小衔接工作进行了规范和引导。在开展幼小衔接的过程中，有三个问题需要充分关注。

一、不要增加额外的"衔接课程"，避免增负担

根据《指导意见》的精神，幼小衔接工作应遵循儿童身心发展规律和教育规律，深化基础教育课程改革，建立幼儿园与小学科学衔接的长效机制，全面提高教育质量。要把幼儿到小学生看作是人生发展过程中基本的角色转变，这一转变不是翻山越岭，而是发展的自然延伸。要关注儿童发展的连续性、整体性、可持续性，幼儿园与小学协同合作，共同促进儿童顺利过渡。

为入小学做准备是幼儿园教育的基本功能之一。入学准备教育是幼

[①] 本文原载于《中国教育报》2021 年 11 月 7 日。

儿园课程的重要组成部分，融在整个课程之中，贯穿三年，重点在大班。入学准备是全面准备，促进幼儿身心和谐发展是最好的入学准备，重点是做好生活、社会和学习等多方面的准备，建立对小学生活的积极期待和向往。因此，入学准备教育不是在原有课程基础上再加上"入学准备"课程，更不需要在校外机构接受专门的训练。要检查幼儿园课程中是否存在教育偏倾和缺失的问题，是否存在忽视入学准备的问题。只要认真贯彻落实《指南》的精神，落实《幼儿园入学准备教育指导要点》的基本要求，扎实推进课程建设，真正落实全面发展的教育任务，切实关注儿童的兴趣和需要，开展符合幼儿身心发展规律的多样化活动，一定能落实为入小学做准备的任务。

帮助学生入学适应是小学教育的重要职能。《指导意见》提出小学实施入学适应教育，要强化衔接意识。国家修订义务教育课程标准，合理安排内容梯度。小学将一年级上学期设置为入学适应期，重点实施入学适应教育。国家课程主要采取游戏化、生活化、综合化等方式实施，强化儿童的探究性、体验式学习。这些举措都有利于切实改变忽视儿童身心特点和接受能力的现象，致力于坚决纠正超标教学、盲目追赶进度的错误做法。

二、不要停留在形式上衔接，要提高衔接的实效

幼小衔接是一项需要实实在在加以落实的工作，切忌形式主义和表面文章，要关注过程和实效，而不是关注书面的成果和报道。要避免以开会代替思想的转变，以外在环境的改变代替衔接活动，以口头上的衔接代替实际的衔接努力等错误倾向。要真正抓住衔接过程中的具体问题，深入研究问题，并在实践中解决问题。因此，标语和传单不一定触及问题的实质，表面的装点和改变不一定产生实质性的成效，众多的会议如果没有真正直面问题，就难以真正推进衔接工作。要真正站在儿童发展的立场上来研究和探索幼小衔接，坚持以儿童为本，关注儿童的发展现

实和可能，切实为儿童的健康成长提供良好的环境。

入学准备的核心在于真正落实《指南》精神，切实促进幼儿的全面和谐发展，实现幼儿在健康、语言、社会、科学和艺术领域的整体发展。尤其是在良好学习习惯、学习能力、学习品质及上学意愿等方面做好充分准备。真正做到内容上不超前，形式上不灌输、不强化训练。不要把参观小学当作入学准备的全部，不要把模拟小学课堂当作良方。入学适应的核心在于新生有入学的意愿、积极的情绪，保持好奇心和求知欲，没有重大的困扰和对立的情绪，能进入良好的学习状态。入学适应不是一次两次班会能解决的，也不是只改变一些物质环境能解决的，更不是标语口号能解决的，必须有实实在在的举措。入学适应工作的重点是教师的入学适应意识，真正把眼前的每一个新生看作正处在过渡阶段的儿童，真正去关注新生的需要和特点，真正有针对性地采用灵活适宜的教学方式。因此，入学适应的核心是课堂，关键在教师，根本在了解和理解儿童，真正变任务中心为儿童中心，真正最有效地促进儿童的自主学习和有效学习。

注重幼儿园和小学的教研及联合教研是解决入学准备和适应的重要措施。要让教研工作真正回归发现问题、研究问题和解决问题，避免教研工作的形式主义，避免为了教研而教研。教研的前提是存在衔接问题，教研过程就是研究解决问题策略的过程，很多问题并不是一次教研活动就可以解决的，应该经过实践的探索、验证，教研的成效是以问题是否得到解决为衡量标准的。

三、不要停留在"禁止"上，要在各层面积极作为

幼小衔接是很多国家共同面临的教育问题。20 世纪 80 年代以来，美国也出现了课程下移的现象，而且趋势越来越明显。之前只能在小学看到的"长时间全班集体教学""书面教学及等级评分"等现象在幼儿园也随处可见（Miller & Almon, 2009）。东亚、非洲也有类似的情况。因此，

幼小衔接是一个复杂的问题，涉及众多因素，要进行系统思考。幼小衔接教育不能停留在"禁止"上，而是应该鼓励各方参与，统一思想、积极作为，共同研究和切实采用解决当前问题的良策。

实施科学的幼小衔接，固然要禁止在幼儿园教授小学的教育内容，禁止打乱幼儿园教学秩序、加重儿童负担和家长经济负担的校外入学准备培训，禁止小学入学过程中的考试和测查。但只是禁止并不能真正实现科学衔接。要深入研究儿童，深化课程改革，提高入学准备意识、入学适应意识，探索积极有效的方法和策略，提高入学准备教育和入学适应教育的成效。尤其是要注重幼儿园、小学及家庭的积极配合和良好合作，对幼小衔接达成真正的共识，在此基础上积极作为。

对小学教师来说，要坚持以儿童为本，入学适应要求我们先备"人"再备"课"，把了解儿童放在第一位，在备课时充分考虑新生的现实状况，实现以学定教；在课堂上多观察儿童的表现，感知儿童的不解和迷惘。课堂衔接是最核心的衔接，课堂衔接的关键是了解和理解儿童。教学应真正适应处于过渡期的新生，真正适应具有不同特点和需要的儿童。与此同时，应注重环境的改造，让环境适宜于新生，让每一个儿童感受到接纳和关爱，感受到新奇，进而积极投入其中。要从儿童的需要出发，努力创新适应的途径和方式。真正像清华附小窦桂梅校长所倡导和践行的那样，要深入班级，跟儿童在一起，感受和理解儿童的生活，为儿童的健康成长不断努力。

对于幼儿园来说，除了坚持儿童为本，还要真正着眼发展，激发儿童的好奇心和求知欲，培养儿童良好的学习习惯和学习品质。真正引导家长理解、感受和配合入学准备。家长的心理准备是入学准备绕不过的坎，没有准备好的家长往往会把儿童带进无休止的课外培训和强化训练之中。因此，要切实在与家长沟通上下功夫，举实招，出实效。入学准备不是依靠上几节所谓的"入学准备课"或实施一个入学准备的主题，而是要始终有一种准备意识，尤其是对儿童学习兴趣和能力激发的意识，不断引导儿童探索新事物的兴趣，不断激发儿童学习的渴望。入学准备不是完成"固定知识"的传授，而是在全面发展的基础上，强化学习兴趣、愿望、能力和品质的准备。所以，要实实在在，将入学准备工作渗透在一日生活的全过程，渗透在儿童的各类活动之中，形成有效的方法和策略。

拔苗助长式的"抢跑"不可取[①]

为入小学做准备是学前教育的功能之一，关键是为小学做怎样的准备？小学的起点到底在哪里？小学教育应该是"准点教育"，家庭教育和幼儿园教育要为幼儿准备一个适宜的起点，这也是幼儿教育的重要价值之一。小学"准点教育"意味着小学教育应从小学该学的东西开始，而不是提前教育。小学的学习内容不能下移到幼儿园，幼儿园有自身的教育内容。即使小学教育"抢跑"，幼儿教育也不能"抢跑"，"抢跑"是违背科学规律的。入学准备只能是为"准点教育"的小学准备的，为"抢跑"的小学教育做准备，只能导致"小学化"。

人类经过长期的艰苦努力，才逐步地认识了自己，认识了儿童。所谓认识了儿童就是指发现了儿童的特质，知道儿童与成人相比，不只是身高、体重的不同，还有心智、能力、情感等诸多方面的不同。因而才有了依照儿童身心发展规律和学习特点而组织的现代儿童教育。"五四"前后，一大批教育家为推动中国的现代儿童教育而付出了艰辛的努力，鲁迅、胡适、陶行知、陈鹤琴、张雪门、丰子恺等都有很坚定的现代儿童教育的立场和很多现代儿童教育的思想。

丰子恺在《我们这些大人》中告诫和呼吁家长：童年是人生最重要的时期，它不是对未来生活的准备时期，而是真正的光彩夺目的、不可再现的一段生活；世间的大人们，你们对孩子讲话的时候，须得亲自走

---

① 本文原载于《中国教育报》2015年5月19日。

进孩子的世界里去，讲他们的世界中的话，即你们对孩子讲话的时候，必须自己完全变成孩子；童心是儿童本来就具有的心，不必父母与先生教他，只要父母与先生不去摧残它就够了。丰子恺的这些观念，在今天看来还是非常有价值的。

我们要让儿童做与其身心发展特点相适应的事，做符合儿童身心发展规律和学习特点的事，让幼儿有时间做幼儿，而不是过早地做小学生。很多研究发现，过早让幼儿接受知识教育，刚入学时的所谓"优势"在未来的2—3年里会消失殆尽，甚至一些过早接受机械训练的学生还会出现厌学、学业滑坡现象。让儿童在适合的时间干不适合的事，必将付出惨重的代价。

《教育部关于规范幼儿园保育教育工作防止和纠正"小学化"现象的通知》中指出，严禁幼儿园提前教授小学教育内容。幼儿园不得以举办兴趣班、特长班和实验班为名进行各种提前学习和强化训练活动，不得给幼儿布置家庭作业。教育部还颁布了《指南》，旨在引导家长理解科学的幼儿教育理念和策略，了解幼儿发展的基本规律和蓝图。学习《指南》应该成为家长的重要任务，也是家长增强科学育儿观念的重要途径。

入学准备的内容不是《小学课程标准》的内容，而是《指南》的内容。入学准备内容涉及学习习惯、社会行为规则、良好的情感态度、基本的认知能力以及良好的表达能力等，这些在《指南》里都强调了。家庭和幼儿园落实《指南》与科学有效的幼小衔接是一致的，同理，没有做好入学准备，就是没有充分落实《指南》。

幼儿可能会对生活中常见的文字和符号感兴趣，但文字符号教育不是幼儿学习的主要内容。幼儿的身心发展水平，决定了幼儿的学习就是在与周围事物和环境的相互作用中获得有益的经验。《指南》要求的就是适合的，小学的内容就是不适合的，就是"小学化"的。当然，"小学化"的另一种表现形式是，内容是《指南》里面的，但教师的教学方式是小学的，家长或教师从头讲到尾，幼儿没有探索、交往和表达的机会，没有感性的铺垫，没有实物的辅助。《指南》所倡导的幼儿教育方式是以直接经验为基础，在游戏和日常生活中进行的。

因此，我们要珍视游戏和生活的独特价值，创设丰富的教育环境，合理安排一日生活，最大限度地支持和满足幼儿通过直接感知、实际操作和亲身体验获取经验的需要，严禁拔苗助长式的超前教育和强化训练。

科学的幼小衔接关键是什么[①]

  幼儿园中的幼儿转变成小学里的小学生，是儿童成长历程中一次重要的身份转变，这是儿童在人生的长坡上继续前行的一个里程碑。从幼儿园到小学，不是翻山越岭，不是跳跃大沟深壑，也不是进入有天壤之别的生活，而是童年生活的一种自然延伸和过渡。幼儿园教育本身就有为入小学做准备的功能，小学也有创造积极氛围、改进课程与教学，帮助学生适应小学生活的责任。因此，只要幼儿园教师积极鼓励，小学教师笑脸相迎，家长真心陪伴，就能顺利地实现幼小衔接。

  但是现今，幼小衔接成了一个社会热点问题，很多家长在焦虑，不少幼儿园教师有困惑，很多幼儿的生活被扭曲。究其原因，是一些教师、家长对幼小衔接的认识有偏差，过于强调甚至夸大了幼儿园和小学的不同和差异，对幼儿有过高的期待，过于强调了知识准备。少数小学的变相入学考试、部分家长对幼儿学习的错误认识、有些幼儿园的"小学化"教育以及一些社会机构的不正确引导，使幼小衔接工作被人为地复杂化、神秘化了，幼儿入小学似乎成了一道难以逾越的关口。因此，一些幼儿园的幼小衔接变质了，变成了知识灌输和超前训练；一些家长用小学和小学教师恐吓孩子，社会机构以提前学习、强化训练为内容的入学准备培训大行其道，甚至一些地方部分大班幼儿春季学期处于"请假"的状态中，拼音、写字及小学数学成了一些幼儿学习的主要内容，家长耗费

[①] 本文原载于《幼儿教育》2016年6月。

了大量的经费，幼儿被迫在不同的幼小衔接班之间赶场，其实，这一切大可不必，正常的入学准备幼儿园都能做到。

科学的幼小衔接要求幼小协同，家园、家校配合，关键是幼儿园、小学和家长要了解、理解并遵循幼儿身心发展规律和学习特点，共同营造有利于幼儿适应小学生活的氛围，循序渐进，因势利导，让幼儿成为小学生活的向往者，成为小学主动学习的准备者，让入小学不再成为困扰幼儿的因素，而是成为促进幼儿成长的动力。

对幼儿园来说，与小学衔接是一项基本的工作，这项工作融在幼儿园三年的教育过程中，融在幼儿园日常工作里。幼儿的学习是以直接经验为基础的，在游戏和日常生活中进行的。虽然也鼓励幼儿对文字、符号感兴趣，但幼儿的学习主要是通过直接感知、实际操作和亲身体验获取经验的。因此，幼儿园要引导幼儿感知、思考、表达和创造，这是最重要的入学准备。此外，幼儿的心理准备、习惯和能力的准备也非常重要。因此，入学准备不是让幼儿去提前学习小学的内容，而是要让幼儿充实感性经验，提升学习能力，养成学习习惯，调整情绪情感，为小学学习打基础。

对于小学来说，与幼儿园的衔接是一项本职工作。小学生的身心发展水平决定了他们主要通过符号学习获得新知，但低年级的学生需要很多的实际操作和感性经验的支撑。因此，幼小衔接需要小学积极参与和配合，要提前介入，以了解大班幼儿的身心发展规律和学习特点为重点，坚决落实免试入学，坚决实行"零起点"教育，根据新生的特点改革课程内容与教学方法，注重小学教育的生活性、游戏性和情境性，努力帮助新生愉快、顺利地适应小学生活。

对于家长来说，要在幼儿园的指导下学习和理解《指南》的精神，要切实理解和践行科学育儿的理念，不要做幼儿园教育"小学化"的鼓动者和胁迫者；配合幼儿园和小学开展正常的衔接教育，努力做小学"零起点"教育的支持者和监督者。家长要在与儿童共同生活的过程中，倾听他们的心声，多陪伴，多鼓励，多讨论，让孩子带着对小学的憧憬和向往，愉快、积极地融入小学生活。

我们衷心期望，在幼儿园、学校和家庭的协同努力下，幼小衔接的科学化水平不断提升。愿孩子们开心，家长们放心，教师们舒心！

（注：本文为作者在2016年全国学前教育宣传月启动仪式上的发言。）

全面科学准备，自信快乐入学[1]

"入学准备"本来就是幼儿园教育的基本功能之一，幼儿园通过教育自然能实现"为幼儿入小学做准备"的目的。但是，今天这个问题已成了一个全民关注的问题，尤其成了部分家长焦虑的问题，有的家长甚至担心如果在幼儿园里幼儿对入学毫无准备该怎么办。其实，幼儿园不存在对幼儿入学毫无准备的状况，正常的幼儿园教育包含三大任务，第一是促进幼儿全面发展，这是幼儿园教育最核心的任务；第二是为入小学做准备；第三是解除家长的后顾之忧，解放妇女的劳动力。由此可见，为入学做准备是幼儿园教育的重要任务之一，一所合格的幼儿园就具有为幼儿入学做准备的功能。幼儿只要接受了合格的幼儿园的教育，就能适应小学生活。所以从这个意义上讲，幼儿园对幼儿入学不可能是毫无准备的，但的确存在准备不够充分和不够科学的问题。

一、全程、全面做好入学准备

为幼儿入学做准备是幼儿园的一项基本任务，幼儿园一直在努力地落实。很多幼儿园在入学准备方面积累了丰富的实践经验，形成了一些基本认识、基本制度和基本举措。幼儿园教育实践中的入学准备有两个基本特点。

第一是全程准备，突出重点时段。所谓全程抓，就是把入学准备贯

---

[1] 本文原载于《幼儿教育》2019年6月。

彻在幼儿园三年教育的全过程。入学准备不是到了大班才突击进行的，它不是突击工程，而是全程准备、长线准备。幼儿在小班养成的很多习惯会对中班阶段产生影响，在中班阶段养成的很多习惯会对大班阶段产生影响，很多影响是连贯的，是一点一滴积累的，虽然幼儿园没有给每一件工作都贴上入学准备的标签，但是它们都具有为幼儿入小学做准备的作用。幼儿习惯的养成、学习品质的提升、理解能力的发展、好奇心和求知欲的激发，都是在为入小学做准备。幼儿园做的每一件事情，从生活到学习到自我服务等，幼儿园每一项活动，每天、每周、每月和每学期的活动，都是在为幼儿入小学做准备，这是全程的准备。在关注全程准备的同时，还要抓重点时段。到了大班，尤其是大班下学期，幼儿很快就要进入小学了，要让幼儿通过参观、交往、模拟等很多活动更真实地去了解小学生活，比如，小学到底是什么样子的，小学生在干什么，小学老师是怎样上课的，希望幼儿能够对小学产生向往，让幼儿产生自信。所以，科学做好入学准备的核心内涵就是全面、科学准备，自信、快乐入学。

　　第二是全面准备，突出重点内容。幼儿园教育的根本目标就是让幼儿全面和谐发展，每一方面的发展对幼儿的成长都很重要，每一方面对幼儿进入小学以后的进一步发展都很重要，如基本经验、生活习惯、学习品质、学习能力、社会性、情感等，每一方面都不能少，每一方面都应该得到发展，这就是全面发展。因此，仅仅把数学和拼音作为入学准备的内容不但是不全面的，而且是不适宜的。在全面进行入学准备的同时，还应该强调重点内容。例如，进入小学以后，小学生的学习方式发生了改变，从幼儿园阶段主要依靠直接经验学习，转变成了主要依靠书本和文字符号来学习，这就需要让幼儿开始对文字符号感兴趣，尤其到了大班更应培养幼儿具有坚持性，更应培养幼儿具有任务意识和独立或合作完成任务的能力，等等。幼儿园会将这些重点内容纳入课程，纳入生活，逐步准备。

有些幼儿对入小学有惧怕的心理，这一方面是因为准备不充分，尤其是心理上的准备不充分，另一方面是因为部分家长常用小学学习、小学教师恐吓幼儿，把小学和小学教师"妖魔化"。事实上，绝大部分小学教师是和蔼可亲的，是慈爱善良的。所以，幼儿不害怕入小学，具有良好的心态非常重要。但是，个别小学教师可能的确跟家长说过要让幼儿到外面去补拼音等知识，不然幼儿入小学后会跟不上。有个别小学对小学生学拼音和汉字还提出了不合理的要求，甚至以通知形式要求家长。的确，有极少数小学教师的态度有点让小学生害怕。其影响虽然是个别的、局部的，但会加速传播，会不断放大，一个教师的作为会影响一所学校，一所学校个别教师的作为会被放大成小学对幼儿园的共同影响，这种不良影响会放大并不断传播。传递正向的声音，消除一些负面的声音，让大家朝着科学准备的方向前行，这就是开展全国学前教育宣传月活动的价值所在。

二、从根本上解决焦点问题

为入小学做准备，是幼儿园、家庭和小学的共同任务。大部分小学一年级教师和蔼可亲，小学也在改变作息时间，改变教学方式，也在为小幼衔接而努力。看到很多小学教师写的论文，不少内容涉及小学教育生活化、小学数学游戏化、小学语文情景化等，这体现了小学教育改革在朝着活泼、生动、有趣的方向发展。按道理，幼儿园的孩子到小学应该是很好适应的。那今天孩子入学准备的问题又是怎么产生的呢？我觉得主要有三个值得关注的问题。

第一个问题是成人对儿童发展和教育规律的认识与把握不足，尤其是家长。家长的认识非常重要，因此"全国学前教育宣传月"活动的重点要面向家长，让家长了解和理解幼儿发展和教育的基本规律，了解和理解一些学前教育的基本常识。作为教育工作者，无论是幼儿园教师还是小学教师，都要遵循儿童的身心发展规律和学习特点，真正实施科学的教育。入学准备是幼儿园应该做的重要工作，但是完全靠幼儿园是解决不了这个问题的，入学适应和小幼衔接是一定要由小学参与并开展深入研究的。小学应做出适当的调整，让入学儿童逐步适应小学的学习和生活，小学要对空间、时间、制度、组织方式甚至内容进行科学的规划和安排，不能与其他年龄段的儿童同等处理。

第二个问题是依规施教没有根本落实。国家出台的《小学课程标准》和《指南》，是小学课程和幼儿园课程的重要规章，是遵循儿童发展和教育规律的具体体现，是提升教育质量的重要保证，也是防止幼儿园和小学抢跑以及超前教育的重要保证。但是，《小学课程标准》和《指南》没有落实到位，"超纲"和"抢跑"的超前教育依然存在，给入学准备添加了不必要的压力，给儿童增加了不必要的负担，还给一些家长增加了焦虑情绪和经济压力。按照国家制定的课程标准或指南来教育，实施小学教育"零起点"，防止幼儿园教育"小学化"，就是要求小学和幼儿园按照国家的要求实施教育。

第三个问题是科学衔接没有有效落实。科学的入学准备和有效衔接是建立在有质量的教育之上的，但部分幼儿园的教育观念不够正确，对《指南》要求的理解不够到位，课程内容不够完整，教育过程中没有充分考虑儿童的身心发展规律，教育质量有待提高。尤其是少数幼儿园还存在强化训练、超前教育的现象，这是不可能有真正的教育质量的，也是违反儿童发展和教育规律的。还有一种现象必须引起注意，表面上幼儿园环境比较丰富，也有各类活动，幼儿也在从事活动，但是材料缺乏层次和更替，教师在幼儿使用材料时又缺乏必要的引导和支持，没有引发幼儿真正的学习，没有引发幼儿的思考，幼儿没有获得基本的素质，没有得到充分的发展，这是要避免的。幼儿学习的过程，是一个发展的过程，是一个不断获得新经验的过程，是一个充满挑战的过程，所以提升教育质量是关键。

三、在回归中走近科学

儿童从幼儿园到小学，经历两个有差别又关联的教育机构，但是不要把这些差异看得太大，幼儿园和小学都是面向儿童的教育机构，儿童也在长大，只要我们的要求是合理的，是符合规律的，儿童是有能力去适应的。儿童的入学适应不只是教的结果，其主动适应能力所起的作用不能低估。其实，很多入学适应问题是对儿童的要求太高才被看成了问题，或者是有些自然现象被人为地放大成了问题，从幼儿园到小学是童年生活的自然延伸，不要把它看作是翻山越岭、跨越深沟大壑。我们相信，只要做好了充分的准备，幼儿园真的提高质量，小学真的做到"零起点"，就是从起跑线出发，或者说是在合适的地方以合适的方式拿过接力棒，入学准备就不应该是问题。只要我们真正本着促进儿童健康成长的初心，就没有解决不了的教育问题。要有效做好入学准备和小幼衔接工作，应关注以下几个问题。

第一，回归规律。学前阶段，在幼小衔接工作中之所以出现很多问题，就是因为存在着一些不了解、忽视甚至无视规律的现象。超前教育、强化训练等行为不利于儿童健康成长，也给幼小衔接制造了紧张的气氛，这就是由规律缺失造成的。所以，幼儿园和小学都要严格遵守儿童发展和教育的规律。我记得，2016年，中国学前教育研究会受教育部的委托拍摄幼小衔接宣传片，邀请清华大学附属小学窦桂梅校长介绍他们在小幼衔接方面的经验。该校要求即将迎接一年级学生的教师到幼儿园大班去观察，写观察记录，回来以后做教研活动，分析大班幼儿的特点是什么样的，思考小学应该如何衔接。这就是抓住了儿童发展的规律。

第二，回归常识。我们现在很多做法是背离常识的，幼儿园之所以被称为幼儿园而不是"小小学"，就是因为幼儿的发展处在一个与小学生不同的阶段，他们是以直接经验为主要学习内容的，书面符号学习还不是他们学习的重点。因此，那么小的幼儿不需要学那么难的文字符号性知识，而是要在感知、操作、体验、交往和表达的过程中积累直接经验，充实人生的基本经验。我们应该把握的基本常识就是幼儿园按照《指南》，小学按照《小学课程标准》去施教。当前，违背教育常识的行为比较多，这是不利于幼儿园和小学教育科学衔接的。

第三，回归理性。成人要回归理性，尤其是家长。家长不能回归到理性，就会做出很多不适合幼儿成长的事情。家长不要让幼儿从幼儿园请假去参加所谓的入学准备班，不要让幼儿入学前就经受那么沉重的学习压力，从而影响他们入学的热情。要让幼儿有时间成为幼儿，幼儿毕竟是幼儿，不要给他太大的压力，回归理性也能让家长少花点冤枉钱。

第四，回归专业。幼儿园教师和小学教师都是专业人员，对教育规律和教育科学比家长把握得全面而准确，教师应该很清楚入学准备是什么，如何进行小幼衔接，教师应该是家长的指导者和示范者。教师会对家长产生重要的影响，所以如何引导家长非常重要，教师要非常谨慎和科学地引领家长，共同做好入学准备工作。

第五，回归和谐。所谓和谐，就是幼儿园、小学还有家长、政府，共同努力，形成合力，为儿童的发展多做有益的事。当前，个别地方出现的幼儿园、小学及家庭之间的埋怨循环、训练循环、强制循环，对于幼儿的发展和入学准备是很不利的。所以，大家要共同努力，给幼儿的成长创造良好生态，让幼儿快快乐乐地去上学，在小学健健康康地成长。

（注：本文根据作者在全国学前教育宣传月启动仪式上江苏无锡沙龙活动中的发言整理而成。）

把握"三全"原则　做好入学适应[①]

幼小衔接是指幼儿园与小学密切合作，使新生做好充分准备，并顺利适应小学生活的过程。其中包含了幼儿园的入学准备和小学的入学适应两个方面，这也是幼儿园和小学相互衔接并与家长相互呼应的过程。做好幼小衔接，是儿童成长发展的需要，也是实现基础教育高质量发展的关键之一。

入学适应是幼小衔接中的关键一环，也是具有挑战性的环节。儿童如果没有充分的入学准备，一定会有更多适应困难；如果有了充分的入学准备，也不等于就能适应小学的学习。所谓充分的入学适应，不只是追求最终儿童适应了小学学习这个结果，还应追求儿童对小学学习充满兴趣，好奇心、求知欲得到充分激发，真正乐于学习、善于学习的适应状态。

教育部《关于大力推进幼儿园与小学科学衔接的指导意见》（以下简称《指导意见》）明确提出："小学实施入学适应教育。"这就意味着这种教育要为儿童的入学适应考虑，具有帮助儿童适应小学学习的功能，要把入学适应贯彻于小学新生教育的全过程之中，要"将入学适应教育作为深化义务教育课程教学改革的重要任务，纳入一年级教育教学计划，教育教学方式与幼儿园教育相衔接"。这是对小学教育适应职能的回归和强化，是小学教育作用的弥补和强化。

一、入学适应需要全员行动

儿童的入学适应不只是班主任的事，不是开几次班会就能实现的，

[①] 本文原载于《中国教育报》2022年5月8日。

更不是对家长提要求就能落实的。入学适应是所有一年级教师共同的责任。落实入学适应的关键在于强化入学适应意识。所谓入学适应意识，就是一年级教师要充分认识到新生的身心、生活、社会和学习等方面的特点，并切实关注每一个儿童的现实状况，把了解儿童、创新策略和落实适应当作每一个教师的责任，在教育教学和日常指导中，充分意识到这是一群需要适应的儿童，并能自觉检验和反思自己的内容、方法是否有利于儿童的适应。可以说，适应意识是入学适应工作的动力和基础。因此，在推进入学适应工作中，应把强化全员入学适应意识放在第一位。

对于一年级的教师来说，要有入学适应意识，更要有推进入学适应的作为。要把认识和态度转化为具体的教育行为。无论是班主任还是任课教师，都会面临涉及自己灵魂的三个问题：是否了解每一个新生的适应状况？有没有尽可能与儿童多相处一会儿、多问几句、多想一点？有没有为了儿童的适应多琢磨一下教学的内容、方法和策略？这三个问题既是对一个教师专业性的衡量，也是对一个教师师德和责任感的衡量。作为班主任，当然应与儿童共同生活，关注儿童的生活、交往和情感等方面的适应问题，在了解和理解儿童适应状况尤其是适应困难的基础上，进行一些必要的调整和帮助。

任课教师在促进儿童入学适应中也具有重要作用。入学适应也体现在每一门学科上，体现在每一节课上。学科适应是学习适应的关键。因此，每一个任课教师都要以儿童为本，把研究新生当作教学工作的重要组成部分。真正使教学工作建立在儿童发展现实尤其是适应现实的基础之上，让儿童处于良好的学习状态，力求最大限度地实现有效教学。当然，家长的积极支持和配合也是新生入学适应的重要影响力量。

二、入学适应必须全程落实

入学适应是一个过程，根据儿童准备状况及个体状况，适应的时间不尽一致。因此，不能把入学适应看作是入学初的入学教育会议，更不应把入学适应看作是教师的教导。入学适应是处于特定准备状态的儿童与学校和教师相互作用的渐进过程，也是儿童对小学生活和学习产生兴趣、增进投入和感受快乐的过程。幼儿园带领大班儿童参观小学，既是入学准备所必需的，也是入学适应的重要途径。儿童对小学的了解有助于其入学适应。大量的适应工作是由小学来完成的，从环境创设、氛围营造、教学变革、师生互动、班规确立等方面全面展开，涉及新生在校生活的全过程。

《指导意见》指出："国家修订义务教育课程标准，调整一年级课程安排，合理安排内容梯度，减缓教学进度。小学将一年级上学期设置为入学适应期，重点实施入学适应教育，地方课程、学校课程和综合实践活动主要用于组织开展入学适应活动，确保课时安排。"由此可见，入学适应是一个时期的工作，需要较长时间的努力。在入学适应期，需要调整课程安排，减缓教学进度，因此课程和教学改革是入学适应教育的重要内容，这些改革最终要落实到每一个教师的教育教学行为之中，从而覆盖地方课程、学校课程、综合实践活动及其他对儿童入学适应产生影响的活动，让入学适应全程化。

此外，《指导意见》的附件《小学入学适应教育指导要点》（以下简称《指导要点》）指出："调整一年级的课程教学及管理方式，创设包容和支持性的学校环境，最大程度消除儿童的陌生体验和不适应，促进儿童以积极愉快的情绪投入小学生活。"因此，新生全面适应小学生活重点在第一学期，需要在一年级系统落实，从课程到管理系统谋划，举措到位，阶段评价，不断改进，力争取得良好的成效。

三、入学适应应该全面适应

《指导要点》以促进儿童身心全面适应为目标，围绕儿童进入小学所需的关键素质，提出身心适应、生活适应、社会适应和学习适应四个方面的内容，每个内容由发展目标、具体表现和教育建议三部分组成。发展目标部分明确了与儿童入学适应关系最密切的关键方面；具体表现部分提出了对儿童实现入学适应的合理期望；教育建议部分明确了发展目标的价值，列举了有效帮助儿童做好入学适应的一些教育途径和方法。《指导要点》对全面入学适应提出了明确的内容和要求，以及具体的实施路径和方法，对于全面落实入学适应教育是一个方向性和实用性的指导。

入学适应不只是学习适应。新生入学后，面临着生活环境的转变，日常生活环节被简化，生活的设备、设施也发生了变化。要从儿童的能力和状况出发，采取切实有效的措施，创设儿童友好的、接纳的、温馨的环境，减缓变化的坡度，逐渐减少成人的支持，提高生活自理能力，乐意从事力所能及的集体劳动，让新生有时间成为自信的小学生，养成锻炼的习惯、积极的情绪，激发他们上学的热情和对学习的向往。

新生面临着从以行动为主要方式的直接经验学习向以文字符号为主的书面知识学习转化，这对儿童来说是一个重大的转变。但直接经验与书本知识之间不是对立的，丰富的直接经验对间接知识的获得是有帮助的，就是到了小学还是应该"采取游戏化、生活化、综合化等方式实施，强化儿童的探究性、体验式学习"。这是学习适应的重要举措。要充分利用小学生的现实生活情境，鼓励他们交往和表达，学习独立处理与他人的关系，遵守基本的规则，养成良好的品德。总之，要从新生的实际出发，避免从成人意志出发，强行陡坡上行，影响新生的自信和趣味。

入学适应是一项重要的和具有挑战性的工作，需要不断贴近学生心灵，也需要不断创新。只有不断强化衔接意识，不断理解学生的心灵世界，不断深化课程与教学改革，不断关注儿童身心、生活、社会和学习各个方面的衔接与适应，才能真正让儿童积极愉快地投入小学的生活和学习，才能不断提升小学教育的质量。

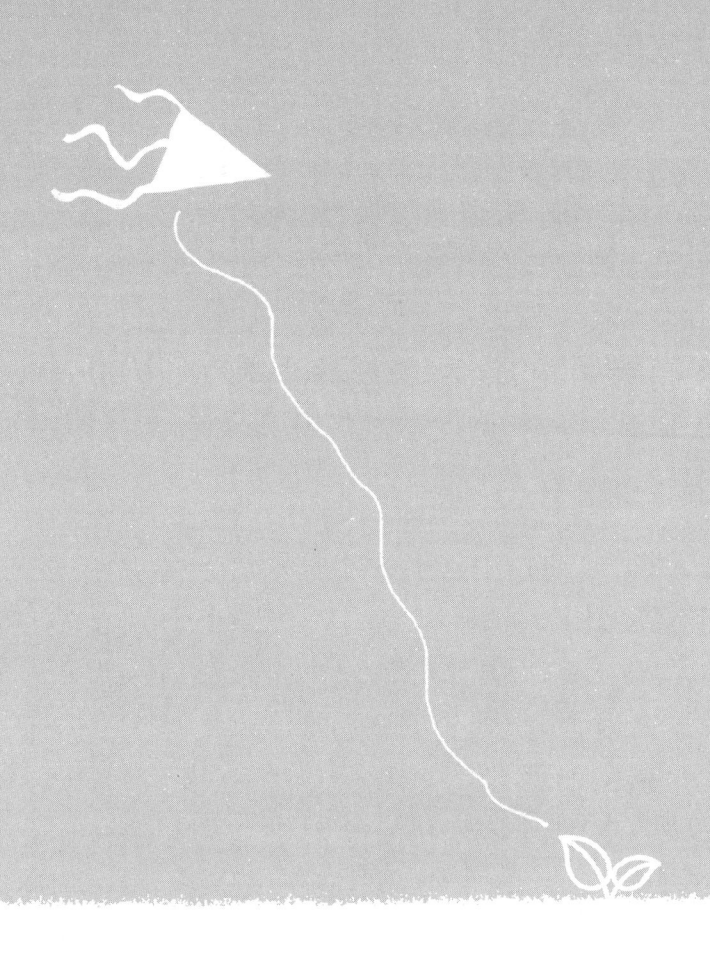

第八章

高质量发展

高质量发展背景下的课程、学习与教师发展[①]

党的十九届五中全会提出我国已经进入高质量发展阶段，从国家层面提出了建设高质量教育体系的要求。教育部部长陈宝生在《建设高质量教育体系 加快建成教育强国》一文中指出："把高质量摆在更加突出的位置，作为教育发展的行动自觉和内在追求，以高质量为统领，推动整体性流程再造、机制塑造和文化打造。夯实高质量发展基础，落实教育优先发展战略，加大人力资本投入力度，全面建设高素质专业化创新型教师队伍，推动'互联网+'条件下教育理念变革和模式创新。把高质量作为检验标准，从教育发展体制机制、结构类型、评价方式、内在活力、保障措施等方面对标检视，突破制约点和瓶颈因素，推动教育向高质量迈进。"这就要求我们立足高质量来研究和发展学前教育，全面落实高质量发展的基本要求，深入改革和实践，使学前教育真正成为高质量教育体系的有机组成部分，为教育整体的高质量发展做出贡献。为此，我们应根据全面建设高质量教育体系的要求，深入思考学前教育改革和发展的现实，科学、理性地看待学前教育发展的问题，尤其是关注幼儿园课程实施和儿童学习的过程，深入分析幼儿园教师对儿童发展和教育质量提升的重大影响，不断提升幼儿园教师的专业素质。

---

① 本文原载于《幼儿教育》2021年3月。

一、回归常识，聚焦学前教育的本质

幼儿园是教育机构，幼儿园教育是我国教育体系的重要组成部分，是学校教育制度的起点。幼儿园肩负着促进儿童德智体美劳全面发展的重任，具有教育机构的基本特征。有人把幼儿园比作花园，比作儿童的乐园，比作儿童成长的摇篮，这都说明了幼儿园作为教育机构的特殊性，也在一定程度上说明了幼儿园的环境必须符合3—6岁儿童身心发展规律。教育是有目的、有计划地影响人的身心发展的活动。因此，幼儿园教育一定是有目的、有计划的，一定是指向儿童发展的。《指南》勾画了3—6岁儿童发展的基本蓝图，确定了儿童发展的核心经验，列举了儿童发展的典型表现，体现了儿童发展的基本规律，是幼儿园教育的基本遵循和实践指南。

幼儿园具有教育的基本功能，同时又具有保育的功能，是保教并重的机构。保教并重并没有削弱幼儿园的教育职能，恰恰说明了与其他教育机构相比，幼儿园具有双重复杂的职能。对一个孩子进行保育，大部分母亲都能做到，但不一定做得专业和科学。而对30个左右的儿童进行保育和教育，只有受过专门训练的幼儿园教师才能胜任。在保育的同时，用适宜的方式对儿童进行教育，这就是幼儿园教师的基本职责。因此，幼儿园教师的工作任务非常艰巨，他们需要具有专业性、敬业精神，而且需要有爱心、耐心、细心和恒心。

幼儿园教育不同于中小学教育。幼儿园的课程主要不是以文字符号为载体的，而是引导儿童与周围环境相互作用，让儿童调动多种感官，在探索、发现、交往和表达的过程中不断获得新的经验。幼儿园教师需要根据课程目标为儿童创设适宜的环境，以便儿童主动活动，并获得相应的经验。为此，幼儿园教师需要将课程目标融入环境和材料，并用适宜的方式鼓励、引导和支持儿童充分开展活动。幼儿园教师的任务不是"教书"，书面教案不能带来真正有效的教和学，教师重要的工作是为儿童创造开展多样化活动和获得经验的可能性，并给儿童提供适宜有效的支持。这就是幼儿园教师专业性的重要体现。

幼儿园教育与儿童的生活紧密相关，生活是教育的基础，但教育并不等于生活。儿童在园的一日生活中，有些活动是教育活动，有些活动是与教育相关的，有些活动暂时不一定与教育有联系。日常生活中有教育的机会和可能，但日常生活中有的也可能是儿童利用原有的经验就能胜任的活动，具有重复性，不一定都能给儿童带来新的经验。从强调生活是课程的基础，强调生活的重要性的意义上说，"一日生活皆课程"的说法是有一定价值的，但严格地从生活和课程的内涵来看，一日生活并不全是课程，并不全是有目的的活动，有很多活动是儿童自发的，有些活动具有重复性，并不一定能让儿童获得新经验。因此，一日生活仅仅具有课程生发的可能性。

游戏总体上说是儿童主动、自发的活动，游戏的基本精神就是自由、自主、愉悦、创造。虽然游戏有自主游戏和教学游戏之分，但游戏的内涵与教育的内涵有明显的区别。游戏是儿童一日生活中不可缺少的活动，儿童在游戏过程中有获得新经验的可能性，但并非所有的游戏都一定要蕴含课程目标。游戏对于儿童成长具有重要作用，儿童在游戏过程中可以释放天性，发挥想象，增进创造，完善人格。儿童的发展离不开游戏，儿童很多方面的发展很有可能在游戏中实现。游戏是幼儿园课程的重要组成部分，幼儿园课程的实施需要也可以通过游戏等方式进行。但游戏不是课程实施的唯一途径，游戏也不等于课程。所谓"课程游戏化"，不是将课程与游戏画等号，用游戏代替课程，而是在课程中更多地关注并确保儿童的自由游戏，充分发挥自由游戏的发展价值，在教学等其他活动中尽可能融入游戏精神，让各类活动更生动、更活泼、更有趣、更有效，真正将游戏当作幼儿园课程实施不可或缺的途径和方式，成为幼儿园教育的基本活动。陈鹤琴曾针对幼儿园中的"死教学"和课程中的僵化刻板现象，提出"教学游戏化"，并且认为课程游戏化是容易实现的。

时至今日，课程游戏化还没有真正实现。"课程游戏化"的关键在"化"，这意味着要注重边际和融合，注重游戏精神的吸收和渗透。课程游戏化的核心任务是以游戏去影响课程，凸显游戏的发展价值，增进课程的游戏性、趣味性、过程性和实效性。我们需要用游戏精神去改造和充实幼儿园课程，使之真正成为儿童喜欢的、愿意投入的课程。我们要避免将生活、教育、课程、游戏等学前教育的基本概念无差别化，这样容易产生观念和实践的混乱，更不利于学前教育理论体系的建设。

二、理性务实，优化幼儿园课程实施

幼儿园课程不是一个文本系统，它的形成主要不是借助书写，而是依靠实践。因此，幼儿园课程是在不断深入的实践中积累而成的。幼儿园课程是一个复杂的系统，既包含了由目标引导的各类教育计划，也包含了多层次、多样化的环境和资源，还包含了多样化的儿童活动以及教师灵活、有效的回应和支持。幼儿园课程的实施就是课程目标得以落实的过程，是教师给儿童提供各种活动机会并不断回应儿童的兴趣和需要的过程。因此，课程实施是一个动态应变的过程，教师需要考虑课程内容、儿童的表现及环境资源的状况，没有固定不变、永远有效的课程实施方式。幼儿园课程实施的主要途径或手段有区域学习活动、游戏、集体教学和生活活动等多种活动。

幼儿园课程实施不等于教学，把课程实施的任务完全赋予教学活动的做法显然是不妥的，这说明我们没有真正更新教育观念，没有看到多样化的活动对儿童学习和发展的意义。这种做法甚至造成有些地方出现了"课"太多"课"太"死"的现象，出现了典型的"小学化"倾向。有些教师担心不上课、少上课，儿童就学不到知识，得不到发展，对课程实施的其他途径没有充分关注。近年来，随着教育观和课程观的变革，教师越来越认识到课程实施不能完全依靠集体教学，而应充分发挥各类活动的综合作用。但另一个极端是有些幼儿园连集体教学也不敢提了，生怕被人认为自己观念陈旧。有些幼儿园在教师尚无专业准备的情况下，人为地"消灭"集体教学，有些幼儿园虽然实际上有集体教学，但不敢写在公布的计划上。集体教学似乎成了"洪水猛兽"。其实，集体教学仅仅是课程实施的一种方式，并不一定代表陈旧和落后。我们要思考的是如何组织集体教学的问题。如果将集体教学仅仅当作一个教师讲解、传播和教导的过程，那么儿童的兴趣和需要就不可能得到充分关注和满足，儿童的主体性就不可能得到充分激发，儿童很可能是被动地学习，无法调动多种感官，不能真正获得经验。如果集体教学是在关注儿童需要和兴趣的基础上加以设计和组织的，有丰富和适宜的活动材料，教师能在教学过程中引发儿童与环境、材料相互作用，引发儿童充分交往和表达，儿童能在教学过程中遇到挑战，并努力解决面临的问题，那么这样的教学就是课程实施的有效途径。

因此，在幼儿园课程的实施中，我们应努力发挥各种途径的作用。不可否认，游戏是课程实施的途径之一。作为课程实施途径的游戏一定是蕴含一定目的的，无论是空间的安排、材料的提供还是规则的确定，都或多或少包含了课程的目的。然而，不是所有的游戏都具有课程的意义，只有能增进儿童经验的游戏才真正具有课程的意义。有些幼儿园游戏天天在进行，材料一成不变，儿童的行为不断重复，这样的游戏对于儿童来说没有挑战，没有解决问题的机会，没有获得新经验的可能，就不具有课程的意义。因此，要发挥游戏的课程价值，要充分关注儿童游戏的兴趣和愿望，不断为儿童创设适宜的游戏环境，支持儿童的游戏行为，鼓励儿童在游戏中想象和创造。其实有些游戏也需要教师的支持和引导。教学和游戏不是对立的，而是相互关联、可以相互生成和转化的。幼儿游戏中出现的一些重要经验也许需要教师通过更加深入的教学去引导幼儿深度体验，教学中需要幼儿进一步学习的经验也许可以演化为游戏。

区域活动可能是自主游戏，也可能是小组学习或个别学习。区域学习是课程实施的重要途径。区域学习有相对结构化和规则化的学习，也有相对开放和生成性的学习。区域有室内的，也有室外的；有相对稳定的，也有灵活不确定的。相对结构化和规则化的学习常常与一些游戏联系在一起。例如，小班儿童玩"小猫钓鱼"游戏，就是学习手眼协调，培养坚持性。这样的游戏形式适合小班儿童，有情境，有吸引力，能让儿童获得成功感，能实现课程目标。但如果一个学期一成不变地使用同样的材料进行这个活动，儿童慢慢会失去兴趣，或者活动持续的时间会缩短，因为缺乏挑战。因此，教师应该通过缩小磁铁、延长鱼竿、加长鱼线来增加"钓鱼"的难度，进一步发展儿童的手眼协调能力。到了中班，教师可以将磁铁改为钩子，再提高难度。只有这样，才能让儿童获得新的经验。区域学习中相对开放和生成性的学习主要是具有项目性质和劳动性质的学习。项目性质的学习往往要持续一段时间，需要儿童持续地探索和努力，儿童也会不断遇到问题，生发新的学习。这类区域学习往往是根据活动需要和性质灵活确定的。在幼儿园的沟渠上架一座桥梁，就是一个项目性质的活动，就是一个建筑工程，需要一段时间的探索，涉及设计、测量、选材、组合、锯割、美化等众多的活动。种植南瓜就属于劳动性质的活动，也是需要长期持续进行的活动，其中包含了观察、种植、管理、收获、分享、分析、表达等众多的活动。儿童也可能会遇到很多新问题和新挑战，会生成很多新的学习。

生活是一个总体概念，是人类活动的总和。所谓"生活是课程的基础和来源"，其中的"生活"就是这个意义上的概念。对于儿童来说，每天还有具体的满足生理需要的生活活动。这些活动可能成为课程实施的途径之一，但这并不意味着每天的每一个生活活动都有课程的意义。比如，小班儿童刚学习独立上厕所，自己把裤子提起来，这具有课程的意义。如果他们已经学会了，仅仅是例行生活环节，就不一定能获得新经验，也不一定具有课程的意义。同样，每天例行用餐，也不一定都具有课程的意义。但如果儿童把种植园地收获的南瓜和面粉揉在一起做点心，自己动手，通过搓、团、揉、捏等进行造型，做出了自己称心的点心，那么这样的炊事和进食活动就有了课程的意义。

总之，课程实施的途径是多样的，教师要真正从儿童出发，遵循儿童身心发展规律和学习特点，充分考虑幼儿园课程的特点，充分发挥不同课程实施途径的优势，合理利用各种途径，发挥课程实施的整体效应。

三、坚持规律，促进儿童有效学习

课程实施的关键是引发儿童的有效学习。在幼儿园众多活动中都有儿童学习的机会和可能。因此，学习是融入一日活动中的各个环节的。儿童的学习主要不是对书面文字符号的认知和理解，而是儿童在行动中探索、发现、交往、表达和思考，从而获得新的经验。

幼儿园课程不在文本中，而在儿童的具体行动中，没有儿童的行动，没有儿童参与的活动，就没有真正的幼儿园课程。有了行动，儿童就有了学习的可能。但行动不等于学习。课程就是引导儿童做事，但不是做所有的事都称得上学习，不是做所有的事都能促进儿童的发展。只有儿童在做具有挑战的事、力所能及的事、有趣味的事、有思维参与的事、能激发创造的事，才会有真正有效的学习。如果儿童不断重复使用某些材料，不断重复做某些事情，没有做事的意愿，没有思考的过程，就没有真正的学习，就很难获得新经验。

因此，幼儿园课程实施从本质上说就是创造条件让儿童进入学习过程。儿童是否处于学习的状态，不完全由儿童自己决定，而是受众多因素的影响。在幼儿园中，教师的儿童观、教育观、课程观和学习观对儿童的学习和发展具有重要的影响。幼儿园班级的氛围、幼儿园的环境和材料都对儿童的学习有重要的影响。因此，教师要给予儿童自发、主动活动的机会和条件，给予儿童选择活动材料和活动方式的机会，鼓励儿童投入活动，迎接挑战，尝试解决问题，不断积累新经验。由此可见，教师对儿童的有效学习起着非常重要的作用。

儿童的有效学习是指能获得新经验的学习。儿童进行有效学习的基本条件是：儿童对学习充满兴趣，有求知欲，愿意探索、发现、交往和表达，经常有在自发、主动学习中得到满足的经历，主动性得到充分的激发；学习环境丰富，活动材料能满足儿童的需要，儿童能不受干扰地专注于当前的活动，儿童的想法能得到尝试和落实，儿童的创造性能得到充分的激发；儿童的行为和感受能得到教师的关注，儿童的尝试能得到教师的支持，儿童的问题和困难能得到教师的适宜回应；儿童的活动能与已有的经验相联系，儿童之间有针对问题的讨论，儿童有自己的思考，教师能根据需要引导儿童讨论和思考，和儿童一起总结和反思，概括和提升经验。因此，教师需要做出系统的努力，为儿童的有效学习而教，其重点是了解儿童、理解儿童和激发儿童，为儿童的学习创造条件，观察并陪伴儿童学习，给儿童适宜的支持。

有效的学习可以采用多种活动形式，活动形式应根据儿童的现实状况、学习的内容、资源的状况而确定，不同的活动形式之间是可以相互转化的。因此，有效学习的核心在于有效，而不在于活动形式，其本质在于儿童的主动、积极和投入，其条件是适宜的环境和支持。

四、平衡素养，重点提升专业能力

幼儿园课程的实施要求教师具有全面的素养。当然，教师不可能都是全能的，每位教师都有特定的素养结构。

幼儿园教师的素养包含两个方面，一方面是基本的人文和科学素养，也就是通识性素养；另一方面是专业素养。

与其他教育阶段相比，幼儿园教育是综合性、整体性的，幼儿园课程是一个相互关联的系统，是整体性课程，幼儿园教师是全科教师，一般不是分人分科进行教学的，而是进行全课程教学的。因此，幼儿园教师应具有人文和科学的全面素养。从这个意义上说，幼儿园教师的知识虽然不需要多么高深，但应该是广博的，这样他们才能应对幼儿园课程所涉及的不同知识领域的需要和儿童活动涉及的多方面经验的需要。尤其是与日常生活相关的科学和社会知识，以及一些基本的艺术素养，对课程的实施具有重要的作用和影响。儿童是科学家，也是哲学家，他们的很多问题都来自现实生活，与现实生活紧密相关，儿童也主要是在解决日常生活中遇到的问题的过程中学习和发展的。因此，教师具备与日常生活相关的社会和科学知识，对实施课程和支持儿童的学习具有重要意义。儿童还是艺术家，他们有独特的审美愿望和能力，也有自己表现美的愿望和能力。教师基本的艺术素养是课程实施的重要保障之一。教师的审美态度会对儿童产生一定的影响，教师创设的环境能否带给儿童审美的感受，教师对环境和艺术作品中的美有没有敏感性，直接影响儿童的美感发展。当然，幼儿园教师仅有艺术技能显然是不够的，还应全面提升艺术素养。这是现代社会对公民的基本要求，也是我国基础教育和高等教育基本的培养目标。幼儿园教师缺乏艺术素养显然是一种缺憾。

随着现代技术尤其是互联网技术的发展，幼儿园教师有必要掌握一些基本的信息技术，避免成为"技术盲"。教师可以应用信息技术扩展信息获取渠道，参与网上学习，使用一些适宜的现代管理和评价手段，也可以通过一些技术手段丰富儿童的间接经验或引发儿童的思维。但幼儿园课程和儿童的学习与其他教育阶段不同，幼儿园的儿童主要是在与周围环境的相互作用中学习的，获取直接经验是学习的主要方式。要谨慎采用信息技术手段，更多地让儿童通过亲近自然、直接感知、实际操作、亲身体验等方式学习、探索。要坚决避免把是否使用课件作为衡量教学活动的标准之一，避免因迷信课件而使儿童失去获得直接经验的机会，避免迷信信息技术手段而忽视对儿童进行真实的观察和分析，避免大量拍摄儿童的行为而很少考虑为何拍摄和拍摄到了什么。"技术控"和"技术盲"一样，都缺乏对幼儿园教育现实需要的专业思考，缺乏专业理性。

所谓专业素养是指幼儿园教师经过学习和训练形成的基本职业素养。幼儿园教师的专业素养包括三个方面。第一是对儿童和学前教育事业的基本态度以及基本的师德等，这是需要通过学习并在实践中不断巩固和提升的。第二是专业的知识，包括关于儿童学习和发展的知识、关于课程相关学科和领域的知识、关于教育教学的知识。这些知识是幼儿园教师开展教育工作的重要条件，也是他们形成科学的儿童观、教育观和课程观的重要基础。对于这些知识，教师需要在实践中加深理解，也需要在进一步的学习中加以拓展和更新。第三是专业能力，幼儿园教师的专业能力是多方面的，与儿童的身心发展特点及学前教育的特殊性紧密相关。它包括观察和分析儿童行为的能力、课程计划和决策的能力、教育活动组织和实施的能力、环境资源创设和利用的能力、教育过程评价和反思的能力等。这些能力是幼儿园教师的看家本领，也是幼儿园教师有别于其他教育阶段教师的主要特征。由此可见，弹、唱、跳、画等仅仅是幼儿园教师艺术素养中的艺术技能，而不是专业能力，仅仅艺术技能高深的人并不一定能胜任幼儿园教师的工作。专业能力是确保幼儿园教师胜任本职工作的关键，专业能力的发挥过程，也是专业能力和专业态度、专业知识相互结合共同发挥作用的过程。因此，幼儿园教师要不断完善和提升自己的专业能力。

有必要指出的是，幼儿园教师不可能都是全才，不同的教师有各自特定的素养结构，每一位教师应从自身的实际出发，通过继续学习、深入实践、用心教研，不断提升自己的专业素养，完善自己的专业素养结构。

教师的素养源于其所受的基础教育。如果在基础教育阶段，学校都能按照课程标准和教学计划，完整开设相应的课程，尤其是能保质保量开设常常被作为副科的艺术类课程，那么学生就能在艺术素养方面打下良好的基础，为他们进一步接受师范教育做好准备。如果基础教育存在严重缺失，课程不到位，师资不到位，学时不到位，那么未来的师资就可能先天不足。

师范教育是教师专业素养形成的关键。师范教育阶段需要做好师范生基本的人文、科学通识性素养培养和专业素养培养之间平衡协调的工作。平衡不是平均，而是从未来幼儿园教师胜任教育工作的角度考虑培养两类素养的课程之间的比例。对于通识性素养，我们需要考虑的是，为了让文科大学生尤其是师范类文科大学生（包括本科和专科）具有最基本的素养水准，应有怎样的课程门类结构。在今天的师范教育通识课程中，经常引发争议的是艺术技能类课程。这类课程的课时较多，加上艺术技能在一些地方教师资格证考试、进编考试和幼儿园教师聘用考试中都占有一定的比例，强化了师范教育对此类课程的重视程度。其实，如果基础教育阶段在艺术类课程的开设上是不打折扣的，高校就无须开设那么多这方面的课程，花费那么多时间，而只需更多地采用核心课程加选修课程的方式就可以达成培养目标。师范教育中艺术类课程偏多的现象，从一定程度上说，是高校在为基础教育"还债"。至于师范教育中技能至上，热衷于考级考证，热衷于节目表演，那是师范院校不正确的素养观念和陈旧观念导致的结果。艺术技能不等于艺术素养，艺术技能够用就行。相较于艺术院校，师范院校要全面兼顾幼儿园教师整体素养的培养。

幼儿园教师的素养不是一成不变的，可以在工作中不断提高和完善。总体上看，提升教师的专业素养是当前教师发展中的重点和关键。当今幼儿园课程改革和建设中的很多问题，其根源和难点都与教师的专业素养有关。这其中尤其要关注教师儿童观、教育观和课程观的转变，关注教师专业能力的提升。在建设高质量教育体系的背景下，学前教育的高质量发展关键在教师，我们要把教师的专业发展当作建设高质量学前教育体系的核心任务。这就需要建立和形成有效的机制，改革和创新教师专业发展的路径和方法，不断提高教师专业发展的水平和质量。

过程意识与学前教育质量[1]

《规划纲要》指出:"把提高质量作为教育改革发展的核心任务。""树立以提高质量为核心的教育发展观,"建立以提高教育质量为导向的管理制度和工作机制,把教育资源配置和学校工作重点集中到强化教学环节、提高教育质量上来。""加强教师队伍建设,提高教师整体素质。"《意见》也指出,要发展广覆盖、保基本和有质量的学前教育。我们必须在努力扩大学前教育资源,努力增加儿童接受学前教育机会的同时,不断提升学前教育质量。学前教育质量也是广大人民群众关心的重大问题,它直接影响广大学前儿童的发展。影响学前教育质量的因素有很多,如幼儿园的房舍设备以及场院,教师的专业素养和敬业精神,学前教育的课程政策、评价制度,等等。本文主要从教师的专业素养入手,讨论幼儿园活动过程对教育质量的影响,并提出相关的改革建议。

一、回到经验

《指南》指出:"幼儿的学习是以直接经验为基础,在游戏和日常生活中进行的。要珍视游戏和生活的独特价值,创设丰富的教育环境,合理安排一日生活,最大限度地支持和满足幼儿通过直接感知、实际操作和亲身体验获取经验的需要,严禁'拔苗助长'式的超前教育和强化训练。"由此可见,直接经验对幼儿非常重要。幼儿主要是通过直接感

---

[1] 本文原载于《幼儿教育》2015年2月。

知、实际操作和亲身体验来学习和发展的，端坐静听不是幼儿学习的主要方式。教师要尽可能创设生动、有趣的情境，提供多样化的环境和材料，让幼儿与环境、同伴及教师进行多样化的相互作用，以获得新的经验。可以说，幼儿是在情境、行动中学习的，幼儿的学习是为了获得新的经验。

根据美国教育家杜威的见解，经验一方面是主体与客观事物相互作用的过程，另一方面也是这种相互作用的过程获得的结果。如果没有相互作用的过程，就不会产生结果。因此，我们要关注过程，要有过程意识。有了过程才会有真正的经验，伴随相互作用的过程，主体会产生反省，即思维与反思。经验既横向联系，相互渗透，也不断延伸；经验强调行动，只有行动才可能获得经验；不是所有行动都能获得真正的经验，行动过程中的思考具有重要意义。

今天，我们提出幼儿园课程回归经验，意味着幼儿园课程应该属于经验。幼儿园课程曾经远离经验，过于关注知识、关注教师、关注上课（集体教学活动）。回归经验是幼儿园课程改革的重要内容。幼儿园课程回归经验就是回到《纲要》，回到《指南》，回到儿童，回到生活，回到活动，真正从儿童的身心发展规律和学习特点出发，真正起到促进儿童发展的作用。因此，没有正确的经验观，就难以有效地落实《指南》的精神。

陈鹤琴、张雪门所倡导的幼儿园课程就是经验取向的课程，也就是强调儿童主动学习和探究的课程。陈鹤琴提出要丰富儿童的经验。他认为一切直接经验都是儿童身体力行得来的，教育者无论如何不能代替儿童做事，也无论如何不能完全用抽象的概念来施教。有些经验是间接的，在人们生活里占重要位置，但无法用实物教，可用逼真的图片，不过这样的教法要减少到最小限度。陈鹤琴提出："'做'这个原则，是教学的基本原则，一切的学习，不论是肌肉的，不论是感觉的，不论是经验的，都要靠'做'的""所以，凡是儿童能够做的就应当让他自己做"。陈鹤琴所谓的"做"就是行动，就是相互作用，就是经验。

张雪门也认为，"人生坠地，除个体以外，对于生活环境的自然现象和人事种种，本来是一无所知，更一无所能，他所以能日进月长，渐渐从无知无能变成有知有能，完全由于个体和环境的接触。从接触而生的经验叫作直接经验，也可以说是人生的基本经验。"张雪门认为生活就是教育。他说："五六岁的孩子们在幼稚园生活的实践，就是行为课程。这份课程也和一般的课程一样，包括了工作、游戏、音乐、故事等材料，然而这完全根据于生活：它从生活而来，从生活而开展，也从生活而结束。不像一般的完全限于教材的活动。在今日以教材为中心的气氛中，我们特别来提倡行为课程。"行为的课程就是生活的课程，也是经验的课程。

二、过程意识

关注过程，倡导过程意识，不是无视结果，而是为了取得适宜的结果和更有效的结果。"小学化"的课程经常关注知识，在意知识的传递和教师的作用。注重经验的幼儿园课程一定是关注过程的。这个过程包括学的过程、教的过程、师幼互动的过程、民主管理的过程，其核心是儿童学的过程，学的过程对于儿童新经验的获得具有至关重要的意义。课程的过程意识就是经验意识，这是一种专业意识，也是幼儿园教师不同于其他教育阶段教师的特有的意识，因此，过程意识也是幼儿园教师的一种入门素养。回到过程之中，让儿童通过探究、操作、体验、交往、表达去感受和表现世界及自己的内心，进而获得新的经验，这就是儿童最重要的学习。对儿童来说，真正有价值的活动过程总是指向新经验的。过程意识的确立有利于教育质量的提升，而能否确立过程意识则与教师的专业发展水准有关。

当今世界上有影响的幼儿园课程无不关注儿童的经验，几乎都是经验导向的，都关注儿童学习的过程。这些经验取向的幼儿园课程对儿童的基本态度和立场，就是强调儿童是学习的主体，儿童有自己的学习特点，儿童需要特殊的活动环境，儿童与周围事物和人员的相互作用过程就是重要的学习过程，对儿童的指导应从情境出发，适度而为。

过程意识也是行动意识，儿童的行动应指向新经验的获得。没有对象或者对象不适宜的行动是无法使儿童获得新经验的，因此，作为经验的主要源泉，幼儿园课程资源的丰富和多样化程度在一定程度上决定了经验的丰富程度。从这个意义上说，从儿童获得经验的需要出发，创设丰富多彩的环境，引发儿童自主地、积极地和多样化地与环境相互作用，是教师的主要职责。如何真正关注儿童学习的过程，如何有效地让儿童获得适宜的经验，是一个还需要长期深入研究的问题，需要我们做深入、持续的探索。

努力将知识还原成过程，这也是幼儿园课程设计的重要原则。人类优秀的知识也应该让儿童接受，但对儿童来说，接受的主要方式不是讲解，直接经验是儿童最有效的学习方式，也就是要让知识回到行动中，回到过程中。

以"萝卜"这一教学内容为例。在中小学，"萝卜"可能是一个需要讲解的教学内容，涉及萝卜作为植物的类属、特征、作用、分布区域等，目的是让学生掌握关于萝卜的系统知识。对于具有文字能力和系统知识接受能力的学生来说，讲解辅以图片的方式是适宜的。但对于幼儿园的儿童来说，这种方式是不适宜的，因为这里只有教师讲解的过程，没有儿童行动的过程，没有直接经验的产生。因此，幼儿园的教学一定会将儿童的学习设计成一个儿童能切实行动起来获得直接经验的过程。比如这个活动过程可能包括：引导儿童对不同的萝卜进行比较观察，触摸、观察、比较眼前的几种萝卜，体验手感，闻闻萝卜的味道；使用各种工具对萝卜进行测量、称重，并进行记录；说出不同萝卜各个部分的相同点和不同点；去掉萝卜的叶子，用有效的方法将萝卜清洗干净；用合适的工具切萝卜，观察萝卜切面的特征，再闻闻萝卜的味道；以生食、凉拌、熟食等方式品尝萝卜。这个过程就是儿童学习的过程，儿童只有回到行动的过程中，才能产生真正的直接经验，在这个过程中，儿童有观察、发现、比较以及策略的运用等方面的学习，也有思维的参与。

因此，从总体上看，中小学的备课重在分解和深化知识点，教师要做的事情是讲清这些知识，促使学生真正理解和接受。幼儿园教师的备课关注的是引发一个相互作用的过程，能让儿童真正去感受、体验、发现和表达，教师要考虑先让儿童做什么，怎么做，用什么做，在哪里做，再做什么，然后做什么。因此，幼儿园教师的备课不只是书面写作的过程，必须包括物质环境和材料的准备。更重要的是幼儿园教师写下的不是自己准备讲什么，而是一个儿童的行动方案，即儿童该做什么，教师如何支持和引导儿童的行动过程。因此，幼儿园课程是儿童行动的过程，是儿童不断获得经验的过程，也是环境、材料不断被儿童利用的过程。在这个过程中，主要的不是教师说什么和做什么，而是儿童说什么和做什么，当然教师的言行会影响儿童的学习过程。良好的幼儿园课程会不断激发儿童的兴趣，催生新的活动，能让儿童专注地投入当前的和不断生发的行动中去。

三、有效的教和学

在幼儿园教育实践中，核心的过程是儿童学习的过程，但教师的教也对儿童的学产生重要作用。让儿童行动起来，并不意味着让教师只做简单的看护者和旁观者。教师深入的观察、思考以及有针对性的启发和引导对儿童持续的探索、体验、交往和表达具有促进作用。因此，儿童的学习不完全是自然和随机的行为。那么，如何理解儿童的学习？可以说，儿童是在情境中学习的，是在行动中学习的，是通过多种感官学习的，是在探索、体验、交往和表达的过程中学习的，是在生活中学习的。因此，幼儿园教师的教不只是讲解，而是引导儿童与周围的事物互动，为儿童的学创造良好的环境和条件，是对儿童的支持、鼓励和引导。

《英国基础教育阶段（3—5岁）课程指南》对有效的教和有效的学做出了界定，这对我们思考幼儿园教学过程具有一定的启示意义。有效的教意味着："建立与家长的合作工作关系，因为家长是子女的基本教育者；通过预先计划好的具有一定的挑战性的活动和经验，促进幼儿的学习；实践工作者示范各种正向的行为；使用丰富的语言和正确的语法；运用交谈方式和精心设计的问题；直接教幼儿某些技能和知识；幼儿互相教；以一种积极影响幼儿学习态度的方式与幼儿进行相互作用并支持幼儿；精心设计户内外环境，为学和教提供一个积极的情境；对幼儿进行巧妙的、精心设计的观察；评估幼儿的发展与进步；与家长一起工作，家长是评估和计划过程中的重要合作者；确认幼儿学习的下一步骤，计划如何帮助幼儿进步；运用评估信息，评估活动的质量及实践工作者的培训需要。"由此可见，教师的作用主要是引发和促进儿童学习的过程，帮助儿童获得新经验。有效的学意味着："幼儿发起能够促进学习和使他们能够相互学习的活动；幼儿运用动作和所有的感官学习；幼儿有深入钻研自己的想法和兴趣的时间；幼儿有安全感，这有助于他们成为有信心的学习者；幼儿以不同的方式、不同的速度学习；幼儿在学习中建立事物之间的联系；创造性、想象性游戏活动有助于幼儿语言的发展和运用。"由此可见，儿童的学习是儿童不断获得新经验的过程，也是儿童良好的学习品质形成的过程，还是儿童的想象力、创造力形成和发展的过程。

有效的教学过程离不开课程资源。课程资源是儿童新经验产生的重要条件。儿童的生活是课程资源的重要来源。家庭、幼儿园和社区生活的相容与和谐有利于课程资源的拓展和利用，进而有利于儿童的成长和发展。幼儿园需要一些积木、插塑、科学探索工具等材料，但要避免过于结构化和功能浪费，要结合儿童学习的特点和规律购置材料；资源不在于昂贵，而在于适宜和有效；要避免过于电子化，避免违背儿童的身心发展规律和学习特点；要尽可能从当地的自然和社会生活中寻找课程资源。要注重生活中的资源，要发现生活中的资源，解决生活中的问题、挑战，利用生活中的机遇、条件，形成生活中的习惯、规则，注重资源的循环利用。

有效的教学过程应该充分激发儿童的积极性和主动性，让儿童积极投入、高度专注，愉快舒畅地学习，有不断探究的机会和热情。幼儿园课程应该是儿童快乐的源泉，是儿童新经验的来源，应该努力使儿童的学习有趣、有效一点。有趣的学习就是要遵循儿童身心发展的规律和学习特点，要真正以学定教。要研究儿童，努力使活动游戏化、趣味化。有效的学习意味着儿童能获得新经验，能面临问题和挑战，能运用多种感官，能进行经验的积累和重组。

要注重儿童积极的自主表述，而不是简单的复述；要注重儿童发自内心的表现，而不是单纯的模仿；要注重儿童情感、语言、动作及思维全面参与的表演，而不只是依照要求和指定"剧本"做戏；要注重儿童创造性地反映和整合了已有经验的建构，而不是无目的的摆放；要注重儿童在自主、自由的活动中积极的体验和感受，而不是枯燥无味的训练；要在意儿童积极主动地做事，期待儿童想做而不是一味地多做。不对儿童的需要做深入分析，导致儿童过于忙碌和热闹，不一定能使幼儿获得新的经验。

真正有效的学习不是儿童完全自发地做事，而是在教师引导下做他们感兴趣的事，做有挑战的事，做有思维参与的事，做力所能及的事，做符合身心发展规律的事。因此，真正有效的学习不完全是儿童自发的、自然的行动，而是在特定的教育环境中行动，得到教师的支持、启发、合作和引导。这样，他们的经验会在与同伴和教师的互动中得到整合和提升，他们的学习品质会在解决生活和游戏中的问题的过程中得到完善。只有这样的学习，才是真正促进儿童全面发展的学习，只有这样的学前教育，才是真正有质量的学前教育。

人民群众需要高质量的学前教育[①]

一、从"重视学前教育"到"办好学前教育"

党的十八大报告指出,要"努力办好人民满意的教育","办好学前教育"。这是继中央在十七大提出"重视学前教育"后,对学前教育发展的又一个新定位,也是一个以质量为指向的定位。2007年,党的十七大提出重视学前教育,意味着要将学前教育真正纳入党和政府的视野,并切实去关注、落实。这个定位,既有思想认识上的指向,也有行动上的指向。学前教育作为学校教育的重要组成部分,作为基础教育的重要组成部分,必须得到全社会尤其是各级政府的重视。可以肯定地说,学前教育是整个教育体系中被长期忽视和怠慢的部分,投入不到位、政策不到位、制度不到位及专业师资不到位的现象长期存在,学前教育机会均等、安全问题、教师待遇等问题不时凸显在国人眼前。中央提出重视学前教育,不只是要求认识上的重视,也包括行动上的落实和兑现。

由于我国学前教育的发展远远不能满足广大人民群众的需要,在全国不同程度出现了"入园难""入园贵"现象,党中央、国务院高度重视,近3年来出台了一系列政策措施,全国上下兴起了发展学前教育的新高潮。根据中央要求,各地都以县为单位,制定了发展学前教育的三年行动计划并加以贯彻和落实,广大人民群众真切地感受到了学前教育

---

① 本文原载于《人民教育》2013年2月。

春天的到来。中央和各级政府加强了对学前教育的投入，尤其是中央对中西部500亿元的学前教育专项投入，激发了地方投入学前教育的积极性，学前教育的基础得到了加强，"入园难""入园贵"问题得到了缓解。

十八大提出"办好学前教育"，是在学前教育发展的新的历史时期提出的新要求，也是推进学前教育可持续发展的方向。这意味着学前教育不只是要大力推进、积极发展，而且还要办出质量和成效，要增进学前儿童的幸福感和愉快感，真正促进学前儿童身心和谐发展，让广大人民群众满意。

二、办好学前教育的核心是"有质量"

我认为，办好学前教育的"结果标识"是：全社会高度重视学前教育，学前教育事业得到充分发展，学前教育能真正为学前儿童一生的发展奠定素质基础，能让学前儿童感受到童年的幸福和快乐；学前教育能满足广大人民群众的需求，能切实满足千家万户的切身利益，"入园难""入园贵"等问题得到有效解决，优质学前教育资源不断扩大并合理覆盖，就近入园成为可能；学前教育能真正成为我国人力资源强国战略的起始工程，为造就社会主义事业的建设者和接班人打好基础，为我们国家和民族的发展积聚智力财富。

办好学前教育的"内涵标识"是"广覆盖、保基本和有质量"。无论是发达的东部地区，还是欠发达的中西部地区，无论是繁华的都市，还是发展相对滞后的乡村，都要发展学前教育。学前教育是我国学前儿童应该享有的基本权利，各级政府应该真正把普及学前教育当作自己的职责。我国的学前教育长期以来没有得到充分的重视，投入少，欠账多，因此，必须加大投入，加快发展。国家积极扶持学前教育的发展，近年来，中央财政对发展中西部学前教育进行了大量的投入。公共财政对学前教育的投入，不是要打造奢华的教育，而是努力为学前儿童创设一个最基本的学习环境和条件，让学前儿童接受符合国家规定的最基本的教育，让学前儿童的身心真正得到全面和谐的发展。

办好学前教育的核心内涵是学前教育的质量。学前教育是与学前儿童的身心发展联系在一起的，学前教育必须是有质量的。学前教育的质量意味着学前教育的硬件条件、班级人数符合国家的规定，学前教育的设施和材料适合学前儿童的身心发展水平和学习特点，意味着学前教育必须由专业的、合格的幼儿园教师来承担。对学前儿童必须进行科学的保教，必须遵循学前儿童身心发展的规律和学习特点，给学前儿童提供丰富多彩的环境和多样性的学习机会与条件，坚决纠正"小学化"现象。学前教育质量也意味着幼儿园的课程应该适宜于学前儿童的发展特点和水平，适宜于学前儿童的生活，适宜于特定的文化。幼儿园课程的主要载体不是书本的、文字形式的知识，而是以学前儿童行动和经验为形式的多样化活动。学前儿童是在行动中学习和发展的，探索、交往、表达是学前儿童学习的主要方式，只有这种以经验为主要形式的学习才能激发学前儿童学习的主动性和创造性，让学前儿童真正感受童年的幸福和快乐。

三、办好学前教育的关键是政府履责

办好学前教育是全社会的共同责任，政府是最主要的责任主体。全社会尤其是各级政府应该形成有关学前教育的价值、规律的公共意识，形成儿童优先、儿童利益最大化和儿童教育公共性的意识，形成政府对学前教育拥有核心责任的意识，全社会都来关心学前教育，爱护学前教育，促进学前教育。只有这样，才能凝聚全社会的力量，为学前儿童创造一个健康、快乐的成长环境；也只有这样，才能真正防止违背学前儿童身心发展特点、违背学前教育规律的现象，防止错误的教育观和膨胀的经济利益欲念支配下的"提前教育"和"超常教育"误导家长，伤害儿童，贻误国家。

各级政府应真正把学前教育当作社会公共事业，确保公共财政对学前教育的投入，努力建立学前教育的公共服务体系。要真正意识到学前教育是一门科学，设定学前教育的准入标准和科学的管理措施，确保学前教育的质量和成效。办好学前教育的关键是落实政府对学前教育的责任，确保政府对学前教育持续的、足额的和制度性的投入，确保政府在学前教育发展中的主导作用。学前教育事业的发展，必须有法律的监督和保障，因此，制定并落实《学前教育法》势在必行。只有这样，才能保障学前教育的稳定投入和长期发展。

办好学前教育的政府责任可分三个层次：一是人民政府的核心责任。促进学前教育发展，不只是教育职能部门的工作，首先应该是各级人民政府的责任，学前教育问责的"首责"在各级人民政府的主要领导，唯有如此，才能确保学前教育的投入到位和管理到位。二是分管部门的条线责任。根据国务院相关文件精神，在各级人民政府领导下，规划、财政、人事、土地、建设、公安、教育等诸多部门分工协作是我国学前教育管理的基本体制。因此，各相关职能部门对学前教育都有不可推卸的责任。一个地区缺乏幼儿园，除人民政府要从自己的工作中寻找责任外，相关部门也应寻找自己的责任。比如，规划部门有没有规划幼儿园，土地部门有没有根据规划划拨土地，财政部门有没有安排相应的经费，建设部门有没有及时建设幼儿园，人事部门有没有提供编制，教育部门有没有及时开办并加强管理，等等。因此，如果学前教育的问题只有教育部门在履职，便难以解决学前教育中的核心问题。三是教育部门的专业责任。与其他政府部门相比，教育部门是专业部门，需要主动与其他部门保持协调和沟通，甚至对其他部门进行专业指导。如幼儿园的建设，没有教育部门的参与，幼儿园很可能不能体现学前儿童的身心发展水平，不能满足学前儿童的需要。

办好学前教育的决定性力量是幼儿园教师的数量和质量。培养更多合格幼儿园教师，并确保幼儿园教师的地位、待遇和尊严，也是政府不可推卸的责任。因此，当前要大力发展、科学发展学前师范教育，加强对幼儿园教师的培养和培训，造就一批批优秀的幼儿园教师。为什么要强调"大力发展"？因为我国幼儿园教师的合格率仅在50%左右。学前教育呼唤大批合格的幼儿园教师，没有足够的合格教师，有质量的学前教育只能是泡影。因此，吸引优秀学生学习学前教育专业，造就更多合格幼儿园教师，是今后一个时期我国学前教育领域的主要任务。为什么要强调"科学发展"？师范教育是有规律的，不顾条件，不设门槛，一哄而上，纷纷开设学前教育专业，最终一定会造就持证的不合格教师。这方面是有深刻教训的。教师队伍建设的另一个重要问题是教师的地位和待遇的落实。在学前教育领域，政府力量越大，幼儿园教师的地位待遇就越能得到落实。幼儿园教师是经过长期专门学习和训练的专业人员，她们的工作是不可替代的，很多转岗教师已经深切地感受到了幼儿园教师工作的艰辛和专业性。而目前幼儿园教师，尤其是农村幼儿园教师，没有编制的幼儿园教师的待遇很不如人意，政府必须切实加以关注，并通过一定的措施推动这个问题的解决。政府必须切实关心幼儿园教师的地位和待遇，确保幼儿园教师有尊严的专业生活和专业形象。否则，难以真正提升学前教育的质量，难以真正办好学前教育。

什么样的学前教育才是有质量的[①]

没有质量的教育就是浪费国家财政和民众金钱，浪费儿童的美好童年。提升质量是当前和今后学前教育必须努力的方向，对质量的追求是学前教育工作者必须不断付出努力的工作，而树立科学的质量观是提升学前教育质量的关键所在。但是，学前教育质量该如何衡量，什么样的学前教育才能促进儿童健康成长，是亟待研究的问题。

用什么样的质量标准去衡量幼儿园，牵涉到幼儿园今后发展的方向。一般来讲，学前教育的质量主要可以从结构维度、过程维度、结果维度三个方面去衡量。结构维度包括房舍结构、场院结构、设施和材料结构、教师结构、课程与活动结构、管理结构等，这些都是影响教育质量的重要因素。过程维度主要包括如何教和如何学、在哪里教和在哪里学、谁来教和谁来学、用什么教和用什么学、为什么教和为什么学等。结果维度就是学前教育要能够促进儿童身心和谐发展，既要避免仅仅以知识作为衡量标准，也要避免以特长发展作为衡量标准。在当前的社会背景下，尤其要关注儿童的身体素质、社会性素质以及自由想象和表达能力等方面的发展。

幼儿园的房舍要根据儿童的身心发展需要进行专业化设计和建造，要能充分反映儿童生活和学习的需要。有些幼儿园是中小学房舍改造过来的，改造的时候没有到位，有许多安全隐患，这将会严重影响教育质

[①] 本文原载于《中国教育报》2013年10月13日。

量。有的幼儿园没有一片草，没有一棵树，有的只是很高档的塑胶地，这就进入了一种误区。幼儿园的场院不是以花多少钱作为衡量标准的，而是以是不是适合儿童的身心发展特点，是不是能够满足儿童的需要，是不是适合幼儿园的教育来评价的。

幼儿园的材料是影响儿童发展的关键因素，但材料不一定非得花钱去买，玉米棒、布、棉花、铁丝等都可以成为幼儿园重要的资源。幼儿园可以有些玩具，但是完全靠购买获得资源的幼儿园往往资源不够多样化、不够开放。能否让特定年龄阶段的儿童获得经验是衡量材料价值的标准。有时越是买来的、越是结构化的材料，越是难以让儿童获得有益的新经验。良好的材料能引发儿童不断探索、交往和表现。材料多样化，儿童的探索就会多样化。因此，开放的、可操作的材料的比重必须增加，要避免材料的过度符号化、结构化、成人化。

没有合格的师资队伍，再好的硬件也只是禁锢儿童的空间。硬件条件越好，越要求教师具有与之相适应的专业水准。教师的合格不是终身概念，需要教师不断努力学习，增进专业素养，努力使自己成为教育过程中观念和行为合格的教师。衡量教师队伍的质量，既要考虑合格教师的比例以及教师的年龄结构、性别比例、专业背景等，更要关心教师素质的深层结构。教师素质的深层结构主要有教师的态度，包括对儿童、对事业、对集体的态度等；教师的知识结构，包括儿童发展、保育与教育、科学与人文等方面的知识；教师的能力结构，包括专业能力、表现能力、交往能力等。

学前教育呼唤质量[1]

一、学前教育质量低的主要表现

1. "小学化"是学前教育质量低的典型表现。

"小学化"的实质是幼儿园教育没有真正关注儿童的身心发展特点，没有真正遵循儿童身心发展的规律，幼儿园教育不是真正从儿童的需要、兴趣和可能出发，幼儿园教育超越了儿童的发展实际，一味向小学靠拢甚至用小学教育的内容和方式来教育幼儿。

"小学化"的表现有显性和隐性两种方式。所谓显性的表现是指教师在教育过程中的表现与小学教师无异，幼儿在学习中的表现与小学生无异。最经典的行为就是幼儿端坐静听，教师始终处于讲解的状态。这种"小学化"的典型现象不仅存在，而且在一些学前教育发展相对落后的地方还尤为严重。尤其是在一些幼儿园师资奇缺的地方，聘用了没有专业资质的人员担任幼儿园的教育工作，或者是一些中小学富余或聘余的教师转岗进入幼儿园，而相关的专业培训却没有跟上，这种典型的"小学化"现象往往就很难避免。另外，在一些学前教育资源相对短缺的地方，虽然教师专业合格。但由于班级规模过大，如有些班级达到50人到70人，甚至更多，那也必然导致"小学化"现象。

---

[1] 本文原载于《中国教师报》2012年2月8日。

2. 普遍的"特长"教育和铺天盖地的"兴趣班"是幼儿园教育质量低下的另一表现。

学前教育首先应该关注儿童的需要还是成人的需要,这是学前教育的一个价值立场问题。目前所谓的"兴趣班""特长班"往往是成人主宰儿童的具体表现形式,那些幼儿园根本教不了的所谓"兴趣"和"特长",很可能对绝大部分儿童来说本来就是没有必要学习的东西。那些在吆喝"兴趣班""特长班"的人往往是商业利益至上的人,当一个领域里外行在其中呼风唤雨的时候,说明这个领域的科学准则有待提高,这个领域的质量有待提高。学前教育目前就是这样一个领域。

3. 教育的内容和方法远离儿童的生活,这是学前教育质量偏低的最主要的问题。

学前教育远离儿童的生活往往会导致"小学化",更会使儿童的学习缺乏趣味。如若儿童不是以适合他们身心特点的方式来学习,那么这样的学习只是外在的要求和任务,而不是自己生活的过程和内容,他们无法真正专注地投入到当前的活动中去。对他们来说,这样的活动只有承受的感觉而没有享受的感觉。在幼儿园中,我们经常看到,儿童常常把学习和游戏看作是两件截然不同的事,他们经常期待游戏时间的到来。这是学前教育失败的表现。

虞永平视点:

① "入园难""入园贵"这两大问题的确是影响当前学前教育发展的最为重要的问题。但是,我们必须同时关注学前教育中存在的第三个问题——"质量低"。

② 让儿童挤进现有的幼儿园,挤进现有的教室,那不是真正解决"入园难";单纯降低收费也不能真正解决"入园贵"。必须避免以牺牲质量换取入园率为代价,要努力实现有质量的提供,保障儿童接受学前教育的机会。

③ 发展学前教育必须质量与数量并重。当前,确保学前教育质量的

关键是要确保幼儿园登记注册制度的全面落实，确保幼儿园空间、教师、班级人数、课程等全面符合《纲要》的要求。

二、学前教育质量低的主要原因

1. 对理论的曲解和夸大。

从神经突出的修剪、突出联系的建立、关键期等大脑发展的相关理论，到越早教育越有效的主张，甚至认为到幼儿园教就晚了的蛊惑人心的口号，以及"不要输在起跑线上"的论调，都是源于对有关儿童发展的理论的曲解、误读或过度发挥。在有关脑科学和教育之间其中还有很多的沟壑，还有很多需要做的研究，但是这两者之间经常被简单化地联系起来了，甚至还引导出很多并无证据的教育要领或策略。因此，确立科学的教育观和儿童观是解决当前学前教育质量问题的主要途径，这就需要把科学的教育观和儿童观融入公众的基本素质结构之中。

2. 对儿童生活本质的不解和曲解。

什么是儿童的生活？它是儿童由其生命成长的内在需求驱动的各种活动的总和。因此，生活不是别人的，而是儿童自己的；生活不是外在力量驱赶的，而是内在力量引导的。维护儿童的童年生活，是学前教育的重要使命。游戏、主动探究、交往、合作、分享，等等，都是儿童生活的重要内容，儿童有权享受自己的生活，计划自己的生活，反思和改进自己的生活。然而，在今天的教育实践中，儿童的生活过于整齐划一，无法呈现斑斓的色彩。儿童是在成人划定的空间和时间点上过成人要求的生活，儿童生命成长的内在需求没有得到充分的体现。不能理解儿童生活的特殊性，就很难与儿童共同生活，就很难把与儿童互动当作师生共同的生活，就很难在教师和儿童之间延绵生活的逻辑，展现生活的情趣。

3. 教师素质比较低。

教师队伍的素质是影响学前教育质量的重要因素。合格教师的缺乏是造成教师队伍质量低下的重要原因，而没有建立起真正的教师培训机制以及质量保证体系则是影响教师队伍质量的另一个重要因素。近些年来，幼儿园师资培养机构的生源不尽如人意，是不争的事实，培养机构的课程改革和教学改革跟不上学前教育实践的需要也是一个突出的问题，师范教育机构的教师只研究课本不研究实践的现象比较普遍。有些地方教师的培训没有制度化，培训的内容和方式并非真正适合教师的需要，教师培训的质量缺乏衡量的标尺。诸如此类的问题，无疑都成为教师素质提高的一道道障碍。

三、解决学前教育质量低的几条途径

1.加大对学前教育的投入，切实改善学前教育的条件。

要加强对幼儿园建设的规划，切忌以"塞入策略"替代建设规划。当前尤其要防止由于要解决"入园难"问题而使办园条件恶化的现象。比如，由于入园压力大，政府容忍、默认非注册园的存在，降低了对非注册园打击的力度，或者降低幼儿园注册的门槛，使幼儿园卫生、安全水准下降，给儿童的身心安全带来隐患。用儿童身心安全隐患换入园率的做法是不足取的，事实上，这也没有真正解决"入园难"问题。第二类是由于生源过多，没有足够的幼儿园和班级。政府容忍、默许甚至鼓励幼儿园扩大班级的儿童规模，有些幼儿园班级人数比国家标准高出了30%甚至更多。表面上看解决了儿童入园问题，其实难以掩盖事实上存在的"入园难"问题。班级人数的增加，使儿童的人均资源降低了，班级的安全隐患增加了，班级活动不得不进行更多的控制，不得不以集体教学形式为主，儿童个体的需要、兴趣难以得到满足。

2.加强对教师地位、待遇和专业发展的关注。

儿童的发展取决于教师的工作热情和积极性，这就需要确保幼儿教师有尊严地生活和工作，确保教师的地位提高、待遇合理、专业发展有机会和有要求。政府要规定幼儿园教师的最低工资，要积极努力使幼儿园教师的收入和付出相对应。坚持按标准配备教师。如前所述，以扩大班级规模的方式来解决"入园难"问题，不但没有真正解决"入园难"，还增加了班级的安全隐患，加大了教师的压力，教育质量也必然随之下降。

3.加强以维护"幸福童年"为核心的公众儿童观和教育观的塑造。

幸福的童年意味着快乐、充实和具有适度挑战。幸福童年观要求成人切实体认儿童的独特性，儿童的优先性，儿童的不可侵犯性和儿童利益的最大化。儿童教育资源的不足和质量偏低是影响幸福童年的主要因素，这个因素与政府决策直接相关。因此，幸福童年的理念应该融入政府决策者的意识，使政府的儿童教育政策更好地反映儿童的现实需要，更好地维护儿童的天性。同时，家长的育儿意识，家长所拥有的观念，也是影响童年生活的主要力量。

怎么看 怎么评 怎么干
——学前教育质量问题需要三思而笃行 ①

一、什么样的学前教育才是有质量的

没有质量的教育就是浪费国家财政和民众金钱，浪费儿童的美好童年。提升学前教育质量，是当前和今后学前教育必须努力的方向，对质量的追求是学前教育工作者必须不断付出努力的工作，而树立科学的质量观是提升学前教育质量的关键所在。但是，学前教育质量该如何衡量，什么样的学前教育才能促进幼儿健康成长，是亟待研究的问题。

用什么样的质量标准去衡量幼儿园，牵涉到幼儿园今后发展的方向。一般来讲，衡量学前教育的质量，主要有结构维度、过程维度、结果维度三个方面。结构维度包括房舍结构、场院结构、设施和材料结构、教师结构、课程与活动结构、管理结构等，这些都是影响教育质量的重要因素。衡量学前教育质量的过程维度，主要包括如何教和如何学、在哪里教和在哪里学、谁来教谁来学、用什么教和用什么学、为什么教为什么学等。衡量学前教育质量的结果维度，就是学前教育要能够促进儿童身心和谐发展，既要避免仅仅以知识作为衡量标准，也要避免以特长发展作为衡量标准。在当前的社会背景下，尤其要关注儿童的身体素质、社会性素质以及自由想象和表达能力等方面的发展。

幼儿园的房舍要根据儿童的身心发展需要进行专业化设计和建造，

---

① 本文原载于《中国教育报》2013 年 10 月 13 日。

要能充分反映儿童生活和学习的需要。有些幼儿园是中小学房舍改造过来的，改造的时候没有到位，有许多安全隐患，这将会严重影响教育质量。有的幼儿园没有一片草，没有一棵树，有的只是很高档的塑胶地，这就进入了一种误区。幼儿园的场院不是以花多少钱作为衡量标准的，而是以是不是适合儿童的身心发展特点，是不是能够满足儿童的需要，是不是适合幼儿园的教育来评价的。

幼儿园的材料是儿童发展的关键，但材料不一定非得花钱去买，玉米棒、布、棉花、铁丝等都可以成为幼儿园重要的资源。幼儿园可以有些玩具，但是完全靠购买获得资源的幼儿园，往往资源不够多样化，不够开放。能否让特定年龄阶段的儿童获得经验是衡量材料价值的标准。有时越是买来的、越是结构化的材料，反而很难让儿童获得有益的新经验。良好的材料能引发儿童不断的探索、交往和表现。材料多样化，儿童的探索就会多样化。因此，开放的、可操作的材料的比重必须加强，要避免材料的过度符号化、结构化、成人化。

没有合格的师资队伍，再好的硬件也只是禁锢儿童的空间。硬件条件越好，越要求教师具有与之相适应的专业水准。教师的合格不是终身概念，需要教师不断努力学习，增进专业素养，努力使自己成为教育过程中观念和行为合格的教师。衡量教师队伍的质量，既要考虑合格教师的比例以及教师的年龄结构、性别比例、专业背景等，更要关心教师素质的深层结构。教师素质的深层结构主要有教师的态度，包括对儿童、对事业、对集体的态度等；教师的知识结构，包括儿童发展、保育与教育、科学与人文等方面；教师的能力结构，包括专业能力、表现能力、交往能力等。

二、怎样创设更适合儿童成长的课程

幼儿园课程质量对提高学前教育质量非常重要。结构合理的课程不是定向化的，也不是特色化的，更不是小学化的。有的幼儿园太在意追求特色，甚至是先确定一个特色然后去追求，这是非常可怕的事情。幼儿园的特色不是标榜的，是在行动的过程中自然呈现的。优质的幼儿园课程把生活与教育有机结合起来，使课程生活化、游戏化，能够引导儿童在行动中学习。

幼儿园的课程，要符合儿童的需要，适合儿童的天性。课程就是做事，就是做儿童力所能及的、能感受挑战的、能感受到趣味的、有思维参与的事。课程是行动的过程，是不断获得经验的过程，也是环境材料不断被利用的过程，在这个过程中，主要的不是教师说什么和做什么，而是儿童说什么和做什么。良好的幼儿园课程会不断地促发儿童的兴趣，催生新的活动，能让儿童专注地投入当前和不断生发的行动中去。

幼儿园课程是一个以思考为纽带的和谐的行动结构，而不是知识结构，只有与行动结合才可能是经验的，只有真正转化为行动的知识结构才称得上是真正的幼儿园课程结构。幼儿园课程结构有别于中小学课程结构，它是以儿童发展为导向，以经验获得为过程和目的的动态结构。

幼儿园的环境本身也是课程，设计环境、创设环境，就是课程设计的重要组成部分。环境不是装饰，而是课程，是儿童活动的场景。环境是以儿童为中心的，环境的丰富性、适宜性和针对性是产生教育作用的关键所在。环境创设应注重儿童参与、儿童感受和儿童实用。

环境可以给幼儿获得经验、体验成功的机会。幼儿园环境创设是一个非常复杂的问题，其中成人的因素要少一些，儿童的因素要多一些。儿童是环境更新的参与者，环境准备过程就是重要的学习过程，教师要树立儿童成长的环境需要儿童参与的观念，为儿童的环境创设做好物质准备是教师的主要职责。心中有儿童的成人和社会才能真正为儿童着想，才能为他们创造一个真正有趣的、可获得新经验的环境，让儿童度过快乐的童年生活。对幼儿园的环境设计怎么用心都不为过，为了儿童，对环境要用心，再用心！

三、怎样提升幼儿园教师的专业能力

不管是加强幼儿园的课程建设，还是提高学前教育质量，都离不开高素质的幼儿教师队伍。提高教师的素质很重要，但不能搞群众运动。提高教师的素质，一定要做扎实细致的工作。当前，有些地方存在这样一些误区：大批人才造就工程，大笔经费投入，大量无用劳动；服务于领导想听什么，服务于书面材料，服务于数量统计；一些人练就了嘴皮子，摆足了花架子，但教育质量老样子；总结诗意化，策略雷同化，思想虚无化。

脱离教育过程的行动难以真正提升素质，教师素质提升不是简单练习的结果，而是不断思考的结果，是理论与实践紧密结合的结果。教师成长是有规律的，尤其是每一种专业能力的发展都有规律，不能盲目催长，更不能缺乏促进力量。

幼儿教师需要一定的艺术素养，但幼儿教师的艺术能力应以现实的工作需要为基准，艺术能力不能代替专业能力。专业能力是幼儿教师从事学前教育工作的根本保证，也是一个专业区别于其他专业的关键因素，也是职业区别于专业的关键因素。幼儿园教师专业能力到底是什么？幼儿园教师应具有六个方面的基本专业能力，这些专业能力是决定教育质量最关键的能力，在教师的培养和培训中应重点关注。

第一是观察能力。有些教师认为："天天在看，还有什么好看的？看到的就这些事，那有什么用？班上孩子那么多，我怎么观察得过来？我对孩子是很熟悉的，观察不观察还有什么不同吗？"我们的师范教育体系长期以来忽视幼儿教师观察能力的培养，而长期使用购买的课程导致教师忽视观察，大量的时间付出也让一些教师选择无视观察。实际上，观察是幼儿教师的基本功，观察也是适宜性教育的基础，是教师指导的前提，更是幼儿园课程设计的依据。观察能力需要培养，更需要实践锻炼。观察需要教师有耐心、细心和恒心。因此，是否坚持观察是衡量教师专业水平的重要尺度。观察不是随便看看，观察也不只是技术，没有足够的专业知识准备，在教育场景里很可能无法识别有价值的信息。教师的视线和反应是衡量教师专业水准的重要依据。

第二是作品分析能力。作品分析是了解儿童发展的主要途径。教师要形成用多样化的手段和方法收集儿童多形式作品的习惯。儿童的绘画、话语、表演动作、手工作品等都是重要的作品，教师应学习分析作品的方法，能够根据作品判断儿童的发展和需要，并采取进一步的教育策略。教师要养成作品归档的习惯，要充分利用作品，进行纵向的分析和比较，在分析中更好地理解儿童的成长特点和规律。要努力提升分析作品的素养，学习作品分析的方法，切实通过作品分析更好地关注儿童的发展和变化。

第三是谈话能力。谈话是教师与儿童交流的方式，也是通过语言及相关的信息了解儿童、引导儿童的重要途径。谈话需要看清情境及问题，谈话重在了解、启发而不是说教和训诫。教师每天都应有与儿童谈话的时间，可以是集体谈话，也可以是个别谈话。谈话是教师与儿童的心灵沟通，有效谈话的境界是愉快和有效。谈话是儿童向教师展现自己认识和见解的过程，谈话是展示儿童内心的兴趣和倾向的过程。因此，谈话也一定是幼儿园课程生成的重要契机。

第四是课程设计能力。课程设计能力是幼儿园教师有别于小学教师的重要专业能力。幼儿园教师的课程设计是指活动设计能力、主题或单元设计能力、年级整体课程设计能力。课程设计意味着幼儿园课程不只是买来的教材，还应该是教师根据儿童的需要进行的完善性设计，甚至是幼儿园教师自己根据儿童实际的需要进行的创造性设计。幼儿园课程设计的重点不是自己准备教什么，而是准备让儿童做什么和想什么。课程既设计过程，也期待结果，设计者必须有目标意识，这也是专业幼教工作者区别于其他人员的核心标志。幼儿园课程设计的不只是教案，而是整个的教育环境、活动材料和教育策略。要重视课程设计，努力把课程设计当作课程改革和发展的重要支持力量。要加强专项培训，在实践中提升课程设计能力。

第五是活动组织能力。活动组织能力是幼儿教师最重要的能力。活动组织能力的核心是将儿童引导到他们需要的、感兴趣的和有可能获得新经验的活动中去，让儿童积极地投入运动、探究、交往及表达等活动中去。活动组织能力不等同于讲解能力，而是一种综合的能力。

第六是评价能力。评价就是对现实做出有事实支撑的判断。评价是课程设计和实施的重要延续，是进一步的课程设计和实施的前提。评价应该成为幼儿教师的重要工作。幼儿园教师是评价的主体。幼儿园的评价主要不是依靠测验，而是依靠对儿童行为的日常观察，对儿童作品的分析，对儿童某些发展项目进行适度的测量。对幼儿园教育质量的判断，经常是建立在课程评价的基础之上的。

（注：本文根据作者在2013中国学前教育年会上的报告整理。）

呼唤儿童博物馆时代到来[①]

儿童博物馆，顾名思义，是指为儿童设立的博物馆。鉴于儿童心理发展和学习的特殊性，儿童博物馆内容的范围和呈现形式有其特殊要求。由于国际社会一般将儿童视作0—18岁阶段的个体，因此儿童博物馆的年龄层次既可能各有侧重，也可能兼顾整个儿童年龄段。

世界上最早的儿童博物馆已经有一百多年的历史了。世界主要发达国家都注重儿童博物馆的建设。儿童博物馆的创立意味着人们对儿童发展特点和特殊需要的认识得到确认，反映了社会已经关注儿童的特殊需要和兴趣，已经着手为儿童创造一个属于儿童的天地，让儿童用独特的方式感知这个世界。因此，对于一个地方来说，博物馆的有无或多少，是衡量当地社会文明水准的一个重要标尺。是否拥有与儿童人口相应的儿童博物馆，也是衡量当地社会儿童意识高低的一个标尺。

早期的儿童博物馆往往以科技性内容为主，以陈列物品为主要方式，以告诉儿童一些他们并不知晓的事物和现象作为主要目的。博物馆的儿童特点主要是通过内容的难易程度来实现的。随着人们对儿童认知和能力水平的深入了解，随着现代学习理论的深入发展，尤其是随着建构主义理论影响的不断扩大，儿童博物馆的设计越来越专门化、专业化、精细化、操作化和过程化。在儿童博物馆的设计中，人们越来越多地考虑到儿童的兴趣及其思维过程，考虑到物品与现实生活的关系，不再局限

---

① 本文原载于《中国教育报》2018年5月20日。

在物品的呈现上，开始关注事物和现象的演进及变化过程，从而增强了儿童博物馆的可参与性。

在这里，儿童不单是观看者，还是操作者，是不可缺少的一分子。如波士顿儿童博物馆，为儿童提供了科学、艺术和社会等领域丰富的探究和发现及体验活动。费城的"请触摸"博物馆，为两岁到十多岁的儿童创造了大量的充满趣味的活动，从玩水到汽车驾驶、乘坐列车、商店购物、故事情境体验等丰富的活动场景，给儿童带来了多样化的活动，丰富了儿童综合化的经验。

由于受建构主义理论的影响，人们在儿童博物馆的设计中强调了从行动中获得经验和让儿童自己建构知识等指导思想。儿童博物馆已经不是一个简单地呈现和展览物品的地方，而是一个特殊的学习环境，儿童在这种学习环境中的学习超越了在学校、幼儿园等专门教育机构中的学习，因为这里在某种程度上关注儿童的发展和学习状况，注意引导儿童参与和体验，注意引导儿童对事物发展变化过程的关注，重视儿童操作的过程，鼓励儿童预想并在情境中验证自己的预想，这是当今儿童博物馆发展的一种新境界。这种博物馆必然会成为幼儿园课程的重要补充、延伸和扩展，对儿童进一步学习幼儿园提供的课程有重要意义。

儿童博物馆对儿童发展的价值是不言而喻的，在强调主动学习、探究性学习的今天，在强调充分利用社区教育资源、充分挖掘幼儿园内部各种教育资源的今天，在强调多样化学习和关注个别差异因材施教的今天，讨论儿童博物馆的建设问题具有重要意义。我们应该树立儿童博物意识，要引导儿童广泛感知客观世界，感知人类文化，提供各种行之有效的方式和途径，让儿童感受和操作。要有以儿童为本的意识，让幼儿园的一切空间、一切资源尽可能为儿童的发展服务，尽可能体现课程价值。

学前教育质量的现实保障[①]

十九届五中全会提出建设高质量教育体系。这是未来教育发展的重要目标。在建设高质量教育体系的进程中，学前教育不能缺席，不能掉队。《中国教育现代化2035》指出，要普及高质量的学前教育。《若干意见》中指出，到2035年，全面普及学前三年教育，建成覆盖城乡、布局合理的学前教育公共服务体系，形成完善的学前教育管理体制、办园体制和政策保障体系，为幼儿提供更加充裕、更加普惠、更加优质的学前教育。普及高质量的学前教育，是我国教育现代化发展的必然要求，也是人民群众对学前教育的核心期待。发展高质量的学前教育受到观念、投入、物质条件、课程、师资等众多因素的影响，必须充分协调这些因素，为学前教育高质量发展创造有利的条件。

一、观念保障

要促进学前教育的高质量发展，必须坚持正确的儿童观、教育观和课程观，切实遵循儿童身心发展规律，坚持以儿童为本，采取适宜于儿童身心发展的内容和方式，全面落实《规程》和《指南》的精神，为儿童的健康成长创造良好的教育生态。同时，我们也要确立正确的质量观念。质量观是影响高质量发展的重要观念。教育质量不是与其他教育概念同时产生的，它是与人们对教育的期待联系在一起的。当人们只关心

[①] 本文原载于《今日教育（幼教金刊）》2022年8月。

儿童是否获得入园机会，学了没有，学了什么的时候，还没有形成真正的质量意识。近二十年来，教育质量逐步成为学前教育的焦点话语，这意味着学前教育的发展已经进入了一个关注教育成效的新阶段。价值观影响质量观。与学前教育相关的主体对学前教育有不同的期待，幼儿、教师、家长、政府以及举办者等多方面主体的需要是否能得到满足，这就涉及学前教育的价值是否实现和实现得如何的问题。学前教育最核心价值的必然是儿童的发展需要的实现。学前教育的核心价值就是满足儿童充分活动和不断成长的需要。质量观的核心就是影响儿童发展和教育的各种要素对儿童成长的支持、促进和保障的程度如何。

要确立正确的质量观。优质的学前教育应该是各种要素协同合作，相互配合，形成促进儿童发展的合力，形成有利于儿童健康成长的良好生态，共同推进教育质量的提升。要避免以"特色"论质量，以各类比赛"奖牌"论质量，以"标新立异"论质量。要切实把握影响质量的各种关键要素，深入考察它们在教育过程中的实际作用，对教育过程的支持、促进和保障程度，科学判断教育质量。

二、物质保障

房舍设备等物质条件是学前教育的基础性保障，是学前教育得以进行的前提性条件。这类保障首先是数量问题，数量决定儿童受教育的机会，有足够的幼儿园，才能保障儿童入园率的提升。如果园舍不足，儿童入园需求巨大，就会造成供需矛盾，儿童入园学习的需求就不能得到充分满足，就会出现大班额等现象，将影响教育质量。过去十年中，国家通过学前教育行动计划，加强中央投入，拉动地方投入。幼儿园总量迅速增加，2021年全国幼儿园数达到29.5万所，比2011年增加12.8万所，增长了76.8%，有力保障了不断增加的适龄儿童入园需求。毛入园率持续快速提高，2021年全国幼儿园在园幼儿数达到4805.2万人，比2011年增加1380.8万人，全国学前三年毛入园率由2011年的62.3%提高到 2021 年的 88.1%，增长了 25.8 个百分点，学前教育实现了基本普及，也为学前教育质量提供了现实基础[①]。

幼儿园房舍设备还是一个专业问题。并不是所有房舍都能支撑高质量的学前教育。幼儿处于身心发展的特殊阶段，对房舍设备有特殊的要求，从房舍面积、房舍高度、采光度、窗台高低、楼梯台阶的高低、户外场地面积等要求，《幼儿园建筑设计标准》都有专业规定。这些规定，直接影响儿童的生命安全和生活、学习活动质量。如楼梯台阶过高，儿童走不稳，可能造成跌倒、滚落的风险。采光不够，儿童患视力相关疾病的可能性就会增加。这些都将影响儿童的发展，影响教育质量。

设备和玩教具也是影响教育质量的重要物质条件。幼儿园设备的安全、配套和使用对保障儿童的学习和发展至关重要。《幼儿园安全友好环境建设指南》中，对幼儿园的玩具设备等提出了明确的要求，这些要求也是对教育质量的基本保障。

三、师资保障

专业合格的师资是学前教育的核心。教师的专业素养对学前教育质量具有决定性的影响，因此，幼儿园教师队伍建设是提升教育质量的关键性工作。过去的十年，我国学前教育的发展和质量的提升，教师队伍起着十分重要的作用。教师培养规模不断扩大，2021 年，全国开设学前教育专业的本专科高校有 1095 所，毕业生达到 26.5 万人，分别比 2011 年增加 591 所、23.1 万人，为持续补充幼儿园师资提供了有力支撑。教师配备基本达标，2021 年，全国幼儿园园长和专任教师总数超过了 350 万人，比 2011 年增加 200 万人，增长了 1.3 倍，生师比从 2011 年的 26∶1 下降到 2021 年的 15∶1，基本达到了"两教一保"的配备标准，

[①] "教育这十年"1+1 系列发布会，介绍党的十八大以来学前教育改革发展成就 http://www.moe.gov.cn/fbh/live/2022/54405/.

师资短缺问题得到有效缓解。教师素质明显提高，学历结构进一步优化，2021年专科以上学历的园长和专任教师比例达到了87.8%，比2011年提高了24个百分点[1]。幼儿园师资的发展保障了儿童的发展，保障了有质量的教育。

学前教育是一门科学，学前教育工作是专业的工作。幼儿园教师的专业素养是需要不断提升和发展的。连续实施幼儿园教师"国培计划"，2012—2020年累计投入43亿元，培训幼儿园教师超过243万人次，教师专业水平得到不断提升。各地也采取了很多切实有效的措施，加大对教师培训的力度，提升教师的专业素养，尤其是专业能力，促进幼儿园的课程改革和建设，优化教育过程，更好地促进儿童的发展，不断提高教育质量。

四、投入保障

政府对学前教育的投入，既是对物质基础的保障，也是对幼儿园正常运行的保障，从根本上说，是对学前教育质量的保障。过去十年中，我国学前的财政投入连续增长，确保了学前教育的有序运行。成本分担机制基本建立，各省份均出台了公办园生均公用经费标准或生均财政拨款标准、普惠性民办园补助标准，并根据事业发展需要不断完善这些标准；同时综合考虑经济发展水平、群众承受能力和办园成本等因素，动态调整公办幼儿园收费标准，确定普惠性民办园最高收费限价，有效保障幼儿园正常运行。资助制度不断完善，2012—2021年各级财政累计投入752亿元，共资助家庭经济困难儿童6232万人次，有效保障了家庭经济困难儿童、孤儿和残疾儿童公平享有学前教育的权利[2]。这些投入，扩大了学前教育资源，增加了儿童受教育的机会，同时，保障了有质量的

---

[1][2] "教育这十年"1+1系列发布会，介绍党的十八大以来学前教育改革发展成就 http://www.moe.gov.cn/fbh/live/2022/54405/.

学前教育的运行，保障了教育质量的提升。

因此，对学前教育的投入有一个基本的结构。当大量儿童需要获得学前教育机会，"入园难"问题突出时，要把投入重点放在扩大资源上，要加快规划和建设幼儿园；当人民群众对上高质量的幼儿园呼声突出时，投入的重点应该在幼儿园运行上。公办幼儿园和普惠性幼儿园都应加强投入，保障运行，尤其要重点解决教师收入低的问题。确保幼儿园教师的收入与公务员基本持平。避免幼儿园教师流失造成人力资源的短缺。解决幼儿园教师的收入问题，对于提振工作士气，引导创新工作具有重要的意义，对于增加教师的职业吸引力，引导更多高素质的年轻人加入学前教育队伍具有决定的影响作用。这才是长期持续稳定的质量保障。

五、课程保障

课程是实现教育目的的中介，是提升教育质量的关键因素。任何教育机构都应通过课程建设，不断完善课程体系，提升教育质量。科学、适宜的课程对于儿童的学习和发展至关重要。幼儿园课程是指幼儿园中儿童获得有益经验的各种活动。这些活动有些是由教师加以组织的，具有更强的计划性和目的性；有些是儿童自发的，计划性和目的性相对较弱，由于活动发生在幼儿园环境中，活动的时空、材料、规则和氛围都带有教育具有教师准备和引导的意义，都蕴含了教育的性质，都经过了教师的过滤和折射，能在不同程度上反映了教育的意图，达成促进儿童发展的目的。幼儿园课程的关键是依据《指南》精神，尊重儿童的发展规律和学习特点，坚持以游戏为基本活动，关注幼儿园中儿童的发展状况，充分利用幼儿园内外自然、社会和文化资源，在深入探索的基础上，逐步形成适宜于儿童的有效的课程方案，并在实践中不断改革和完善。

幼儿园课程建设应坚持以儿童为本。关注儿童的现实生活，充分利用现实生活中的有益资源，丰富课程的内容。要坚持幼儿园课程生活化。幼儿园课程的生活化是针对幼儿园课程符号化、书面化、固定化和无趣化，尤其是针对幼儿园课程小学化现象而言的，一些幼儿园的课程实践不能真正让儿童成为学习的主人，儿童的主动性、积极性不能得到充分的发挥，要改变注重数字和文字，忽略现实生活中的问题和事实；要改变教师说教，儿童被动接受的现象；要改变活动单调无趣的现象，那就要让幼儿园课程回归生活。幼儿还处于具体形象思维阶段，他们是通过亲近自然、融入社群、积极运动、直接感知、实际操作、友好交往、活跃思考、创造表达、投入游戏、亲身体验等方式来学习并获得直接经验的，这些就是儿童现实的生活，才是幼儿园课程应有的历程和形态。

游戏是儿童重要的生活。要关注游戏对儿童发展的价值，实现幼儿园课程的游戏化。就是要充分满足儿童自由游戏的需要，立足游戏的本体价值，同时，要将自由、自主、愉悦、创造的游戏精神融入幼儿园课程，在各类活动中尽可能采用生动有趣、形式活泼、综合有效的活动方式，充分发挥游戏过程中的学习作用，主持和引导儿童在游戏过程中不断获得新经验。

出 版 人　郑豪杰
责任编辑　徐　杰
版式设计　郝晓红
责任校对　马明辉
责任印制　叶小峰

图书在版编目（CIP）数据

聚焦质量：幼儿园课程改革的思考/虞永平著.—北京：教育科学出版社，2023.3（2023.11重印）
ISBN 978-7-5191-0324-8

Ⅰ.①聚… Ⅱ.①虞… Ⅲ.①幼儿园—课程改革—研究 Ⅳ.①G612

中国版本图书馆 CIP 数据核字（2022）第 236704 号

聚焦质量：幼儿园课程改革的思考
JUJIAO ZHILIANG: YOU'ERYUAN KECHENG GAIGE DE SIKAO

出版发行	教育科学出版社		
社　　址	北京·朝阳区安慧北里安园甲9号	邮　　编	100101
总编室电话	010-64981290	编辑部电话	010-64989386
出版部电话	010-64989487	市场部电话	010-64989572
传　　真	010-64891796	网　　址	http：//www.esph.com.cn
经　　销	各地新华书店		
制　　作	浪波湾图文工作室		
印　　刷	保定市中画美凯印刷有限公司		
开　　本	720 毫米 × 1020 毫米　1/16	版　　次	2023 年 3 月第 1 版
印　　张	25	印　　次	2023 年 11 月第 3 次印刷
字　　数	333 千	定　　价	80.00 元

图书出现印装质量问题，本社负责调换。